Vom Bug nach Stalingrad

Vom Bug nach Stalingrad

Der mörderische Kampf auf den Schlachtfeldern Rußlands

Mit Lagekarten und Gefechtsskizzen

Pabel Verlag KG
Rastatt

Alle Namen, falls es sich nicht um Persönlichkeiten der Zeitgeschichte handelt, sind verändert oder frei gestaltet.
Bearbeitet von Gerhard Schmid

2. Auflage

Umschlagentwurf und -gestaltung: Werbeagentur Zeuner, Ettlingen
Verkaufspreis inkl. gesetzl. Mehrwertsteuer
Auslieferung in Österreich:
Pressegroßvertrieb Salzburg, Niederalm 300, A-5081 Anif
Printed in Germany 1986
Druck und Bindung: Ebner Ulm
ISBN 3-8118-6027-5

Inhaltsverzeichnis

Will Borcher

Sturmfahrt zum Dnjepr

Kriegsjahr 1941
Ein Bericht über den Vormarsch der Heeresgruppe Süd und den entscheidenden Einsatz der Vorausabteilungen

Stalin spricht über den sowjetischen Rundfunk. Die Eroberung Galiziens und der Westukraine durch die deutschen Truppen ist der dringende Anlaß hierzu.

Seine dreiviertelstündige Rede endet mit der Prophezeiung, die zugleich härteste Aufforderung ist: „Das faschistische Heer wird den Dnjepr nicht überschreiten. Es wird sich an dem Versuch verbluten!"

Die sowjetische Presse verkündet Aufrufe ähnlichen Inhalts. In allen Städten und Dörfern schlagen die Parteifunktionäre Plakate an. In jedes Djneprdorf kommen die Lautsprecherwagen.

„Genossen und Genossinnen! Die Djnepr-Linie besitzt eine gewaltige Bedeutung für das Schicksal unserer Heimat. Sie darf nicht überschritten werden!"

Oder: „Die Unüberwindlichkcit der Dnjepr-Linie ist das wahre Unterpfand für unsere Erfolge und künftigen Siege!"

Umgedeutet in die strategisch-militärische Sprache heißt das: Das Vordringen der deutschen Heeresgruppe Süd in das Industriegebiet des Donez muß unter allen Umständen verhindert werden, da dies eine unmittelbare Bedrohung der Südflanke der russischen Heeresgruppe Mitte bedeutet. Bereits im Juli 1941, als sich die deutsche Panzergruppe 1 anschickte, Kiew im Handstreich zu nehmen, hatte Stalin der 26. Armee den Befehl gegeben, die Dnjepr-Verteidigung vorzubereiten.

Gewaltige Reserven wurden nun aus Asien herangeführt. Davon werden allein der Heeresgruppe „Südwestfront" zehn und der „Südfront" zwölf Divisionen zugeführt.

Zwei weitere Divisionen hält Marschall Budjenny als Eingreifreserve zurück.

Das Schwergewicht der Verteidigungsbestrebungen legen die Sowjets an den Unterlauf des Dnjepr, wobei insbesondere der Ingulez-Abschnitt als vorgeschobene Position eine wichtige Rolle spielt.

Die Städte Krementschug, Kriwoi Rog, Kachowka und Cherson werden in aller Eile zu waffenstarrenden Festungen ausgebaut. Dnjepropetrowsk ist der Mittelpunkt dieser Verteidigungslinie.

Unermüdlich gehen die Russen daran, weitere Reserveeinheiten aus dem Boden zu stampfen. Eine ganze Armee unter dem Oberbefehl von Generalmajor Malinowskij (dem späteren russischen Verteidigungsminister) entsteht, mächtige Panzereinheiten werden ihr zugeteilt und durch Spezialpionierkorps verstärkt.

Um den Erdtruppen den notwendigen Luftschirm zu gewähren, befiehlt Stalin die Masse der an der Südfront eingesetzten Fliegerverbände in den Raum Dnjepropetrowsk-Krementschug. Lediglich die Marinefliegerverbände bleiben auf der Halbinsel Krim zurück, um notfalls Odessa verteidigen zu können.

Damit ist es aber nicht getan, denn der russischen Führung ist es natürlich klar, daß nicht nur die Ufer des Dnjepr, sondern auch der Fluß selbst in das weiträumige Verteidigungssystem einbezogen werden muß.

Der Dnjepr ist nach der Wolga und der Donau der drittgrößte Strom Europas. Seine Quelle liegt dicht südlich der Waldaihöhen. Das Einzugsgebiet des Flusses, der Zustrom von Hunderten kleiner und kleinster Nebenflüsse ist viermal größer als der des Rheins. Allein bei Kiew erreicht der Dnjepr eine Breite von einem Kilometer, nachdem er eine Wegstrecke von 2265 Kilometer durchlaufen hat. Bei Cherson ergießt sich der Dnjepr in einem sechzig Kilometer langen und vierzig Kilometer breiten Haff in die Fluten des Schwarzen Meeres.

Für einen Angreifer besonders tückisch und gefährlich sind die zahlreichen Inseln und Sandbänke inmitten des Stromes, die sich für eine Verteidigung buchstäblich anbieten.

Dieser gewaltige und nicht regulierbare Strom wird in erster Linie von der sowjetischen Dnjepr-Flottille kontrolliert und verteidigt. Sie ist dem Heer unterstellt und in vier Hauptgruppen aufgeteilt.

Die Nordgruppe operiert auf der Beresina und auf dem Dnjepr oberhalb von Kiew, die Pinsker-Flottille beherrscht den Pripjet und das weitmaschige, urwaldähnliche Sumpfgebiet. Die Südgruppe wiederum ist im Raum Dnjepropetrowsk-Kiew eingesetzt, während schließlich die Nikolajewer Flottille den Fluß südwärts zu bewachen und zu verteidigen hat.

Gemeinsame Hauptaufgabe dieser vier Flottillen: Zerstörung der eigenen Brücken vor dem Eintreffen der deutschen Truppen, Verteidigung der vielen Flußinseln, wo nötig, Treibminen auslegen und schließlich als letzte Aufgabe, etwaige deutsche Kriegsbrücken nachhaltig zu zerstören.

Das besondere Augenmerk Marschall Budjennys gilt selbstverständlich dem Ausbau des starken, überhöhten Westufers des Dnjepr.

Eine günstigere Verteidigungsstellung kann man sich kaum vorstellen. Allerdings, und das ist den Sowjets auch klar: Sollte es den Deutschen gelingen, Fuß auf dem Westufer zu fassen, dann besitzen sie eine Position, aus der sie kaum mehr verdrängt werden können.

Welche strategische Bedeutung die Dnjepr-Linie hat, zeigt sich Monate später nach Einbruch des Winters, als Feldmarschall von Brauchitsch Hitler den Vorschlag unterbreitet, das Ostheer bis zum Dnjepr zurückzunehmen.

Hitler lehnte diesen „ungeheuren Vorschlag" brüsk ab. Hätte er zugestimmt, wäre der Rußlandkrieg vermutlich anders verlaufen.

Schon von Anfang an ist der riesige Fluß in die strategische Konzeption der deutschen Führung eingeplant worden. So heißt es in der Weisung Nr. 21:

... mit starken Panzerkräften schnell in die tiefe Flanke und den Rücken der feindlichen Truppen vorzugehen und diese dann im Zuge des Dnjepr aufzurollen.

Für Feldmarschall von Rundstedt, den OB (Oberbefehlshaber) der Heeresgruppe-Süd, ergibt sich freilich die Frage, wie er das machen soll. Großangelegte Zangenbewegungen sind mit einer Panzergruppe nicht durchführbar. Die Heeresgruppe Süd (wie auch die HGr. Nord) besitzt aber nur eine Panzergruppe, während die HGr. Mitte deren zwei hat und deshalb auch die großen und erfolgreichen Kesselschlachten schlagen kann. Die Operationsbedingungen sind also ungleich schwieriger als in der Mitte. Hinzu kommt, daß die Heeresgruppe — und hier vor allem die Panzergruppe 1 (Generaloberst von Kleist) — Ende Juli 1941 eine ungedeckte Flanke hat und keine vernünftige Rückendeckung aufbauen kann. Die Infanterie ist noch weit zurück, folglich müssen die schnellen Divisionen den Flankenschutz übernehmen.

Das III. AK (Armeekorps) mot. muß heran. Es erkämpft sich in der Zeit vom 20. bis 23. Juli im Raume Fastow die Ausgangsstellung zum Vorstoß nach Südosten und tritt am 24. Juli mit der 13. und 14. PD (Panzerdivision) an.

Zu gleicher Zeit schwenkt die 60. ID (Infanteriedivision) mot. nach Osten ab, um die von Tag zu Tag länger werdende Flanke abzuschirmen.

Wie sich bald herausstellt, genügen ihre Kampfkraft und ihre personelle Stärke jedoch nicht, die Frontlücke zu schließen, noch dazu sie gegen einen überlegenen Feind — das verstärkte russische LXIV. Schützenkorps — zu fechten hat. Weit auseinandergezogen kämpfend, verliert die 60. ID mot. bald den Anschluß an das stürmisch vorwärtsdrängende III. AK mot.

Zum Glück erkennt die deutsche Führung bald die drohende Gefahr einer Überflügelung und schiebt rasch die aus dem Kessel Uman herausgezogene SS-Division „Wiking“ links neben die 60. ID mot.

Am selben Tag stößt die Spitze des Armeekorps mit der 14. PD auf Nowomirgorod vor. Die links daneben gestaffelt angreifende 13. PD schiebt sich in Smelna heran. Kurze Zeit später erreicht die 14. PD Kirowograd und nimmt die Stadt. Die 13. PD wiederum schwenkt nach Osten ab und steht vor Kamenka. Die 60. ID mot., zwischen den beiden Panzerdivisionen kämpfend, nimmt die wichtige Ortschaft Fedwar, während die SS-Division „Wiking“ noch näher an Smelna heranrückt.

Mit diesem Manöver hat die deutsche Führung die Sowjets arg in Bedrängnis gebracht, denn ihre Truppen hängen nun mehr oder minder im luftleeren Raum, und — was noch schlimmer ist —: Die russische Dnjepr-Front ist zwischen Tscherkassy und Krementschug entblößt.

Marschall Budjenny handelt rasch. Er setzt augenblicklich die bei Tscherkassy sammelnden 116. und 227. Schützendivisionen in Marsch und wirft sie gegen die Deutschen. Zur gleichen Zeit erhält das V. Kavalleriekorps den Befehl, dem deutschen III. AK in den Rücken zu fallen.

Damit ist die eigentliche Verteidigungsschlacht am Dnjepr in aller Härte entbrannt. Die Russen, nun nicht mehr defensiv eingestellt, greifen pausenlos die deutschen Truppen am Dnjepr an.

Im Brennpunkt dieser entscheidenden Kämpfe steht im Augenblick die SS-Division „Wiking“. Sie befindet sich den russischen Offensivkräften am nächsten gegenüber.

*

Smelna, südwestlich von Tscherkassy liegend, ist das Ziel der SS-Division.

Hauptsturmführer (Hauptmann) Pfördtner, 6./„Germania", ist mit seiner SPW-Kompanie als Voraustruppe auf die Stadt eingesetzt. Verstärkt durch zwei Panzerspähwagen (SPW) jagt die Kompanie über das flache, von Maisfeldern durchzogene Land, Staubfahnen hinter sich herziehend. Was rechts und links ist, kümmert niemand. Die SS-Grenadiere kennen nur ein Ziel, und das ist Smelna, das Tagesziel! Es muß noch vor Einbruch der Dunkelheit erreicht werden, weil damit zu rechnen ist, daß der Russe spätestens in der Nacht Truppen zum Entsatz der bedrohten Stadt heranzieht.

Jetzt ist es 14 Uhr. Über dem flachen Land brütet die Hitze, sengt unbarmherzig die Sonne herab und macht jeden Kilometer zu einer Qual. Die Räderfahrzeuge verschwinden im Staub, der die Atmungswege der Menschen behindert, ihre Gesichter zu Masken verändert.

Im Südwesten ballen sich Gewitterwolken. Manch sehnsüchtiger Blick schweift hinüber zu den Wolken. Eine Stunde Regen könnte nichts schaden, würde wenigstens etwas Kühlung bringen. Aber es gewittert schon seit zwei Tagen, ohne daß ein Tropfen Regen gefallen wäre.

Weiter!

Die zwei Achtradpanzerspähwagen preschen voraus. Die Kommandanten stehen aufrecht im Turm. Mit dem Glas forschen sie, spähen ins Gelände, ob sie nicht einen versteckt liegenden Gegner entdecken. Sie wissen, daß der Russe zu hinhaltendem Widerstand übergegangen ist, daß er Pak (Panzerabwehrkanonen) und Panzer und manchmal auch Artillerie listig bereitgestellt hat, um die schwachen deutschen Vormarschspitzen überraschend aus dem Hinterhalt zu beschießen.

Rechter Hand taucht ein weitläufiges Maisfeld auf. Hochstengelig, unübersichtlich versperrt es die Sicht nach Süden. Gerade das richtige, um dort schwere Waffen zu verstecken oder Scharfschützen in Stellung zu bringen. Besonders vor ihnen haben die deutschen Vorausabteilungen mächtigen Respekt. Plötzlich knallt es, und ein Kamerad, durch Kopfschuß getroffen, röchelt sein Leben aus.

Eingedenk der Warnung des Kompaniechefs: „Kopf weg, wenn Scharfschützengefahr droht!" verschwinden die Panzerführer im Turm, spähen nur in Augenhöhe über den Turmrand hinweg.

Aber nichts passiert. Die Achtrad brausen links an dem Maisfeld vorbei.

Daß die Fahrzeuge nicht beschossen worden sind, ist für Hauptsturmführer Pfördtner noch lange kein Beweis, daß der Feind nicht im Maisfeld sitzt. Im Gegenteil. Meist werden die vordersten Wagen durchgelassen, und dann knallt's auf die nachfolgenden Fahrzeuge.

Pfördtner läßt sicherheitshalber einen SPW ausscheren und gibt dem Kommandanten den Auftrag, das Maisfeld im Auge zu behalten.

„Kriegen wir Beschuß, dann nichts wie 'rein mit der Leuchtspur", befiehlt er dem Untersturmführer (Leutnant).

Eventuelle Gegner infanteristisch anzugreifen, wäre völlig sinnlos und würde nur hohe Verluste einbringen. Die einzige Möglichkeit, sich in Mais- oder Sonnenblumenfeldern versteckt liegender Rotarmisten zu erwehren, ist, diese in Brand zu schießen.

Im 40-Kilometer-Tempo braust die SPW-Kompanie am Maisfeld vorbei. Argwöhnisch und wachsam lauern die MG-Schützen hinter ihren Gewehren, bereit, sofort das Feuer zu eröffnen.

Doch diesmal scheinen die SS-Grenadiere Glück zu haben: das Maisfeld ist feindfrei.

Im Südwesten klingt jetzt heftiger Gefechtslärm auf. Pakschüsse sind zu hören, MG-Geknatter. Dann und wann dumpfes Ploppen von Granatwerfern. Wahrscheinlich ist das I. Bataillon „Germania" hier auf Feind gestoßen.

Hauptsturmführer Pfördtner rechnet sich in Gedanken schon aus, wann er mit seiner kleinen Streitmacht — vorausgesetzt, es geht weiterhin alles so reibungslos — vor Smelna eintreffen wird, als die beiden Achtrad plötzlich anhalten. Sie sind eben einen kleinen Hang hinaufgefahren und stehen jetzt so, daß ihre Türme nur knapp über den Scheitelpunkt des Hanges hinwegragen.

Na also! denkt Pfördtner, der gar nicht überrascht ist. Nun geht's wohl los. Die Panzerspäher haben Feind erkannt.

In der Tat, so ist es. Der Kanonenwagen von Untersturmführer Maier zeigt die rote Signalflagge, das Zeichen: Achtung! Feind erkannt!

Gleichzeitig kommt Maier über Sprechfunk und meldet: „Voraus 11 Uhr langgestreckte Heckenreihe. Entfernung 900. Hinter Hecke zwei russische Panzer. Bitte kommen."

„Können Sie Typ erkennen?" erkundigt sich Pfördtner.

„Schwer zu sagen, vielleicht T 28. Aber ich kann mich täuschen, Hauptsturmführer", antwortet der Panzerspähtruppführer.

„Warten Sie, Maier, ich sehe mir die Sache selber an", erwidert Pfördtner und schaltet ab.

Seinem Fahrer erteilt er den Befehl: „Los, vor zu Maier!"

Der Fahrer tritt auf die Tube, die anderen SPW ziehen in einer Bodenmulde unter.

Als der SPW Pfördtners dicht neben dem Kanonenwagen von Untersturmführer Maier hält, springt der Hauptsturmführer auf das Heck des Achtrads, klemmt sich neben den Turm und hat schon das Glas an den Augen.

„Mehr halblinks, Hauptsturmführer!" weist Maier seinen Chef ein, aber der hat die feindlichen Panzer schon erkannt.

„Sie könnten recht haben, Maier, das sind wahrscheinlich T 28. Verdammte Schweinerei! Ausgerechnet hier müssen die Brüder Panzer aufgebaut haben."

Seine Verärgerung gilt vor allem der Tatsache, daß die Panzer den Vormarschweg blockieren, ein Umfahren zwar möglich ist, aber nur durch einen weiten Umweg, der viel Zeit kosten wird.

Pfördtner holt seine Karte hervor und studiert sie eingehend. Aber er findet keinen Ausweg. Kopfschüttelnd steckt er die Karte wieder weg und meint: „Ganz schön raffiniert plaziert, was, Maier? An denen kommen wir ungesehen nicht vorbei, außer wir nehmen einen Umweg von fünfzehn Kilometer in Kauf. So ein ausgemachter Mist!"

Die russischen Panzer sind hervorragend getarnt, und es bedarf schon eines geschulten Auges, um sie überhaupt erkennen zu können. Doch hat man sie erst einmal im Glas, vermag man auch Einzelheiten auszumachen. Beispielsweise die Geschützrohre. Sie zeigen feindwärts und sind leicht nach unten gerichtet.

„Von den Besatzungen schon was gesehen?" wendet sich Pfördtner an Maier.

Der schüttelt den Kopf. „Nein. Nicht die Spur, Hauptsturmführer. Die Brüder scheinen zu pennen."

„Meinen Sie?" Pfördtner neigt in solchen Fällen mehr zu Pessimismus. „Warten wir noch etwas. Gehört müssen sie uns auf jeden Fall haben, wenn sie, wie Sie annehmen, nicht wirklich schlafen."

Fünf Minuten lang beobachten Kompaniechef und Spähtruppführer die feindlichen Panzer, ohne auch nur die geringste Bewegung bei den Kampfwagen erkennen zu können.

Pfördtner, der seine Untergebenen gern um Rat fragt, vor allem dann, wenn sie erfahrene Soldaten sind, wendet sich an den Untersturmführer. „Was würden Sie vorschlagen, Maier?"

Maier grinst. „Angreifen, Hauptsturmführer. Drauflos und aus allen Rohren feuern. Was anderes bleibt uns doch gar nicht übrig."

Pfördtner nickt zustimmend. „Einverstanden. Aber nicht so wild mit den jungen Pferden. Alles mit Methode, Maier, merken Sie sich das." Er zeigt mit dem ausgestreckten Arm zu den Panzern hinüber. „Sie preschen mit den Achtrad zweihundert Meter links an den Panzern vorbei, durchbrechen die Hecke und nehmen die Kampfwagen von hinten unter Feuer. Ich hoffe, daß die Russen sich ablenken lassen. Ich greife dann frontal an und versuche durch die Hecke zu stoßen. Klar?"

Maier nickte. „Alles klar, Hauptsturmführer."

Die Motoren machen einen Heidenlarm. Untersturmführer Maier stellt das mit Erschrecken fest und wundert sich, daß sich bei den Russen-Panzern immer noch nichts rührt.

Sind die T 28 vielleicht gar unbesetzt?

Der Motorenlärm am Hinterhang dröhnt. Die Gleisketten quietschen und rasseln.

Maier, das Glas an den Augen, murmelt: „Das kann doch nicht möglich sein! Die müssen doch diesen Krach hören."

Die Schützen im Turm haben die Feind-Panzer anvisiert. Die Magazine mit den Panzergranaten sind angeschwenkt. Viel wird mit ihnen nicht auszurichten sein. Die 2-cm-Stahlmantelgeschosse sind zu schwach, um die

Panzerung eines T 28 zu durchschlagen. Aber manchmal gelingt einem Schützen halt doch ein zufälliger Treffer.

Maier wirft einen Blick zurück. Die SPW brausen den Hang herauf, sind von den Achtrad nur noch etwa dreihundert Meter entfernt.

„Achtung! Beim linken Panzer rührt sich was!“ ruft in diesem Augenblick Maiers Richtschütze.

Maiers Kopf ruckt herum. Tatsächlich, jetzt scheinen die Russen aufgeschreckt zu sein. Das Turmluk des einen T 28 wird aufgestoßen. Maier erkennt durch das Glas den Kopf eines Tankisten, wahrscheinlich des Kommandanten des Panzers. Lederhelmbewehrt, über den Augen die große Staubbrille, späht der Russe den Hang herauf. Sekunden später schiebt er sich mit dem ganzen Oberkörper aus dem Turm, setzt die Brille ab und hebt das Fernglas an die Augen.

„Feuer frei!“ befiehlt Untersturmführer Maier beiden Schützen.

Die 2-cm-KWK jagen ihre Leuchtspurgranaten zum Gegner hinüber. Abpraller flitzen jaulend durch die Luft. Zweige fliegen davon und geben die T 28 den Blicken der Deutschen frei.

Die beiden feindlichen Panzer stehen breitseits zum Hang, zeigen ihre ganze Länge.

„Auf die Hecks schießen!“ ertönt Maiers helle Kommandostimme. Der Motorenraum ist der verwundbarste Teil eines Panzers. Bringt man dort einen Schuß an, ist's um den Panzer geschehen. Das leicht entflammbare Motorenöl brennt augenblicklich.

Eingedeckt von den 2-cm-Granaten der deutschen Panzerspähwagen, drehen jetzt die T 28 in Angriffsrichtung bei. Die schweren Panzermotoren heulen auf. Die dichten Büsche niederwalzend, brechen die Tanks aus der Hecke hervor.

„Auf den Turmkranz schießen!“ brüllt Maier seinen Schützen zu.

Rumms! Der eine T 28 hat abgefeuert.

Haarscharf heult die Granate an der Backbordseite des Achtrads von Untersturmführer Maier vorbei. Sie detoniert wenige Meter hinter dem Spähwagen.

Beide, Maier und sein Richtschütze, haben instinktiv den Kopf eingezogen und die Luft angehalten. — Verdammt, das war aber knapp!

Doch schon hämmert die KWK (Kampfwagenkanone) wieder, prasseln die Geschosse gegen die Turmfront des T 28.

Rumms! Nun schießt auch der zweite Feindpanzer. Die Granate gilt dem Wagen des Oberscharführers (Feldwebel) Krenkel. Zu kurz der Schuß. Drei Meter vor dem Achtrad kracht er in den Boden.

Nun wird's mulmig. Da die 2-cm-Granaten beim Gegner keinerlei Wirkung erzielen und die Russen offenbar erkannt haben, daß ihnen von diesem Feind keine Gefahr droht und sie daher den Kampf aufnehmen wollen, wird es für Maier Zeit, sich aus dem Staub zu machen.

Ein Druck auf die Sprechtaste. „Spähtrupp marsch! Links an den Panzern vorbei! Los, Jungs, Gas!“

Drüben bei den Panzern wieder zwei krachende Abschüsse. Und erneut nur knapp am Ziel vorbei.

Maier zögert keine Sekunde mehr und reißt eine Nebelkerze ab. Er schleudert sie weit in den Hang. Die verdammten Dinger funktionieren nicht immer, diese aber entwickelt sofort Rauch, der sich über den Hang hinzieht.

Im Schutz des Nebels rumpeln die beiden Achtrad davon, mit Turm 3 Uhr (aus der Fahrtrichtung nach links gesehen) aus beiden Waffen feuernd.

Die russischen Panzerkommandanten sind wohl der Meinung, nur mit deutschen Spähwagen im Kampf zu stehen. Sie drehen bei, fahren einige Meter, stoppen und feuern. Wieder daneben. Nun scheint die Kommandanten die Wut zu packen. Sie geben ihren Fahrern den Befehl, die Verfolgung der Deutschen aufzunehmen, wobei der eine T 28 nach rechts ausschert, offenbar in der Absicht, den Panzerspähwagen den Weg abzuschneiden.

Untersturmführer Maier erkennt die Gefahr und wirft eine zweite Nebelkerze. Gleichzeitig blickt er sich um. — Verdammt, kommt denn Pfördtner immer noch nicht? —

Doch! Die SPW sind heran. Brausen über den Hang.

Pfördtner, der absichtlich noch etwas gewartet hat, erschrickt, als er seine Achtrad von den T 28 gejagt sieht.

„Feuer frei!"

Sieben MG 34 eröffnen schlagartig das Feuer auf die T 28.

Da die Schützenpanzerwagen in Höchstfahrt hinter den russischen Panzern herfahren, wirbeln sie mächtig Staub auf und erwecken so den Eindruck eines ganzen Panzerverbandes.

Das massierte Feuer auf die russischen Panzer verfehlt seine Wirkung nicht.

Die T 28 kurven nach Osten ab und preschen in Höchstfahrt davon, um schließlich in einer Staubwolke den Blicken der aufatmenden SS-Grenadiere zu entschwinden.

Beruhigt kann nun der Hauptsturmführer an seine Kompanie den Befehl durchgeben: „Eindrehen in die alte Marschrichtung!"

Nicht minder erleichtert sind selbstverständlich auch seine Männer, obgleich sie sich nichts vormachen. Der Kampflärm wird die Russen nun endgültig alarmiert haben. Von einem Überraschungsangriff auf Smelna wird nach Lage der Dinge wohl kaum mehr die Rede sein können.

Drei Kilometer weit geht es gut. Dann aber erscheint am Horizont auf einem kleinen Hügel das Holzgestell des trigonometrischen Punktes 7856.

Maier, der mit seinen Panzerspähwagen inzwischen den Abstand zur Kompanie bis auf zwei Kilometer vergrößert hat, pirscht sich vorsichtig an den Hügel heran. Er weiß aus Erfahrung, daß gerade diese trigonometrischen Punkte vom Feind nicht nur artilleristisch vermessen, sondern auch meist mit vorgeschobenen Artilleriebeobachtern versehen sind.

Jede sich bietende Deckung ausnützend, fährt Maier mit seinem Spähwagen an die Höhe heran, legt Beobachtungsstopps ein, rollt vorsichtig weiter.

Da — Maiers Schütze stößt den Kommandanten an. „Hundert Meter rechts vom trigonometrischen Punkt, Untersturmführer! Sind das nicht Erdwälle!"

Maier richtet sein Fernglas auf die beschriebene Stelle.

„Klar, das sind Feldbefestigungen!" stößt er erregt hervor.

Auch Krenkel, der ebenfalls scharf beobachtet, bestätigt das. Jetzt sind sogar Russen zu erkennen. Sie haben die beiden Achtrad noch nicht ausgemacht.

„Die schanzen noch", sagt Krenkel zum Spähtruppführer.

Maier muß sich nun rasch entscheiden. Entweder er verständigt Hauptsturmführer Pfördtner, oder er handelt nach eigenem Ermessen. Er entschließt sich, nachdem es so aussieht, als hätten die Russen die deutschen Panzerspäher noch nicht erkannt, das Feuer auf die Rotarmisten zu eröffnen.

Eine Kusselreihe als Deckung benützend, schieben sich beide Panzerspähwagen noch ein Stück näher an den Feind heran, bis sie in eine günstige Schußposition gelangen. Dann heißt es: „Feuer frei!"

Der Feuerüberfall überrascht die Rotarmisten derart, daß jene, die am Schanzen sind, eilig die Spaten wegwerfen und fliehen. Von den MG-Garben der Panzerspähwagen überschüttet, geraten die meisten Soldaten in Panik, stürzen gestikulierend in die ausgehobenen Gräben, um Deckung zu suchen.

Maier läßt ihnen keine Chance, zur Besinnung zu kommen. Während Oberscharführer Krenkel mit seinem Achtrad von links her die feindlichen Stellungen anfährt und mit allen Waffen in die Gräben feuert, stößt Maier rechts am Trignonometrischen Punkt vorbei und erfaßt den Gegner mit gutgezieltem Feuer im Rücken.

Entsetzen macht sich bei den Rotarmisten breit. Scharenweise flüchten sie nun aus den Gräben und rennen zu einem nahe gelegenen Sonnenblumenfeld, das etwa hundert Meter weiter zurück an einem leicht nach Norden ansteigenden Hang liegt.

Beide Achtrad versperren dem fliehenden Feind den Weg dorthin, als Maier plötzlich hört, wie im Maisfeld ein Lkw-Motor angeworfen wird.

„Der Lkw darf uns nicht entkommen", gibt er über das Funksprechgerät an den Oberscharführer durch.

Der Spähwagen kurvt auf das Sonnenblumenfeld ein.

„Turm vier Uhr!"

Der Richtschütze dreht an der Kurbel, schwenkt den Turm herum. Und da kommt er schon aus dem Sonnenblumenfeld herausgefahren, der russische Ford-Lkw. Er hat es eilig. Als der Fahrer den anbrausenden deutschen Panzerspähwagen erkennt, reißt er das Steuer herum und will nach Norden ausweichen.

Ein Schuß aus der 2-cm-KWK stoppt den Wagen. Er fängt Feuer. Ein Dutzend Rotarmisten springt hinten ab. Sie überkugeln sich, jagen wieder vom Boden auf und rennen in die schützende Deckung des Sonnenblumenfeldes zurück. Aber nur wenigen gelingt die Flucht. Die meisten fallen im MG-Feuer der Panzerspähwagen.

Dann noch eine 2-cm-Granate vorn in den Motor. Mit einer mächtigen Stichflamme explodiert der Lkw.

Ohne einen Schuß abgefeuert zu haben, ergibt sich der Rest der russischen Gruppe. Mit über dem Kopf erhobenen Händen laufen die Soldaten auf die Achtrad zu, verständlichen Schrecken in den Gesichtern. Es sind zumeist ältere Männer, die fassungslos die deutschen Soldaten anstarren und es einfach nicht glauben können, daß für sie der Krieg nun beendet ist. Während ein paar jüngere haßerfüllte Mienen aufsetzen, ist den älteren Rotarmisten anzusehen, daß sie froh sind, es überstanden zu haben.

Krenkel hält sich mit den Gefangenen nicht lange auf. Er schickt sie in Richtung eigene Kompanie zurück, stellt aber doch rasch eine Sprechverbindung mit Hauptsturmführer Pfördtner und meldet ihm den Ausgang des recht einseitigen Gefechts.

Pfördtner sagt nur ein Wort: „Weiterfahren!"

An dem brennenden Lkw-Wrack vorbei geht es nun entlang des Sonnenblumenfeldes in eine Mulde hinab, durch die ein winziger Bach fließt. Das Wasser lockt die Spähleute, aber Maier winkt ab. „Später, Jungs! Jetzt haben wir keine Zeit."

Nun ja, das sehen sie ein, aber schon der Gedanke, wenigstens die Füße in das kühle Naß zu strecken, bringt sie aus dem Häuschen. Über den Bach hinweg geht es nun über brettebenes Gelände weiter ostwärts.

Einmal kreuzt der Spähtrupp Gleiskettenspuren. Sie sind noch ziemlich frisch, was Krenkel zu der wohl berechtigten Annahme verleitet, diese Spuren könnten nur von den Panzern stammen, die sich in die Flucht hatten schlagen lassen.

Wieder eine kurze Information an Maier, der aber mahnt nur: „Nicht aufhalten. Weiterfahren. Tempo zulegen!"

Zwanzig Minuten später glaubt Untersturmführer Maier im Südosten sich rasch von Süden nach Norden fortbewegende Punkte im Gelände zu erkennen.

„Halt!"

Krenkel, von Maier herbeigewinkt, fährt mit seinem Spähwagen heran.

„Sehen Sie mal dort rüber, Krenkel. Richtung Südost. Ist das nicht eine Lkw-Kolonne?"

Krenkel blickt aufmerksam durch das Glas. Infolge der großen Staubentwicklung ist zwar eine genaue Beobachtung ziemlich schwierig, aber soviel scheint festzustehen, daß es eine mot. Kolonne ist.

„Warten wir noch etwas", entschied Maier.

Die Geduld lohnt sich. Da die Kolonne aus irgendwelchen Gründen ihr Tempo verringert, ist auch die Staubentwicklung nicht mehr so groß.

„Es sind Lkw, Untersturmführer“, sagt Krenkel und setzt das Glas ab.

Maier drückt auf die Sprechtaste und stellt die Verbindung zur Kompanie her. „Hier Sturmvogel. Feindliche Lkw-Kolonne von Süd nach Nord fahrend.“

„Wie viele sind es?“ erkundigt sich Pfördtner.

„Vierzehn Ford-Lastwagen, Hauptsturmführer.“

„Und sie fahren von Süd nach Nord, sagen Sie?“

„Jawohl. Von Süd nach Nord“, antwortet Maier.

„Laßt sie fahren. — Was für eine Entfernung, Maier?“

„Ungefähr zwei Kilometer!“

„Gut. Laßt sie vorüber, aber zeigt euch nicht. Ende.“

Zweifellos ist das eine richtige Entscheidung. Die kleine Kampfgruppe hat einen klar umrissenen Auftrag. Dieser besagt, nach Smelna vorzustoßen, nicht aber sich mit jedem x-beliebigen Gegner herumzuschlagen. Freilich, man weiß nie, was für eine gefährliche Fracht so eine Lkw-Kolonne mit sich führt. Dennoch: Unnötigem Kampf aus dem Weg zu gehen ist ein Gebot der Klugheit. Außerdem scheint es so, als berühre die Kolonne Smelna gar nicht. Daher ist sie für Pfördtners Kampfgruppe auch ohne größere Bedeutung.

An einem ausgetrockneten Flußbett entlang geht der Marsch weiter in südöstlicher Richtung. Wenn man der Karte trauen kann, sind es bis Smelna noch zehn oder fünfzehn Kilometer.

Jetzt beginnt für die deutsche Vorausabteilung die sogenannte „feindbesetzte Zone“, wie es in der taktischen Sprache der Militärs heißt. Jederzeit muß nun damit gerechnet werden, daß man auf massierten Widerstand stößt. Pak-Riegel sind ebenso möglich wie Panzer, die im Gelände verteilt sind und einen bestimmten Abschnitt absichern sollen. Auch an stärker ausgebaute Feldstellungen muß gedacht werden. Städte von der taktischen Bedeutung Smelnas haben immer eine gewisse zusammenhängende Verteidigungslinie.

Daß auf Grund solcher Überlegungen Untersturmführer Maiers Panzerspäher besonders gut aufpassen, versteht sich von selbst. Man bedient sich bei der Aufklärung jetzt des „Schneckenverfahrens“. Ein Achtrad schiebt sich bis zu einem bestimmten Beobachtungspunkt vor, der zweite Spähwagen übernimmt unterdessen den Feuerschutz und die Rükkendeckung. Dann schließt der zweite Wagen auf, fährt wieder zum nächsten Beobachtungspunkt, während nun der erste Wagen die Sicherung übernimmt.

Längere Beobachtungspausen sind nun unerläßlich, leichtsinniges Verhalten könnte schwerwiegende Folgen nach sich ziehen.

Ungefähr acht Kilometer südwestlich von Smelna macht der Bachlauf eine weite Schleife nach Südwesten. Das bisher übersichtliche Terrain ändert sich schlagartig. Buschland und kleinere Sumpfstreifen tauchen auf. Obstplantagen liegen verstreut im leicht hügeligen Gelände. Und in direkter Richtung nach Smelna erhebt sich ein weitgezogener, etwa zehn Meter hoher Hügel, der Maiers besondere Aufmerksamkeit erregt, weil er wegen seiner glänzenden Übersichtsmöglichkeiten eine hervorragende Verteidigungsstellung abgibt. Beide Achtrad fahren hinter eine Hecke, bleiben stehen.

„Genaue Glasbeobachtung!“ befiehlt Untersturmführer Maier. Er und Krenkel und auch die übrige Besatzung teilen sich die Abschnitte ein, so daß jeder Geländestreifen beobachtet werden kann.

Die angewandte Sorgfalt lohnt sich. Krenkel, das Glas absetzend, wendet sich an Maier. „Da haben wir den Salat!“ sagt er grimmig. „Nördlicher Höhenrand, links neben den auffallenden Bäumen, Untersturmführer, feindliche Pak.“

Maier blickt durch das Glas, folgt der Zielbeschreibung des Oberscharführers. „Eine Pak ist gut“, sagt er. „Schauen Sie mal genauer hin, Krenkel. Rechts daneben. Da stehen noch zwei weitere Geschütze. Verdammter Scheibenkleister!“

Obwohl die Panzerspäher damit gerechnet haben, auf einen Pak-Riegel zu stoßen, ist das eine recht böse Überraschung. Pak auf eine Entfernung von 1300 Metern! Maier bekommt ein nachdenkliches Gesicht. Diese Kanonen auf der Höhe sind für die Kampfgruppe eine ernste Gefahr, wenn nicht gar ein unüberwindliches Hindernis auf dem Weg nach Smelna. Hinzu kommt noch, daß die Deutschen vor der russischen Pak erheblichen Respekt haben.

Die bei den Sowjets im Jahre 1941 gebräuchlichste Panzerabwehrkanone ist das Modell 37, Kaliber 45 Millimeter, 30 Schuß in der Minute (!) und mit einer Durchschlagskraft von 50 Millimeter auf 1000 Meter Entfernung.

Diese russische Pak ist ein gefährlicher Gegner sowohl für die deutschen Panzer III und IV, noch viel mehr aber für schwach gepanzerte Räderteile wie SPW und Panzerspähwagen.

„Hoffentlich hat uns die Pak noch nicht erkannt“, sagt Krenkel besorgt zum Untersturmführer.

Nun, offenbar ist das nicht der Fall, denn jetzt rennen einige Rotarmisten vor der Pak-Stellung hin und her, schleppen Zweige herbei, während andere mit Schanzarbeiten beschäftigt sind. Es handelt sich demnach nicht um eine alte Stellung.

Bevor Maier sich mit Sturmführer Pfördtner in Verbindung setzt, wirft er einen Blick auf die Karte. — Er denkt an ein mögliches Ausweichmanöver. Aber es ist nichts zu machen, es sei denn, die Kampfgruppe biegt nach Süden aus, doch das würde wieder einen Umweg von fünfzehn Kilometer bedeuten. So wie Maier aber den Kompaniechef kennt, will dieser davon nichts wissen.

Seine Vermutung bestätigt sich, als Pfördtner wenige Minuten später vorn bei der Achtrad aufkreuzt und die Pak-Stellung unter die Lupe nimmt.

„Das ist ja wirklich zum Kotzen“, brummt er verärgert. „Da liegt nun dieses verdammte Smelna praktisch zum Greifen nahe, und jetzt dieser Pak-Riegel.“

„Wir könnten nach Süden ausweichen“, schlägt Maier vor, aber Pfördtner winkt energisch ab. „Wir werden die Herren wie gehabt austricksen, Maier. Ablenkungsangriff, dann frontal angreifen.“ Und als er sieht, wie Maiers Augenbrauen mißmutig hochzucken, fährt er beschwichtigend fort: „Ich weiß, daß Sie es allmählich satt haben, Versuchskaninchen zu spielen. Aber es muß sein, Maier. Ich überstelle Ihnen noch zwei SPW. Achtrad und SPW stoßen in nordöstlicher Richtung am Pak-Riegel vorbei und locken das Feuer des Feindes heraus. Ich greife dann mit den restlichen SPW die Höhe an und stoße bis zum Ostrand von Smelna durch. Sie, Maier, schwenken vier Kilometer nördlich von der Stadt wieder nach Süden ein und greifen die Russen von Westen aus an. Bis dahin Funkverbindung. Wenn Sie die Stadt angreifen, stellen Sie auf Funksprechbetrieb um.“

Das ist ein klarer Befehl und eine klare Sache — soweit es Pfördtner betrifft. Was allerdings der Gegner unternehmen wird, steht auf einem anderen Blatt. Gewiß, einmal ist es schon gelungen, den Russen zu überlisten. Ob er diesmal wieder auf den Trick hereinfällt, ist allerdings mehr als fraglich.

Während Hauptsturmführer Pfördtner zu seiner Kompanie zurückfährt, um diese für den Angriff bereitzustellen, beobachten Maiers Panzerspäher weiterhin aufmerksam den Gegner. Dabei machen sie noch eine weitere unangenehme Entdeckung: Die Pak ist nämlich durch Infanterie gesichert.

„Sie schanzen wie die Verrückten“, stellt Krenkel sarkastisch fest.

Maier hatte Krenkel mit dem Achtrad vorsichtige Aufklärung nach Nordosten fahren lassen, wobei es Krenkel gelungen war, einen Blick hinter die Höhe zu werfen.

„Wie stark schätzen Sie die Infanterie?“ erkundigt sich Maier.

„Mindestens Kompaniestärke“, meldet der Oberscharführer.

Maier meldet das Beobachtungsergebnis an Pfördtner, der aber knurrt nur: „Wir greifen auf jeden Fall an. Maier, wir müssen die Pak-Front durchbrechen, und wenn der Teufel auf Stelzen geht.“

Das Risiko, das Pfördtner mit seinem Angriff auf die sowjetische Pak-Stellung eingeht, ist zweifellos groß. Es kann den ganzen Vormarsch des Regiments „Germania“ stoppen, beziehungsweise um Stunden, wenn nicht um Tage verzögern. Aber andererseits weiß Pfördtner, daß jede gewonnene Stunde Blut sparen hilft; denn daß die Russen Verstärkung heranholen, darüber kann es keinen Zweifel geben. Diese Verstärkung darf aber unter keinen Umständen eher in Smelna eintreffen als Pfördtners Vorausabteilung.

Also — Angriff!

Maier steht nervös im Turm seines Achtrad. Er hat auf Funksprechverkehr geschaltet und erwartet jede Minute den Angriffsbefehl seines Kompaniechefs.

Endlich ertönt in Maiers Kopfhörer Pfördtners Stimme: „Marsch!“

Maier wirft einen Blick zurück und sieht, daß die ihm unterstellten SPW bereits losgefahren sind und in rascher Fahrt auf jenen Punkt zurollen, wo sie sich mit den Achtrads treffen sollen.

Maier hebt den rechten Arm. „Los geht's!"

Gleichzeitig brechen die Panzerspähwagen aus ihrer Deckung hervor und rollen nordwestlich zum Hang, um die SPW aufzunehmen.

Diesmal ist der Gegner wachsamer.

Kaum haben sich die Achtrad mit den SPW vereint und brausen in Höchstfahrt quer zum Hang, als es drüben beim Russen lebendig wird.

Es sind noch keine drei Minuten vergangen, da blitzt es beim Russen auch schon auf. Pak-Feuer! Die Granate, auf Maiers vorausfahrenden Spähwagen abgeschossen, explodiert zehn Meter vor diesem auf dem Boden. Gleichzeitig tackern drei, vier Maxim-Gewehre (russische Maschinengewehre) los und überschütten die mit schneller Fahrt dahinbrausenden Panzerspähwagen und Schützenpanzerwagen.

Geschosse prallen gegen die Panzerung, Querschläger zirpen durch die Luft.

Wrach! Das war ein Granatwerfereinschlag. Und nochmals: Wrach, wrach!

Der Russe schießt nicht nur mit MG und Pak, er legt auch mit seinen Granatwerfern Sperrfeuer vor die deutschen Panzerspähwagen und SPW.

Maiers Panzerspähern wird es mulmig zumute.

Erneut ein Einschlag vor Maiers Wagen. Knapp drei Meter vor dem Achtrad krepiert die Granate. Noch scheint der Kanonier hinter der Pak aufgeregt zu sein und verfehlt deshalb sein Ziel. Aber nach dem dritten oder vierten Schuß wird er sich eingeschossen haben.

Die Achtrad, mit Turm vier Uhr, erwidern das Feuer. Aber bringe mal einer während des Fahrens gezielte Schüsse an. Die meisten gehen entweder übers Ziel hinweg oder liegen viel zu kurz.

Nicht viel anders ergeht es den MG-Schützen in den SPW. Sie feuern zwar, was aus den Läufen herausgeht, halten auch zwischen die Pak, aber entscheidende Treffer gelingen auch ihnen nicht. Dafür knallen nun die Russen, daß Maier und seinen Männern Hören und Sehen vergeht.

Merkwürdigerweise — und das fällt den Deutschen erst jetzt auf — schießen die Russen nicht mit Panzer-, sondern mit Sprenggranaten. Besitzen sie keine Panzergranaten?

Panzerspäher und SPW haben schon über die Hälfte des Hanges bewältigt, als es bei Oberscharführer Krenkel einschlägt. Eine ohrenbetäubende Detonation. Ein greller Flammenblitz. Der Panzerspähwagen wird durcheinandergeschüttelt.

Zum Glück hatte Krenkel Sekunden zuvor Deckung im Turm genommen. Wäre er im Turm gestanden, er würde nicht mehr leben.

Krenkels Fahrer, sofort reagierend, ist aufs Gas getreten, so daß der Spähwagen einen mächtigen Satz nach vorn macht.

„Die Kiste läuft noch!“ brüllt er dem Oberscharführer zu.

„Aber wir haben doch eins abgekriegt“, antwortet nicht weniger lautstark Krenkel. Er streckt vorsichtig seinen Kopf aus dem Turm, wirft einen Blick aufs Heck. Und da sieht er die Bescherung. Die Granate hat die Freßkiste der Besatzung getroffen und sie in Atome zerlegt. Die Verpflegung für drei Tage ist zum Teufel, dazu eine Menge Zigaretten, eine Flasche Schnaps, Schokolade und die Schlafdecke des Schützen, die um die Kiste gewickelt war.

„Mensch, haben wir einen Dusel gehabt!“ entfährt es dem Richtschützen, und er reibt sich eine schmerzhafte Beule an der Stirn. Er war gegen das Turmgestänge geflogen, konnte sich nicht mehr rechtzeitig festklammern.

„Das war nur die Ouvertüre“, sagt Krenkel bissig, um gleich darauf seinem Fahrer den Befehl zu geben, eine linker Hand sichtbare Mulde anzusteuern.

Jetzt nehmen die Russen wieder Maiers Achtrad aufs Korn, so daß dieser gezwungen ist, sich einzunebeln. Der Rauch der Nebelkerze verschafft der Gruppe vorerst einmal etwas Luft. Die Pak findet keine Ziele mehr. Dafür knallen die MG munter weiter.

Nun aber greift Hauptsturmführer Pfördtner in den ungleichen Kampf ein. Schlagartig aus dem Hinterland hervorpreschend, stürmen die SPW, aus allen Läufen feuernd, gegen die feindliche Pak-Stellung. Da der Gegner infolge des Staubes den Eindruck gewinnen muß, deutsche Panzer würden ankommen, entsteht Panik. Diese ist insofern verständlich, als jene Rotarmisten, die vor Smelna in ihren Feldstellungen liegen, noch nie Feindberührung hatten. Kampfunerfahren wie sie sind, ist ihre Moral nicht gerade die stärkste.

In diesem Falle kommt noch hinzu, daß der befehlende Offizier offenbar die Nerven verliert. Völlig durcheinander und überwältigt von dem Anblick der heranbrausenden Schützenpanzerwagen, die aus allen Rohren feuern, gibt er den Befehl, das Feuer einzustellen und sich zu ergeben.

Zum Erstaunen der SS-Grenadiere brechen aus den Büschen an die fünfzig Rotarmisten hervor, strecken die Hände in die Höhe und kapitulieren.

Im Handumdrehen sind die Rotarmisten entwaffnet, die Panzerabwehrgeschütze gesprengt, die Gefangenen nach hinten in Marsch gesetzt. Nun ist das immer ein gewisses Risiko, Gefangene ohne Bewachung loszuschicken, das weiß auch Pfördtner. Aber ein Blick in die grauen, von Angst und Schrecken gezeichneten Gesichter der Rotarmisten läßt ihn hoffen, daß diese wohl kaum mehr Lust verspüren, sich zu verdrücken und aus dem Hinterhalt mit erbeuteten Waffen weiterzukämpfen.

Pfördtner, der trickreiche Fuchs, nimmt sich den russischen Oberleutnant vor und schreibt einige Zeilen auf ein Meldeblattformular. Danach läßt er dem Oberleutnant durch einen Unterscharführer (Unteroffizier), der ziemlich gut Russisch spricht, ausrichten, er möge seine Leute mit diesem Zettel beim nachfolgenden Panzerregiment (wobei er absichtlich einen so starken Truppenverband nennt) abliefern. Er sichert ihm, um die ganze Sache noch abzurunden, gute Behandlung zu.

Wie sich später herausstellt, hatte sich der sowjetische Oberleutnant mit seinen Männern tatsächlich beim nachfolgenden Grenadierregiment gemeldet.

Erleichtert über dieses hohe Maß von Kriegsglück stürmt Pfördtners Vorausabteilung in Richtung Smelna weiter. Schwache feindliche Feldstellungen werden im Handstreich niedergekämpft, ohne daß diese nennenswerten Widerstand leisten. Es sieht im Moment ganz so aus, als würde es Pfördtner mit seinen wenigen Männern wirklich gelingen, Smelna zu erreichen.

Dennoch gibt er sich keinen Illusionen hin. Den Übermut und Optimismus seiner Männer dämpft er bewußt, indem er ihnen vor Augen hält, daß der mangelnde Widerstandswille der Russen kein Beweis dafür sei, daß diese sich auch in Smelna und später am Dnjepr das Fell über die Ohren ziehen lassen werden. Das, was bisher geschah, war lediglich ein Geplänkel, darüber kann es überhaupt keinen Zweifel geben.

Er sollte recht behalten. Auf ihn, seine Männer, ja auf die ganze Division wartete die Hölle.

*

Schuld an dem späteren Debakel hatte nicht zuletzt ein unbekannter russischer Soldat, der anders als seine Kameraden im entscheidenden Augenblick nicht die Nerven verlor.

Der Name dieses Rotarmisten ist nicht in die Kriegsgeschichte eingegangen, wenngleich seine Tat bei seinem Regiment aktenkundig geworden ist. Nur — das Regiment verblutete später auf dem Kampffeld vor dem Dnjepr, so daß der unbekannte Rotarmist zumindest um eine Auszeichnung gekommen ist.

Dieser Mann, von dem hier die Rede ist, war ein blutjunger Mann, ein Fernsprecher, der trotzig in der Hecke ausharrte und sich nicht ergab.

Mit ungläubigem Staunen hatte er den kurzen Feuerwechsel zwischen seinen Landsleuten und den angreifenden Deutschen verfolgt und vor Wut losgeheult, als sein Oberleutnant den Befehl gab, sich den Deutschen zu ergeben.

Beinahe hätte auch ihn das Schicksal ereilt. In seinem Erdloch kauernd, nicht weit von der Pak entfernt, erlebte er jene schrecklichen Minuten, als die Deutschen mit Handgranaten die Geschützrohre sprengten. Zwei Soldaten kamen ganz nahe an dem Erdloch vorbei, in dem der junge Rotarmist saß, die Pistole in der Faust und willens, sich nicht zu ergeben.

Aber die Deutschen hatten es eilig, sie stöberten nicht einmal in der Hecke nach verborgenen Schützen herum, sondern schwangen sich gleich wieder auf ihre gepanzerten Fahrzeuge und brausten davon.

Minutenlang war der Rotarmist wie gelähmt und starrte hinter der Staubwolke her, die von deutschen Kettenfahrzeugen aufgewirbelt wurde. Doch dann besann er sich. Er war schließlich Fernsprecher, und die Leitung nach Smelna funktionierte noch. Er drehte die Kurbel, die Verbindung kam augenblicklich zustande. Hastig entledigte sich der Rotarmist seiner Meldung, und diese schlug im Gefechtstand des sowjetischen Kampfkommandanten denn auch wie eine Bombe ein.

„Deutsche Panzer vor Smelna!“ funkt der sowjetische Kampfkommandant an die 116. russische Schützendivision, die angeblich auf dem Marsch nach Smelna ist.

Fünf Minuten später liegt die Funkmeldung auf dem Tisch des Ia (Erster Generalstabsoffizier) der 116. Schützendivision*).

Unterleutnant Prochotow, einer der Ordonnanzoffiziere, sieht den Ia fassungslos an.

Aufspringend, sich seine Schirmmütze schnappend, rennt der Ia hinüber zum Befehlswagen des Generals. Der General, erschöpft von dem anstrengenden Landmarsch, hat sich gerade für eine Stunde niedergelegt.

„Was ist los?“ fragt der General mißtrauisch den Ia und wundert sich über dessen derangiertes Aussehen.

Der Ia, nach Atem ringend, reicht dem General wortlos den Funkspruch.

Der General liest, die Augenbrauen unwillig hochgezogen: „Westwärts gelegene eigene Feldstellungen von deutschen Panzern durchbrochen, die sich in raschem Vormarsch Smelna nähern.“

Der General, der die Depesche mit finsterer Miene gelesen hat, wendet sich nun an seinen Ia.

„Das ist allerdings wenig erfreulich“, kommt es lakonisch über seine Lippen. Darauf der Ia mit hochrotem Kopf:

„Das ist die Katastrophe, Genosse General.“

Der General blickt auf die Unterschrift. „Wer ist dieser Mann? Kennen Sie ihn?“

„Nein, Genosse General, dieser Oberst Leschukin ist mir völlig unbekannt.“

„Daß sich deutsche Panzer Smelna nähern“, sagt der General betont ruhig und langsam, „ist weiter nicht erstaunlich. Das wissen wir bereits, sonst würden wir nicht Tag und Nacht marschieren. Was mir nicht gefällt ist der Satz: ‚Westwärts gelegene Feldstellungen von deutschen Panzern durchbrochen ...‘ Hört sich beinahe so an, als ob dieser Oberst den Kopf verloren hätte, was meinen Sie?“

„Es sieht so aus“, knurrt der Ia. „Ich denke, wir sollten sofort die Armee verständigen. Dieser Leschukin muß mit allen Mitteln versuchen, die Stadt bis zu unserem Eintreffen zu halten.“

Der General lächelt sarkastisch.

---

*) Die Vorgänge sind nach sowjetischen Dokumentationen dargestellt, Namen unterer Dienstgrade stimmen nicht immer mit der Wirklichkeit überein.

„Wenn es ihm schon nicht gelungen ist, seine Feldstellungen zu behaupten, wird er wohl kaum in der Lage sein, die Stadt zu halten. Verstehen Sie? Der Oberst sitzt in der Klemme. Er sieht nicht mehr klar. Deshalb funkt er direkt an uns, statt die Armee zu verständigen. Verkürzung des Dienstweges. Er weiß, daß wir im Anmarsch sind, und deshalb informiert er uns. Geht etwas schief, schiebt er uns die Schuld zu. Er will uns unter Druck setzen. Ich kenne das. Aber vielleicht tue ich ihm unrecht. Es kann natürlich auch sein, daß er einfach zu schwach ist, um stärkerem Feinddruck standzuhalten. Karascho (gut). Geben Sie den Funkspruch sofort wortgetreu an die Armee weiter. Wir halten uns an die Weisung, spätestens am 6. August im Kampfraum Smelna einzutreffen."

Von seiner Warte aus hat der sowjetische Divisionskommandeur gewiß recht. Was nützt es, die Division loszuhetzen, die ohnehin schon einen mörderischen Dreitagemarsch zurückgelegt hat. Ausgelaugte Truppen taugen nichts mehr für einen harten Einsatz, das ist eine alte Binsenwahrheit. Und der General denkt nicht daran, seine Division schon in der ersten Kampfphase verheizen zu lassen.

Noch funktioniert das russische Nachrichtensystem ausgezeichnet, so daß die Armee fünfzehn Minuten später jenen ominösen Funkspruch in Händen hat. Sie reagiert, wie sie in einer solchen Lage reagieren muß, und funkt an Smelnas Kampfkommandanten zurück: „Verteidigung der Stadt bis zum letzten Mann bis zum Eintreffen der 116. Schützendivision unbedingt erforderlich. Sie haften mit Ihrem Kopf."

Als Oberst Leschukin diese Depesche vorgelegt bekommt, erbleicht er zuerst, dann aber schreit er wutentbrannt:

„Was für Idioten! Wie soll ich mit zwei Bataillonen eine ganze Stadt gegen deutsche Panzer verteidigen? Habe ich nicht seit zwei Wochen unentwegt Verstärkung angefordert? Und was passierte? Nichts. Ich bekam nicht einmal Antwort von der Armee. Und nun rollen die Deutschen mit Panzern auf die Stadt zu." Mit zornrotem Gesicht blickt er in die Runde der versammelten Offiziere.

„Können Sie mir sagen, wie wir Smelna halten sollen?"

Leschukins Offiziere schweigen. Was sollen sie auch sagen? Sie wissen ebensogut wie der Oberst, daß mit vier Pak, zwei 7,62-cm-Geschützen („Ratschbum") und schlecht ausgebildeten Reservisten keine Stadt zu halten ist, noch dazu wenn es sich um eine deutsche Panzereinheit handelt.

Leschukin, erbost über das hartnäckige Schweigen seiner Offiziere, wirft diese kurzerhand aus dem Gefechtsstand und läßt den Kommissar Bachramow kommen.

Als der Kommissar wenige Minuten später den Gefechtsstand betritt, tippt der Oberst erregt auf den Funkspruch der Armee und sagt bissig: „Lesen Sie das und dann sagen Sie mir, was Sie davon halten."

Der Kommissar, ein kleiner dicker Mann, der immer schwitzt und deshalb nie sein Taschentuch aus der Hand bringt, lächelt hart. „Ich kenne den Funkspruch bereits", wendet er sich an den Oberst.

„Und?“ schnappt Leschukin.
„Nichts und“, erwidert der Kommissar achselzuckend. „Befehl ist Befehl. Wir halten die Stadt, bis die 116. Schützendivision eintrifft.“ Schon wischt er sich wieder den Schweiß von der Stirn.
„Ist das alles, was Sie zu sagen haben, Bachramow?“ fragt der Oberst. Man sieht ihm seine Nervosität an.
„Jawohl, Genosse Oberst. Das ist alles. Im übrigen meine ich, Sie sollten die Nerven behalten.“
Leschukin, durch die Ruhe des anderen gereizt, will aufbrausen, aber der Kommissar fällt ihm ins Wort und meint:
„Wissen Sie, wer diese alarmierende Nachricht durchgegeben hat?“
Erstaunt blickt der Oberst den Kommissar an. „Wie meinen Sie das? Natürlich Oberleutnant Mitschkow, wer sonst?“
Der Kommissar schüttelt den Kopf. „Irrtum. Es war nicht Mitschkow, sondern ein Fernsprecher, der offenbar ausgehalten hat. Ich habe den Namen des Mannes notiert, er verdient eine Auszeichnung.“
„Einen Moment mal“, unterbricht ihn der Oberst. „Sie sagen, Sie haben mit der Kompanie Mitschkow telefoniert?“
„Nicht mit der Kompanie“, erwidert lächelnd der Kommissar. „Mit einem Fernsprecher, der — nicht wie die anderen zu den Faschisten übergelaufen ist. Mitschkow hat sich freiwillig den Deutschen ergeben. Er ist übergelaufen. Mitsamt seinen Männern ...“ Er zieht aus seiner Uniformtasche ein Blatt Papier hervor und legt es auf den Tisch. „Das ist der Tatbericht, Genosse Oberst. Sie werden Oberleutnant Mitschkow in Abwesenheit zum Tode verurteilen und außerdem einen Aufruf erlassen, der jedem Offizier und Mann erlaubt, auf Überläufer zu schießen.“ Er legt ein zweites Stück Papier neben das erste.
„Bachramow, haben Sie im Moment keine anderen Sorgen, als Todesurteile verkünden zu lassen?“ sagt der Oberst mit leiser Stimme.
Der kleine dicke Kommissar zuckt nur die Schultern.
Damit haben die Verantwortlichen in Smelna die Notbremse gezogen. Bald werden an den Häusern Plakate kleben mit dem Inhalt:
„Feiglinge sind Volksverräter. Feiglinge werden erbarmungslos ausgemerzt. Rotarmisten, zeigt euch würdig, für das Vaterland kämpfen zu dürfen.
gez. der Kampfkommandant. gez. der Kommissar“
Ob solche drakonischen Maßnahmen die Moral wirklich heben können, mag fragwürdig sein. Fest steht jedenfalls, daß hartes Durchgreifen schon oft wahre Wunder gezeitigt hat.

*

Unangefochten erreichen die Schützenpanzerwagen Hauptsturmführer Pfördtners das südliche Hügelland vor Smelna.
Bei Kilometer 98a dreht Pfördtner mit seiner kleinen Streitmacht nach

Norden ein und steht bald darauf zwei Kilometer östlich der kleinen Stadt, also im Rücken des Gegners.

Die Südschwenkung und dann das Eindrehen nach Norden hat sich offenbar gelohnt, der Feind ist irregeführt worden. Er erwartet den Angriff wohl direkt aus Westen.

Eine halbstündige Verschnaufpause ausnützend, teilt der Sturmführer seinen SPW zur Erkundung des östlichen Stadtrandes ein. Unterscharführer Sauer wird ermahnt, sich unter keinen Umständen auf ein Feuergefecht einzulassen. „Am liebsten wäre es mir, wenn man Sie überhaupt nicht sehen würde", fügt Pfördtner hinzu.

Sauer hat verstanden, er braust mit seinem SPW los.

Inzwischen hat sich auch Untersturmführer Maier gemeldet.

„Leichte Feldbefestigungen nordwestlich Smelna überrannt. Gegner setzte sich in Richtung Stadt ab."

Das ist der erste Spruch. Zehn Minuten später kommt bei Pfördtner ein zweiter an. In diesem meldet Maier: „Werden von Artillerie beschossen. Erkundungsvorstoß in Planquadrat 89 ergab: zwei feindliche Pak, Infanterie in Stärke einer halben Kompanie südlich der Pak-Stellung."

Pfördtner quittiert die Meldung, dann gibt er selber einen Spruch ab und seinen eigenen Standort durch. Er schließt mit der Aufforderung: „Ich greife in dreißig Minuten östlichen Stadtrand an."

Der zurückkehrende SPW-Spähtrupp, der bis auf 700 Meter an die Stadt herangekommen war, ohne vom Feind beschossen zu werden, meldet rege Schanzarbeiten am südlichen und westlichen Stadtrand.

„Die Russen haben alle Zivilisten aufgeboten", fügt Sauer erklärend hinzu.

„Und wie steht's mit den schweren Waffen?" erkundigt sich Hauptsturmführer Pfördtner mißtrauisch.

„Im östlichen Teil der Stadt haben wir weder Pak noch Artillerie erkennen können", antwortet der Unterscharführer.

„Komisch", sagt Pfördtner und runzelt die Stirn. „Maier meldet Artilleriebeschuß. Aber der scheint nicht aus der Stadt zu kommen, denn das müßten wir doch auch gehört haben."

„Artilleriedonner haben wir schon mitgekriegt", nickt der Scharführer. „Er scheint aus dem Norden zu kommen. Vielleicht haben die Russen dort einige Batterien stehen."

Des Rätsels Lösung ist ganz einfach, nur können Pfördtner und seine Männer die Ursache des mysteriösen Artilleriefeuers nicht kennen. Untersturmführer Maier befindet sich nämlich ausgerechnet im Verteidigungsstreifen des Nachbarregiments von Oberst Leschukin. Genau an der Nahtstelle. Ein vorgeschobener Artilleriebeobachter der Russen hatte Maiers Fahrzeuge ausgemacht und nicht lange gefackelt.

*

Auch der Fernsprecher bei Oberst Leschukin klingelt. Es wird ihm die Nachricht durchgegeben, daß gepanzerte Fahrzeuge der Deutschen an der Nahtstelle der beiden Regimenter aufgetaucht seien.

Leschukin, alarmiert durch diese Meldung, zieht darauf alle verfügbaren Kräfte zusammen und wirft sie an den West- und Nordwestrand der Stadt, weil er aus dieser Richtung den Schwerpunkt eines deutschen Angriffs erwartet. Daß er bereits ausflankiert ist, kommt ihm nicht in den Sinn. Auch hier rächt es sich wieder, daß die Russen fast keinerlei Gefechtsaufklärung betreiben.

*

Eingedenk der Mahnung des Regiments und auch der Division, möglichst rasch in Smelna Fuß zu fassen, entschließt sich Pfördtner, sofort anzugreifen.

Es ist jetzt vier Uhr nachmittags. Da man nie genau weiß, wie heftig sich der Gegner zur Wehr setzt und wann man wirklich festen Fuß fassen kann, muß Pfördtner rasch handeln. Vor Einbruch der Dämmerung hat das Regiment in der Stadt zu sein, um zu diesem Zeitpunkt nicht erst um diese kämpfen zu müssen. Dann würde sich das Gefecht nämlich in die Nacht hineinziehen, für den Feind ein entscheidender Vorteil, da er das Gelände ja genau kennt.

Schnell noch ein Blick auf die Karte. Von ihrem jetzigen Standort aus verläuft eine kleine Straße von Süden nach Norden und biegt ungefähr einen Kilometer vor dem östlichen Stadtrand nach Smelna ab.

„Diese Straße werden wir fahren“, entscheidet Pfördtner in einer letzten Einsatzbesprechung. „Wichtig ist es, daß wir uns in den Häusern am östlichen Stadtrand festsetzen, ist das klar? Von hier aus können wir auf jeden Fall den feindlichen Nachschub unterbinden. Zumindest so lange, bis das Regiment heran ist.“

Die Grenadiere, die im Schatten ihrer SPW noch eine Zigarette geraucht haben, werden aus ihrer kurzen Ruhe aufgescheucht.

„An die Fahrzeuge! — Motoren anwerfen!“

Pfördtner, mit seinem Schützenpanzerwagen an der Spitze fahrend, stößt dreimal kurz die Faust hoch.

„Marsch!“

Nicht mehr im Staubabstand, sondern dicht aufgefahren, schaukeln die SPW davon.

Noch können sie von Smelna aus nicht gesehen werden, weil ein kleiner Höhenzug die Sicht nach Süden versperrt. Aber schon nach zwei Kilometer müssen Pfördtners Wagen diese Höhe überqueren, um die Straße zu erreichen, die von Süden nach Norden und direkt nach Smelna führt.

Es wird im Höchsttempo gefahren. Mit 45 Stundenkilometer rasseln die SPW durch das Gelände, biegen dann nach Norden ab. Eine rund fünfhundert Meter lange Mulde wird durchfahren, dann kurz haltgemacht. Von einem kleinen Wiesenbuckel aus, auf dem junge Birken stehen, wirft Pfördtner einen Blick in das vor ihm liegende Gelände.

Linker Hand liegt die Stadt, in der nichts Auffälliges zu bemerken ist. Einige Rotarmisten stehen am Ostrand untätig herum. Einige Meter weiter wird ein MG in Stellung gebracht, mit Schußfeld nach Süden. Das ist alles, was Pfördtner zu sehen bekommt. Ein beinahe friedliches Bild. Was im Zentrum der Stadt und an den West- bzw. Nordrändern vor sich geht, kann der Hauptsturmführer von seinem Standort aus nicht erkennen, da das Blickfeld durch zahlreiche Obstplantagen ziemlich eingeengt ist.

Und was tut sich rechts? Da schlängelt sich die schmale Straße hin. Sie ist zur Zeit leer, kein Fahrzeugverkehr. Na schön, denkt der Hauptsturmführer, dann wollen wir es mal versuchen.

Plötzlich stutzen er und seine Begleiter, die Oberscharführer Rottauf und Sasser.

„Moment mal, Hauptsturmführer, da kommt doch was an", sagt Sasser verdutzt und zeigt nach Süden.

Pfördtner hat schon das Glas an den Augen. „Lkw-Kolonne", murmelt er. „Die wollen auch nach Smelna hinein. Schauen wir uns die mal ein bißchen genauer an. Auf die paar Minuten kommt es auch nicht mehr an."

Zuerst ist kaum etwas zu erkennen, denn die Lkw — daß es welche sind, darüber besteht kein Zweifel — fahren ziemlich schnell und wirbeln, wie alle Fahrzeuge um diese Jahreszeit, mächtig Staub auf. So etwas wie Staubabstand kennen die Russen nicht. Sie fahren grundsätzlich im Pulk, und dadurch verraten sie sich meist frühzeitig dem Gegner.

Im Moment ist die Lkw-Kolonne noch mindestens vier Kilometer von Smelna entfernt, zu den deutschen SPW dagegen weniger als etwa neunhundert bis tausend Meter.

Rottauf und Sasser schauen ihren Chef an, grinsen. Pfördtner versteht sofort ihre Gedanken, nickt und meint mit einem listigen Lächeln: „Ich weiß, was in eurem Kopf vorgeht. Wir hängen uns an die Kolonne an, wie?"

„Wissen Sie eine bessere Möglichkeit, unbemerkt an die Stadt ranzukommen, Sturmführer?" erwidert Rottauf.

„Nein", sagt Pfördtner und wischt sich mit dem Ärmel den Staub aus dem Gesicht. „Also los, Herrschaften! Sobald die Russen an uns vorbei sind, nichts wie hinterdrein."

Die SS-Grenadiere sind vom P!an des Hauptsturmführers natürlich begeistert. Das ist nach ihrem Geschmack, dem Gegner ein Schnippchen zu schlagen und dann überraschend angreifen.

Als die feindliche Lkw-Kolonne jenen Punkt erreicht, wo Pfördtner über den Hang brausen und sich dranhängen kann, gibt er das Zeichen: „Marsch!"

Dicht hintereinander fahrend, brausen die SPW über das Gelände. Nun wird es sich zeigen, wie wachsam der Gegner ist.

Hinter der Bordwand kauernd, das MG, den Karabiner, die MPi schuß-

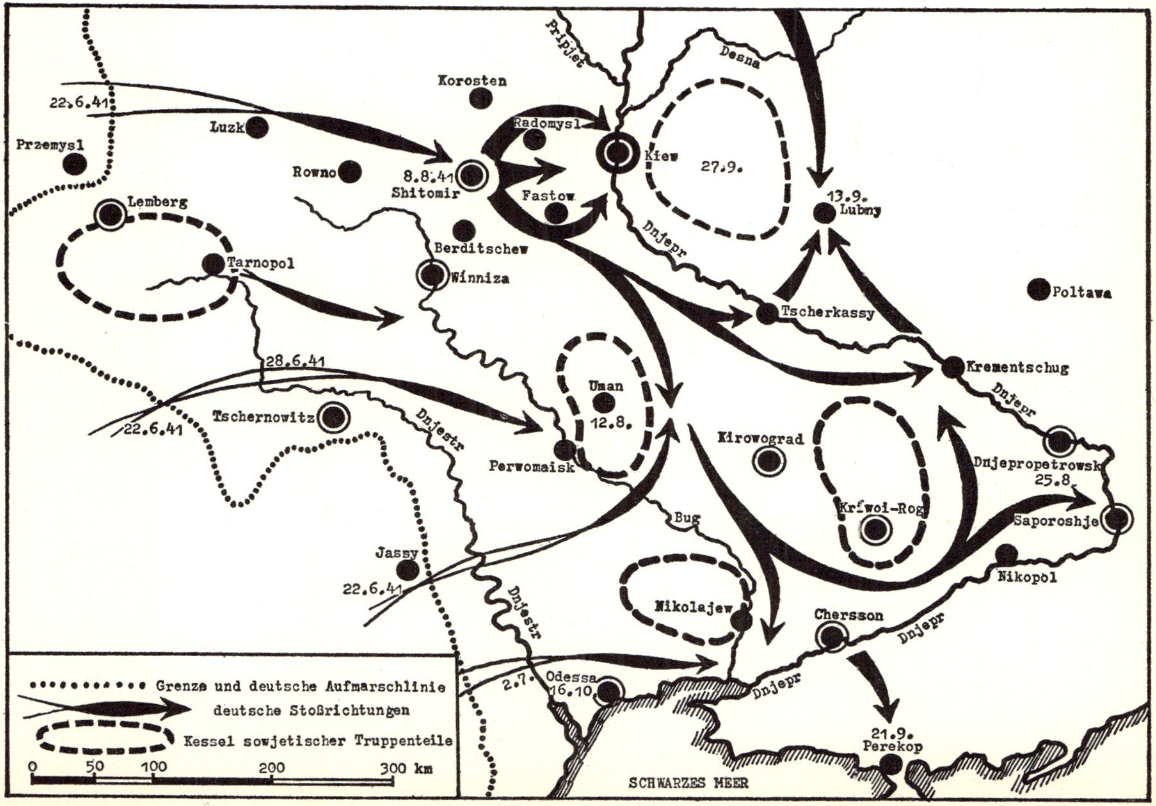
Przemysl
22.6.41
Luzk
Rowno
Korosten
8.8.41
Shitomir
Radomysl
Fastow
Kiew
Pripjet
Desna
27.9.
13.9.
Lubny
Lemberg
Tarnopol
Berditschew
Winniza
Dnjepr
Tscherkassy
Poltawa
28.6.41
22.6.41
Tschernowitz
Dnjestr
Uman
12.8.
Perwomaisk
Krementschug
Kirowograd
Dnjepropetrowsk
25.8.
Kriwoi-Rog
Saporoshje
Nikopol
Bug
Jassy
22.6.41
Nikolajew
Cherson
2.7.
Odessa
16.10.
21.9.
Perekop
SCHWARZES MEER
Grenze und deutsche Aufmarschlinie
deutsche Stoßrichtungen
Kessel sowjetischer Truppenteile
0
50
100
200
300 km

bereit, spähen die SS-Grenadiere hinüber zum Ortsrand. Eine ungeheure Spannung hat sich ihrer bemächtigt. Klappt der Trick? Oder riechen die Russen den Braten?

Pfördtner, in der Absicht, anständig „Staub zu machen“, forciert das Tempo. Mit 45 Sachen geht es dahin, und die Gleisketten wirbeln genügend Staub auf, um die kleine Kampfgruppe einzuhüllen. Es fragt sich nur, ob die Rotarmisten nicht durch das Gleiskettengeräusch mißtrauisch werden und Alarm schlagen.

Doch wider Erwarten geschieht nichts. Keine Aufregung bei den MG-Sicherungen am östlichen Stadtrand. Die Russen sind entweder blind auf beiden Augen, oder aber sie halten es für selbstverständlich, daß zwei mot. Kolonnen aus verschiedenen Richtungen die Stadt anfahren.

Schon biegen Pfördtners SPW in die Straße ein, vor sich die feindlichen Lkw, die in eine riesige Staubwolke gehüllt sind und in rascher Fahrt der Stadt zustreben.

Kaum hundert Meter beträgt der Abstand zwischen dem letzten russischen Lastwagen und Pfördtners Spitzenfahrzeug. — Schöpft der russische Fahrer keinen Verdacht? — Nun, er könnte, selbst wenn er wollte, die deutschen Fahrzeuge nicht erkennen, weil die Staubwolke ihm die Sicht versperrt. Außerdem besitzen die Lkw keinen Rückspiegel, in den die Fahrer blicken könnten. So rollen sie also auf die Stadt zu, ohne zu ahnen, daß sich der Tod an ihre Fersen geheftet hat.

Die Straße ist in einem sehr schlechten Zustand, mit Schlaglöchern gespickt und mit knöcheltiefem Staub bedeckt. Die russischen Lkw schaukeln dahin wie Dromedare in der Wüste, und man kann sich eigentlich kaum vorstellen, daß die Kisten nicht auseinanderfallen oder mit Achsenbrüchen liegenbleiben. Doch diese primitiven, für russische Geländeverhältnisse gebauten Wagen sind einfach nicht kaputtzukriegen.

Für die SPW ist es viel einfacher. Infolge der breiten Gleisketten reagieren sie wenigstens nicht so stark auf die Schlaglöcher. Dennoch müssen sich die SS-Grenadiere an den Munitionshalterungen festklammern, um nicht durcheinandergerüttelt zu werden.

Schlimmer als das Wackeln ist aber der Staub. Längst haben sich die Grenadiere Halstücher vor das Gesicht gebunden, um wenigstens einigermaßen die Atmungswege zu schützen. Viel nützt es nicht. Der Staub, fein wie Mehl, dringt überall ein, setzt sich in Ohren, Nasenlöchern und unter den Augenlidern fest. Die Zähne mahlen auf feinkörnigem Sand, und die Haut juckt von Schweiß und Staub. Seit vier Tagen sind die Männer Pfördtners nicht mehr aus den Klamotten gekommen. Von Waschen konnte überhaupt keine Rede sein. Aber in der Stadt wird es Wasser, Brunnen oder sogar einen Bach geben. Und dann, das haben sich die Grenadiere geschworen, werden sie eine Waschorgie veranstalten, wie es schon lange keine mehr gegeben hat.

An so was denkt man auch, selbst dann, wenn die nächsten Stunden vermutlich kein Waschfest, sondern einen Geschoßhagel bringen werden.

Kaum durch den Staubschleier zu erkennen, taucht am rechten Straßenrand eine Wegetafel auf. „Smelna 2 km" steht darauf. Zwei Kilometer! Das heißt, daß in fünf Minuten die Stunde der Wahrheit schlagen wird. In etwa fünf Minuten wird sich herausstellen, ob es der kleinen Kampfgruppe gelingen kann, den Gegner zu überlisten und ihn niederzuhalten, bis das Regiment nachgezogen hat.

Hauptsturmführer Pfördtner, neben dem MG-Schützen stehend, späht nach rechts und links, wo konturenhaft die ersten Häuser von Smelna aus der Staubwolke heraus sichtbar werden.

Pfördtner ist sich nicht ganz schlüssig, wie er verfahren soll. Soll er mit den Lkw ein Stück in die Stadt hineinrollen und dann das Feuer eröffnen, oder ist es klüger, noch vor Erreichen der Stadtgrenze die Lkw-Kolonne zusammenzuschießen?

Er überlegt nur kurz und kommt zu dem Schluß, daß er sich noch wenigstens dreihundert Meter an die Lkw-Kolonne anhängen und dann erst das Gefecht eröffnen wird. Dafür spricht vor allem die Überlegung, feindliche Sicherungen aus dem Rücken angreifen zu können.

Der Kompaniechef ist sich darüber klar, daß er mit seinen wenigen Männern keine Chance besitzt, wenn es ihm nicht gelingt, sich sofort in einigen Häusern festzusetzen. Zugleich hofft er, daß Untersturmführer Maier mit seiner Gruppe inzwischen auch herangekommen sein wird.

Als ob es nur dieses Gedankens bedurft hätte, meldet sich Maier in diesem Moment über Funksprech. „Rücke auf den Nordwestrand der Stadt zu", ertönt seine helle Stimme aus dem Lautsprecher. „Wie geht es euch? Was macht ihr?"

Pfördtner, beglückt darüber, daß sich Maier gerade im richtigen Augenblick gemeldet hat, will eben Antwort geben, da geht es auch schon los.

Ein russisches Maxim-Gewehr beginnt zu hämmern, und gegen den MG-Schutzschild von Pfördtners SPW prasselt ein Geschoßhagel.

Wider Erwarten hatten die russischen Ortssicherungen offenbar aufgepaßt und erkannt, was sich da hinter den Lkw in die Stadt geschlichen hat.

In die heiseren Befehle Pfördtners hinein tackern die feindlichen MG, krachen Gewehrschüsse. Die bis dahin hintereinanderfahrenden Lkw spritzen auseinander, die Fahrer versuchen ihre Fahrzeuge hinter die Häuser zu lenken. Einige springen ab, überlassen die ausrollenden Fahrzeuge ihrem Schicksal, so daß sich im Nu drei Lastwagen ineinander verkeilen und die ohnehin nicht sehr breite Straße blockieren.

„Auf die Lkw Feuer frei!" befiehlt Pfördtner, der sich von der Überraschung bereits erholt hat.

Der links neben Pfördtner aufgefahrene SPW des Unterscharführers (Unteroffizier) Stolz greift mit in das Gefecht ein. Der MG-Schütze jagt ein ganzes Magazin Leuchtspur in die verkeilten Wagen.

Flammen züngeln aus den Hecks, dann gibt es eine mächtige Explosion, in deren Folge eine turmhohe Feuersäule gen Himmel steigt.

Die russischen Lkw hatten Sprit geladen, der nun Feuer gefangen hat.

Mit diesem infernalischen Donnerschlag beginnt der Kampf um die Stadt Smelna.

*

Während vor Smelna die Kämpfe entbrennen, in deren Verlauf die SS-Division „Wiking“ schwer zu ringen haben wird, zeichnen sich andernorts bereits neue deutsche Angriffsschwerpunkte ab.

Generaloberst von Kleist, Oberbefehlshaber (OB) der Panzergruppe 1, erteilt dem III. Armeekorps (AK) mot. (motorisiert) den Befehl, im Handstreich die Dnjepr-Brücken bei Krementschug zu nehmen.

Es ist klar: Wenn es nicht rasch gelingt, die wichtigsten Flußübergänge in die Hand zu bekommen, ist der deutschen Wehrmacht am Dnjepr vorerst ein Halt geboten. Das wiederum heißt aber, daß sich der Gegner neu formieren kann.

Der Kommandierende General des III. AK mot., General der Kavallerie von Mackensen, dem die 14. PD, 44. ID und 298. ID unterstehen, erteilt der bewährten 14. PD den Befehl, unverzüglich auf Krementschug einzuschwenken und mit der Aufklärungsabteilung (AA) 40 gegen die Dnjepr-Brücken aufzuklären.

Erstes Ziel der Aufklärungsabteilung ist Krjukow, gegenüber von Krementschug. Erreicht man Krjukow, steht die Division am Dnjepr.

Da eine sofortige Aufklärung unbedingt erforderlich ist, Reserven aber nicht zur Verfügung stehen, wird Leutnant Göttler per Funk abgerufen und mit einem neuen Auftrag betraut.

Göttler, der eine vom Abteilungsstandort zwanzig Kilometer entfernt liegende russische Bunkerlinie aufzuklären hatte, wird um zehn Uhr vormittags von der Abteilung zurückgepfiffen.

Der Funkspruch an Göttler lautete in lakonischer Kürze:

„Auftrag abbrechen. Neuer Auftrag: Brücken von Krementschug. An Geländepunkt 657,6 stößt Kradschützenzug zu Ihnen ...“

Danach folgten die für den neuen Auftrag erforderlichen Funkunterlagen.

Leutnant Göttler erreicht der Spruch mitten auf dem Marsch.

Er ist stocksauer. Wer kann ihm das verübeln? Seine Männer sind total übermüdet, die Fahrer beispielsweise pennen mitten während der Fahrt ein und werden nur noch durch Rippenstöße wachgehalten. Den Richtschützen ergeht es nicht viel anders. Dauernd nicken sie an der Optik ein. Dann gibt's Anschnauzer. Nein, nach vier Tagen und Nächten ununterbrochenen Einsatzes sind die Männer physisch einfach überfordert.

Alles müßige Überlegungen, denkt Leutnant Göttler. Und wenn der Laden erst einmal rollt, wird auf den Zustand der Fahrzeuge keine Rücksicht genommen. Man fährt so lange, bis die Karre stehenbleibt.

Der von der Abteilung angegebene Treffpunkt mit dem Kradschützenzug ist von Göttlers jetzigem Standort ungefähr fünf Kilometer entfernt.

Nach der Karte geht es durch unübersichtliches, feindwahrscheinliches Gelände. Rundherum Mais- oder Sonnenblumenfelder, Obstplantagen, ein Terrain also, das dem Gegner Dutzende von Möglichkeiten bietet, sich zu verstecken und gefährliche Hinterhalte einzubauen.

Doch der Spähtrupp hat Glück. Man stößt auf keinen Gegner und erreicht dreißig Minuten später den Geländepunkt 657,6; ein kleines Birkenwäldchen, in dem die Kradschützen untergezogen sind und auf die Panzerspäher warten.

Der Zugführer der Kradschützen, Feldwebel Widawka, kommt Leutnant Göttler entgegen und meldet.

Göttler und Widawka sind alte Bekannte. Sie haben schon manchen Auftrag gemeinsam ausgeführt, und sie duzen sich auch.

Die erste Frage, die der Leutnant an den Feldwebel richtet, ist die: „Mit was bist du hier? Etwa mit Krädern?"

Widawka grinst. „Leider ja. Mit acht Maschinen."

Göttler zieht die Stirn kraus. „Mit acht Krädern, sagst du? Das sind ja dann nur ..."

„Zwanzig Mann", ergänzt der Feldwebel sarkastisch. „Zwanzig Mann mit vier MG. Eine wahnsinnige Kampfgruppe, wie?"

„Ach, du heiliges Kanonenrohr", sagt Göttler nur und zieht eine Grimasse. „Das wird immer verrückter. Manchmal frage ich mich, ob die noch alle beieinander haben. Wenn sie uns wenigstens einen P III (Panzer) mitgegeben hätten."

„Gemach, gemach", sagt Widawka, „es heißt, einen Zug P III bekommt die Abteilung zugeteilt. Im übrigen glaube ich sowieso nicht, daß wir mit dieser lausigen Gruppe überhaupt unser Ziel erreichen."

„So? Und warum nicht, du Klugscheißer?" raunzt ihn der Leutnant an.

„Weil ich läuten hörte, daß die Russen bei Krementschug Panzer und Artillerie zusammenziehen. Das westliche Dnjepr-Ufer soll gespickt sein mit Pak. Willst du noch mehr hören?" Der Feldwebel grinst niederträchtig.

„Danke, das genügt mir", knurrt Göttler.

*

In Oberst Leschukins Lagebesprechung mit den beiden Bataillonskommandeuren krachte die Explosion der Sprit-Lkw. Der durch die Hauptstraße rasende Detonationsdruck ließ die Fensterscheiben in Leschukins Gefechtsstand bersten.

Das ebenerdige Zimmer in dem kleinen Holzhaus war mit Splittern übersät. Leschukin und die Kommandeure hatten sich instinktiv zu Boden geworfen. Danach hörten die beiden Kapitan, wie der Oberst mit heiserer und beklommener Stimme fragte: „Was war denn das?"

„Eine Explosion, Genosse Oberst", hatte Kapitan Bogdanow gesagt, war aufgestanden und hatte sich den Staub und die winzigen Glassplitter aus der Uniform geklopft. „Irgend etwas ist in die Luft geflogen. Hoffentlich nicht das Munitionslager."

„Rufen Sie im Lager an, Bogdanow!" befahl der Oberst, etwas schwerfällig aufstehend und kopfschüttelnd die leeren Fensterrahmen betrachtend.

Doch dazu kommt es nicht, denn in diesem Augenblick hören die sowjetischen Offiziere rasendes Maschinengewehrfeuer. Sich verdutzt anblikkend, sagt Kapitan Schafarenko, der zweite Bataillonskommandeur: „Die Deutschen sind da!"

„Das ist nicht möglich!" brüllt Leschukin. Schafarenko, ein untersetzter, bulliger Typ, Mitte vierzig, lächelt spöttisch und meint:

„Was soll das MG-Feuer sonst bedeuten, Genosse Oberst?"

Leschukin verfärbt sich. — Man hätte ihm ein Nachschubregiment geben sollen und keine Kampfeinheit, mag Schafarenko denken, als er das Entsetzen in Leschukins Gesicht sieht.

„Nachrichten von Sedunin?" fragt der Oberst, der sich sichtlich bemüht, nicht die Nerven zu verlieren. — Sedunin ist der Chef der 4. Schützenkompanie. Er liegt mit seiner Kompanie im Ostteil der Stadt und gehört zum Bataillon des Kapitans Bogdanow.

„Oberleutnant Sedunin bemüht sich, die eingedrungenen Faschisten zurückzuwerfen", antwortet der Adjutant. „Nur . . ."

„Was ist denn noch?" fährt ihn der Oberst wütend an.

„Die Deutschen kommen mit Panzern!" meldet der Adjutant, und sich an Kapitan Bogdanow wendend, fährt er fort: „Genosse Kapitan, Oberleutnant Sedunin läßt um sofortige Zuweisung von Pak bitten."

Bogdanow, der sich den Stahlhelm aufgesetzt und die MPi von der Wand genommen hat, nickt nur. Sich an Oberst Leschukin wendend, stellt er sachlich fest: „Allem Anschein nach kommen die Deutschen nicht aus dem Westen. Sie haben uns offenbar bereits ausflankiert. Wie viele Panzerabwehrgeschütze können Sie aus der westlichen Stadtfront abziehen, Genosse Oberst?"

Leschukin hört gar nicht hin, sondern sagt zum Adjutanten: „Wie viele Panzer haben die Faschisten?"

„Das ist schwer zu sagen. Im Moment jedenfalls", antwortet der Leutnant. „Sedunin spricht von sieben oder acht Stück."

„Infanterie dabei?" schaltet sich mit scharfer Stimme Kapitan Bogdanow dazwischen.

„Jawohl, Genosse Kapitan. Infanterie führen die Deutschen auch mit. Es sind bereits Straßenkämpfe im Gange."

Bogdanow hängt sich die Maschinenpistole um den Hals und sieht den Obersten an. „Ich denke, mein Platz ist jetzt bei meinen Kompanien, Genosse Oberst."

Ohne eine Antwort Leschukins abzuwarten, verläßt er den Gefechtsstand.

Kapitan Schafarenkos Bataillon, das den westlichen und südwestlichen

715. Infanteriedivision

Aufstellung: Im Mai 1941 aus Landesschützen-Verbände im Raum Vaihingen aufgestellt.

Wehrkreis V Baden-Württemberg

Gliederung:

GR*	725	AR	671	Pi	715	San	715
GR	735	AA	715	NA	715	Vers-Tr.	715
GR	1048	PzJg	715	FEB	715		

Kampfeinsatz

Frankreich: Nach beendeter Aufstellung wird die Division nach Frankreich verlegt.

1941–1944 Ausbildung und Einsatz im Küstenschutz. Besatzungstruppe im Raum Angoulême und Bayonne. Einmarsch in das unbesetzte Frankreich und Küstensicherung. Einsatz zur Partisanenbekämpfung in Südfrankreich. Verlegung nach Italien.

Italien: Angriffs- und Abwehrkämpfe im Brückenkopf Nettuno. Auffrischung im Raum Forli. Teile der Division werden zum Küstenschutz im Raum S. Giovanni–Vala–Castel Bolognese. Stellungskrieg in der „Gotenlinie", Mte. Battaglia, Mte. Cece. Teile der Div. werden zum Partisaneneinsatz im rückwärtigen Divisionsabschnitt eingesetzt. Rückzug auf den Nordhang des Apennin, Raum Imola. Stellungskrieg. Abwehrkämpfe am Senio.

Ostfront: Verlegung zur Ostfront, Frontabschnitt Tschechoslowakei. Einsatz im Raum ostw. Loslau. Abwehrkämpfe im Raum Godow. Die Masse der Division gerät in russ. Gefangenschaft.

Divisionskommandeure:

Generalmajor Wenning; Generalleutnant Hoffmann; Generalleutnant Hildebrandt; Generalmajor v. Rohr; Oberst Spitthoff.

Stadtteil zu verteidigen hat, besitzt insgesamt vier Pak, die ausnahmslos am Stadtrand in Stellung gebracht worden sind. An diese Geschütze denkt wohl in diesem kritischen Augenblick Oberst Leschukin.

„Schafarenko, überstellen Sie zwei Ihrer Pak an Bogdanow", befiehlt der Oberst, „und versuchen Sie einen Zug Einsatzreserve bereitzustellen. Die Deutschen dürfen in der Stadt nicht Fuß fassen. Gehen Sie jetzt, Schafarenko."

Wortlos und mit spöttisch zusammengekniffenen Augen grüßt der Kapitan und geht rasch aus dem Zimmer.

Als er auf die Straße kommt, rennen Rotarmisten scharenweise vom östlichen Ortsteil in Richtung Stadtmitte. Auch bespannte Einheiten sind zu sehen. Die Fahrer schlagen auf die Pferde ein, und einige der auf den Wagen sitzenden Rotarmisten schreien. „Die Deutschen greifen mit Panzern an!"

Schafarenko reißt seine MPi herunter und stellt sich den Fliehenden in den Weg. „Zurück! Zurück, sage ich, oder ich knalle euch alle zusammen!"

Er jagt einen Feuerstoß aus der Waffe und stoppt eine Gruppe Soldaten.

„Wo sind eure Offiziere?" brüllt er sie an. Sie schweigen, ducken die Köpfe und schielen nach einer Möglichkeit, sich verziehen zu können.

Schafarenko packt den nächstbesten Mann am Uniformkragen und schüttelt ihn hin und her.

„Ich will Antwort!" Er ist außer sich. „Wo sind eure Offiziere?" schreit er erneut den Mann an und stößt ihn von sich. „Antworte!" Drohend richtet er den Lauf seiner MPi auf den vor Angst schlotternden Rotarmisten.

„Sie sind, glaube ich, noch vorn, Genosse Kapitan", bequemt sich endlich der Rotarmist zu antworten. „Die Panzer, Genosse ..."

Schafarenko läßt ihn nicht zu Ende reden, brüllt: „So? Eure Offiziere sind noch vorn, und ihr laßt sie im Stich? Wegen lumpiger Faschistenpanzer? Zurück, sage ich! Dawai! Oder muß ich euch Beine machen?"

Noch zögern sie, überlegen, was sie tun sollen. Das etwa: Gehen sie zurück, müssen sie gegen deutsche Panzer kämpfen, gehen sie nicht zurück, schießt sie dieser Kapitan über den Haufen, darüber besteht kaum ein Zweifel. Da wählen sie das vorerst kleinere Übel und machen kehrt.

Angewidert geht Schafarenko hinüber zu einer Strohmiete, wo er sein Krad abgestellt hat. Doch da kommen schon wieder haufenweise fliehende Rotarmisten die Hauptstraße entlang. Ein Offizier versucht sie aufzuhalten. Es ist Kapitan Bogdanow.

Schafarenko hört, wie Bogdanow den Fliehenden sein heiseres „Stoj! Stoj!" entgegenruft. Sie hören nicht. Da schießt Bogdanow eine Garbe über die Köpfe der Flüchtenden hinweg. Aber diese bleiben nicht stehen, sondern rennen auseinander und verkrümeln sich in die Seitenstraßen.

Mit einigen Sätzen steht Schafarenko neben Bogdanow, der, bleich im Gesicht und vor Wut zitternd, mitten auf der Straße steht.

„Der Teufel muß in die Burschen gefahren sein!" keucht Bogdanow, als er Schafarenko neben sich erblickt. „Sie sind wie von Furien gehetzt. Meine ganze 3. Kompanie ist getürmt. Es ist eine Schande, Iwanowitsch Schafarenko."

„Warst du vorn bei Sedunin?" fragt Schafarenko, bemüht, sich beherrscht zu zeigen.

Bogdanow lacht hart auf. „So weit kam ich gar nicht. Die Straßen sind verstopft. Alles packt die Koffer, und wer kann, besorgt sich ein Pferd oder ein Fahrzeug. Wir müssen etwas tun, Iwanowitsch. Wenn wir die Panik nicht unter Kontrolle bringen, kassieren die Deutschen die Stadt, ehe wir uns versehen."

Beide Bataillonskommandeure lauschen auf das harte Tackern der Maschinengewehre.

„Es sind deutsche", sagt Bogdanow grimmig. „Nur dann und wann hört man eine russische Waffe. Wenn man Sedunin nicht zu Hilfe kommt, ist es für uns alle zu spät."

„Ich rede mit Leschukin", sagt Schafarenko, und ein harter, entschlossener Zug gräbt sich um seinen Mund. „Ich werde ihn zwingen, Sofortmaßnahmen zu ergreifen. Er soll wenigstens eine Sperrlinie aufbauen. Und dann muß er ein Kommando genehmigen, das gegen die Fahnenflüchtigen durchgreift."

Bogdanow nickt zustimmend. „Karascho", sagt er. „Geh du zum Oberst, ich versuche ein paar beherzte Männer aufzutreiben und ein paar MG, mit denen wir die Straße sperren."

„Gut. Wo ist übrigens der Kommissar? Ich habe ihn bei der Besprechung vermißt", wendet sich Schafarenko an Bogdanow.

„Bachramow lebt nicht mehr", sagt der Kapitan. „Ich habe es von einem verwundeten Korporal erfahren. Bachramow wollte Sedunin zu Hilfe kommen und lief in die Garbe eines deutschen Maschinengewehrs. Er war sofort tot."

„Weißt du noch mehr?" fragt Schafarenko hastig.

Bogdanow nickt. „Ja. Es sind keine Panzer, mit denen die Faschisten angreifen, sondern nur Schützenpanzerwagen. Sie haben sich hinter eine Nachschubkolonne gesetzt und sind mit dieser einfach in die Stadt reingefahren. Sedunin hat es nicht gemerkt, denn sonst hätte er rechtzeitig Alarm geschlagen."

Schafarenko ist nicht anzumerken, wie er darüber denkt. Wortlos dreht er sich um und geht zum Gefechtsstand zurück.

Im Vorraum stehen zwei von Leschukins Ordonnanzoffizieren herum. Sie schrecken zusammen, als sie Kapitan Schafarenko erkennen.

„Wo ist der Genosse Oberst?" schnauzt Schafarenko sie an.

„Im Funkraum", antwortet einer der Ordonnanzoffiziere, ein Unterleutnant.

„Und was treibt ihr hier?" bellt Schafarenko. „Die Deutschen stehen in der Stadt, und dieses glorreiche Regiment ist auf dem besten Weg, sich kampflos den Faschisten zu ergeben. Raus hier! Melden Sie sich bei Kapitan Bogdanow! Er steht auf der Straße."

Als Schafarenko den Kartenraum betritt, hört er im Nebenraum Oberst Leschukins erregte Stimme sagen: „Ich muß eine Verbindung mit der 116. Schützendivision bekommen, verstehen Sie mich? Eine Verbindung, und zwar sofort! Funken Sie!“

„Keine Verbindung zu bekommen, Genosse Oberst“, erwidert der Funker mit stoischer Ruhe. „Die Division meldet sich nicht.“

„Probieren Sie es immer wieder. Haben Sie die richtige Frequenz? Das kann es doch nicht geben, daß sich die Division nicht meldet. Dawai! Geben Sie noch einmal den Spruch durch!“ befiehlt Leschukin mit schriller Stimme.

Schafarenko ist unter die Tür zum Funkraum getreten. Mit zusammengekniffenen Augen starrt er auf den breiten Rücken des Obersten und auf den Funker, der mit flinken Fingern den Spruch herunterklopft, dann auf Empfang schaltet und angespannt lauscht.

Sekunden vergehen. Es kommt keine Antwort. Minuten verstreichen. Vielleicht uneinbringbare kostbare Minuten. Auch für Schafarenko. Aber der steht bewegungslos da und wartet, denn er braucht eine gewisse Zeit, um sich zu dem Entschluß durchzuringen, der ihm nach Lage der Dinge unabwendbar erscheint.

„Was ist?“ sagt der Oberst mit bebender Stimme. „Kriegen Sie nun endlich die Verbindung, Sergeant?“

„Nein! Die Division meldet sich nicht“, erwidert der Funker, und diesmal klingt seine Stimme gereizt.

„Noch mal durchgeben, noch mal, noch mal!“ brüllt Leschukin und trommelt dem Funker mit der geballten Faust auf den Rücken.

„Hören Sie auf! Sie können keine Funkverbindung mit der 116. Schützendivision bekommen, weil sie sich auf dem Kriegsmarsch befindet, Genosse Oberst“, sagt Schafarenko scharf. „Sie wissen ebensogut wie ich, daß jede Division den Funkverkehr einstellt, wenn sie sich ...“ Weiter kommt er nicht, denn Leschukin schnellt herum und starrt den Kapitan haßerfüllt an.

„Was erlauben Sie sich?“ keucht er. „Wie kommen Sie überhaupt hierher, Genosse Kapitan? Warum sind Sie nicht bei Ihrem Bataillon?“

„Gehen Sie nach draußen, dann werden Sie sehen, warum ich hier bin“, antwortet Schafarenko mit eisiger Stimme.

„Raus hier! Das ist ein Befehl!“ brüllt Leschukin. „Das ist mein Befehlsstand. Ich werde Sie vor ein Kriegsgericht stellen, Genosse Schafarenko!“

Schafarenko, sich zu seiner ganzen Größe aufrichtend, hält den Blick Leschukins fest, dann sagt er: „Genosse Oberst, die Bataillone lösen sich auf. Wenn Sie nicht augenblicklich scharfe Gegenmaßnahmen ergreifen, ist die Stadt in spätestens einer halben Stunde in der Hand der Deutschen.“

„Was haben Sie eben gesagt?“

„Das Bataillon Bogdanow flüchtet vor den Deutschen“, wiederholt Schafarenko mit eisiger Stimme. „Bogdanow steht mit der Waffe in der Hand auf der Hauptstraße, um die Deserteure und Flüchtenden zu stoppen.

Alles löst sich auf. Bogdanow kommt nicht einmal zu seinem Gefechtsstand durch. Nehmen Sie Vernunft an, Genosse Oberst. Wir müssen sofort die Ruhe und Ordnung in der Stadt wiederherstellen."

„Was wir müssen, weiß ich selber", sagt Leschukin. „Das allerwichtigste ist jetzt, die 116. Schützendivision zu verständigen. Sie allein ist in der Lage, die Stadt zu retten."

„Ihr Regiment muß die Stadt halten und nicht die 116. Schützendivision!" erwidert Schafarenko mit gefährlich leiser Stimme.

„Ich verbitte mir Ihre Einmischung, Genosse Schafarenko!" braust der Oberst auf. „Zum letzten Mal: Verlassen Sie meinen Gefechtsstand!"

„Geben Sie den Befehl, daß jeder Mann bis zur letzten Patrone zu kämpfen hat, widrigenfalls er an die Wand gestellt wird", fordert der Bataillonskommandeur. „Und bilden Sie ein Sonderkommando, das alle Befugnisse erhält, um die Panik zu stoppen."

„Ich werde das befehlen, was ich für richtig halte", schnaubt Leschukin. „Ich, ich, verstehen Sie? Ich bin der Regimentskommandeur und nicht Sie! Scheren Sie sich zum Teufel, Genosse, und kämpfen Sie an der Spitze Ihres Bataillons und überlassen Sie mir die Führung des Regiments.

„Ihr Platz ist jetzt vorn an der Front!" herrscht Schafarenko den Obersten an.

Leschukin senkt den Kopf. Sekundenlang bleibt er still. Dann sagt der Oberst:

„Vielleicht haben Sie recht! Kommen Sie!"

*

Als Schwerpunkt der russischen Ortsverteidigung im Osten der Stadt entpuppt sich ein Bunker, der, seitlich an ein Haus angelehnt, nicht nur die Hauptstraße, sondern auch das Gelände ringsherum beherrscht. Ein im Bunker installiertes Maxim-Gewehr hält mit gezieltem und wütendem Feuer die SS-Grenadiere nieder. Zehn Rotarmisten haben sich im Haus nebenan verschanzt. Dagegen ist die Verbindung zum 2. Zug, der dreihundert Meter nördlich liegt, abgerissen. Von dort kommt nur schwaches Gewehrfeuer. Nicht anders sieht es beim 3. Zug aus. Auch zu ihm besteht keine Verbindung mehr.

Auf deutscher Seite sieht die Lage so aus: Pfördtner, der schnell erkennen mußte, daß es gefährlich war, die SPW in den Einsatz zu bringen, hat diese zurückgenommen. Ein unter dem Befehl des Scharführers Bergner vorsichtig vorfühlender Schützenpanzerwagen wurde prompt mit Molotow-Flaschen beworfen. Bergner hatte Mühe, den Wagen aus der Gefahrenzone zu schaffen.

Jetzt sind die SPW unter einer Hausmauer untergezogen.

Das einzig Positive der bisherigen Kampfhandlungen ist die Besetzung von drei an der Straße liegenden Häusern durch die Oberscharführer Rottauf und Sasser.

Aus den Häusern heraus nehmen die deutschen MG-Schützen den Bunker unter Beschuß. Doch dieser erweist sich als zu stark, die MG-Geschosse prallen von den starken Zementwänden wirkungslos ab, und gezieltes Feuer auf die Bunkerschlitze hat bisher ebenfalls keinen Erfolg gebracht.

„Der Bunker muß fallen!“ konstatiert Sturmführer Pfördtner. Die Frage ist nur, wie kommt man ihm am besten und schnellsten bei. Ihn infanteristisch anzugreifen ist sinnlos, das Bunker-MG beherrscht in weitem Umkreis das Gelände.

„Wenn wir den Bunker wenigstens für einige Zeit blenden könnten“, ärgert sich Oberscharführer Rottauf und sieht den neben ihm liegenden Kompaniechef an.

„Habt ihr noch eine Nebelkerze?“ fragt dieser zurück.

„Nee, haben wir nicht mehr. Die Dinger haben wir an den Spähtrupp abgegeben. Liesegang hat noch zwo Stück.“

Pfördtner brummt einen Fluch in seinen Bart. „Liesegang! Menschenskind, der ist bei Maier. Apropos Maier. Er müßte sich eigentlich schon gemeldet haben. Ob da was schiefgegangen ist?“

„Untersturmführer Maier kann noch nicht heran sein“, beruhigt Rottauf den Kompaniechef. „Die haben doch mehr als zehn Kilometer Umweg machen müssen.“

Ein Feuerstoß aus dem Maxim-Gewehr läßt sie blitzartig die Köpfe einziehen.

Der russische MG-Schütze ist verdammt auf Draht. Er wittert geradezu, wo die Deutschen in Deckung liegen, obgleich diese fortwährend ihren Standort wechseln und ihre jeweilige Feuerstellung geschickt auswählen.

„Machen Sie eine geballte Ladung fertig, Rottauf!“ befiehlt Pfördtner dem Zugführer.

Der blickt ihn verdutzt an. „Sie wollen den Bunker in die Luft sprengen, Hauptsturmführer?“ fragt er überrascht.

„Eine geballte Ladung!“ herrscht ihn Pfördtner an. „Oder glauben Sie, wir können bis in alle Ewigkeit die zwei Häuser verteidigen? Es wird nicht mehr lange dauern, dann machen die Russen einen Gegenstoß. Und dann? Also los, beeilen Sie sich schon, Rottauf.“

„Wir kommen nicht über das ungedeckte Gelände, Hauptsturmführer!“ warnt Oberscharführer Rottauf seinen Kompaniechef.

„Das weiß ich selber“, antwortet Pfördtner ungehalten. Er hat eine Idee, wie diesem Bunker beizukommen ist. Nur muß es rasch gehen. Die Uhr läuft im Moment für den Gegner und gegen die schwachen deutschen Angreifer.

Sorgen bereitet Pfördtner auch der Umstand, daß sich Untersturmführer Maier noch nicht gemeldet hat. Er müßte längst den Nordwestrand der Stadt erreicht haben.

Knallharte Abschüsse aus westlicher Richtung lassen Pfördtner und seine Grenadiere aufhorchen.

Was war das? Hörte sich wie Pak an.
„Ist es auch gewesen, Hauptsturmführer", sagt einer der SS-Grenadiere.
Wieder krachende Schüsse. Dann das Bellen von 2-cm-Kanonen.
„Das waren die Spähwagen", ruft Rottauf dem Kompaniechef zu.
Der Gefechtslärm steigert sich. Jetzt mischen auch Maschinengewehre mit. Es sind deutsche, das ist ganz klar zu erkennen.
Da kommt auch schon der Scharführer Sagstätter angerannt und meldet dem Kompaniechef, daß sich eben Untersturmführer Maier über Sprechfunk gemeldet habe. „Sie sind auf einen feindlichen Pak-Riegel gestoßen und stehen zwei Kilometer nordwestlich von Smelna."
Pfördtner überlegt kurz, dann befiehlt er: „Rufen Sie zurück und sagen Sie Maier, er soll genau zwanzig Minuten lang die Ortschaft beschießen und sich dann absetzen. Sagen Sie dem Untersturmführer, er soll, wenn es möglich ist, sich zu uns durchschlagen. Geben Sie ihm unseren Standort genau durch. Los!"

*

Die Luft im Bunker ist stickigheiß, pulverdampfgeschwängert. Die Rotarmisten japsen vor Sauerstoffmangel, und infolge der drückenden Hitze läuft ihnen der Schweiß in Bächen vom Gesicht.
Hinaus können sie nicht mehr. Sedunin hat die Bunkertür von innen verrammelt und einen Eid geschworen, sie nicht eher zu öffnen, bis entweder die Deutschen zurückgeschlagen sind oder der eigene Gegenangriff Entlastung bringt.
„Lebend kriegen uns die Faschisten im Bunker nicht", hatte der Oberleutnant seinen Männern gesagt.
Der als einziger Unteroffiziersdienstgrad anwesende Sergeant Kretschenko warnte den Oberleutnant. „Auf die Dauer können wir den Bunker nicht halten, Genosse Oberleutnant." Er hatte ihn beschworen, den Bunker zu räumen, um, wie er meinte, an anderer Stelle den Kampf weiterzuführen.
Auch jetzt dringt Kretschenko wieder in den Oberleutnant und meint besorgt: „Genosse Oberleutnant, wir haben noch zweitausend Schuß Munition, dann ist es aus. Mit was sollen wir dann den Bunker verteidigen?"
„Mit Handgranaten und Fäusten!" erwidert Sedunin grimmig.
Schon rattert erneut das Maxim-Gewehr. Ein kurzatmiges Gebell, das nach Sekunden erstirbt. Der Gurt ist leergeschossen.
„Munition her!" brüllt Sedunin.
Schweigend und mit verbissenem Gesichtsausdruck legt der Sergeant einen neuen Gurt ein. „Jetzt noch drei Gurte, dann haben wir uns leergeschossen, Genosse Oberleutnant."
Sedunin wischt sich den Schweiß vom Gesicht, sieht den Sergeanten mit zusammengekniffenen Augen an.
„Sie halten unseren Widerstand für sinnlos, nicht wahr?"
Kretschenko, mit dem Rücken gegen die Bunkerwand gelehnt, antwortet

hitzig: „Widerstand als solchen nicht, Genosse Oberleutnant. Nur aus dem Bunker da, den halte ich für sinnlos. Es werden immer mehr Faschisten kommen — und dann? Dann kommen sie mit einem Panzer und schießen den Bunker in Trümmer. Das ist meine Meinung."

Sedunin lächelt hart. „Sie täuschen sich, Kretschenko", sagt er laut, so daß es alle im Bunker hören können. „Die Uhr tickt für uns." Und mit einer Kopfbewegung nach draußen: „Warum greifen sie denn nicht an? Weil sie zu schwach sind. Wir müssen aushalten und die Hauptstraße sperren. An uns kommen sie nicht vorbei. Und das Bataillon wird uns nicht im Stich lassen."

Wie die meisten russischen Bunker, ist auch dieser zur Rundumverteidigung eingerichtet und besitzt vier Schießscharten, die zugleich als Sehschlitze dienen. Neben jeder Schießscharte steht ein Rotarmist mit schußbereiter MPi, um jeden feindlichen Angriff sofort abwehren zu können. Die Soldaten am nördlichen und westlichen Bunkerschlitz haben außerdem die wichtige Aufgabe, die Straße zur Ortsmitte hin unter Kontrolle zu halten.

Daß die Stimmung im Bunker nicht gerade die beste ist, versteht sich von selbst. Der Feind kann einem zwar im Moment nicht viel anhaben, aber das kann sich bald ändern.

Mit äußerster Spannung lauschen und spähen deshalb die im Bunker eingeschlossenen Rotarmisten nach draußen.

Plötzlich sind Kettenrasseln und Motorenlärm zu hören.

„Aufpassen! Sie kommen!"

Sergeant Kretschenkos Stimme hallt im Bunkerinneren wider wie in einem Grabgewölbe.

Durch die linker Hand liegenden Obstgärten schieben sich vier deutsche Schützenpanzerwagen in Richtung Bunker heran. Sie fahren sehr schnell, walzen kleine Bäume nieder, Sträucher, den Gartenzaun des Grundstückes.

Fasziniert und für Sekunden wie gelähmt, starrt Oberleutnant Sedunin auf die anrollenden Fahrzeuge. Er kann sich keinen Vers darauf machen, was sie vorhaben. Schwere Waffen, die den Bunker knacken könnten, besitzen sie nicht. Was also wollen sie?

„Handgranaten her!" brüllt der Oberleutnant.

In fünf Meter Entfernung brausen die deutschen SPW am Bunker vorbei, wobei sie eine mächtige Staubwolke aufwirbeln, die jede Sicht versperrt. Staubschwaden dringen in die Bunkerschlitze. Die Rotarmisten ringen nach Atem, husten, keuchen, reiben sich die Augen.

Jetzt durchschaut Oberleutnant Sedunin das Manöver der Deutschen. Sie wollen den Bunker blenden und ihn im Schutz der Staubwolke stürmen. Sein Gehirn signalisiert Gefahr. Er weiß, daß nun Sekunden über Leben und Tod entscheiden, und er weiß ferner, daß es falsch war, den Bunker so lange zu verteidigen. Sergeant Kretschenko hatte recht. Es wäre vernünftiger gewesen, den Kampfstand aufzugeben und Anschluß an das Bataillon zu suchen.

Sein Befehl: „Raus aus dem Bunker! Türe auf!“ kommt zu spät.

Irgend etwas fällt im Bunker zu Boden. Das hören sie alle, denn sehen können sie nichts. Eine Sekunde später gibt es drei, vier oder auch mehr Explosionen. Grelle Flammenblitze, denen Todesschreie folgen. Stichflammen, knatternde Reihenexplosionen sich entzündender Munition.

Nur der Sergeant überlebte. Er hatte noch kurz vor der Explosion die Tür aufreißen können. Danach war er vom Detonationsdruck nach draußen geworfen worden. Er hatte sich totgestellt, als die Deutschen an ihm vorbeiliefen. Wie durch ein Wunder war er von schweren Verletzungen verschont geblieben. Später, als es Nacht wurde, hatte er sich sogar zu den eigenen Verteidigungslinien durchschlagen und darüber berichten können, was im Bunker geschehen war.

*

Die Fahrweise des verstärkten Panzerspähtrupps ist dem Gelände angepaßt. Voraus also die Spähwagen, in Sichtabstand die Kradschützen auf ihren Krädern.

Die Nachrichtenverbindung zwischen Leutnant Göttler und Feldwebel Widawka wird durch Signalflaggen aufrechterhalten. Rot bedeutet: Achtung, Feind! Volle Deckung! Weiß: Kradschützenzugführer zu mir. Und Gelb: Aufpassen, wir haben Feind erkannt. Feuerbereitschaft. Zugführer zu mir.

Göttler besitzt zwar auch noch eine grüne Flagge, die aber nicht eingesetzt wird, weil sie zu leicht mit einer der anderen Farben verwechselt werden könnte.

Verständigung mittels Signalflaggen ist zweifellos nicht der Idealfall, aber da keine Funksprechverbindung zwischen Göttler und Widawka möglich ist, muß eben zu diesem Hilfsmittel gegriffen werden. Im übrigen sind beide so gut aufeinander eingespielt, daß sich jeder auf das Einfühlungsvermögen und das Fingerspitzengefühl des anderen verlassen kann.

Daß dieser Aufklärungsauftrag eine aufregende und gefährliche Sache werden wird, darüber sind sich Leutnant Göttler und Feldwebel Widawka völlig klar. Sie hämmern ihren Männern deshalb ein, äußerste Wachsamkeit walten zu lassen.

Wie notwendig diese Forderung ist, zeigt sich sehr bald.

Der verstärkte Panzerspähtrupp will gerade in einen Feldweg einbiegen, der in eine Schlucht führt, um am anderen Ende in eine Sonnenblumenplantage zu münden, als Göttlers Fahrer jäh auf die Bremse steigt. Göttler, der mit dem Kinn schmerzhaft gegen das KWK-Gestänge stößt, will einen Fluch ausstoßen, aber da ruft ihm schon der Fahrer, der Obergefreite Bartles, zu: „Herr Leutnant, schauen Sie mal! Rauch über der Schlucht!“

Was hat der Bursche doch für gute Augen, denkt Göttler und vergißt seinen Ärger.

Tatsächlich, über der Schlucht ist eine kaum sichtbare Rauchentwicklung zu erkennen. Es ist weißer, dünner Rauch, der senkrecht in die Höhe steigt, sich aber bald mit der hitzeflimmernden Luft vermischt, sich auflöst.

Göttler wirft einen Blick auf die Karte. Das nächste Dorf ist acht Kilometer entfernt. Zivilisten können es demnach nicht sein, die in der Schlucht ein Feuer entfacht haben, denn daß es sich um ein solches handelt, darüber besteht kein Zweifel.

Der Leutnant zeigt die gelbe Signalflagge. Feldwebel Widawka braust mit seiner 750-ccm-Beiwagenmaschine heran, hält neben dem Vierrad von Leutnant Göttler.

„Was gibt's?“ Widawka schaut den Leutnant gespannt an. Der zeigt mit dem ausgestreckten Arm zur Schlucht hinüber. „Siehst du den Rauch?“

Widawka muß erst die Augen beschatten, dann erkennt auch er den feinen, dünnen Rauch, der aus der Schlucht aufsteigt.

„Ich kläre auf“, sagt der Kradschützenführer. „Gebt mit euren Wagen Feuerschutz.“

Feldwebel Widawka winkt seine 1. Gruppe heran, wirft einen prüfenden Blick ins Gelände. Meterhohes Steppengras und vereinzelte Büsche erlauben von der südlichen Seite eine Annäherung an die Schlucht bis auf etwa hundert Meter.

„Bis dahin fahren wir, dann klären wir zu Fuß auf, was meinst du?“ schlägt Widawka dem Leutnant vor. Göttler ist damit einverstanden. Aufklärung zu Fuß ist in diesem Falle immer besser, als mit den Vierrads in die Balka vorzustoßen.

Panzerspähwagen und Kräder fahren in Deckung beiderseits des Feldweges. Feldwebel Widawka schwingt sich auf den Sozius seines Krads. Ein Wink, und die vier Kräder fahren los. Während Göttlers Kanonenwagen den Schluchteingang ins Visier nimmt, sichert der zweite Wagen mit seinem MG den südlichen Schluchtrand ab.

150 Meter vor der Schlucht laßt Feldwebel Widawka anhalten. Die MG-Schützen springen ab, spritzen auseinander. In Schützenkette nähern sich die Männer der Schlucht.

Widawka selbst rennt neben Unteroffizier Thäring, dem Gruppenführer, auf die Schlucht zu. Was wird sie dort erwarten? Woher rührt der Rauch?

„Halt!“ Zehn Meter vor der Schlucht gibt Widawka das Zeichen für volle Deckung. Zu Thäring sagt er leise: „Los, komm. Sehen wir uns mal die Chose an, Werner.“

Sie pirschen sich vorsichtig an den Schluchtrand heran, biegen die Zweige eines Busches auseinander und spähen in den Schluchtgrund hinab.

Ihr Erstaunen wird immer größer, als sie in der Schlucht die Besatzung eines russischen Panzerspähwagens entdecken. Die Männer sitzen an einem niedriggehaltenen Feuer und braten in einer eisernen Pfanne — Spiegeleier.

Feldwebel Widawka und der Unteroffizier Thäring wechseln einen bedeutungsvollen Blick. „Eigentlich können sie einem leid tun, was?“ flüstert Thäring seinem Zugführer zu.

„Mal anders", grinst Widawka. „Das hahen die sich wohl kaum träumen lassen, daß sie das Kriegsende beim Spiegeleierbraten erleben. Sieh dir mal den Spähwagen an. Der schaut so brandneu aus, daß er bestimmt noch keine fünfhundert Kilometer drauf hat."

Der russische Panzerspähwagen, der ein Stück weiter schluchtaufwärts steht, trägt noch den Fabrikglanz.

Die Spähwagenbesatzung trifft beinahe der Schlag, als ihnen Minuten später ein lautes „Rucky werch!" vom Schluchtrand entgegenschallt.

Im Nu sind die Rotarmisten entwaffnet. Im Gänsemarsch, flankiert von den Kradschützen, marschieren sie auf die Vierrads zu.

Man kann sich gut vorstellen, was Leutnant Göttler, seine Panzerspäher und die Kradschützen für Augen machen, als Feldwebel Widawka die Kameraden von der anderen Feldpostnummer abliefert.

Göttler läßt Zigaretten verteilen und knöpft sich anschließend den russischen Sergeanten vor. Der Bursche ist gesprächig, und soweit die Verständigungsmöglichkeiten ausreichen, erfährt der Leutnant denn auch einige ganz interessante Dinge. So zum Beispiel, daß sich die Rote Armee auf breiter Front zum Dnjepr zurückziehe und nur wenige kampfkräftige Einheiten als Nachhuten zurückblieben. Wie es im nächsten Dorf aussehe? will Göttler wissen. Oh, dort seien die Truppen der Roten Armee bereits abgezogen, erhält er zur Antwort. Was sie für einen Auftrag gehabt hätten? — Nur sehen, wie weit die Deutschen schon gekommen seien. — Ob es Panzer in der Nähe gäbe? — Nein, seines Wissens nicht. Aber viele Panzer und auch Pak stünden am westlichen Dnjepr-Ufer. Dieses würde, so sagte man jedenfalls den Rotarmisten, bis zur letzten Patrone verteidigt werden. — Was in Krementschug los sei? — Krementschug? Die Russen kennen den Namen dieser Stadt gar nicht. — Was dann? Krjukow etwa? — Ja, das kennen sie. Dort liege ein Divisionsstab. — Und was für Truppen? — Pioniere und Infanterie...

Na also, denkt Göttler mit einigem Mißbehagen. In Krjukow ein Divisionsstab, Pioniere und Infanterie. Das kann ja heiter werden, denn über Krjukow müssen sie auf alle Fälle, wenn sie nach Krementschug wollen. Krjukow liegt schließlich diesseits des Flusses und ist mit Krementschug durch zwei Brücken verbunden.

Ob die Dnjepr-Brücken stark verteidigt werden? erkundigt sich Göttler. — Nachdenkliches Achselzucken seitens des Sergeanten. „Wohl kaum", meint er. „Zu was auch? Brücken gehen in die Luft, wenn Germanskji kommen." — Natürlich, die einfachste Sache von der Welt. Der Russe hat vollkommen recht. Warum eine Brücke verteidigen, wenn man sie ebensogut in die Luft jagen kann und damit denselben Zweck erfüllt.

Göttler zeigt dem Mann eine Karte und verlangt, daß der Rotarmist ihm in etwa den Verlauf der russischen Verteidigungsstellungen zeigen soll. Aber der Sergeant blickt den deutschen Leutnant nur verblüfft an. Er kann keine Karte lesen, er hat nicht die geringste Ahnung von taktischen Zeichen. Kopfschüttelnd gibt Leutnant Göttler schließlich auf. Es ist ihm allerdings nicht ganz klar, nach welchen Gesichtspunkten dieser russische Spähtrupp überhaupt gefahren ist.

„Einfach frei Schnauze", meint Feldwebel Widawka. Das wiederum kann sich Göttler nicht vorstellen. „Wahrscheinlich verhält sich die Sache ganz anders", meint er augenzwinkernd. „Ich glaube viel eher, daß die Brüder einfach ausgebüchst sind."

„Nun ja, möglich ist alles", antwortet Widawka und wirft einen abschätzenden Blick auf die Rotarmisten.

Sehr kriegerisch sehen sie nicht aus, konstatiert er in Gedanken. Vermutlich sind sie heilfroh, daß für sie der Krieg zu Ende ist.

Nachdem Göttler den Vorfall der Abteilung gemeldet hat, überlegt er, was er mit den gefangenen Russen machen soll. Mitnehmen hat wenig Zweck, sie würden sie nur belasten. Also läßt man die drei laufen, was diese im wahrsten Sinn des Wortes auch tun. Sie türmen wie der Blitz in westlicher Richtung.

Eine weitere Frage ist die, was man mit dem erbeuteten Panzerspähwagen anstellen soll. Sprengen? Widawka ist dafür. Aber Göttler winkt ab.

„Den nehmen wir mit. Es kann sein, daß er uns noch gute Dienste leistet", ist seine Meinung. Und sich an den Feldwebel wendend: „Hast du einen Mann, der die Karre fahren kann?"

Feldwebel Widawka grinst. „Einen? Ich hätte ein halbes Dutzend, die sich darum reißen, den Spähwagen zu fahren."

Es wird ein Gefreiter ausgewählt, der im Zivilberuf Omnibusfahrer ist. Er ist ein fixer Bursche, ein MG-Schütze 2, und er hat nichts dagegen, den Beiwagen mit dem Sitz hinterm Lenkrad des erbeuteten Panzerspähwagens zu vertauschen.

Eine kurze Probefahrt befriedigt Leutnant Göttler. Göttler und Widawka sind sich darin einig, daß der russische Spähwagen sowohl als Lockvogel als auch zur Täuschung des Feindes eingesetzt werden soll, soweit die Lage dies zuläßt und für den Fahrer kein allzu großes Risiko darstellt.

Die unfreiwillige Marschunterbrechung hat über eine halbe Stunde in Anspruch genommen. Es darf nun keine Zeit mehr verloren werden.

Das nächste Ziel ist jenes Dorf, das nur noch acht Kilometer entfernt ist und aus dem angeblich die Russen bereits abgezogen sein sollen, soweit man den Gefangenen in dieser Beziehung Glauben schenken darf. Es kann natürlich ebensogut möglich sein, daß die Spähwagenbesatzung die Ortschaft Garkonskaja gar nicht kennt.

Nun, man wird sehen. Göttler ermahnt jedenfalls seine eigenen Leute und die Kradschützen, äußerste Vorsicht walten zu lassen.

Weiter geht es. Durch die Schlucht hindurch und jenseits wieder den Feldweg entlang, der direkt zur Ortschaft führt — falls die Karte stimmt, was nicht immer der Fall sein muß.

Zum Erstaunen Göttlers sind im Straßenstaub deutlich die Reifenspuren des russischen Spähwagens zu erkennen. Folglich scheint dieser auch aus der Ortschaft gekommen zu sein.

Diese Entdeckung ist beruhigend, denn sie läßt den Leutnant nun hoffen, daß auch die Angaben bezüglich des Abzugs der russischen Truppen aus dem Dorf der Wahrheit entsprechen.

Wie mit dem Lineal gezogen, so gerade zieht sich der Feldweg — auf der Karte ist er als Straße eingezeichnet — nach Südwesten, um dann ungefähr drei Kilometer vor Garkonskaja einen leichten Bogen nach Norden zu machen.

Das bis dahin etwas hügelige Gelände wird überraschend flach, karg, baum- und strauchlos. Steppenlandschaft. Hinten am Horizont zeichnen sich die Häuser der Ortschaft ab. Ein Zeilendorf, das sich einen Kilometer lang von Norden nach Süden erstreckt. Weit die geduckten Katen überragend der obligatorische Ziehbrunnen.

Ostwärts von der Ortschaft aber beginnt wieder das typische, leicht hügelige Gelände dieser Gegend.

Leutnant Göttler legt, als er bis auf etwa drei Kilometer an die Ortschaft herangefahren ist, einen kurzen Beobachtungsstopp ein. Eine genaue und sehr sorgfältige Glasbeobachtung ergibt keinerlei Anhaltspunkte, daß sich in Garkonskaja noch sowjetische Truppen befinden. Weder Göttler selbst noch der Panzerführer des Wagens 2 können die geringsten Anzeichen menschlichen Lebens erkennen. Die Ortschaft liegt wie ausgestorben unter einer Dunstglocke, was — nach den Erfahrungen der Panzerspäher — immer verdächtig ist.

Nach den bisher gemachten Erfahrungen kommen die Zivilisten, sobald die sowjetischen Truppen abgezogen sind, neugierig aus ihren Kellerlöchern oder Verstecken hervor, rennen vor die Ortschaft oder bevölkern die Dorfstraße.

„So ganz gefällt mir die Sache nicht", sagt der Leutnant zum Richtschützen, dem Obergefreiten Bartles. „Was halten Sie davon?"

„Es sieht fast so aus, Herr Leutnant, als seien doch noch Russen in der Ortschaft, oder zumindest waren sie noch vor kurzem drin. Denn daß man uns bereits gesehen hat, das ist für mich sonnenklar", antwortet Bartles, ohne lang zu überlegen.

Einen Augenblick lang denkt Göttler darüber nach, ob er nicht den Trick mit dem erbeuteten Spähwagen anwenden soll. Er verwirft diesen Gedanken aber wieder, weil die Entfernung zur Ortschaft schon zu gering ist. Wenn sich wirklich noch russische Truppen in Garkonskaja befinden, haben diese die deutschen Fahrzeuge längst ausgemacht, so daß der Bluff mit dem Spähwagen ohnedies illusorisch wäre.

Vorsichtig schiebt sich der Vierrad-Spähtrupp noch ein Stück näher an die Ortschaft heran. Die kritische Grenze liegt erst bei 1200 bis 1500 Metern, dann nämlich geraten die Spähwagen in den Schußbereich etwaiger feindlicher Pak.

Doch nichts geschieht, nach wie vor liegt der Ort wie ausgestorben da.

Leutnant Göttler, der ein ungutes Gefühl nicht los wird, verlangsamt das Tempo noch mehr, legt alle paar hundert Meter Beobachtungspausen ein.

Hätte er jedoch nur im entferntesten geahnt, daß zu übermäßiger Vorsicht überhaupt kein Grund vorhanden war, er hätte keinen Moment gezögert, loszubrausen.

Das Glück der Stunde ausnützend, haben die SS-Grenadiere von Sturmführer Pfördtner im Sturmlauf noch weitere vier Häuser unter ihre Kontrolle gebracht. Damit ist Pfördtners kleine Streitmacht ungefähr dreihundert Meter tief nach Smelna eingedrungen. Sieben Häuser sind in ihrem Besitz.

Ein weiteres Vordringen wird durch wütende russische Gegenangriffe vereitelt.

Schnell herangeschaffte Pak nimmt die Deutschen unter konzentrisches Feuer.

Der 1. Zug von Pfördtner liegt zudem seit fünf Minuten unter starkem Granatwerferbeschuß. Beim 2. Zug, der die am weitesten westwärts gelegenen Häuser verteidigt, sind Nahkämpfe im Gange.

Allem Anschein nach hat sich der Gegner vom ersten Schock erholt und wirft nun alles, was er zur Verfügung hat, an die bedrohte Stelle.

Pfördtner ist sich darüber klar, daß die Sowjets längst herausbekommen haben, nur schwache deutsche Kräfte in Smelna vor sich zu haben, die, mit der nötigen Entschlossenheit angepackt, unterliegen müssen.

Der Hauptsturmführer gibt die Parole an seine Männer durch: „Krallt euch fest, wo ihr seid. Wir gehen keinen Schritt zurück!"

Ermutigt in ihrem schweren Abwehrkampf wird die deutsche Kampfgruppe durch einen Funkspruch des Regiments „Germania", das sein Eintreffen vor Smelna bis um 17 Uhr ankündigt.

Bis dahin sind es noch anderthalb Stunden. Neunzig Minuten können eine Ewigkeit dauern, vor allem, wenn der Gegner alle seine Kräfte einsetzt, den letzten Mann mobilisiert.

Was Pfördtner außerdem noch bedrückt ist der Umstand, daß Maier immer noch nicht zur Kampfgruppe gestoßen ist. Heftiges feindliches Pak-Feuer in nördlicher Richtung läßt den Kompaniechef Schlimmes ahnen. Offenbar kann Maier die russische Pak-Front nicht durchbrechen, nur — und darüber ist der Hauptsturmführer am meisten besorgt —, warum meldet sich der Untersturmführer nicht? Alle Anrufe sind vergeblich geblieben, es kommt keine Funksprechverbindung zustande.

Dabei könnte er gerade beim jetzigen Stand der Kämpfe die Unterstützung der Achtrad und der beiden Schützengruppen notwendig gebrauchen.

„Es muß irgend etwas passiert sein mit Maier", sorgt sich Pfördtner gegenüber den Oberscharführern Rottauf und Sasser.

Rottauf macht den Vorschlag, einen SPW mit einer Gruppe loszuschikken, um Verbindung mit Untersturmführer Maier aufzunehmen.

Vermutlich hätte Pfördtner diesem Vorschlag auch zugestimmt, wenn nicht gerade jetzt wieder der Teufel los gewesen wäre.

Die Hauptstraße fällt von der Ortsmitte leicht nach Osten ab. Kein sehr starkes Gefälle, vielleicht fünf Prozent, mehr sicher nicht. Die Russen hat diese Tatsache zu einem Experiment animiert, das — falls es glücken sollte — die deutschen Angreifer in arge Bedrängnis stürzen kann.

*

Oberst Leschukin ist gefallen. Die Garbe eines deutschen Maschinengewehrs hatte ihn niedergestreckt. Nun hat Kapitan Schafarenko den Befehl übernommen. Nachdem ein Sperrkommando unter Führung eines zuverlässigen Oberleutnants alle wichtigen Straßen abgeriegelt und flüchtende Soldaten zurückgebracht hatte, ist einigermaßen Ordnung in die zwei Bataillone eingekehrt. Die Offiziere haben ihre Einheiten wieder in den Griff bekommen, die ausgebrochene Panik ist eingedämmt.

Kapitan Bogdanow, der sein Bataillon inzwischen gesammelt hat, bezieht zweihundert Meter vom Stadtkern entfernt eine neue Verteidigungslinie. Von hier aus schickt er kleinere Stoßtrupps gegen die eingedrungenen Deutschen, um diese in Atem zu halten und ihnen keine Möglichkeit zu geben, eigene Initiativen zu entwickeln. Sämtliche Granatwerfertrupps des Bataillons werden konzentrisch auf die deutschen Stellungen eingesetzt, die Häuser, in denen sich die SS-Grenadiere verschanzt haben, unter pausenlosen Beschuß genommen.

Durch die ständigen Angriffe der Stoßtrupps soll ferner der Gegner darüber hinweggetäuscht werden, daß die russischen Verteidigungslinien weit zurückgenommen worden sind. —

Ein ungemein raffinierter Schachzug. Sturmführer Pfördtner war denn auch darauf hereingefallen. Er hatte keine Ahnung, daß er bei entschlossenem Nachstoßen auf einen leeren Raum treffen würde. So aber verwirrten ihn begreiflicherweise die vom Gegner unter starkem Munitionsverbrauch durchgeführten Angriffe und erweckten bei ihm den Eindruck, die Russen säßen nach wie vor im östlichen Stadtteil, bereit, jedes Haus, jeden Hof und jeden Garten erbittert bis zur letzten Patrone zu verteidigen.

Eine parallele Aktion hierzu ist die Zurücknahme des Bataillons Schafarenko, das nun von einem Oberleutnant geführt wird.

Das Bataillon wird bis auf sechshundert Meter zur Ortsmitte hin zurückgenommen, so daß die russische Abwehrfront bedeutend kleiner, aber auch um so stärker geworden ist. Der Verteidigungsbereich umfaßt eine ungefähr drei Quadratkilometer große Fläche.

Auf Befehl Schafarenkos haben sich alle Männer, gleich welchen Alters, dem Kampfkommandanten zur Verfügung stellen müssen. Es sind mehr als zweihundert Mann, die zu Schanzarbeiten eingesetzt werden. Die Frauen wiederum und die Halbwüchsigen schleppen die Munition aus dem Lager, das im nördlichen Stadtteil liegt. Kistenweise wird MG-, Granatwerfer- und Geschützmunition mit Handkarren abgefahren und in den Kellern der Häuser eingelagert.

Eigens aufgestellte Streifen beaufsichtigen sowohl die Schanz- wie auch die Munitionsarbeiten. Zuverlässige Rotarmisten aus den kommunistischen Kadern versuchen den Widerstandswillen der Zivilbevölkerung zu stärken.

Es ist ein Wettlauf mit der Zeit. Beide Seiten können mit Entsatz rechnen, aber wann wird dieser eintreffen?

Für Kapitan Schafarenko ist außerdem die erfolgreiche Verteidigung der Stadt eine Prestigefrage ersten Ranges. Nun, da er das Kommando für die Truppen in Smelna übernommen hat, will er sich verständlicherweise keinen Fehler mehr leisten.

Zweifellos eine einmalige Situation. Aber gerade durch die Not und unter dem Druck, dem die Sowjets ausgesetzt sind, werden ungeahnte Kräfte freigemacht.

Zwei Probleme sind es, die Schafarenko zu meistern gedenkt. Einmal, die Stadt in einen Verteidigungszustand zu versetzen, der es den Deutschen auch dann nicht erlaubt, festen Fuß zu fassen, wenn sie Verstärkung heranbekommen sollten. Zweites Problem: Was kann er unternehmen, um Kräfte zu sparen und die Deutschen trotzdem erfolgreich an ihren jetzigen Standort zu binden?

Der russische Kampfkommandant weiß nur zu gut, daß die Moral seiner Truppe — trotz drastischer Maßnahmen — nicht die beste ist. Es ist ihm klar, daß ein Einbruch in die neue Verteidigungslinie leicht zum Zusammenbruch der gesamten Abwehrfront führen kann. Entscheidend ist hierbei, ob es gelingt, die breite Hauptstraße für die deutschen Panzer, die zweifellos bald vor der Stadt sein werden, zu sperren.

Schafarenkos Pionieroffizier, der Unterleutnant Sofronow, scheint die rettende Idee zu haben. Er schlägt dem Kapitan vor, sämtliche Karren und entbehrlichen Räderfahrzeuge mit Steinen, Unrat oder Sand zu beladen und diese Kavalkade mit einem Schlag die abschüssige Straße hinunterfahren zu lassen.

„Wenn wir wenigstens dreißig Fahrzeuge auftreiben, Genosse Kapitan, blockieren wir die Hauptstraße so, daß die Deutschen Stunden benötigen werden, um diese Sperre zu beseitigen“, argumentiert der sowjetische Pionierleutnant.

Schafarenko stimmt diesem Plan sofort zu. Kommandos werden losgeschickt, um die erforderliche Anzahl von Sperrfahrzeugen aufzutreiben. Innerhalb einer halben Stunde kann der Pionieroffizier dem Kampfkommandanten von Smelna 34 Räderfahrzeuge melden. Sie werden in Eile mit allem möglichen Zeug beladen und für den Einsatz bereitgestellt.

Dieser Trick, die Hauptstraße nachhaltig zu sperren, versetzt die Russen zudem in die Lage, Scharfschützen und Panzerbüchsen hinter der Sperre in Stellung bringen.

Die durch die Errichtung der Barrikade freiwerdenden Kräfte setzt Schafarenko an den weichen Stellen seiner Verteidigungsfront ein, an den Flanken. Jedes Haus wird innerhalb kürzester Zeit zu einer kleinen Festung ausgebaut. Nahkampftrupps werden gebildet, die Pioniere verteilen an die Züge Minen und Molotow-Cocktails (Benzinflaschen mit Lunten).

Genau um 15.45 Uhr schieben Zivilisten und Rotarmisten die beladenen Fahrzeuge in die Straßenmitte und leiten damit eine gewaltige Verwirrung für die Deutschen ein.

*

Die SS-Grenadiere trauen ihren Augen nicht, als die Straße herab, in eine mächtige Staubwolke gehüllt, Dutzende von Räderfahrzeugen rollen.

Zuerst sind Einzelheiten infolge der gewaltigen Staubentwicklung gar nicht zu erkennen.

Als dann aber Karren und Fuhrwerke sichtbar werden, die mit ohrenbetäubendem Lärm die abfallende Straße herunterdonnern, dämmert den deutschen Verteidigern, was hinter dieser Aktion der Russen steckt.

Aber sich dagegen zu wehren, ist unmöglich. Wie soll man dreißig, vierzig vollbeladene Fahrzeuge aufhalten können?

Dennoch reagiert Hauptsturmführer Pfördtner blitzschnell.

Ungefähr siebenhundert Meter müssen die Sperrfahrzeuge der Russen zurücklegen, um bis vor die deutschen Stellungen zu gelangen. Umgerechnet sind das vielleicht zwei Minuten.

„Alle Minen her!" brüllt der Kompaniechef seinen Zugführern zu. „Vier Mann raus und die Minen legen. Schnell!" Seine Stimme überschlägt sich vor Erregung.

Doch bevor der Befehl in die Tat umgesetzt werden kann, tritt ein Ereignis ein, mit dem die Russen zwar gerechnet haben müßten, aber wohl doch nicht daran gedacht hatten.

Einige der Fuhrwerke geraten bei der rasenden Fahrt in tiefe Schlaglöcher. Sie stürzen und kippen sofort um. Die Folge davon ist, daß sieben, acht oder mehr dahinterfolgende Karren und Fahrzeuge aufeinanderprallen.

Ein nicht zu beschreibendes Getöse erfüllt die Luft. Deichseln fliegen durch die Gegend, Räder montieren ab, werden hochgeschleudert und mit ihnen der auf den Wagen liegende Ballast.

Nur wenige Fahrzeuge erreichen ihr Ziel, nämlich jene Stelle, wo die SS-Grenadiere abwehr-, aber auch angriffsbereit in den Häusern und drumherum liegen.

Die Absicht der Russen, die Hauptstraße taktisch zu sperren, ist fehlgeschlagen. Die von ihnen erhoffte Barriere steht nicht siebenhundert Meter vor ihrer östlichen HKL (Hauptkampflinie), sondern nur dreihundert bis vierhundert Meter.

Hauptsturmführer Pfördtner erfaßt geistesgegenwärtig die für ihn und seine Männer günstige Situation. Die mächtige Staubwolke ausnützend, die den Ostteil der Stadt fast völlig verhüllt, stößt er mit zwei Zügen beiderseits der Straße zur Ortsmitte nach. Sie treffen dabei auf einige Stoßtrupps der Russen, die, gebannt von dem einer Naturkatastrophe ähnlichen Schauspiel, überrascht werden. Sie leisten nur schwachen Widerstand, die meisten suchen ihr Heil in der Flucht.

Beim 1. Zug kommt es vorübergehend zu heftigen Nahkämpfen, wobei sich die beiden Parteien zum erstenmal Auge in Auge gegenüberstehen.

Mit Handgranaten und blanken Waffen kämpfen sich die Grenadiere der SS-Division „Wiking" den Weg zur Straßensperre frei.

Drei Männer vom 2. Zug fallen im Nahkampf. Weitere vier werden dabei verwundet. Dennoch zeichnet sich ein Erfolg ab. Nur noch knappe hundertfünfzig Meter sind zurückzulegen, dann stehen die Männer von Hauptsturmführer Pfördtner an der Straßensperre. Die davor liegenden Häuser werden im Sturm genommen.

Nun scheint der sowjetische Kampfkommandant den Ernst der Lage zu begreifen. Er setzt schlagartig alle verfügbaren Granatwerfer seines I. Bataillons ein.

Ein Hagel von Werfergeschossen geht vor der Sperre nieder, schlägt in die umliegenden Häuser ein, die zu brennen beginnen.

Die Sperre selbst liegt unter dem Dauerbeschuß schwerer Maschinengewehre. Kapitan Schafarenko will dadurch wohl verhindern, daß sich die Deutschen in der Sperre selbst festsetzen.

Er hat inzwischen einen Funkspruch der Armee erhalten. Darin heißt es unmißverständlich: „Ich weise darauf hin, daß Sie mit allen Mitteln und mit dem Einsatz Ihrer ganzen Person den in Smelna eingedrungenen Feind vernichten müssen."

Von der 116. Schützendivision ist nicht die Rede. — Kommt sie oder kommt sie nicht? — Hat die Division etwa abdrehen müssen? Wurde sie an einen anderen Brennpunkt der Schlacht geworfen? —

Es ist nicht bekannt, was in jenen schicksalhaften Stunden in Kapitan Schafarenko vorgegangen ist. Sicherlich hat er sich aber darüber Gedanken gemacht, ob es klug war, den Befehl über das Regiment an sich zu reißen. Ging die Sache schief, dann steckte sein Kopf in der Schlinge. Das zumindest schien klar zu sein.

Auf der deutschen Seite, in Hauptsturmführer Pfördtners Gefechtsstand, trifft indessen eine gute Botschaft ein. Für einige Sekunden kam der Funksprechverkehr mit Untersturmführer Maier wieder zustande. Es war zwar nur eine bruchstückhafte Verständigung, doch sie ergab, daß Maiers verstärkter Spähtrupp noch aktionsfähig ist.

Bevor die Verbindung abriß, sagte Maier noch: „...wir versuchen, von Nord nach Süd durchzubrechen."

„Nein. Umgehen Sie Smelna und stoßen Sie von Osten her zu uns, Maier", wollte Pfördtner noch sagen, aber die Verbindung war schon wieder unterbrochen.

„Mist, verdammter!" flucht der Hauptsturmführer vor sich hin. „Nun kann er sich nur noch Glück wünschen."

Ihm ist klar, daß der Russe seine ganzen Kräfte um den Stadtkern herum zusammengezogen hat, um eine möglichst große Verteidigungsdichte zu erreichen. Ob Maier da eine Lücke findet, durch die er hindurchstoßen kann, ist mehr als fraglich.

Leutnant Göttler sieht sich den verstörten Zivilisten von Garkonskaja gegenüber. Nirgendwo ist ein russischer Soldat zu sehen. Viele Anzeichen deuten aber darauf hin, daß der Abmarsch des Gegners erst vor kurzem erfolgte. Daher auch die leeren Straßen, die er vorher beobachten konnte.

Göttler verteilt ein Dutzend Kommißbrote, einige Fleischbüchsen. Mehr haben sie selbst nicht. Dann geht es weiter.

„Aufsitzen! Marsch!"

Keine Zeit darf jetzt mehr vergeudet werden. Da der Gegner sich offensichtlich auf den Fluß zurückzieht, muß nachgestoßen werden, wenn damit auch die Gefahr auftaucht, mitten in feindliche Absetzbewegungen zu geraten.

Diese Situation trifft eher ein, als Panzerspäher und Kradschützen ahnen konnten.

Der staubige Feldweg führt gerade an einer Hecke vorbei, die sich von West nach Ost hinzieht, als plötzlich Granatwerferabschüsse zu hören sind.

Instinktiv ziehen Panzerführer und Schützen die Köpfe ein, klappen die Drahtgitter herunter. Die Kradschützen, nicht weniger geistesgegenwärtig, preschen mit ihren Maschinen links und rechts von der Straße.

Und da schlägt es auch schon ein. Vor und neben den Vierrad-Spähwagen spritzt Dreck hoch. Splitter klopfen gegen die Panzerwände der Fahrzeuge.

„Zurücksetzen!" brüllt Leutnant Göttler seinem Fahrer zu und gibt gleichzeitig durch Winkzeichen Unteroffizier Leicht Bescheid.

Beide Fahrer stoppen, würgen den Rückwärtsgang hinein, und schon brausen die Spähwagen mit heulenden Motoren zurück.

Der feindliche Granatwerferbeschuß hält weiter an, merkwürdigerweise verlegt der Gegner das Feuer aber nicht nach hinten, sondern bepflastert stur die Fläche, wo eben noch die beiden Vierrad gefahren waren.

„Die sehen nur diese eine Stelle hier", konstatiert Göttler, nachdem er sich vom ersten Schreck erholt hat.

Feldwebel Widawka braust mit seiner BMW heran und hält neben dem Leutnant an.

„Die Hecke dort vorn ist eingesehen, wie?" fragt er Göttler.

Der Leutnant grinst dünn. „Sieht so aus. Versuche mal auf der anderen Seite der Hecke vorzufahren. Aber vorsichtig. Wenn's knallt, kehr sofort um."

Widawka nickt. „Machen wir." Der Fahrer wendet die Maschine, fährt los. Er tut es langsam, damit nicht unnötig Staub aufgewirbelt wird.

Zum Glück ist die Hecke an einigen Stellen ziemlich undicht, so daß eine Lücke gefunden wird, durch die das Beiwagenkrad hindurchfahren kann.

Der Grund, warum Leutnant Göttler den Feldwebel vorschickt, ist der, weil das Beiwagenkrad kleiner, unscheinbarer ist und ein weniger großes Ziel bietet. Die Vierrad-Spähwagen würden auf jeden Fall über die Hecke hinwegragen.

Im zweiten Gang surrt die BMW Widawkas an der Hecke entlang. Sie erhält keinen Beschuß. Auch nicht durch Granatwerfer, die inzwischen das Feuer eingestellt haben, nachdem die Panzerspähwagen verschwunden sind.

„Garland, jetzt wollen wir es aber genau wissen", ruft der Feldwebel dem Fahrer zu. „Los, bis vor die Hecke, und wenn ich dir 'nen Rempler gebe, dann nichts wie zurück, verstehste?"

Es kommt nicht zum Rempler, da der Gegner sich ruhig verhält. Einige Meter vor dem Ende der Hecke läßt Feldwebel Widawka anhalten, springt ab und pirscht sich die letzten Meter zu Fuß vor.

Kaum hat er einen Blick nach rechts, nach Südwesten geworfen, da sieht er den Grund des plötzlichen Beschusses.

In einer Entfernung von achthundert Meter quert eine auf der Karte nicht vermerkte Straße, eine Rollbahn jüngeren Datums, das Gelände, und darauf strömt es in Richtung Dnjepr zurück. Ein unübersehbarer Strom von Troß- und Gefechtsfahrzeugen. Lkw hinter Lkw. Dazwischen Mannschaftstransportwagen, dann bespannte Einheiten, die von den mot. Kolonnen rechts überholt werden.

Mitten auf dem freien Feld, auf einem Vorderhang, ist russische Artillerie in Stellung gegangen. Weiter dahinter, fast unmittelbar an der Rollbahn, stehen die Granatwerfer. Vier Stück.

So ist das also, denkt Widawka beinahe vergnügt. Er sieht durch das Glas. Die Artilleriegeschütze sind „Ratsch-Bumm", diese von den Deutschen so gefürchteten russischen Mehrzweckgeschütze. Sie und die Granatwerfer sollen offensichtlich den Abfluß der mot. und bespannten Kolonnen abschirmen. Eine Aufgabe, die sie infolge ihrer Unbeweglichkeit eigentlich nicht erfüllen können, wohl aber einfach übernehmen müssen, weil wahrscheinlich keine Panzer oder Pak zur Verfügung stehen.

Widawka muß sich von diesem selten gesehenen Schauspiel regelrecht losreißen, so fasziniert es ihn.

Drüben ein Feuerblitz. Ein kurzes, röhrendes Orgeln, dann haut die Granate einer 7,63-Kanone in den Boden.

Allerdings nicht bei Feldwebel Widawka, sondern an jener Stelle, wo vorhin schon die Granatwerfergeschosse einschlugen.

„Zurück zum Leutnant!" befiehlt Feldwebel Widawka seinem Fahrer.

Göttler steht nervös im Turm. Seine erste Frage an den Feldwebel ist: „War das ein Panzer?"

Widawka schüttelt den Kopf. „Nein. Eine ‚Ratsch-Bumm'. Die Russen haben Geschütze und Granatwerfer auf freiem Feld aufgebaut..." Und er berichtet von dem, was er beobachtet hat.

„Und du sagst, die Geschütze und Granatwerfer stehen alle in Schußrichtung hierher?" fragt Göttler nachdenklich.

„Genauer gesagt: Sie sind auf jenen Punkt eingeschossen, wo wir vorhin Feuer bekamen. Die Stelle ist wahrscheinlich einzusehen. Ziemlich primitiv, nicht wahr? Sie kommen offenbar nicht auf die Idee, daß man auch hinter der Hecke fahren kann."

„Aber wir", grinst Göttler. Sein Entschluß steht fest. Er wird die zurückflutende Feindkolonne trotz Absicherung durch Geschütze und Granatwerfer angreifen.

Sein erster Befehl: „Tarnung vervollständigen!"

In der Eile des Aufbruchs haben sowohl die Panzerspäher als auch die Kradschützen die Tarnung ziemlich vernachlässigt. Das muß nun nachgeholt werden.

In Windeseile werden Panzerspähwagen und Kräder mit Zweigen getarnt, bis diese — Göttler und Widawka überzeugen sich selbst davon — kaum noch als Gefechtsfahrzeuge zu erkennen sind.

„Alles fertig?" Göttler blickt reihum. Ja, alles ist gefechtsklar.

Die Kradschützen werden rechts von der Hecke angreifen, und zwar in der Weise, daß sie ein Stück ins freie Feld vorfahren, dann abspringen und vorgehen, während zwei MG, die auf den Beiwagen montiert sind, das Feuer auf die „Ratsch-Bumm" eröffnen.

Widawka und Leutnant Göttler hoffen, daß die Täuschung gelingen wird, so daß die Spähwagen, die von links kommen, mit einem unerwarteten Feuerschlag überraschen können.

Natürlich ist sich der Leutnant klar darüber, daß sein Plan vorerst nur graue Theorie ist. Ein kampferfahrener Gegner wird kaum auf den „lausigen Trick", wie Göttler seinen Plan insgeheim nennt, hereinfallen. Die Art aber, wie die Russen „Ratsch-Bumm" und Granatwerfer in Stellung gebracht haben, läßt den Schluß zu, daß man auf der anderen Seite zumindest „improvisiert", also kein richtiges taktisches Konzept besitzt, die mot. Kolonne abzusichern.

Göttler wirft einen Blick zu den Kradschützen hinüber, wo Feldwebel Widawka soeben den rechten Arm zweimal hochstößt.

„Marsch!"

Die sieben Kräder schwärmen aus und brausen mit voller Fahrt etwa zweihundert Meter ins freie Gelände. Dann ein Stopp! Runter von den Fahrzeugen! „In Schützenkette, marsch!"

Die beiden MG-Schützen hämmern ihren ersten Gurt aus dem Lauf, streuen mit ihrem Feuer die Stellung der „Ratsch-Bumm" ab.

Das Feuer liegt gut, deckend. Die russischen Kanoniere sind im ersten Moment derart verblüfft, daß sie nicht einmal in Deckung gehen. Dann aber flüchten sie hinter die Schutzschilde der Kanonen.

Die deutschen MG feuern weiter. Ein Geschoßhagel prasselt gegen die Schutzschilde. — Schon ergreifen einige Kanoniere die Flucht. — Sie werden durch einen Offizier aufgehalten, der die Rotarmisten an die Geschütze zurückzwingt.

Zweifellos herrscht Panik bei den Sowjets, sie geht aber nicht so weit, daß die Geschütze im Stich gelassen würden. Im Gegenteil, die russischen Artilleristen erholen sich rasch von ihrem Schock. Zwei der Geschütze werden um neunzig Grad herumgedreht, dann blitzt der erste Schuß auf. Sekunden darauf schießen bereits drei Geschütze.

Fünfzig Meter vor den angreifenden Kradschützen schlagen die Granaten ein.

Plopp-plopp-plopp!

Nun greifen auch die Granatwerfer in den Kampf ein. Eine ganze Gruppe schießt auf einmal. Die Werfergeschosse rauschen heran.

Einschläge mitten unter den Kradschützen, die sich auftragsgemäß sofort in Deckung werfen.

Das ist der Augenblick, wo Leutnant Göttler eingreifen muß.

„Links an der Hecke vorbei! Marsch!“

Göttler fährt mit seinem Kanonenwagen im seitlichen Abstand von hundert Metern an der Hecke vor, steuert einen Busch an und hält dahinter. Der MG-Wagen von Unteroffizier Leicht folgt seitlich gestaffelt in einem Abstand von siebzig Metern. Er hat den Auftrag, erst dann in den Kampf einzugreifen, wenn Göttler den Befehl hierzu gibt.

Die „Ratsch-Bumm“, es sind vier Geschütze, stehen am Hang mit einem Abstand von etwa zwanzig Metern von Kanone zu Kanone.

„Drei Uhr. Neunhundert Meter. Die beiden äußersten Geschütze rechts, Feuer!“ befiehlt der Leutnant seinem Schützen.

Der Obergefreite Bartles hat das Ziel durch die Optik aufgenommen. Fest umklammern die Fäuste Höhen- und Seitenrichtmaschine. Dann ist das Fadenkreuz im Ziel, kaum zwei Sekunden nach dem Anrichten.

Das harte Scheppern der 2-cm-KWK mischt sich in das rasende Tackern der Maschinengewehre, die pausenlos einen Trommelinhalt nach dem anderen hinausjagen, um die feinlichen Artilleristen niederzuhalten.

„Treffer!“ brüllt Leutnant Göttler seinem Schützen zu. Und Sekunden später: „Zielwechsel! Mittleres Geschütz! Feuer!“

Noch während er den Befehl gibt, schwenkt er das leergeschossene Magazin ab und läßt ein volles einrasten.

Nach kurzer Zeit ist der Artilleriegegner niedergekämpft. Die feindlichen Geschütze schweigen. Ein beachtlicher Erfolg ist das.

Mit Genugtuung sehen die Panzerspäher dem fliehenden Feind nach, der, die Geschütze im Stich lassend, in Richtung Rollbahn läuft. Dort stehen wohl die Protzen mit den Fahrzeugen.

Aber noch ist das Gefecht nicht entschieden. Die Granatwerferbedienungen, die offenbar bessere Nerven besitzen als die Kanoniere, geben den Kampf nicht auf.

Obwohl sie unter starkem MG-Beschuß der Kradschützen liegen, jagen sie Granate um Granate aus den Rohren.

„Der Russe schießt sich mit den Werfern ein!“ ruft der Obergefreite Bartles dem Leutnant zu.

Richtig! Gleich wird die Hölle losbrechen.

„Luken dicht! Gitter zu!“ befiehlt Göttler, und das keine Sekunde zu früh.

Rund um die Spähwagen zerhämmern die Werfergeschosse die Erde. Es faucht, rauscht und orgelt durch die Luft. Sprühende Einschläge rechts und links, vorn und hinter den Wagen.

Splitter und Steinbrocken prasseln gegen die Stahlwände. Pulverdampf legt sich beklemmend auf die Atmungsorgane.

„Feuer frei auf Granatwerfer. Neunhundert!“

Bartles hat bereits Zielwechsel vorgenommen. Mit Einzelfeuer deckt er die gut erkennbaren Werferstellungen ein. Mit einer unheimlichen Ruhe visiert der Obergefreite die Ziele an, drückt ab. Schuß um Schuß zischt zum Gegner hinüber.

Ein naher Einschlag überschüttet den Vierrad mit einer Fontäne aus Dreck und Steinen. Lehmbrocken prasseln auf das Schutzgitter herab.

Rums! Ein krachender Schlag. Ein orangefarbener Blitz.

Durch den Detonationsdruck wird die Besatzung durcheinandergerüttelt. Göttler findet sich am Turmboden sitzend, so mächtig war der Sog der explodierenden Granate. Und auch sein Schütze, der Obergefreite Bartles, hat etwas abbekommen: eine mächtige Beule an der Stirn. Er war mit voller Wucht gegen den Magazinhalter geflogen.

War das nur ein Zufallstreffer? Oder schossen die Russen so gut? Wenn ja, mußte Göttler einen Stellungswechsel in Betracht ziehen.

Aber da hämmert Leichts MG los. Er schießt Dauerfeuer. Die Leuchtspurgeschosse züngeln zum Feind hinüber und schlagen mitten in den Werferstellungen ein.

„Mithalten, Bartles!“ sagt Göttler mit heiserer Stimme.

Die 2-cm-KWK feuert wieder. In schneller Folge jagt Bartles zwei Magazine hinaus. Göttler, noch ganz benommen, erwischt ein ausgeworfenes Magazin nicht richtig und verbrennt sich an den glühendheißen Magazinlippen die Finger. Aber das merkt er in der Hitze des Gefechts gar nicht. Er schwenkt ein neues Magazin an, es ist bereits das sechste, und erneut hämmert die KWK.

Dann plötzlich merken die Panzerspäher, daß die Russen gar nicht mehr schießen. Nur noch die eigenen Waffen sind zu hören.

Als Göttler schließlich „Stopfen“ (Feuer einstellen) brüllt und vorsichtig den Kopf über den Turmrand hebt, um zum Hang hinüberzuspähen, sieht er, daß die Rotarmisten „abbauen“. Sie räumen die Vorderhangstellung und rennen in aller Eile zur Rollbahn zurück. Jene Soldaten, die das schwere Werfergerät mitschleppen, torkeln mehr über den Hang, als daß sie laufen.

Widawkas Maschinengewehre lassen ihnen keine Chance. Sie werden von den Garben erfaßt, bevor sie in jener Staubzone untertauchen können, die längs der Straße wie eine undurchdringliche Mauer steht.

„Das wäre geschafft“, stößt Göttler aufatmend hervor und klopft seinem Schützen anerkennend auf die Schulter.

„Gut gemacht, Bartles. Sie sind schon ein Pfundskerl."

Bartles, der von Göttler sonst nicht gerade mit Lob überschüttet wird, läuft vor Freude rot an und stottert: „Sie haben aber auch ganz schön mitgeholfen, Herr Leutnant."

Spähtruppführer und Schütze lächeln sich an, drücken sich die Hand, stummer Ausdruck einer verschworenen Kampfgemeinschaft.

„Wie geht's weiter, Herr Leutnant?" fragt Bartles und wischt sich mit dem Uniformärmel über das vom Pulverdampf geschwärzte Gesicht.

„Wir greifen die Kolonne an, Bartles. Und zwar gleich!"

Zuerst aber ein sorgfältiger Blick durch das Glas. Beide beobachten, sowohl der Leutnant als auch der Schütze.

„Das ist ja sagenhaft", entfährt es Bartles. „So etwas habe ich noch nicht gesehen."

In der Tat, das Bild, das sich den Panzerspähern bietet, ist mit Worten kaum zu beschreiben. Turbulente Szenen spielen sich auf der Rollbahn ab. Das dramatische Geschehen bekommt immer neue Ausdrucksformen.

Die Feindkolonne jagt, von Panik gehetzt, über die Rollbahn, in Viererreihen, mot. Fahrzeuge und bespannte Teile nebeneinander, sich überholend. Lastwagen fahren in Pferdegespanne hinein, drücken sie brutal an den Rollbahnrand. Motorengedröhne und hochsteigende Pferde, durch die Luft geschleuderte Gegenstände.

Ein Inferno ist ausgebrochen, seit die Russen nicht mehr unter dem Schutzschild der eigenen Artillerie und der Granatwerfer stehen.

Da hat offensichtlich ein Divisionsgeneral kurz entschlossen seine ganzen Nachschubeinheiten zusammengefaßt mit der Order: „Bleibt zusammen und fahrt wie der Teufel in Richtung Dnjepr."

Von diesen Unglücklichen, denen die Furcht im Nacken sitzt, werden nur wenige das rettende Ufer erreichen. So gut wie führungslos, nichts als eine dahinstiebende, blinde Masse, werden sie entweder im Geschoßhagel der deutschen Maschinengewehre und Zweizentimeterkanonen fallen oder sich selbst zu Tode hetzen.

Leutnant Göttler hat entschieden, daß vorerst nur die zwei Spähwagen die feindliche Kolonne angreifen sollen. Der Gegner wird ins Kreuzfeuer genommen, ausbrechende Lkw oder bespannte Fahrzeuge haben die Kradschützen zu bekämpfen.

Die Vierrad rollen noch zweihundert Meter weiter vor, dann wird das Feuer eröffnet.

Bereits nach dem ersten Feuerschlag geht ein halbes Dutzend Lkw in Flammen auf. Schmetternde Explosionen. Turmhoch werden Lkw-Teile durch die Luft geschleudert, sie hatten entweder Munition oder Sprit geladen. Die auseinanderfliegenden, brennenden Wrackteile setzen andere Fahrzeuge in Brand.

Im Nu entsteht eine riesige Flammenwand. Lkw-Pulks versuchen auszuweichen und kollidieren mit anderen Fahrzeugen. Die Pferde, irr vor Angst, brechen aus, zerreißen die Sielen, galoppieren genau in das Feuer.

Eine bespannte Kolonne bricht hangabwärts aus. Es sind vierzehn Protzenwagen, vierspännig gezogen. Sie jagen direkt auf die Kradschützen zu.

Feldwebel Widawka hat keine andere Möglichkeit, die Kolonne zu stoppen, als den Befehl zu geben, das Feuer zu eröffnen. Er muß es tun, da sonst die Gefahr besteht, daß die eigenen Leute überrollt werden.

Die Maschinengewehre der Kradschützen setzen der Flucht ein jähes Ende.

Leutnant Göttler, dem man gewiß nicht nachsagen kann, er hätte im Kampf schwache Nerven, vermag dieses schaurige Gemetzel nicht mehr länger anzusehen. Er befiehlt, das Feuer einzustellen.

Leutnant Göttler zündet sich eine Zigarette an. Seine Hand zittert. Als die Zigarette brennt, schiebt er sie seinem Fahrer zwischen die Lippen. Dann beugt er sich zum Funker hinab und sagt:

„Spruch an Abteilung. Unverschlüsselt. ‚Eigener Standort achtzehn Kilometer südwestlich von Krementschug...'"

In Smelna wird die Lage kritisch.

Zwar können sich die SS-Grenadiere in ihren Stellungen behaupten, aber es wird immer schwieriger, die paar Häuser, in denen sich Pfördtners Männer verschanzt haben, zu halten.

Der Russe setzt seit einer Stunde pausenlos Granatwerfer ein. Er versucht mit gutliegendem Feuer die Deutschen aus den Häusern zu vertreiben, was ihm schließlich auch gelingt. Ein Gebäude nach dem anderen geht in Flammen auf.

Die SS-Grenadiere weichen in die Vorgärten aus, buddeln sich fieberhaft Deckungslöcher.

Die Sowjets setzen nun Scharfschützen ein. Sie feuern aus Verstecken, die einfach nicht auszumachen sind.

Kaum hebt einer der Männer den Kopf aus dem Loch, da knallt es auch schon.

Große Sorge bereitet Pfördtner auch der Umstand, daß die Russen sich anschicken, kleine und kleinste Kampftrupps an die eigenen Stellungen heranzuschieben. Sie machen das sehr geschickt und unauffällig.

Plötzlich rennt ein Rotarmist etwa zweihundert Meter vor den deutschen Stellungen auf ein Haus zu, verschwindet in einem Kellereingang, huscht hinter ein Backhaus. Zwei Minuten später kommen ein zweiter und ein dritter hinzu.

Man schießt, soweit das möglich ist, auf alles, was sich drüben beim Gegner bewegt. Aber meistens gehen die Schüsse daneben, weil man selbst unter Beschuß der Scharfschützen liegt.

Es ist klar: Der Feind versucht, die Deutschen langsam einzuschnüren. Er hofft auf die Dunkelheit und will sich günstige Ausgangspositionen für einen nächtlichen Gegenstoß verschaffen.

Gegen 18 Uhr muß Pfördtner dann auch noch den Halbzug zurücknehmen, der hinter der Straßensperre in Stellung gegangen ist.

Die Grenadiere können sich nicht mehr halten, weil auch sie im Feuer von Scharfschützen liegen.

Dann tritt schlagartig Ruhe ein. Nur noch ganz vereinzelte MG-Feuerstöße.

Was ist los? Was hatte der Gefechtslärm für eine Bedeutung?

Zehn Minuten später wissen es Pfördtner und seine Grenadiere.

Aus einem Obstgarten hervor brausen die beiden Achtrad und Schützenpanzerwagen Maiers.

„Sie haben es geschafft! Sie sind durch!" jubeln die Grenadiere, und Pfördtner knallt ein weißes Erkennungssignal in die Luft.

Ja, sie haben den Durchbruch wirklich geschafft. Zwar weisen alle Fahrzeuge Panzerbüchsentreffer auf, aber verletzt wurde niemand.

Auf die Frage Pfördtners, wie er es angestellt habe, durchzubrechen, weiß Maier keine richtige Antwort. Er zuckt nur die Schultern, sagt mit einem müden Lächeln: „Fragen Sie mich nicht, Hauptsturmführer. Ich weiß es selber nicht. Dreimal haben wir es probiert. Aber immer wieder stand da eine Pak. Da kam mir die Idee, einfach drei dicht nebeneinanderstehende Häuser in Brand zu schießen. Das gelang uns. Und die Häuser qualmten mächtig. Da sind wir einfach drauflosgefahren, mitten zwischen den brennenden Häusern durch und danach immer Richtung Ortsausgang von Smelna. Gescheppert hat's. Von überallher kriegten wir Beschuß, aber — sie erwischten uns nicht."

Maier und seine Männer werden fast erdrückt vor Freude. Nun ist wenigstens diese Sorge von Pfördtner genommen, ganz abgesehen davon, daß die Feuerkraft der Kompanie erheblich stärker geworden ist.

SPW-Besatzungen und Achtrad werden in die Verteidigungslinie eingebaut, wobei die Achtrad vor allem die Aufgabe erhalten, Scharfschützennester außer Gefecht zu setzen.

Im Verlauf von einer Stunde gelingt es denn auch Maiers Schützen, vier sowjetische Scharfschützen auszuschalten. Danach herrscht einigermaßen Ruhe.

Ruhe? Es ist eine Ruhe vor dem Sturm, darüber sind sich die SS-Grenadiere klar.

19 Uhr. Die Spannung wird unerträglich. Wo bleibt das Regiment? Warum meldet es sich nicht? Wurde es abgezogen? Peinigende Fragen, die keine Beantwortung finden.

19.10 Uhr.

Pfördtners Funker jagt heran, wirft sich neben dem Hauptsturmführer in Deckung und reicht ihm freudestrahlend ein Funkformular.

„Spruch von der Division!" meldet er atemlos.

Pfördtner reißt seinem Funker die Depesche aus der Hand und liest. Die Division meldet ihr Eintreffen von Smelna gegen 19.30 Uhr. „Markieren Sie rechtzeitig eigene Position", steht am Ende des Funkspruchs.

Nun kann nichts mehr schiefgehen. Das qualvolle Warten hat ein Ende gefunden.

Und wirklich, gegen 19.40 Uhr ist Motorengebrumm im Südwesten zu hören.

„Das Regiment ist da!"

Der Angriff von „SS-Germania" wird mit einem Feuerüberfall eröffnet. Feldartillerie und schwere Granatwerfer beschießen zehn Minuten lang den Stadtkern von Smelna. Dann treten zwei Grenadierbataillone zum Angriff auf die Stadt an.

Bei Einbruch der Dämmerung ist Smelna fest in der Hand der SS-Division „Wiking", die mit anderthalb Regimentern im Kampfraum Smelna eingetroffen ist.

Weitere Einheiten, vor allem die motorisierte Artillerie, werden in den nächsten Stunden nachgezogen.

Trotz dieses Erfolges kommt aber keine reine Freude auf, denn nach Meldungen der Armee ist die 116. russische Schützendivision im Anmarsch.

In der Nacht zum 6. August kommen die Abhörtrupps der SS-Division „Wiking" nicht mehr zur Ruhe. „Starker Funkverkehr beim Gegner", melden die Spezialisten.

SS-Gruppenführer Steiner, Kommandeur der „Wiking", zieht daraus den einzig richtigen Schluß. „Die 116. Schützendivision ist heran. Sie stellt sich zum Angriff auf Smelna bereit", sagt er zu seinem Ia.

Für die SS-Division „Wiking" ist die Lage ernst, sehr ernst. Aus Ic-Meldungen des Korps ist bekannt, daß die 116. Schützendivision ein Elite-Kampfverband ist, der nicht nur über starke Artillerie verfügt, sondern auch mindestens eine Brigade T 34 in das Gefecht werfen kann.

Das SS-Regiment „Germania" erhält deshalb den Befehl, die Nacht zu nützen und Smelna in „bestmöglichen Verteidigungszustand" zu versetzen.

Die SS-Grenadiere, unterstützt von den Pionieren, schanzen bis zum Umfallen. Pak werden in Stellung gebracht, Minen ausgelegt. Zwei Batterien 2-cm-Flak gehen am Ostrand von Smelna in Stellung.

Die gleichen Verteidigungsvorbereitungen werden auch bei jenen Regimentern getroffen, die außerhalb der Stadt liegen und mit offener Feldschlacht rechnen müssen.

Da die Luftaufklärung vom 5. August kaum brauchbare Resultate über den genauen Standort des Gegners brachte, muß taktische Aufklärung gefahren werden. Und zwar noch diese Nacht. Im Morgengrauen des 6. August rechnet die Division mit dem Angriff der 116. russischen Schützendivision. Bis dahin muß aber in etwa der Schwerpunkt des feindlichen Angriffs festgestellt werden, denn noch sind nicht alle Kampfgruppen von „Wiking" heran. So fehlt beispielsweise noch die Kampfgruppe des Standartenführers (Oberst) von Scholz. Gerade sie aber kann kampfentscheidend sein, weil sie nicht nur über Selbstfahrlafetten verfügt, sondern auch ein völlig intaktes SPW-Bataillon besitzt.

Um 23 Uhr meldet sich Hauptsturmführer Pfördtner im Gefechtsstand des SS-Regiments „Germania".

Der Regimentskommandeur, verständlicherweise nervös und überlastet, hat nur eine einzige Frage an Pfördtner, nämlich die:
„Ist der Spähtrupp Maier noch einsatzbereit?"
Pfördtner, mit grauem, von den Strapazen der vergangenen Tage gezeichnetem Gesicht, antwortet kurz: „Jawohl. Einsatzbereit ist er. Aber die Jungs können kaum noch auf den Beinen stehen, so erschöpft sind sie."
Der Regimentskommandeur nickt Pfördtner zu. „Kann ich verstehen. Dennoch: Maier muß noch einmal ran. Ich kann es nicht ändern. Wir haben keinen anderen einsatzfähigen Panzerspähtrupp mit Funk zur Verfügung."
Nun, was soll Pfördtner hierzu sagen?
„Wo soll Maier aufklären?" wendet er sich an den Regimentskommandeur.
Der winkt Pfördtner an die Lagekarte, beschreibt mit seinem Zeigefinger einen weiten Bogen von Norden nach Süden.
„Dieses Gebiet ist aufzuklären", sagt er knapp.
„Das sind mehr als sechzig Kilometer!"
„Ich weiß", sagt der Kommandeur und bietet Pfördtner eine Zigarette an. Dann zeigt er auf ein kleines Dorf, acht Kilometer von Smelna entfernt. Es hat keinen Namen. Jedenfalls ist auf der Karte keiner angegeben.
„Nennen wir es ‚Dorf Y'", knurrt der Regimentskommandeur. „Weiß der Teufel, warum es keinen Namen hat. Ist auch egal. ‚Dorf Y' ist das erste Aufklärungsziel Maiers. Sehen Sie her, Pfördtner. Unmittelbar hinter dem Dorf verläuft ein Waldstück von Nordwesten nach Süden. Von daher kommen Motorengeräusche. Ein Kradspähtrupp hat es festgestellt. Ich vermute, daß der Russe in diesem Wald Panzer bereitgestellt hat. Wie gesagt, ich vermute es. Die Division besteht darauf, daß wir uns Klarheit verschaffen, was sich in diesem Waldstück herumtreibt. — Gut. Ist das erledigt, fährt Maier nach Norden bis zum Geländepunkt 1678, dann wieder kehrt und über die Punkte 654, 4789 bis nach Süden zur Ortschaft Tscherniluki. Da Maier vermutlich nicht viel sehen wird, muß er sich auf das Gehör verlassen. Er soll alles melden, auch scheinbare Unwichtigkeiten. Das wär's. Bis zum Morgengrauen erwarte ich den Spähtrupp zurück."
Ein kurzer Händedruck, dann steht Pfördtner wieder in der Dunkelheit und geht zu seinem Krad, das fünfzig Meter vom Gefechtsstand entfernt abgestellt ist.

Untersturmführer Maier wird sofort in Marsch gesetzt. Es wird einer der schwersten Einsätze, die von den Panzerspähern je gefahren worden sind.
Die Nacht ist stockdunkel. Gegen zwei Uhr morgens setzt Gewitterregen ein und verwandelt das Gelände in einen kaum mehr zu befahrenden Morast.
Die vom Regiment geforderte Aufklärungsbreite wird nicht erreicht.
Lediglich beim „Dorf Y" erzielt der Spähtrupp einen kleinen Erkundungserfolg. Er trifft auf eine massierte Pak-Front des Feindes.

Bis auf siebenhundert Meter lassen die Russen die deutschen Achtrad herankommen, dann eröffnen sie auf einer Breite von anderthalb Kilometern schlagartig das Feuer.

Im grellen Licht von Hunderten von Leuchtkugeln stehend, erleben die SS-Panzerspäher Minuten ärgster Bedrängnis. Links und rechts der Wagen heulen die Granaten an ihnen vorbei, schlagen vor ihnen in den Dreck. Ein Geschoß streift Maiers Turm, beult ihn auf der Backbordseite ein, ohne aber glücklicherweise einen ernsten Schaden anzurichten.

Vierrad-Panzerspähwagen wären bei diesem massierten Beschuß vermutlich verloren gewesen. Daß die Männer von Untersturmführer Maier mit dem Leben davonkommen, verdanken sie nur der Tatsache, daß die Achtrad einen Rückwärtsfahrer besitzen, also nicht gezwungen sind, auf der Stelle zu wenden.

Trotzdem müssen sie noch nebeln. Nur so gelingt es ihnen, sich vom Gegner abzusetzen, ohne ein Opfer des feindlichen Beschusses zu werden.

Als sie dann zwei Kilometer vor der Ortschaft auf „Horchposten" ziehen, hören sie das tiefe Brummen von schweren Motoren. Minuten später nähert sich sogar eine riesige mot. Kolonne der kleinen Ortschaft bzw. dem dahinterliegenden Wald. Die Russen halten es nicht einmal für notwendig, die Scheinwerfer abzublenden. 80 Fahrzeuge zählt Untersturmführer Maier und meldet dies dem Regiment.

Als Sturmbannführer (Major) Ecke, der Ia der SS-Division „Wiking", diese Meldung entgegennimmt, nickt er nur und meint sarkastisch:

„Das dachte ich mir gleich, daß sich hier der Schwerpunkt der Angriffe bildet. Was haben wir dem entgegenzusetzen?"

Diese Frage hängt wie ein Damoklesschwert in der Luft, denn noch sind nur Teile der Division im Raum Smelna eingetroffen. Ob es gelingen wird, alle kampfkräftigen Bataillone noch im Verlauf der Nacht heranzubringen, ist mehr als fraglich.

Maier liefert in den nächsten Stunden aber noch mehr Hiobsbotschaften.

Es sieht ganz so aus, als zöge der Russe starke Infanterie- und Panzerkräfte rund um Smelna zusammen. Maier stößt immer wieder auf Pak-Riegel und Panzerpulks, die als vorgeschobene Gefechtsstützen den Bereitstellungsraum der 116. Schützendivision abschirmen.

Die SS-Grenadiere von „Wiking" wissen, was sie am Morgen erwartet. Es wird zu einem erbarmungslosen Kampf kommen, denn die Sowjets werden und müssen versuchen, diesen vorgeschobenen Keil der Deutschen zu zertrümmern.

Gelingt es der 116. Schützendivision nicht, die „Wiking" zu stoppen und Smelna wieder in die Hand zu bekommen, ist der Weg, sind die letzten Kilometer zum Dnjepr frei.

Bange Stunden verstreichen. Bald graut der Morgen, und dann wird die russische Materialwalze auf Smelna zurollen.

Das Schlimmste für die hartbedrängte SS-Division „Wiking" ist die Unübersichtlichkeit der Lage. Trotz Maiers Aufklärung tappt der Ia der Division nach wie vor darüber im dunkeln, wo der Russe seine mechanisierten Kräfte einsetzt. Gewiß, einige Anhaltspunkte gibt es. Aber sie reichen nicht aus, um ein taktisches Verteidigungsrezept zu schaffen. Es wird leider vieles dem Zufall überlassen bleiben.

Um 4.30 Uhr weicht die Nacht dem Morgen. In den deutschen Stellungen herrscht Alarmstufe 1.

Um 4.40 Uhr geht der Höllentanz los.

Wie Urweltgetöse setzt das sowjetische Artilleriefeuer ein. Geschosse aller Kaliber, Stalin-Orgeln, Raketen und schwere Granatwerfersalven rauschen auf die deutschen Stellungen herab.

Die Schlacht ist eröffnet.

Über eine halbe Stunde lang trommelt der Russe. Dann greift er an. Und was der Ia der Division „Wiking" befürchtet hat, trifft ein. Die Sowjets stürmen aus allen Richtungen. Sie haben klar erkannt, daß die ihnen gegenüberliegende SS-Division „Wiking" zu schwach ist, um eine durchgehende Abwehrfront zu bilden.

Beim Divisionsgefechtsstand, der unter starkem Beschuß feindlicher Granatwerfer liegt, trifft die Meldung ein: „Rings um Smelna wimmelt das Gelände von angreifenden russischen Truppen."

Kurz danach schleppt sich ein schwerverwundeter Melder zum Regimentsstab von „Germania". Er kann nur noch röchelnd hervorstoßen: „Beim II. Bataillon sind sie durch, Sturmbannführer!" Dann sinkt er tot zusammen.

Von überall her erklingt das heisere „Urrä" der angreifenden Rotarmisten.

Am Ostende von Smelna sind bereits erbitterte Nahkämpfe im Gange. Hier versucht der Russe mit gepanzerten Fahrzeugen durchzubrechen.

Die eigene Pak ist niedergekämpft, rasch herangeholte Pioniere, die mit Flammenwerfern eingreifen sollen, bleiben im feindlichen MG-Feuer liegen und kriegen den Kopf nicht mehr aus der Deckung.

Da rafft sich Scharführer Weber zu einer kühnen Tat auf. Zusammen mit vier SS-Grenadieren pirscht er sich im Schutz der brennenden Häuser an die vordersten russischen SPW heran und schleudert ihnen geballte Ladungen entgegen.

Zweimal hat Weber Glück. Seine geballten Ladungen sind Volltreffer und explodieren im Kampfraum der SPW. Mit einem Schlag sind vierzig Rotarmisten außer Gefecht gesetzt, die gepanzerten Schützenwagen fangen Feuer und brennen aus.

Ein dritter SPW schiebt sich heran. Das am Bug montierte sMG spuckt Feuer und Verderben gegen die deutschen Stellungen.

Weber reißt seinem Kameraden Güntzauf die letzte Handgranate aus der Hand und brüllt diesem zu: „Gib mir Feuerschutz, Richard!"

Richard Güntzauf will den Scharführer zurückhalten. „Du bist ja wahnsinnig!" ruft er ihm zu. „Du kannst doch nicht allein ..." Aber Weber hetzt schon davon, wirft sich zu Boden, weil der MG-Schütze auf dem SPW ihn ins Visier genommen hat.

Nur um Millimeter verfehlt die Garbe ihr Ziel. Und jetzt scheint der Russe Ladehemmung zu haben, denn er fummelt nervös am MG-Schloß herum.

Von den anderen Rotarmisten ist nichts zu sehen als dann und wann die Stahlhelmränder. Aber gleich wird der Schützenpanzerwagen anhalten und seine Fracht ausspucken.

Weber springt wieder auf, schätzt die Entfernung. Fünfzig Meter? Siebzig Meter? Das müßte er in einem Zug schaffen. Und wenn nicht, dann kriegt er auch die Handgranaten aus zehn oder zwanzig Meter ins Ziel.

Los! Im Zickzacklauf rennt Weber auf den langsam anrollenden SPW zu. Der MG-Schütze hat die Ladehemmung immer noch nicht beseitigt. Sein Gesicht ist wutverzerrt, haßerfüllt.

Mit den Zähnen reißt Weber die Zündschnur der Stielhandgranate ab.

Noch fünfundzwanzig Meter. Zwanzig Meter. Fünfzehn Meter. Weber hat kaum noch Luft.

Die Handgranate in Webers Faust zischt und kann jeden Moment explodieren. Aber dieser Mann hat Nerven wie Drahtseile.

Jetzt wirft er! In hohem Bogen saust die Handgranate durch die Luft. Direkt über dem Kopf des MG-Schützen explodiert sie. Der Russe wird von vielen Splittern getroffen und sinkt über seine Waffe.

Mit letzter Kraft will sich Weber zur Seite werfen, um nicht unter die Gleisketten des Schützenpanzerwagens zu geraten. Aber er stolpert über einen Stein, fällt der Länge nach hin.

In diesem Augenblick zieht der Fahrer des SPW den Knüppel rechts an und gibt Vollgas.

Der Todesschrei von Scharführer Weber geht im Rasseln und Quietschen der Ketten unter.

Richard Güntzauf und seine Kameraden sind für Sekunden wie gelähmt. Dann aber ist Güntzauf aus der Deckung, springt mitten in die Straße und jagt aus der Hüfte ein volles Magazin in den Fahrersehschlitz. Er trifft den russischen SPW-Fahrer in den Kopf. Der Schützenpanzerwagen macht einen harten Ruck nach links und beginnt sich im Kreis zu drehen.

„Drauf!" Mehr sagt Güntzauf nicht.

Die vier SS-Grenadiere rennen auf den SPW zu, entern das Heck, und dann feuern ihre Maschinenpistolen auf die fünfzehn Rotarmisten, die geduckt im Innern des Wagens kauern.

Erst nach drei Stunden ebbt der Kampf um Smelna etwas ab. Hüben wie drüben hat es Hunderte von Verwundeten und Toten gegeben.

Auf dem Kampffeld rauchen die Wracks zusammengeschossener Schützenpanzerwagen, auf der Ebene vor den deutschen Stellungen türmen sich Leichenberge. Die 116. Schützendivision, die glaubte, noch einmal das Ruder herumwerfen zu können, ist am Widerstand der SS-Division „Wiking" gescheitert.

Aber auch deren Verluste sind bitter. So ist die Ib-Staffel der Division von den Russen restlos zusammengeschossen worden, der Ia, Sturmbannführer Ecke, im Nahkampf mit russischen Gardesoldaten gefallen.

Auch der freiwillige finnische Vikar Pirkala findet, Seite an Seite mit den SS-Grenadieren kämpfend, den Tod.

Erst als das I. Bataillon „Germania“ in das Gefecht eingreift, gelingt es, die Vormarschstraße wieder freizukämpfen. Und als gegen Mittag schließlich die rückwärtige Kampfgruppe von Scholz auf dem Schlachtfeld eintrifft, ist der Sieg der deutschen Truppen endgültig sichergestellt.

Der Vormarsch zum Dnjepr geht weiter.

*

Und was war beim Spähtrupp des Leutnants Göttler geschehen, der den Auftrag erhalten hatte, die Brücken von Krementschug aufzuklären?

Hier schreibt man noch den 5. 8. 1941.

Nach dem erregenden, aber auch schrecklichen Erlebnis mit der nach Osten fliehenden Nachschubkolonne hat Göttler einen Funkspruch an die AA (Aufklärungsabteilung) 40 gesandt, in dem er darauf aufmerksam machte, daß Reste der versprengten Kolonne sich auch westwärts durchzuschlagen versuchten.

In der Antwort der AA 40 heißt es dann: „Gute Arbeit! Aber nun vorwärts zum Dnjepr!“ In diesem Lob steckt verborgener Tadel. Darüber ist sich Leutnant Göttler klar. Und als er den augenblicklichen Standort der Abteilung auf Grund der Funkdepesche errechnet, stellt er fest, daß die Abteilung bis auf zwölf Kilometer nachgezogen hat.

„Aufsitzen! Weiter, marsch!“

Wider alle Erwartungen stoßen die Panzerspäher und Kradschützen aber auf keinerlei Feind. Die Gegend ist wie leergefegt. Ab und zu treffen sie auf „blinde Rollbahnen“, breit, zusammengewalzt von Hunderten von Fahrzeugen, ein braunes Band, das wie eine wirkliche Rollbahn aussieht, aber erst kürzlich in den Boden gestampft wurde.

Beobachtungen dieser Art lassen Göttler und Widawka zu dem Schluß kommen, daß das Gros der sowjetischen Divisionen schon abgeflossen ist. Ein breiter Streifen Niemandsland erstreckt sich jetzt zwischen dem Dnjepr und den vordringenden deutschen Truppen.

Noch einmal muß eine größere Ortschaft durchfahren werden.

Hat hier der Gegner noch eine Widerstandslinie aufgebaut?

Göttler und Widawka beobachten fünf Minuten lang das Dorf, ohne aber den geringsten Anhaltspunkt dafür zu bekommen, daß sich dort der Feind festgesetzt hat.

„Packen wir's!“ entscheidet Leutnant Göttler.

In hoher Fahrt geht es auf das Dorf zu, diesmal mit dem Beute-Panzerspähwagen voraus.

Eingedenk der versteckten Mahnung, keine Zeit mehr zu verlieren, sondern draufloszufahren, gibt Göttler den Befehl, egal, was daraus entstehe, stur durch die Ortschaft zu brausen.

Wohl ist ihnen dabei allerdings nicht in ihrer Haut. Gewaltlösungen dieser Art sind nicht nach dem Geschmack der Panzerspäher und schon gar nicht der Kradschützen, die ja praktisch schutzlos sind und jedem Gewehrschuß zum Opfer fallen können.

Die ersten Häuser tauchen auf. Göttler und seine Besatzung halten den Atem an. Der Leutnant hat diesmal die MPi schußbereit vor sich, der Schütze zwei Handgranaten auf dem Schoß. Bei dieser Geschwindigkeit mit der Kanone zu schießen, wäre ohnehin reiner Blödsinn.

Die hinterherbrausenden Kradschützen halten es genauso.

Da — eine Pak! Genau in der Ortsmitte, direkt neben dem Ziehbrunnen.

Göttler reißt schon die Maschinenpistole hoch, aber da beruhigt ihn der Obergefreite Bartles und schreit dem Leutnant zu: „Die ist nicht besetzt!"

So ist es auch. Die Pak steht mit hochgerichtetem Rohr da. Es weist im oberen Drittel eine gewaltige Beule auf.

Gesprengt. Im letzten Moment noch gesprengt.

„Weiter!"

Ein großer Obstgarten zur Rechten. Ob sich hier der Feind verborgen hat und auf eine Schußgelegenheit wartet?

Nein, nichts! Nur zwei havarierte Lkw auf der Rückseite eines Hauses. Zweihundert Meter weiter ein Stapel Granatwerfermunition. Er ist wohl vergessen worden.

Ein Aufatmen geht durch die Panzerspäher und Kradschützen, als sie die Ortschaft hinter sich gelassen haben.

Eine halbe Stunde später kommen sie an eine Straßengabelung. Die eine Straße führt nach Norden, die andere nach Südwesten. An der Straße nach Südwesten steht ein verwittertes Straßenschild, darauf: 4 km nach Krjukow.

Krjukow bedeutet für die Männer aber soviel wie: Wir sind am Dnjepr!

Nach weiteren zwei Kilometern ein ungewöhnliches Bild. Aus Nordwesten kommt ein langer Zug Zivilisten, die mit ihren Panjewägelchen in Richtung Krjukow fahren wollen.

Da der Flüchtlingszug nur etwa achthundert Meter von den Panzerspähern und Kradschützen entfernt ist, schickt Göttler Feldwebel Widawka mit dem Krad hin. Er soll die Leute fragen, warum sie denn ausgerechnet ins Frontgebiet wollen.

Widawka braust mit seiner Maschine los, palavert einige Minuten mit den Russen, dann kommt er zurück.

„Nun, was sagen sie?" erkundigt sich Göttler neugierig.

„Sie sagen, jetzt sind die Deutschen da, jetzt können wir endlich in die Stadt zurück", meldet Widawka grinsend.

„Moment mal, das verstehe ich nicht", brummt Göttler. „Wieso eigentlich? In Krjukow sind doch sicherlich noch Verbände der Roten Armee? Der Krieg geht dort ja erst los."

Widawka schüttelt den Kopf.

„Nee“, sagt er. „Die sind anderer Ansicht. Sie behaupten allen Ernstes, in Krjukow gäbe es keine russischen Soldaten mehr. Die seien schon rüber über den Fluß, behaupten sie.“

Göttler ist einigermaßen sprachlos. „Wenn die sich nur nicht täuschen“, meint er abergläubisch.

Aber Widawka widerspricht und meint: „Du weißt doch, die sind meist besser informiert als unsere Ic-Stellen. Und warum sollten sie nicht recht haben? Ich könnte mir vorstellen, daß die Russen längst rüber sind.“

„Und die Brücken nach Krementschug gesprengt haben?“ fragt Göttler.

„Auszuschließen ist das nicht“, erwidert Widawka schulterzuckend.

Eine Stunde später liegt vor ihnen die kleine Stadt Krjukow, beleuchtet von der schrägstehenden Abendsonne.

Dahinter windet sich einer der mächtigsten Ströme Rußlands, der Dnjepr.

Auch vor der Stadt stellt sich kein Feind, es fällt kein Schuß. Kein Rotarmist ist zu sehen.

Unentschlossen, ob sie in die Stadt eindringen sollen, überrascht sie ein Funkspruch der Abteilung, in dem es heißt: „Ursprünglicher Befehl widerrufen. Warten Sie Eintreffen der Abteilung ab.“

Verdutzt blicken sich Leutnant Göttler und Feldwebel Widawka an.

„Verstehst du das?“ sagt Göttler zu Widawka.

„Nee, kein Wort. Warum sollen wir eigentlich nicht rein in die Stadt? Wie's aussieht, ist doch gar nichts los drin.“

Nun, Befehl ist Befehl. Später stellt sich heraus, daß der Ic der Division einer Falschmeldung aufgesessen war, in der es hieß, daß starke Infanterieund Flak-Kräfte die Brücken von Krjukow verteidigen sollten.

Zwei Stunden später ist die AA 40 heran, und wieder eine halbe Stunde später stürmen, voran die Panzerspäher, die Schützenkompanien in die Stadt. Nur vereinzelt leistet der Feind schwachen Widerstand, der von der SPW-Kompanie sofort im Keim erstickt wird.

Und dann stehen die Soldaten der 14. PD zum erstenmal am westlichen Dnjepr-Ufer, an den Brücken von Krjukow. Diese aber sind — gesprengt; meisterhaft gesprengt, ein Übergang ist nicht möglich.

Der Gegner, der die deutschen Truppen längst erkannt hat, eröffnet nun aus allen Rohren vom jenseitigen Flußufer aus das Feuer.

Die AA 40 wird zurückgenommen und gewinnt wieder Anschluß an die Division, die inzwischen mit Front nach Südosten eingedreht hat.

Damit ist für einige Zeit der Wettlauf zum Dnjepr gestoppt. Die Panzergruppe 1 aber formiert um, denn nun beginnt erst der Kampf um Kiew und um den wichtigsten Fluß im Abschnitt der Heeresgruppe Süd.

Will Borcher

»Der Flaschenhals« von Schlüsselburg

1942/43
Die Schlacht zwischen Leningrad
und den Wolchow-Sümpfen
Ein Originalbericht
nach Gefechtsunterlagen

Über dem Sumpf-, Wald- und Steppengebiet südlich von Leningrad liegt das undurchdringliche Dunkel der Januarnacht. Von fünf Uhr nachmittags an, wenn die Dunkelheit einsetzt, kann man nicht mehr unterscheiden, ob es Abend, Mitternacht oder fünf Uhr morgens ist, weil diese vierzehnstündige Nacht die ganze Zeit gleich undurchdringlich erscheint. Ununterbrochen knirschen auch die Räder der Lastautos und die eisernen Reifen zweirädriger Pferdewagen über die holprigen Wege und Nachschubstraßen. An den Westkreuzungen stehen vermummte, vor Kälte schlotternde Verkehrsposten und winken schweigend mit ihren abgedunkelten Laternen.

Wie schon einmal, rollen auch heute wieder endlose Transporte mit Artillerie, Infanterie und Panzern aus dem Raum Leningrad zur Newa-Front. Sie rollen über Glatteis und quälen sich durch metertiefe Schneeverwehungen: Riesige Transportlastwagen, gepanzerte Mannschaftswagen, mit Überzügen verhüllte, gewaltige Geschütze, modernste Flak (Fliegerabwehrkanonen), gedrungene T-34-Panzer und, an die Laster angekoppelt, über die Unebenheiten des Geländes hüpfende kleine Pak (Panzerabwehrkanonen).

Immer wieder entstehen kilometerlange Stauungen. Dann eilen Offiziere herbei, fluchen, kommandieren, Motoren heulen auf, Peitschenschläge knallen, und auf geheimnisvolle Weise entwirrt sich die endlose Schlange wieder, strebt an bestimmten markierten Punkten in verschiedene Richtungen auseinander.

In dieser turbulenten Bewegung von Menschen, Motoren und Waffen ist eine Energie zu spüren, die sich schon einmal — bei der ersten Belagerung von Leningrad — in fast übermenschlicher Ausdauer manifestierte.

Dieselben Truppenbewegungen unter nicht minder harten Witterungsbedingungen vollziehen sich zur Stunde auch im Osten der Wolchow-Front und auf dem meterdicken Eis des Ladogasees. Insgesamt drei voll- und neuausgerüstete, mit den modernsten Waffen ausgestattete Sowjetarmeen marschieren auf, um zwischen Schlüsselburg, Lipka und Sinjawino den sogenannten deutschen „Flaschenhals" zu durchstoßen und die deutsche 18. Armee zu vernichten. Nach Stalins Willen soll den Deutschen eine vernichtende Niederlage zuteil werden. Der Zeitpunkt hierfür ist so günstig wie noch nie zuvor. Überall im Osten ist die deutsche Front überdehnt und besteht — man schreibt den 11. Januar 1943 — aus mehr oder minder zusammengekratzten Verbänden, die zu werfen nach Ansicht des sowjetischen Oberkommandos jetzt die Stunde gekommen ist.

Bei Rschew, bei Welikije Luki und bei Demjansk, um nur einige gefährdete Frontabschnitte zu nennen, geht es um die Existenz von ganzen Armeen. Sie stehen schon seit Wochen in schweren, blutigen und verlustreichen Abwehrkämpfen und werden, darüber ist sich der STAWKA (Sowjetisches Oberkommando) im klaren, keine Hilfestellung geben können, wenn der Sturm südlich des Ladogasees losbrechen wird.

*

Es ist kurz nach Mitternacht, als die Lagerbesprechung im Gefechtsstand der 45. Gardeschützendivision zu Ende geht.

In der Enge der Bauernkate, die Generalmajor A. A. Krasnow als Gefechtsstand dient, ist die Luft zum Schneiden dick. Der Zigarettenqualm hängt wie eine Wolke unter der niedrigen Balkendecke.

Zwei Stunden wurden dazu verwendet, Detailfragen des für den kommenden Morgen angesetzten Angriffs aus dem kleinen Brückenkopf heraus zu erörtern. Ermüdende Einzelheiten, die jedem Regimentskommandeur längst bekannt sind.

Nachdem es wirklich nichts mehr zu besprechen gibt, erwarten die Regimentskommandeure die übliche Schlußansprache des Generals. Aber es kommt anders. General Krasnow dreht sich zum Kriegsrat um, nickt diesem zu. Der steht auf und geht zum Kartentisch. Eine Ansprache hält auch er nicht. Statt dessen legt er nur die Hände auf die Karte, so daß die eine westlich und die andere nördlich des „Flaschenhalses" von Schlüsselburg liegt. Dann führt er beide Hände langsam nach vorn, dort wo die Stadt Mga und die Kirow-Bahn eingezeichnet sind, und vereinigt sie mit einem energischen Ruck.

Sie haben ihn verstanden: Einschließung der deutschen 18. Armee von Westen und Norden.

*

„Was Neues?" fragt der Obergefreite Rupp um sieben Uhr zehn seinen Kameraden, den Gefreiten Ernst Doren, als er ihn im MG-Stand 9 ablöst.

Doren, durchgefroren und hundemüde, antwortet: „Was soll's schon Neues geben? Immer dasselbe: langweilig, öde, zum Kotzen kalt." Er packt seine MPi (Maschinenpistole), die vier Handgranaten, die er achtlos in sein Koppel steckt, das Sturmgepäck.

„Ich geh' jetzt. Wenn's Kaffee gibt, schick' ich dir eine Feldflasche nach vorn."

„Ja, gut. Ist in Ordnung", sagt Rupp. Er beobachtet, wie das bei jeder Wachablösung Vorschrift ist, mit dem Fernglas das jenseits der Newa liegende Niemandsland, den Uferstreifen davor, den zugefrorenen, tief verschneiten Fluß. Plötzlich stutzt er. Im Glas hat er die gut erkennbaren russischen Stellungen. Merkwürdig ist das.

„He, Doren", ruft der nach dem Kameraden, der gerade um die Grabenecke biegen will. „Doren, komm doch noch mal her."

Rupp packt den Kameraden am Arm und deutet feindwärts.

„Schau mal runter zum Fluß", sagt er, drückt Doren das Fernglas in die Hand und schiebt ihn dicht an die Brustwehr des MG-Standes.

Doren blickt durch das Glas. Eine, zwei Sekunden Stille. Dann setzt Doren das Glas ab. Er hat plötzlich Schweißperlen auf der Stirn.

„Rupp, das darf doch nicht wahr sein", stammelt er.

Das, was der Obergefreite Rupp entdeckt und was der Gefreite Doren nicht wahrhaben will, sind — Fußspuren auf der Newa: Dutzende. Sie ziehen sich über den ganzen Fluß hin und enden direkt an der von der Kompanie ausgelegten Draht- und Minensperre.

Das ist die tollste Entdeckung seit Wochen. Noch nie hatte der Gegner einen Fuß über die Newa gesetzt. Der Schnee auf dem Eis blieb unberührt. Man bekämpfte sich auf Distanz. Die Sowjets verließen ihre Stellungen ebensowenig, wie es die Grenadiere des Grenadierregiments 391 (GR 391) taten. Feindseligkeiten tauschten nur die Artilleristen hüben und drüben aus.

„Glaubst du, die Russen haben in der Nacht die Minen weggeräumt?" fragt der Gefreite Doren den Kameraden kleinlaut.

„Wie soll ich das von hier aus feststellen?" anwortet Rupp. „Jedenfalls ist hier 'ne riesige Schweinerei im Gange. Hol den Feldwebel her. Der Odenbach soll sich das selber ansehen."

„Ja, natürlich", murmelt Doren und hastet davon.

Einige Minuten später trifft Feldwebel Odenbach im MG-Stand 9 ein, Ein kurzer Blick zum Fluß. Dann sagt der Feldwebel: „Kriechen Sie bis zum Steilhang vor, Rupp!" Er schnallt dem verdutzten Doren das Koppel ab und drückt das eine Ende Rupp in die Hand, während er das andere festhält. „Los, jetzt! Und vorsichtig, daß Sie nicht abrutschen.

Rupp kriecht auf dem Bauch mit vorsichtigen Bewegungen über die überhängende Schneewächte, die sich an dieser Stelle des Steilufers gebildet hat, bis er einen Blick in die Tiefe werfen kann.

„Was sehen Sie?" ruft ihm sein Zugführer ungeduldig und vor Kälte mit den Zähnen klappernd zu.

„Komme zurück", antwortet der Obergefreite.

„Also?" fragt Odenbach, als Rupp krebsrot vor Anstrengung sich auf die Grabensohle gleiten läßt.

„Alle Drahthindernisse zerschnitten, Minen wahrscheinlich ausgebuddelt, und die Spanischen Reiter sind auseinandergezerrt, so daß überall breite Lücken sind", meldet Rupp dem Feldwebel.

„Ist euch klar, was das bedeutet?" fragt er Rupp und Doren, während seine Wangenmuskel heftig arbeiten: „Angriff! Die Russen kommen heute!"

„Das kommt mir auch so vor, Herr Feldwebel", pflichtet Rupp ihm bei.

„MG schußklar halten und Augen auf!" ermahnt Odenbach den Obergefreiten. „Und wenn's wirklich losgeht, Rupp: Nerven behalten! Rankommen lassen bis auf zweihundert Meter. Dann erst reinhalten. So, das wär's. Und jetzt muß der Chef verständigt und das Bataillon benachrichtigt werden. Doren! Sie alarmieren inzwischen die Züge, aber dalli, Mann."

Fünf Minuten später gellen die Trillerpfeifen im gesamten Verteidigungsabschnitt des I. Bataillons/GR 391, das zur 170. Infanteriedivision (ID) gehört. Diese hat mit der Masse ihrer Verbände den Newa-Abschnitt zwischen Dubrowka im Süden und Marino im Norden zu verteidigen.

Weitere sieben Minuten später — es ist auf die Sekunde genau sieben

Uhr fünfunddreißig — wird die Morgenstille an der Newa-Front, im „Flaschenhals“ von Schlüsselburg, von einem gewaltigen Donnerschlag zerrissen.

4300 sowjetische Geschütze aller Kaliber nehmen die Verteidigungsstellungen der 170. und 227. deutschen Infanteriedivision unter Beschuß, die jeweils nur ganze 15 km lang sind. Das bedeutet für einen Streifen von sechs Metern ein russisches Rohr. Es ist ein Stahlgewitter, wie es die Landser hier oben im Norden seit Beginn des Krieges noch nicht erlebt haben.

Zwei Stunden und zwanzig Minuten dauert dieser Feuerorkan, mit dem die Sowjets die 3. Ladoga-Schlacht eröffnen.

„Diesmal wird's ernst“, sagen die Männer der 170. und 227. Infanteriedivision, die wehrlos in ihren Kampfständen, Stützpunkten und Bunkern dem russischen Trommelfeuer ausgesetzt sind.

Es sind zumeist gute, tief in die Erde eingelassene Bunker. In anderthalb Jahren Leningrad- und Wolchow-Krieg sind ganze unterirdische Städte entstanden, haben sich die Grenadiere der beiden Infanteriedivisionen wie Maulwürfe in den Boden gewühlt.

Die Russen wissen das. Deshalb haben sie ihre ganze verfügbare Artillerie in diesem Abschnitt zusammengezogen, deshalb das vernichtende, massierte Feuer, mit dem sie die deutschen Stellungen zu zerschlagen gedenken. Und noch mehr: Sie wollen ganze Arbeit leisten und verlegen die Feuerwalze bis tief ins deutsche Hinterland. Es gibt keine deutsche Batterie, die nicht unter schwerstem Beschuß liegt, keinen Befehlsstand, kein Waldlager, das vom Feuerorkan verschont bleibt. Sogar die Querverbindungen und Anmarschwege des XXVI. deutschen Armeekorps werden systematisch mit einem Hagel von Granaten belegt.

Innerhalb kürzester Zeit sind die meisten Telefonverbindungen zerstört. Die Störungssucher sausen los und versuchen, zumindest die allerwichtigsten Fernsprechverbindungen wiederherzustellen. Ein hoffnungsloses Unternehmen.

Der sowjetische Feuervorhang ist nahtlos, wie die Militärs so etwas nennen. Und hinter dieser Wand aus Feuer und Eisen stehen die russischen Angriffsdivisionen sprungbereit. Im Osten Generalleutnant W. S. Romanowskis 2. sowjetische Stoßarmee mit sieben Schützendivisionen und einer Panzerbrigade. Die deutsche Verteidigungsfront ist zirka 13 Kilometer breit und wird von der verstärkten 227. Infanteriedivision unter General von Scotti verteidigt. Aus dem Westen — der Leningrad-Front — greift General Duchanows 67. Armee an. Ihr gegenüber liegt die von General Sanders befehligte 170. Infanteriedivision.

Das Operationsziel der Sowjets ist für die deutsche Führung kein Geheimnis: Die Russen werden diesmal mit allen ihnen zu Gebote stehenden Mitteln versuchen, den „Flaschenhals“ von Schlüsselburg, der die russische Landverbindung nach Leningrad unterbindet, einzudrücken, um dann gemeinsam nach Süden bis zur Kirow-Bahn durchzustoßen.

Um den Obergefreiten Rupp tanzt die Hölle. Einschlag liegt neben Einschlag. Der Lärm der explodierenden Geschosse ist eine körperliche Marter ohnegleichen. Der Obergefreite liegt auf der Grabensohle und preßt die Fäuste an die Ohren. Das Getöse ist kaum mehr auszuhalten. Das Zuhalten der Ohren nützt nichts. Das Heulen, Fauchen und Dröhnen würde Stahlwände durchdringen.

Die Granaten zerhacken die Erde, fetzen in den betonhart gefrorenen Boden. Die Splitter klirren gegen die Grabenwände, dringen oft gar nicht durch und sausen als gefährliche Abpraller kreuz und quer durch die Gegend.

Das ist kein gewöhnlicher Feuerüberfall. Das ist der Auftakt zu einer furiosen Vernichtungsschlacht.

Die Minuten dehnen sich zur Ewigkeit. Und die Landser in den Gräben, Bunkern, MG-Ständen und Vorpostenlöchern denken immer dasselbe: Es muß doch einmal aufhören. Doch der Feuerorkan nimmt an Heftigkeit nicht ab, im Gegenteil, er steigert sich von Minute zu Minute.

Der Verteidigungsbereich des I. Bataillons liegt jetzt unter dem Beschuß mehrerer „Stalinorgel"-Batterien. Die heulenden, ungleichmäßig und mit fürchterlichem Jaulen einschlagenden Raketen sind schlimmer als die größten Artilleriebrocken; sie entnerven einen Mann, lassen ihn beben vor Angst.

Nach vierzig Minuten verschiebt sich die sowjetische Feuerwalze ostwärts in Richtung Gorodok, Elektrizitätswerk, Ringstraße bis hinüber in den Abschnitt des Grenadierregiments 401 und bis zu den Sinjawino-Höhen.

Das in Hunderten von Schlachten geschulte Ohr der Grenadiere erkennt sofort, wenn das feindliche Feuer zurückverlegt wird; selbst wenn diese Verschiebung nur unmerklich und raffiniert verschleiert geschieht.

Das ist der Augenblick, wo es gilt, aufzupassen, denn mit der Verlagerung der Feuerwalze kommt der feindliche Angriff.

Wehe dem Landser, der nicht rechtzeitig hinter dem MG, hinterm Gewehr liegt. Die Russen kommen schnell, sehr schnell. Und mancher Soldat, der das Artilleriefeuer heil überstanden hat, büßt sein Leben dennoch ein, weil er vom Feind überrascht wird.

Der Obergefreite Rupp kennt die Gefahr. Er reißt sich zusammen, schüttelt Dreck und Schnee ab und kauert sich hinter das MG, das den Feuersturm wie durch ein Wunder heil überstanden hat. Durchladen! Hebel auf Dauerfeuer! Und nun ein Blick durch die Sichtblende.

Bevor er das aber ausführen kann, schlägt unmittelbar vor dem MG-Stand ein Geschoß in den Boden. Der Luftsog der explodierenden Granate schleudert den Obergefreiten gegen eine Munitionskiste.

Ein zweiter, brüllender Einschlag, dicht neben dem ersten. Der MG-Stand geht in Fetzen. Die Balken werden hoch in die Luft geschleudert.

„Ratsch-Bumm!" registriert Rupp mechanisch. Das kurze, fauchende

Geräusch des rasanten Geschosses ist unverkennbar. Und weiter registriert der Obergefreite: Wenn die Russen „Ratsch-Bumm" (ihr Allzweckgeschütz, Kaliber 7,62 cm) einsetzen, greifen sie an.

Als Rupp sich mit starken Schmerzen im Rücken aufrichtet, stürzt Unteroffizier Eppler, sein Gruppenführer, in den MG-Stand. Er brüllt dem Obergefreiten etwas zu, das dieser nicht verstehen kann.

„Ich bin wie taub", schreit der Obergefreite Rupp zurück.

Eppler, mit hochrotem und schweißbedecktem Gesicht, sagt wieder etwas, und nun kann Rupp die Worte: „... sie kommen" verstehen. Rupp nickt zum Zeichen, daß er den Unteroffizier verstanden hat. Eppler jedoch scheint an Rupps Einsatzfähigkeit zu zweifeln, denn er jagt an diesem vorbei, reißt das Maschinengewehr hoch, das am Boden liegt, und befreit es von den schützenden Lumpen. Sie wurden um das Schloß gewickelt, um ein Einfrieren zu verhindern.

In diesem Moment gibt es eine fürchterliche Explosion.

Volltreffer!

„Deckung!" hört sich Rupp schreien.

Dann sieht er, wie der halbe MG-Stand auf ihn zukommt, Schnee- und Eismassen, die auf ihn herabstürzen, und ihn zu begraben drohen. Rupp kennt solche Situationen. Er rudert wild mit den Armen und Beinen, und es gelingt ihm, sich aus dem Schnee-, Dreck- und Balkengewirr zu befreien. Halb blind kriecht er einige Meter nach vorn, wo noch vor wenigen Sekunden die Brustwehr war. Die russische Granate hatte sie abrasiert, die Erde ist wie eingeebnet.

Der Unteroffizier ist tot. Von Granatsplittern durchsiebt, liegt er blutend im Schnee und hält mit seinen Fäusten das Maschinengewehr fest.

Da taucht plötzlich Feldwebel Odenbach im zertrümmerten MG-Stand auf. Er übersieht mit einem Blick die Situation. Scheinbar gefühllos packt er die Leiche an den Beinen und zerrt sie aus dem MG-Stand. Zwei Landsern der 2. Gruppe, die eben durch den Stichgraben stürzen, ruft er zu: „Schafft den Toten weg. Schnell, Leute! Raus aus dem Graben!"

In den engen Stellungsgräben und Kampfständen ist weder Platz für Verwundete noch für Tote. Das Hauptkampffeld muß frei sein, es gehört den Lebenden, Kämpfenden, die Enge des Raumes erfordert das.

Als Feldwebel Odenbach in den MG-Stand zurückkommt, lehnt Rupp mit kreidebleichem Gesicht da. Er steht noch unter der Schockeinwirkung, das ist deutlich zu erkennen.

„Rupp, reißen Sie sich gefälligst zusammen! Das MG in Stellung!"

Odenbachs befehlsgewohnte Stimme und seine entschlossene Miene dulden keinen Widerspruch und auch keine Schwäche. Rupp überwindet sein Entsetzen, packt das MG und bringt es an die von Feldwebel Odenbach bezeichnete Stelle.

„Jawohl", sagt Rupp. „Tut mir leid, Herr Feldwebel, aber ich konnte den Anblick ..."

„Schon in Ordnung, Rupp", sagt Odenbach und klopft dem bewährten

Kameraden begütigend auf die Schulter. „Einmal dreht jeder durch. Mir ging's nicht anders. Aber jetzt aufpassen, die Russen werden gleich da sein. Ich schicke Ihnen Doren als Schütze zwei, klar?"

„Ja, das wäre gut", antwortet Rupp, während Odenbach davonstürzt.

Gegen alle Erwartungen bleibt der Sturm auf die vorderste HKL (Hauptkampflinie) des GR 391 noch aus. Zwar haben Sowjets in Bataillonsstärke das Eis der Newa überschritten und sich bis an die Drahthindernisse am diesseitigen Newa-Ufer herangearbeitet, den letzten Schritt, die Überwindung des Steilufers, tun sie jedoch nicht.

Diese Verhaltensweise hat einen besonderen Grund.

Obwohl General Duchanow, der Oberkommandierende der 67. Armee, von der Wirkung seines schweren Vernichtungsfeuers überzeugt ist, geht er dennoch auf Nummer Sicher. Er spielt eine zweite Trumpfkarte aus: seine Jagd- und Schlachtfliegerverbände. Er läßt die Geschwader genau in dem Augenblick los, als die Landser, in dem Glauben, das Artilleriefeuer glücklich überstanden zu haben, erleichtert aufatmen.

Ratas (russische Jagdflugzeuge) und Il 2-Sturmgruppen von fünfzehn bis zwanzig Maschinen brausen, von Nordosten kommend, auf die Verteidigungsstellungen der 170. ID zu. Die Ratas greifen die deutschen Stellungen im Sturzflug an und feuern aus allen Waffen, während die Il 2, die russischen Schlachtflugzeuge, so tief über die deutschen Stellungen hinweghuschen, daß sie mitunter von der Druckwelle ihrer eigenen Bombenexplosionen hochgeschleudert werden. Sie fliegen in vierzig bis fünfzig Meter Höhe an, und die Schneefontänen, die durch die Bombeneinschläge hochgeschleudert werden, erheben sich wie aufspritzendes Flußwasser.

Sie werfen Spreng- und Splitterbomben, große und kleine. Dreißig Minuten dauert der Bomben- und Bordwaffenangriff der sowjetischen Maschinen auf den „Flaschenhals" von Schlüsselburg. Als die russischen Jagd- und Schlachtverbände dann abdrehen und in nördlicher Richtung verschwinden, hinterlassen sie eine Trümmer- und Kraterwüste.

Nach diesem Luftangriff liegt die deutsche Verteidigungsfront in einer Art Agonie. Zuerst das furchtbare, alles zertrümmernde Artilleriefeuer, und jetzt der Bombenangriff. In den deutschen Stellungen herrschen Chaos, Verwirrung. Es gibt keinen Abschnitt im deutschen Verteidigungssystem, der nicht einer Mondlandschaft gliche.

General Duchanow sagt zu dieser Zeit in seinem vorgeschobenen Gefechtsstand nur ein Wort: „Los!"

Und jetzt greifen die russischen Sturmregimenter an. Dutzende roter und grüner Leuchtsignale steigen am jenseitigen Newa-Ufer hoch: das Signal zum Angriff!

Der Obergefreite Rupp starrt hinter seinem MG 42 mit zusammengekniffenen Augen auf das Eis der Newa hinab. Neben ihm liegt als Schütze 2 der Gefreite Doren.

„Mann, Mann, sieh dir das bloß an", sagt dieser mit beklommener Stimme und tief beeindruckt von dem Bild, das sich ihnen bietet.

Die Rotarmisten kommen in dichten Angriffwellen über das Eis heran. Eine hinter der anderen, Mann neben Mann. Hunderte, Tausende, Bataillone, Regimenter. Sie stürmen lautlos über den zugefrorenen Fluß, der nicht die geringste Deckung bietet.

„Die glauben, wir sind alle kaputt", wendet sich Doren an den Kameraden. „Anders kann ich mir das nicht vorstellen."

Es sind die Regimenter der sowjetischen 13. und 45. Schützendivision, die zum Angriff auf den „Flaschenhals" von Schlüsselburg angetreten sind. Und offenbar glaubt man in diesen Regimentern, die sich nördlich und südlich von Gorodok den deutschen Stellungen nähern, wirklich an die vernichtende Feuerkraft der eigenen Artillerie und der Schlachtflugzeuge.

Rupp, den Finger am Abzug, das MG auf Dauerfeuer eingestellt, macht unwillkürlich Zielübungen, obgleich das gar nicht notwendig wäre.

Die Hälfte des Flusses haben die russischen Bataillone inzwischen hinter sich gebracht. Auf deutscher Seite fällt kein Schuß.

„Noch 500 Meter", sagt der Gefreite Doren. Rupp nickt bestätigend.

Er ist plötzlich derart nervös, daß ihm der Schweiß ausbricht; obwohl es so kalt ist, daß der Atem vor dem Mund gefriert.

Dann ist mit einemmal Feldwebel Odenbach im MG-Stand. Er ist abgehetzt und seine Fausthandschuhe sind noch rot vom Blut des gefallenen Unteroffiziers Eppler. Er quetscht sich zwischen Rupp und Doren und schaut durch das Glas.

Auch Odenbach, den so leicht nichts beeindrucken kann, ist perplex. Abgesehen von der Tatsache, daß hier mindestens zwei Regimenter angreifen, fasziniert ihn noch etwas anderes: Die ersten russischen Angriffsreihen tragen keine Stahlhelme, sondern Tellermützen. Odenbach kann dies durch sein scharfes Zeissglas deutlich erkennen.

Er setzt das Glas ab und reicht es dem Obergefreiten Rupp.

„Schauen Sie mal durch", fordert er diesen auf. „Das sind doch Matrosen, die da übers Eis stürmen. Oder täusche ich mich?" „Das sind Matrosen, Herr Feldwebel!" bestätigt Rupp.

In der Tat, die ersten Angriffsreihen der Russen bestehen aus Bataillonen von Rotbanner-Matrosen der Baltischen Flotte. Sie sind eine Elite-Einheit der Roten Armee und haben freiwillig die Spitze übernommen. Siebzig Prozent der Rotbanner-Matrosen waren aus Leningrad, wie sich später herausstellte. Voraus die Bataillonskommandeure mit gezogenen Pistolen. Neben ihnen die Fahnenträger. Und hinter den Rotbanner-Matrosen kommen die Pioniere, die Sprengtrupps, die Minenräumspezialisten, die Flammenwerferkompanien. Sie alle vertrauen offenbar auf die vernichtende Kraft ihrer Artillerie, die zweieinhalb Stunden lang die deutschen Stellungen mit einem Trommelfeuer ohnegleichen sturmreif geschossen hat.

Noch 500 Meter, 400, 300. Auf deutscher Seite fällt immer noch kein Schuß. Nicht einmal die deutsche Artillerie eröffnet das Feuer.

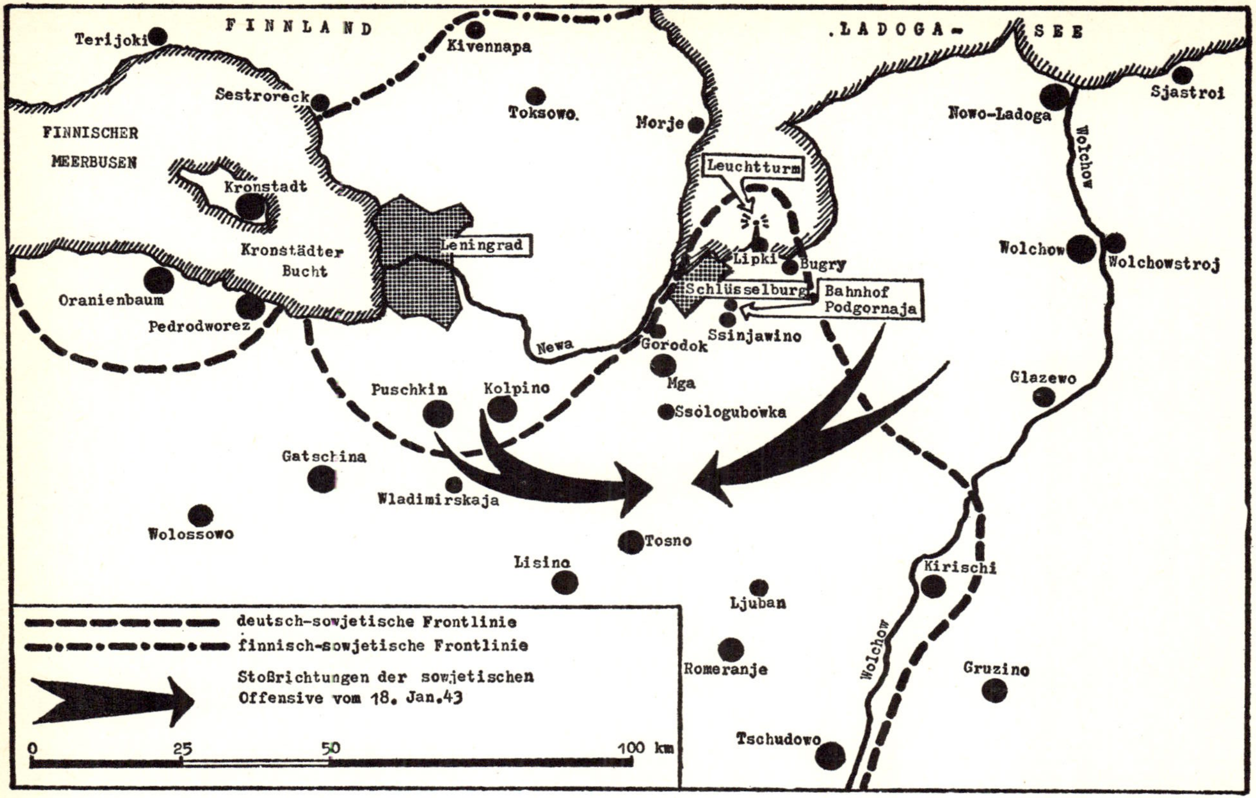
FINNLAND
Terijoki
Kivennapa
Sestroreck
Toksowo.
Morje
.LADOGA-SEE
Sjastroi
Nowo-Ladoga
Wolchow
FINNISCHER
MEERBUSEN
Kronstadt
Kronstädter
Bucht
Leningrad
Leuchtturm
Lipki
Bugry
Schlüsselburg
Bahnhof
Podgornaja
Wolchow
Wolchowstroj
Oranienbaum
Pedrodworez
Newa
Gorodok
Ssinjawino
Mga
Ssólogubowka
Glazewo
Puschkin
Kolpino
Gatschina
Wladimirskaja
Wolossowo
Tosno
Lisino
Kirischi
Ljuban
Romeranje
Gruzino
Wolchow
Tschudowo
deutsch-sowjetische Frontlinie
finnisch-sowjetische Frontlinie
Stoßrichtungen der sowjetischen
Offensive vom 18. Jan.43
0
25
50
100 km

Schon steigen die ersten sieghaften „Urrä"-Schreie unten auf dem Eis des Flusses auf, pflanzen sich durch die Reihen fort und schwellen zu einem gewaltigen Chor an.

„Urrää — Urrää — Urrää!"

In dem felsenfesten Glauben, der Widerstand der Deutschen sei durch den Feuerorkan der sowjetischen Artillerie und Schlachtflieger zusammengebrochen, werden die russischen Sturmregimenter von einer Euphorie erfaßt, die sie jede Vorsicht vergessen läßt. Sie ahnen nicht, daß sie mitten ins Verderben rennen.

„Noch zweihundertfünfzig Meter, Herr Feldwebel", mahnt der Obergefreite Rupp seinen Zugführer.

Odenbach nickt und schiebt eine grüne Leuchtpatrone ein.

„Zweihundert Meter", sagt neben ihm Rupp, den Zeigefinger am Abzugsbügel.

Da hebt Feldwebel Odenbach den rechten Arm und knallt die grüne Leuchtrakete, das Signal für „Feuer frei" aus dem Lauf.

Fast zur gleichen Zeit zischen Hunderte von gleichen Leuchtzeichen auf der deutschen Seite in den Morgenhimmel, und schlagartig setzt das rasende Tackern der Maschinengewehre, das Ploppen der Granatwerfer und das Rauschen und Fauchen der Artilleriegeschosse ein.

Maschinengewehre und Artillerie hämmern auf das Eis der Newa herab, wo die Angriffsreihen der Rotbanner-Matrosen wie von der Sichel gemäht niedersinken. In Minuten bilden sich auf dem Fluß wahre Berge von gefallenen Soldaten. Dennoch stürmen die Dahinterkommenden weiter und steigen über die Leichen hinweg, bis auch sie, vom Geschoßhagel erfaßt, verwundet oder tot zu Boden sinken.

Manchmal sieht es so aus, als würden die Sturmregimenter in Panik geraten. Da und dort flitzen die Kompanien auseinander oder ballen sich ängstlich zusammen, aber immer wieder gibt es entschlossene Offiziere, Kommandeure, die rücksichtslos durchgreifen und die Rotarmisten antreiben.

„Urrä! Urrä!"

Sie rennen weiter, fanatisch und gehorsam, bis auch sie der Tod ereilt.

Die Unterschätzung des Gegners und die Überschätzung des eigenen vorhergegangenen Artilleriefeuers kostet die Sowjets an diesem Morgen des 12. Januar 1943 Tausende von Toten und Verwundeten. Kein Baum, kein Strauch, nicht die geringste Deckung schützt die Rotarmisten. Das Feuer der längst totgeglaubten deutschen MG-Schützen hält eine furchtbare Ernte.

So beim Grenadierregiment 391 wie auch im Abschnitt des Grenadierregiments 401 und bei der Aufklärungsabteilung 240 bei Gorodok, die mit 120 Mann eine Stellung verteidigt, die von drei sowjetischen Garderegimentern angegriffen wird. Ein kleines Häuflein deutscher Landser stoppt die rote Flut, läßt die Angreifer spätestens vor den Drahthindernissen in den Schnee sinken.

Die in der vergangenen Nacht mit großer Kühnheit durchgeführten Minenräumungen sind umsonst gewesen, weil nicht eine Angriffswelle das deutsche Ufer erreicht. Nur ein paar ganz Verwegene arbeiten sich bis zu den Drahthindernissen durch, aber auch sie geraten ins Punktfeuer der deutschen Schützen und verbluten zwischen durchgeschnittenen Drahtrollen und aus dem Schnee gebuddelten Minen.

Nachdem die dritte, die vierte und auch die fünfte Angriffswelle im Raume Gorodok und Marino zusammengeschossen ist, erlahmt die Kraft der sowjetischen Sturmregimenter zusehends.

Da hilft es auch wenig, daß der russische Bataillonskommandeur, Major Psjol, mit letzter Energie das Blatt zu wenden versucht und — die aussichtslose Lage sehr wohl erkennend — einem seiner Ordonnanzoffiziere den Befehl gibt: „Telefonisten nach vorn. Wir brauchen Artillerieunterstützung!"*

Der junge Unterleutnant, einer der letzten noch lebenden Offiziere des 333. Gardeschützenregiments, rennt im Kugelhagel der deutschen MG zurück, um einen Mann mit Tornisterfunkgerät zu erreichen. Doch es gibt weit und breit kein solches Gerät. Man hatte keines mitgenommen. Wozu auch? Seitens der russischen Führung war man der festen Überzeugung, daß der Einbruch in die deutsche HKL gelingen würde. Dann hätte die Artillerie immer noch Zeit genug gehabt, Telefonleitungen zu den vorgeschobenen Beobachtern zu legen.

„Dann hol Pak heran", befiehlt Major Psjol dem Unterleutnant, als dieser ihm von der Ergebnislosigkeit seiner Bemühungen berichtet.

Der Unterleutnant rennt zum zweiten Mal los. Aber die Sturmregimenter haben auch keine Pak mit.

Da packt den Major der Zorn. Er schafft es mit Flüchen und Befehlen, an die siebzig Mann zusammenzubringen, setzt sich an ihre Spitze und greift wieder an.

Der Sturmversuch endet nach zweihundert Metern im Geschoßhagel der Maschinengewehre der Aufklärungsabteilung 240 (AA 240) vor dem Krankenhaus von Gorodok.

Als der Major die Aussichtslosigkeit seines Unternehmens erkennen muß und seine Männer tot oder schwer verwundet zu Boden stürzen, jagt er sich eine Kugel durch den Kopf.

Der einzige Überlebende dieses Unternehmens, der junge Unterleutnant, selbst mehrfach verwundet, streckt die Arme in die Höhe und torkelt auf die deutschen Linien zu. Völlig verstört wird er von den Männern der AA 240 (Aufklärungsabteilung) gefangengenommen.

Nachdem die Sturmdivisionen von General Duchanows 67. Armee bei Gorodok und Marino keinen Fußbreit Boden gewinnen konnten, setzt die sowjetische Führung ihre ganze Hoffnungen auf den Dubrowka-Abschnitt.

---

*) Nach Gefangenenaussage rekonstruierte Vorgänge

Dubrowka, nur zehn km von Gorodok gelegen, wird zur Stunde von der 45. Gardeschützendivision des Generalmajors Krasnow angegriffen.

Ihr gegenüber liegt das 399. Grenadierregiment der 170. Infanteriedivision. Es weist ein Drittel der von den Russen eingesetzten Kampfstärke auf.

Im Dubrowka-Abschnitt liegen die Dinge anders als bei Gorodok oder Marino. Dort trennt die Newa Russen und Deutsche voneinander. Hier aber sind die Linien verzahnt, greifen ineinander über, seit die Sowjets im November 1942 ostwärts der Newa einen Brückenkopf bilden konnten.

„Totenecke" nennen die Soldaten des GR 399 diesen Abschnitt. Und das zu Recht, denn dieses Stück russische Erde ist übersät mit Toten. Sie liegen zu Hunderten, ja zu Tausenden herum. Niemand kann sie bestatten, und dort, wo man es dennoch versuchte, wurden die Leichen durch das beiderseitige Artilleriefeuer wieder ans Tageslicht befördert.

Es ist ein schlimmer Abschnitt, in dem das Regiment 399 sich festgesetzt hat. In den meisten Fällen liegen sich Russen und Deutsche nur auf dreißig, vierzig Meter gegenüber.

Angesichts dieser Lage blieb dem Kommandeur des GR 399, Oberst Griesbach, keine andere Wahl, als seinen Verteidigungsabschnitt besonders tief zu staffeln, Hunderte von engen Gräben anzulegen, die MG-Stände und Kampfbunker zu verdrahten und zu verminen, das ganze Stellungssystem in kleine, aber kampfstarke Stützpunkte aufzuteilen.

Zwischen den einzelnen Widerstandsnestern haben die Regimentspioniere raffinierte Minenfallen angelegt, und wehe dem Unkundigen, der in eine solche gerät. Auch gut versteckte Flammenwerfer — elektrisch gezündet — bringen dem Angreifer Tod und Verderben.

Dubrowka wurde in monatelanger Winterarbeit zu einem „Teufelsgarten" Rommelscher Art* verwandelt, der die Russen das Fürchten lehrte.

Dutzende Male versuchten die Russen den Sperriegel des GR 399 aufzubrechen. Sie kamen mit Stoßtrupps. Bei Tag und auch bei Nacht. Immer wieder rannten sie verbissen an. Umsonst. Sie fielen im Nahkampf, wurden von Minen zerrissen, endeten im Glutstrahl der Flammenwerfer. Diese Gefallenen gaben dem Dubrowka-Abschnitt schließlich den Namen „Totenecke".

Als die Sowjets mit Infanterie nicht durchkamen, setzten sie Panzer ein. Die T 34 schafften es auch nicht. Sie wurden von der 7,5-cm-Pak abgeschossen. Und was diese nicht erledigte, vollendeten die Nahkampftrupps des GR 391.

Noch jetzt liegen die ausgeglühten Panzerwracks vor, in und auf den Gräben des GR 399. Die Grenadiere hatten sie zu unüberwindbaren Kampfständen ausgebaut, und in den Wracks sitzen auch die VB (vorgeschobene Beobachter) der Artillerie oder vorgeschobene Gefechtsstäbe.

Da man in die T 34 von außen, also von oberhalb der Erde, nur schwer kommen kann, hatten die Pioniere Stichgräben zu den Panzerwracks

---

*) Gemeint sind die Minenfelder von El Alamein

vorgetrieben und mit Schweißbrennern Einstieglöcher in die Bodenwanne geschnitten. Die Rotarmisten, denen die Panzer selbstverständlich ein Dorn im Auge waren, wußten nie, wann die Panzerwracks besetzt sind. Dann und wann holten sie Pak heran und veranstalteten ein wüstes Scheibenschießen auf die Panzer. Sie brachten auch Treffer an. Aber mittlerweile hatten die lästigen „Untermieter" längst ihre stählerne Wohnung geräumt und waren in den tiefen Gräben verschwunden.

Neben den zahlreichen Minenfallen stellten die eigentlichen Minenfelder ein Problem ganz besonderer Art dar. Im Laufe der Zeit hatten fünf verschiedene Einheiten Minen verlegt. Die Skizzen hierfür existierten nicht mehr, so daß weder Freund noch Feind wußten, wo Minen vergraben waren. Oberst Griesbach hatte aus diesem Grund den gesamten Regimentsabschnitt zum „minenverseuchten Gebiet" erklären lassen.

Neuerdings haben das wohl auch die Russen getan, nachdem ihre Minenräumtrupps schwere Verluste erlitten hatten.

Das also ist das Gelände, in dem Generalmajor Krasnows Gardeschützen angreifen sollen.

Eine halbe Stunde vor dem Beginn der Offensive gibt der russische Divisionskommandeur seine HKL für die eigene Artillerie frei. Die Infanterie räumt blitzschnell ihre Stellungen, und als der letzte Mann in Sicherheit ist, gibt Krasnow füt die Artillerie den „Feuerbefehl"!

Aber sein Gegenspieler, Oberst Griesbach, zeigt sich der Lage gewachsen. Da der Regimentskommandeur des GR 399 mit einem massierten Artillerieeinsatz des Gegners rechnen mußte, hat er entsprechende Vorkehrungen getroffen.

Es gibt für den X-Fall einen Alarmplan. Dieser sieht vor, daß sich die vorderste Linie innerhalb weniger Minuten in weiter zurückliegende und längst vorbereitete Ausweichstellungen absetzt.

In vielen Probealarmen wurde dieses Absetzen aus der vordersten HKL geübt.

Generalmajor Krasnows Absicht, die Deutschen mit einem furiosen Feuerschlag kalt zu erwischen, schlägt dank der Vorsorge eines deutschen Regimentskommandeurs fehl.

Als wie in allen anderen Frontabschnitten im „Flaschenhals" von Schlüsselburg schlagartig das russische Artilleriefeuer einsetzt (freilich mit anderthalbstündiger Verspätung, so daß das GR 399 längst gewarnt ist), wird der Alarm ausgelöst. Was unzählige Male geübt wurde, zahlt sich jetzt aus. Ohne einen einzigen Mann zu verlieren, wird die vorderste HKL geräumt.

Die russische Artillerie verschießt im Abschnitt Dubrowka an diesem Morgen des 12. Januar 1943 insgesamt 7 000 Granaten vom mittleren und schweren Kaliber. In Feuerwalzen wird das Gelände umgeackert, und schon nach wenigen Minuten ist nicht mehr zu erkennen, wo einmal Deutsche und wo Russen gelegen hatten.

Genau 45 Minuten dauert der russische Feuerorkan, dann läßt Krasnow seine 45. Gardeschützendivision los.

Drei gutausgerüstete und kampferfahrene Garderegimenter treten zum Sturm gegen die Stellungen des GR 399 an. Auch diese Rotarmisten sind davon überzeugt, im ersten Anlauf den entscheidenden Durchbruch bzw. die Erweiterung ihres Brückenkopfes erzwingen zu können.

Sie kommen, wie überall an der Newa-Front, in Massen an, ihr Kampfgeschrei auf den Lippen. Eine wogende Menschenlawine, die Furcht und Schrecken verbreiten soll.

Die zerschossenen deutschen Stellungen wurden erreicht. Die Rotarmisten suchen den Nahkampf und finden — leere Gräben. Und dann wummern die ersten Explosionen: Minen! Die Artilleriefeuerwalze hatte Hunderte von Minen in die Luft gejagt. Aber es sind noch genug übriggeblieben, und die Gardisten springen in den Tod. Kompanien sterben, ehe sie überhaupt den Feind zu sehen bekommen.

Die das Glück haben, auf keine Mine zu treten, zögern jetzt. Wer rennt schon gern mit offenen Augen ins Verderben? Aber es gibt kein Verhalten. Neue Befehle treiben die russischen Soldaten nach vorn.

Daß die erste und zweite Angriffswelle fallen könnte, war ohnehin eingeplant. Über die Brücke der toten und zerfetzten Leiber hinweg stürmen die anderen weiter.

Den Grenadieren wird die Kehle trocken, als sie diese Massen ankommen sehen. Doch sie behalten die Nerven, warten, lauern in Gräben und Kampfständen, den Finger am Abzug der Waffe.

Einer der zahlreichen vorgeschobenen Stützpunkte im Verteidigungsabschnitt des GR 399 — ein sogenannter „Wellenbrecher" — ist der Stützpunkt „Liesel". Er ist von 23 Mann und einem Unterführer besetzt. Befehligt wird der kleine Haufen von Feldwebel Bockholt.

„Liesel" liegt 200 Meter hinter der vordersten und mittlerweile geräumten HKL. Er besteht aus zwei Kampfständen, die durch mehrere Gräben miteinander verbunden sind.

In einem der Kampfstände steht Feldwebel Bockholt hinterm Sehschlitz und blickt angespannt vor zu B 4, das ist eine jener raffiniert angelegten Minenfallen, ein Stückchen „Teufelsgarten". Er besteht aus fünf strahlenförmig auseinanderlaufenden Stichgräben, in der Mitte ein MG-Bunker, der zur Rundumverteidigung eingerichtet ist. Die Lage von B 4 ist absichtlich so exponiert gewählt worden, damit die Minenfalle vom Gegner nicht übersehen werden kann.

Seitlich abgesetzt davon, in einer Entfernung von etwa 80 Metern, liegt der Gefreite Fuchs mit einem MG 42. Seine Aufgabe ist es, durch kurze Feuerstöße eine besetzte Stellung vorzutäuschen, die Russen „anzulocken". Zu Feldwebel Bockholt hat Fuchs Sichtverbindung. Erst auf Bockholts Zeichen darf der Gefreite das Feuer eröffnen.

Aber noch ist es nicht soweit. Der stürmische Angriffsfluß ist etwas ins

Stocken geraten, die russischen Kompaniechefs haben offenbar Mühe, ihre Männer in der Trichterlandschaft zusammenzuhalten.

Doch dann ist plötzlich eine ganze Kompanie russischer Gardeschützen da. Voraus ein Offizier. Er hat den deutschen Kampfstand ausgemacht, winkt jetzt seine Züge ein, brüllt Befehle.

Bockholt liegt mit dem Glas hinter der Grabenwehr und läßt die Russen keine Sekunde aus den Augen. Fuchs darf das Feuer nicht zu früh eröffnen, denn dann würden die Rotarmisten mißtrauisch. Einige Trupps springen jetzt in die vordersten Gräben. Da gibt der Feldwebel das Zeichen zur Feuereröffnung.

Fuchs läßt sein MG rattern, streut mit kurzen Feuerstößen das Gelände um B 4 herum ab, wobei es weniger darauf ankommt, daß er den Gegner trifft, als vielmehr darum, Widerstand vorzutäuschen.

Die Rotarmisten spritzen auseinander, zwei Russen bringen ein MG in Stellung, feuern in den Kampfstand, während ein Trupp Gardeschützen mit „Urrä" in einen Stichgraben eindringt und sich mit Handgranaten einen Weg bahnt. Auch der sowjetische Offizier ist plötzlich wieder da. Seine Kommandos übertönen den Gefechtslärm, bringen Bewegung in die angreifenden Russen.

Es sind an die siebzig Mann, die schießend in B 4 eindringen und zunächst offenbar gar nicht mitbekommen, daß sie in einer verlassenen Stellung kämpfen.

„Zünden!" befiehlt da Feldwebel Bockholt dem Pionierobergefreiten Schmidke, und der betätigt mit einem Druck die elektrische Zündanlage.

34 Schützenminen — von den Pionieren 30 cm über der Grabensohle in den Schnee verlegt — gehen mit einer gewaltigen Explosion in die Luft. Die Splitterwirkung ist verheerend, die in B 4 eingedrungenen Rotarmisten haben keine Überlebenschance.

Minutenlang hängt eine riesige Wolke aus Schneestaub über der Sprengstelle. Als sie sich schließlich verflüchtigt und den Blick freigibt, gleicht der Kampfstand einer Mondlandschaft, in der die Stille des Todes herrscht.

Während in diesem Abschnitt die Gefahr gebannt scheint, gelingt es den Russen — trotz des minenverseuchten Gefechtsfeldes —, am linken Regimentsflügel mehrere Einbrüche zu erzielen. Regimentsartillerie und schwere Granatwerfer nehmen den Gegner unter Feuer. Und dann kommt der Befehl zum Gegenstoß. Er wird ausgelöst durch das Leuchtzeichen: grün-weiß-grün.

Mit aufgepflanztem Seitengewehr, mit dem Spaten in der Faust, werfen sich die Grenadiere des GR 399 den sowjetischen Gardeschützen des Generals Krasnow entgegen. Es entbrennt ein Kampf, wie ihn die Landser im Norden der Ostfront noch nie erlebt haben.

Wie eine Springflut sich in Tausende von kleinen Rinnsalen verteilt, so versickern die russischen Sturmbataillone im tiefgestaffelten Verteidigungsfeld des Grenadierregiments 399, wobei die Deutschen einen gewissen Vorteil haben, weil sie das Gelände kennen, während die Rotarmisten verzweifelt bemüht sind, sich in dem Grabenlabyrinth zurechtzufinden.

Zu spät erkennen die Russen, daß sie in eine tödliche Falle gerannt sind. Wutentbrannt schießen, hauen und stechen sie um sich. Sie sterben zu Hunderten im MPi-Feuer der Deutschen, werden von gezielten Handgranatenwürfen zerfetzt, fallen im gnadenlosen Nahkampf. Die Gräben füllen sich mit den Leibern der Toten.

In weniger als fünfundzwanzig Minuten wird beispielsweise das II. Bataillon/Gardeschützenregiment 333 fast völlig aufgerieben. Die 4. Kompanie dieses Bataillons besteht nur noch aus siebenunddreißig Mann. Der Kompanieführer, Oberleutnant Konjukow, liegt mit einem Brustschuß im Schnee. Schon vom Tod gezeichnet, rafft er sich auf und versucht seine Gardeschützen anzuspornen.

Die Rotarmisten, von Entsetzen und Grauen geschüttelt, mit Maschinenpistolenfeuer und Handgranatenwürfen eingedeckt, weichen zurück.

Ein ganzes Bataillon gerät in Verwirrung und Panikstimmung. Die Überlebenden laufen zurück, jagen durch die von der Artillerie zertrommelten Gräben.

Weit kommen sie allerdings nicht. Hauptmann Sipjadom, der Bataillonskommandeur, stellt sich ihnen in den Weg.

Doch zu diesem Zeitpunkt starten die deutschen Grenadiere aus der Tiefe des Verteidigungsraumes heraus einen Gegenstoß.

Es sind nicht viele, aber es handelt sich um erfahrene Grabenkämpfer. Mit der blanken Waffe stürmen sie heran. In erbitterten Nahkämpfen rollen sie vier feindbesetzte Gräben auf und drängen die Russen noch ein weiteres Stück in Richtung Newa-Ufer zurück.

Über eine Stunde lang müssen sich die Gardeschützen, die sich in drei Kampfständen festgesetzt haben, verzweifelt und unter großen Verlusten der wütend vorgetragenen Angriffe der Deutschen erwehren.

Als sich die deutschen Grenadiere schließlich zurückziehen, zählt Sipjadoms Bataillon noch ganze sechzig Mann.

Trotz der erlittenen Schlappe und der hohen Verluste gibt der sowjetische Hauptmann den Kampf noch nicht auf. In drei Ausfällen, die dem Zweck dienen, wenigstens einen Teil des verlorengegangenen Geländes zurückzugewinnen, versucht Sipjadom das Blatt noch zu wenden. Aber die Deutschen sind auf der Hut. Im Feuerschlag mehrerer schwerer Granatwerfer bricht auch dieser Angriff der Rotarmisten zusammen. Sipjadom selbst entkommt dem Tod.

Nach dieser Gewaltanstrengung ist es mit der Nervenkraft der Gardeschützen vorbei. In den mit Leichen angefüllten deutschen Gräben richten sich Sipjadoms Männer zur Verteidigung ein.

Ebenso glücklos wie das Bataillon Sipjadoms* haben auch die beiden

*) Rekonstruktion nach sowjetischen Dokumentationen

anderen Bataillone des 333. Schützenregiments gekämpft. Nach zwei Stunden muß der Regimentskommandeur, Oberst Babschenko, General Krasnow in einer kurzen Funkmeldung die Niederlage eingestehen.

Da Krasnows ungezügeltes Temperament und dessen sprichwörtliche Unduldsamkeit in der ganzen Division bekannt sind, rechnet der Oberst mit dem Schlimmsten. Um so erstaunter ist Babschenko, als er statt der Rüge einen Funkspruch folgenden Inhalts erhält:

— Kommandeur 45. Gardeschützendivision spricht Gardeschützenregiment 333 volle Anerkennung aus. Greifen Sie weiter an, Babschenko! —

Dieser Funkspruch verschlägt dem Obersten die Sprache. Was bedeutet das? Krasnow honoriert eine Niederlage mit Worten der Anerkennung! Das hatte es noch nie gegeben.

Noch mehr Verwirrung 20 Minuten später: Babschenkos Adjutant kommt mit allen Anzeichen tiefster Bestürzung an und berichtet dem Obersten, daß man eben einen Funkspruch Armee-Division mitgehört habe, in dem davon die Rede war, daß mehrere Kommandeure und Kompanieführer der 45. Division wegen „militärischer Unfähigkeit" ihrer Kommandos enthoben wurden.

Kommandoentzug und Standgericht auf der einen Seite, Lob und Anerkennung aber für das 333. Schützenregiment. Babschenko kann sich diese Widersprüchlichkeit nicht erklären. Er wird das dumpfe Gefühl nicht mehr los, als verberge sich hinter dem Lob des Generals die Drohung: Ich gebe dir noch einmal eine Chance. Nütze sie!

Babschenko, 38 Jahre alt, ist der Typ des jungen sowjetischen Karrieoffiziers, der dank persönlicher Tapferkeit und rücksichtsloser Einsatzbereitschaft rasch die militärische Erfolgsleiter hochgeklettert ist. Er glaubt sich in Gefahr, reagiert ganz typisch und funkt an General Krasnow:

— Kommandeur 333. Gardeschützenregiment tief beschämt über ausgesprochenes Lob. Kommandeur und Regiment werden sich des in sie gesetzten Vertrauens würdig erweisen. gez. Babschenko. —

Dieser Funkspruch wurde vom deutschen Abhördienst Wort für Wort mitgehört und aktenkundig gemacht.

Die genauen Zusammenhänge konnten freilich erst später durch Gefangenenaussagen und Tagebucheintragungen rekonstruiert werden. Die dabei gemachten Recherchen gaben einen Einblick in die völlig andersgeartete Mentalität des russischen Gegners. Das Verhalten dieses sowjetischen Regimentskommandeurs war symptomatisch für den Geist des sowjetischen Offizierskorps, der den Deutschen nicht selten unlösbare Rätsel aufgab.

Obgleich Oberst Babschenko sich darüber im klaren ist, daß sein Regiment bestenfalls noch aus ganzen drei einsatzfähigen Kompanien besteht, und diese moralisch schwer angeknackst sind, setzt er sich über alle Vernunft hinweg und befiehlt die Fortsetzung des Angriffs. Ehrgeizig, rücksichtslos, gewillt, das Unmögliche zu erzwingen.

Ganz überraschend und ohne vorherige Anmeldung kreuzt der Oberst mit seinem Adjutanten beim Bataillon des Hauptmann Sipjadom auf. Dieser, durch einen Funkspruch gerade noch rechtzeitig verständigt, ahnt instinktiv, daß es zu einer harten Auseinandersetzung kommen wird.

Sipjadom hatte eben die verstreuten Reste seines schwer angeschlagenen Bataillons einigermaßen geordnet, als der Oberst in Sipjadoms Gefechtsstand, einem ehemaligen deutschen Kampfstand, erscheint.

Babschenko ist verschwitzt, mit Blut besudelt, sein Gesichtsausdruck finster, beinahe böse. Ehe Sipjadom eine Meldung erstatten kann, knurrt ihn der Oberst an:

„Ich befehle: Der Angriff wird fortgeführt!"

Hauptmann Sipjadom sieht in fassungslos an. Aber der Oberst scheint keine Erläuterung für nötig zu halten und wendet sich ab.

Sipjadom geht aus dem Bunker und trommelt die Reste seines Bataillons zusammen. Das sind vierundsiebzig Gardeschützen, vier Unteroffiziere und zwei Unterleutnants. Alle anderen Offiziere des Bataillons sind gefallen oder schwer verwundet.

Als er in den Bunker zurückkommt, um Oberst Babschenko Vollzugsmeldung zu erstatten, hat dieser über Funk Verbindung zur Division aufgenommen. Der Oberst verlangt Feuerunterstützung der Artillerie. Die Division läßt den Oberst wissen, daß zur Zeit keine Artillerie zur Verfügung stehe, da diese anderweitig schwerpunktmäßig eingesetzt sei. Er könne aber vier schwere Granatwerfer bekommen. Der Oberst fragt an, wann die Granatwerfer zur Verfügung stünden. Die Antwort lautet: Frühestens in einer halben Stunde. Daraufhin beendet Babschenko brüsk das Gespräch und wendet sich an Hauptmann Sipjadom.

„Das dauert mir zu lange. Wir greifen ohne die Granatwerfer an."

Umsonst versucht der Hauptmann den Oberst zu überreden, diese dreißig Minuten noch abzuwarten, denn man könne unmöglich ohne schwere Waffen angreifen. Babschenko beharrt jedoch auf seinem Entschluß: Es werde ohne Feuerunterstützung gestürmt!

Der Angriff endet, wie Hauptmann Sipjadom es vorausgeahnt hat: in einem Fiasko. Nach dreiviertelstündigem Kampf muß das Gefecht abgebrochen werden. Alle Versuche Sipjadoms, seine Soldaten voranzutreiben, scheitern am erbitterten Widerstand der deutschen Grenadiere und an der totalen Erschöpfung der Gardeschützen. Mit Mühe und Not rettet der Hauptmann den Rest seines Bataillons. Das sind genau einundzwanzig Mann. Bei einem Feuerüberfall deutscher Granatwerfer kommen noch weitere vier Mann ums Leben, und Hauptmann Sipjadom wird durch Granatsplitter im Gesicht verletzt.

Siebzig Minuten nach dem mißlungenen Angriff meldet sich Sipjadom bei Babschenko zurück, der, fast ungedeckt auf einem Granattrichterrand sitzend, mit dem Glas den Angriff verfolgt hat. Sipjadom grüßt und läßt die MPi in den hartgefrorenen Schnee gleiten.

Der Oberst streift ihn mit einem sonderbaren Blick, dann läßt er sich unvermittelt in den Granattrichter gleiten, winkt dem Hauptmann zu und bedeutet diesem, er möge ihm folgen. Mit hochgezogenen Schultern und stapfenden Schritten geht der Oberst zum Bunker zurück.

„Wie viele Männer haben Sie noch, Genosse Hauptmann?"

„Einundzwanzig! Die beiden Unterleutnants sind tot."

„Holen Sie sie alle her und was Sie sonst noch auftreiben können!" befiehlt Babschenko. „Ich wiederhole den Angriff und ich führe ihn selber."

„Sie haben keine Chance, Genosse Oberst", sagt Sipjadom sachlich und ganz ruhig.

„So? Meinen Sie wirklich?"

„Jawohl! Das ist meine feste Überzeugung", sagt der Hauptmann.

„Richtig! Es ist ihre Überzeugung, nicht aber die meine", erwidert Babschenko. „Und nun führen Sie meinen Befehl aus!"

Sipjadom gibt es auf. Achselzuckend entfernt er sich und trifft die notwendigen Vorbereitungen. Bei den Gardeschützen stößt er auf sture Gelassenheit. Sie hören gar nicht hin, was er ihnen sagt. Sie sind der Vernichtung entgangen, und das ist im Moment das wichtigste für sie. Daß sie noch einmal dieselbe Hölle durchmachen sollen, ist vielleicht noch gar nicht in ihr Bewußtsein gedrungen.

Inzwischen hat Hauptmann Sipjadom noch weitere sieben Soldaten gefunden, so daß dem Oberst nun ganze achtundzwanzig Mann zur Verfügung stehen. Auch die Granatwerfer sind mittlerweile eingetroffen. Sie werden von Sipjadom eingewiesen.

Er findet den Obersten auf demselben Granattrichterrand, auf dem dieser schon einmal gesessen hatte.

„Es ist alles für den Angriff bereit, Genosse Oberst", erstattet Sipjadom Meldung und wirft sich neben ihm zu Boden, weil er nicht die geringste Lust verspürt, den deutschen Scharfschützen als Zielscheibe zu dienen.

Babschenko, den Blick geradeaus gerichtet, nickt und schweigt. Er hat das Doppelglas an den Augen und späht zu den deutschen Linien hinüber.

„Danke!"

In diesem Augenblick kracht ein Gewehrschuß. Das Projektil saust so nahe an Babschenkos Kopf vorbei, daß dieser zusammenzuckt. Trotzdem bleibt er auf dem Kraterrand sitzen.

Da kracht es zum zweitenmal. Dieses Mal schlägt die Gewehrkugel nur wenige Zentimeter vor dem Obersten in den Schnee und zieht eine Furche.

Sekunden später der dritte Schuß.

Die Kugel des deutschen Scharfschützen trifft den Obersten in den Hinterkopf, und Babschenko sinkt, ohne einen Laut von sich zu geben, vornüber.

Hauptmann Sipjadom, der sich schon beim ersten Schuß zu Boden geworfen hatte, greift zu und zieht ihn in den Granattrichter. Er dreht ihn auf den Rücken und hebt dabei Babschenkos zertrümmerten Kopf behutsam an. Der Oberst stirbt in wenigen Sekunden. Mechanisch ruft er um Hilfe. Als zwei Rotarmisten herbeirennen, befiehlt er ihnen, die Leiche in den Bunker zu schaffen.

Babschenkos Adjutant zeigt, wie entsetzt er über diesen Tod ist. Er fragt den Hauptmann, wie das passieren konnte. Und als Sipjadom ihm die näheren Umstände erzählt, sagt der Adjutant mit hohler Stimme:

„Er hat den Tod gesucht."

Mittlerweile ist es der Funkstelle gelungen, eine Verbindung zur 45. Schützendivision herzustellen. Sipjadom kann somit den Tod des Regimentskommandeurs an die Division durchgeben. Die Funksprechverbindung ist zwar nicht ganz einwandfrei, aber Hauptmann Sipjadom kann sich dennoch einigermaßen mit der Gegenstelle verständigen. Am anderen Ende ist der Politkommissar Proskatow. Er hört sich die Meldung an, dann sagt er:

„Auf Befehl der Division sind vorerst alle Angriffe im Raum Gorodok einzustellen. Das Regiment übernehmen Sie inzwischen. Um 17 Uhr finden Sie sich zur Lagebesprechung ein. Ende."

*

Bei kritischer Betrachtung der allgemeinen Lage sah es fast so aus, als wäre die sowjetische Offensive im „Flaschenhals" ein Schlag ins Wasser gewesen.

Doch trotz der ungeheuren Blutopfer, die von den sowjetischen Sturmdivisionen entrichtet werden mußten, behielt der Oberkommandierende der sowjetischen Heeresgruppe Wolchow einen klaren Kopf.

Noch war nicht aller Tage Abend und noch stand die gewaltige Schlacht nicht im Zenit. So fehlten beispielsweise noch die Meldungen über die Operationen der 2. sowjetischen Stoßarmee.

Diese war mit sieben Schützendivisionen und einer Panzerbrigade von Osten her gegen den deutschen „Flaschenhals" vor Schlüsselburg angetreten. Auf einer Breite von 13 Kilometern. Verteidigt wurde dieser verhältnismäßig kleine Frontabschnitt — klein für die zahlenmäßig haushoch überlegenen Sowjets — von einer einzigen deutschen Infanteriedivision, der 227. ID. Diese hatte lediglich zusätzlich einige schwache Alarmeinheiten unterstellt bekommen.

Der russische Oberkommandierende hatte somit keinen Grund, die Nerven zu verlieren. Es müßte mit dem Teufel zugehen, wenn dieser gigantischen Streitmacht nicht der entscheidende Durchbruch gelingen sollte, zumal seit zwei Stunden auch im Raum südlich von Schlüsselburg die Offensive angelaufen war. Hier griff die 86. sowjetische Schützendivision an, eine Elite-Einheit, die aller Voraussicht nach den Übergang über die Newa schaffen würde.

Beängstigend für den „Oberkommandierenden Wolchow" war lediglich die Tatsache, daß die Deutschen sich mit einer unglaublichen Zähigkeit der Angriffe erwehrten, obwohl sie durch das ständige stundenlange Trommelfeuer niedergekämpft hätten sein müssen.

*

„Besorgnisserregende Entwicklung“, hieß es im Hauptquartier der 18. deutschen Armee.

Dort, bei Generaloberst Lindemann, herrschte höchste Alarmstufe. Die Telefonapparate rasselten ununterbrochen, die Funker klebten auf ihren Stühlen, jagten Spruch um Spruch in den Äther, Melder kamen und gingen, Kuriere hetzten zu den Stäben.

„Nie zuvor hatten wir so stark das verdammt unangenehme Gefühl, auf einem Pulverfaß zu sitzen, an das schon die Lunte gelegt worden ist“, berichtet Oberleutnant Faßnacht, einer von Lindemanns Ordonnanzoffizieren, über jene kritische Stunden.

Der Generaloberst selbst ließ sich nicht aus der Fassung bringen. Lindemann betrachtete die Lage, in der sich seine Armee befand, ohne Illusionen, aber er wurde von der allgemeinen Hektik nicht angesteckt.

Er wartete ab. Ruhig nahm er die eintreffenden Hiobsbotschaften entgegen, während sein Stabschef die Meldungen auf die Landkarte übertrug. Den Oberbefehlshaber interessierte zur Stunde nur die Frage: Wo bilden sich feindliche Angriffsschwerpunkte? Wo wird der Gegner versuchen, die deutsche HKL zu durchstoßen? Und wo führt er seine Ablenkungsmanöver durch? Konnten diese Fragen rechtzeitig gelöst werden, dann war der Fahrplan des Gegners erkannt. Erst dann konnte er als der Armeeführer seine Entschlüsse treffen.

Eng verbunden mit der Frage nach der feindlichen Schwerpunktbildung war die des Einsatzes der Armee-Eingreifreserve. Und da sah es bei der 18. Armee böse aus. Eine einzige Infanteriedivision stand Gegenraloberst Lindemann zur Verfügung, die 96. ID. Es war eine rußlanderfahrene, kampferprobte Division. Sie war auch sofort greifbar, allerdings nur mit fünf Bataillonen. Der Rest stand längst als „Feuerwehr“ an anderen Brennpunkten der bedrohten Nordfront. Gewiß, Lindemann konnte außerdem noch auf eine Flakabteilung vom Flakregiment 36 (8,8-cm-Geschütze), auf eine Artillerieabteilung mit 15-cm-Haubitzen und auf vier „Tiger “ nebst acht Panzern IV zurückgreifen. Aber was war das schon? Diese Streitmacht mochte auf den ersten Blick ganz beachtlich sein. Die Perspektive verschob sich jedoch sofort, wenn man bedachte, daß mit dieser Reserve eine maximale Frontlänge von 36 km abgesichert werden sollte. Ein Tropfen auf den heißen Stein, weiter nichts.

Mit einer Hilfeleistung der Nachbararmeen konnte ebenfalls nicht gerechnet werden, denn dort sah es nicht anders aus.

Bei Rschew, Wilikije Luki und Demiansk kämpften derzeit ganze Armeen um Sein oder Nichtsein. Die Fronten waren überall überdehnt, überall griffen die Sowjets mit überlegenen Infanterie- und Panzerkräften an. Sie witterten Morgenluft und warteten nur darauf, dem deutschen Ostheer die kriegsentscheidene Niederlage beibringen zu können.

In der kritischsten Lage aber befand sich zweifellos die 18. Armee, denn ihr drohte, wenn der Russe seine Operationsziele erreichte, die totale Einkesselung.

Kein Wunder also, wenn bei der 18. Armee das Gespenst von Stalingrad umging. Alle Orte, alle Stellungen und jedes Waldstück waren zum „festen Platz“ erklärt worden, und das war erfahrungsgemäß ein böses Omen, denn diese rigorose Maßnahme drückte nur die Ohnmacht der Führung aus.

Der verzweifelte Kampf der 6. Armee in Stalingrad! Das Wissem darum saß Offizieren und Landsern sozusagen in den Knochen, obwohl niemand davon redete. Aber in demselben Maße, wie die Furcht vor einer Einkesselung bei den Truppen stieg, wuchs auch der Widerstandswille, jene unfaßbare Kraft des Glaubens an die eigene Stärke, die schon so oft den Ausschlag gegeben hatte.

Es ist am Mittag des 12. Januar 1943, als die Schlacht im „Flaschenhals“ von Schlüsselburg ihren absoluten Höhepunkt erreicht.

Die ersten sowjetischen Einbrüche werden gemeldet. Zunächst können sie abgeriegelt werden. Aber die ungeheuren Massen der russischen Infanterie stürmen unentwegt weiter – und werden zurückgeschlagen. Tausende von Rotarmisten liegen tot auf dem Eis der Newa, vor der deutschen HKL, aber auch mitten drin.

Nervosität breitet sich im Hauptquartier des Oberkommandierenden der „Wolchow-Front“ aus. Man kann es einfach nicht fassen, daß die Gardeschützenregimenter nirgendwo den entscheidenden Durchbruch erzwingen können.

Die Meldungen, die im Hauptquartier des sowjetischen Oberkommandierenden eintreffen, sind niederschmetternd.

„86. russische Schützendivisionen: Angriffsziel nicht erreicht “, heißt es in einem Funkspruch.

Gerade in diese Division hat die russische Führung große Hoffnungen gesetzt. Nun aber zeigt es sich, daß ausgerechnet der Elitekampfverband glücklos gekämpft hat. Er schaffte an keiner Stelle den Übergang über die Newa. Es waren die deutschen Grenadiere des I. Bataillons/GR 401 (170. ID) und Teile der 227. ID, die hier den in Massen angreifenden Russen eine fürchterliche Niederlage beibrachten.

Bedienungen deutscher Maschinengewehre, leichter Feldgeschütze und Granatwerfer verschossen ihre letzte Munition, kämpften zumeist sogar in offener Feuerstellung und zwangen den Gegner nieder.

General Duchanow, der Befehlshaber der 67. russischen Armee, sah sich deshalb gezwungen, auch in seinem Abschnitt die Angriffe vorübergehend einzustellen.

Nicht anders ergeht es der mächtigen 2. sowjetischen Stoßarmee, die die Ostseite des „Flaschenhalses“ berennt. Nach fünfstündigem Kampf hat sich auch ihr Angriff festgefahren. Tausende von Toten und Verwundeten liegen auch hier auf dem schneebedeckten Kampffeld.

Bei der deutschen 18. Armee atmet man auf. Die Front der deutschen Grenadiere hat im Angriffsschwerpunkt bei Gorodok und Marino standgehalten, die sowjetische Angriffswalze vermochte die Entscheidung nicht im ersten Ansturm herbeizuführen. Das ist für die 18. Armee ein glänzender Abwehrerfolg, denn die Erfahrung hat gezeigt: Was dem Russen nicht auf Anhieb gelingt, erreicht er entweder gar nicht mehr oder nur unter Anspannung seiner ganzen Kraft. Das heißt aber: Die Sowjets sind gezwungen, ihre Kräfte neu zu formieren, umzugruppieren, schwere Waffen heranzuschaffen. Dazu benötigen sie Zeit, die den deutschen Verteidigern zugute kommt.

Gerade als die Schlacht für eine Weile den Atem anhält, Generaloberst Lindemann sich berechtigte Hoffnungen macht, das Ärgste überstanden scheint, gerade da passiert das verhängnisvolle Unglück.

12.45 Uhr. Marino, an der Nahtstelle zwischen der Aufklärungsabteilung 240 und dem II. Bataillon/Grenadierregiment 401.

Das Gelände in diesem Kampfabschnitt gleicht einem Sturzacker, einer Kraterlandschaft, die von Tausenden Granaten aufgewühlt und umgepflügt worden ist.

Das Steilufer der Newa ist durch das Trommelfeuer der russichen Artillerie und der schweren Granatwerfer gezackt wie ein Gebirgskamm. Unvorstellbar, daß hier noch ein Mensch leben und kämpfen kann. Und doch wird hier gekämpft. Es sind die Männer der Aufklärungsabteilung 240, die trotz wiedereinsetzenden Artilleriefeuers verbissen ihre Stellungen halten und die starken russischen Stoßtrupps, die sich tollkühn an das Newa-Ufer heranschieben, unter Beschuß nehmen.

Hauptmann Irle, der Kommandeur der Aufklärungsabteilung, leitet den Abwehrkampf in der vordersten Linie. Im Feuer der russischen Artillerie springt er von Kompanie zu Kompanie, macht seinen Männern Mut, sieht überall nach dem Rechten. Er weiß, wie wichtig es ist, daß er vorne führt. Er muß ein Beispiel geben: die überbeanspruchten Männer dürfen nicht das Gefühl haben, auf verlassenem Posten zu stehen.

„Nicht schlappmachen, Jungs. Denen geht bald die Luft aus, glaubt mir das“, tröstet er.

Dankbare Blicke. Betont forsche Redensarten, mit denen die Verzweiflung überspielt wird. Weiter! An drei Granattrichtern vorbei, dann in einen Graben hinein, wo eine vier Mann starke Gruppe mit einem MG liegt. Zehn Meter davon entfernt die Fragmente eines Bunkers.

Als der Gruppenführer, ein Unteroffizier, den Abteilungskommandeur erkennt, springt er vom MG weg und will Meldung erstatten. Aber da dröhnen plötzlich Abschüsse auf. Einschläge von „Stalinorgeln“, Artilleriefeuer! — Es hagelt über die Newa herüber, orgelt heran und schlägt ein.

Die vier Manner der Gruppe rennen hin und her, werfen sich in den Schnee.

Hauptmann Irle brüllt, winkt ihnen zu: „Los, rüber zum Bunker.“

Er weiß, warum er das befiehlt. Der Bunker liegt im toten Schußwinkel. Aber sie wollen nicht, schreien ihm etwas zu, was er in dem schrecklichen

Getöse nicht verstehen kann. Durch eine Wand aus Schnee und hochgewirbeltem Dreck läuft der Hauptmann allein zum Bunker zurück. Ganz nahe vier donnernde Einschläge. Mit einem Hechtsprung erreicht Irle den Bunkereingang, oder besser gesagt: das Loch, das heruntergestürzte und verkohlte Balken übriggelassen haben. Und dann verschlägt es ihm den Atem.

Er befindet sich in einem mit Leichen gefüllten und inzwischen verlassenen Kampfstand. Auf einem Lager aus Steppengras liegen etwa 11 Mann — genau kann Irle in der Erregung die Anzahl nicht feststellen. Manche sind schrecklich zugerichtet. Einem fehlen beide Beine, einem anderen hat es den rechten Arm abgerissen. Die Toten liegen in gefrorenen Blutlachen, und die Körper sind in der Kälte erstarrt.

Jetzt ist Irle auch klar, warum die vier sich geweigert hatten, im Bunker Deckung zu suchen. Sie können den schaurigen Anblick der Toten wohl nicht ertragen.

Nach Beendigung des Feuerüberfalls kriecht der Hauptmann wieder ins Freie. Wie aus Gräbern auferstanden steigen stumm, in ihren dreckiggrauen Tarnanzügen, die vier Soldaten und ihr Unteroffizier aus den Granattrichtern und begeben sich vor zum MG-Stand.

Auf dem Weg zur 2. Kompanie begegnet der Hauptmann einer Schlittenkolonne, die Munition nach vorn bringen wollte. Sie geriet unvermittelt in das Feuer mehrerer „Stalinorgeln". Von den sieben Männern haben zwei den Feuerschlag überlebt, die anderen, dunkle Bündel im Schnee, sind zerfetzt und tot. Ein paar zerbrochene Stangen und Kufen, die Trümmer des Schlittens liegen verstreut im Schnee.

Bevor der Hauptmann mit den beiden Landsern sprechen kann, hört er plötzlich vorn im Abschnitt der 2. Kompanie heftiges MG-Feuer, Gewehrgeknatter, Abschüsse von Pak. Irle rennt schon los und trifft auf einen Kompaniemelder, der ihn auf dem kürzesten Weg zum Kompaniegefechtsstand bringt.

Nachdem bereits in der ersten Stunde des Angriffs der Kompanieführer gefallen war, wird die Kompanie jetzt von einem Feldwebel geführt, der von einem einigermaßen heilgebliebenen MG-Stand aus — er liegt ganz vorn am Steilufer — den Abwehrkampf der „Zwoten" leitet.

Unten auf dem Eis der Newa, etwa 150 Meter von den deutschen Stellungen entfernt, kann der Hauptmann an die vierzig Russen erkennen. Sie haben zwei Maschinengewehre in Stellung gebracht, mit denen sie den deutschen MG-Stand unter Beschuß nehmen. Dahinter, mitten auf der freien Fläche, ist eine 7,62-cm-Pak der Sowjets aufgefahren und eröffnet nun ebenfalls das Feuer.

„Ein starker russischer Stoßtrupp", orientiert ihn der Feldwebel.

„Die haben ja allerhand Mumm", knurrt Hauptmann Irle.

„Sie dachten wahrscheinlich, daß sich nach dem letzten Feuerzauber auf unsere Stellungen nichts mehr rührt und sie keine Gegenwehr mehr zu erwarten haben", antwortet der Feldwebel und fügt erklärend hinzu: „Sie kamen aufrecht gehend übers Eis, als gingen sie spazieren. Wir haben sie bis auf zweihundert Meter herankommen lassen und dann mit diesem MG und dem rechten Flanken-MG unter Feuer genommen. Jetzt liegen sie genau zwischen unseren beiden Gewehren und können nicht mehr weiter."

„Die Pak gefällt mir aber gar nicht", sagt der Hauptmann.

„Mir auch nicht", bestätigt der Feldwebel. „Aber an die kommen wir nicht ran. Ist zu weit entfernt. Außerdem haben wir keine Stahlmantelgeschosse mehr. Es ist zum Verrücktwerden, Herr Hauptmann."

„Ja, ja", murmelt Irle. „Aber die Stellung muß gehalten werden."

Minuten später bricht wieder die Hölle los. Die Russen belegen das östliche Newa-Ufer mit schwerer Artillerie und Granatwerfern, knallen mit Pak und Panzern, die sich rumpelnd und kettenrasselnd über das holprige Eis heranschieben, auf die erkannten Stellungen der AA 240 zu.

Zwanzig Minuten dauert der massierte Feuerschlag, wobei Irles Männer den Kopf nicht aus der Deckung kriegen. Und dann wimmelt der zugefrorene Fluß erneut von angreifenden Rotarmisten. Es ist die sechste Welle, die mit „Urrä" anrennt. In der zweiten Linie schleppen sie Sturmleitern mit.

„An die Gewehre! Feuer frei!"

Auf der ganzen Linie, bis hinüber zum II. Bataillon Grenadierregiment 401, tackern nun die deutschen Maschinengewehre, krachen die Karabiner. Der Tod fährt in die russische Angriffphalanx, mäht Reihe um Reihe nieder. Berge von Leichen türmen sich auf dem Eis der Newa. Die nachfolgenden russischen Kompanien steigen über die Gefallenen hinweg, rennen mit aller Kraft weiter, schreien ihr „Urrä" in den diesigen Januarhimmel und kommen doch nicht weiter als bis auf einhundert Meter ans Steilufer heran.

Eine ganze Stunde lang stürmen die Rotarmisten, verteidigen Hauptmann Irles Männer ihre exponierte Ostuferstellung. Plötzlich fällt dem Hauptmann auf: Beim II./GR 401 wird der Gefechtslärm russischerseits immer stärker, während das Abwehrfeuer der 401er erschreckend schwächer wird.

„Menschenskind, ich glaube, dort drüben bahnt sich eine Schweinerei an", mutmaßt der Kommandeur der AA 240 und schaut den Feldwebel an. Dieser nickt und meint:

„Es gibt hier eine Stelle, Herr Hauptmann, wo man den linken Flügel des II.Bataillons sehr gut einsehen kann."

„Los, zeigen Sie mir die Stelle!" befiehlt Hauptmann Irle.

Beide rennen mit eingezogenen Köpfen und pfeifenden Lungen zirka 200 Meter nordostwärts, bis sie an die vom Feldwebel bezeichnete Stelle kommen. Das ist ein vorspringender Knick im Steilufer, der gute Sicht zum II./GR 401 bietet.

Schon mit einer bösen Vorahnung nimmt Hauptmann Irle das Glas an die Augen und späht zu den 401ern hinüber.

Was er sieht, jagt ihm einen mächtigen Schrecken ein.

Am linken Flügel des II./GR 401, also direkt an der Nahtstelle zur AA 240, haben die Russen in Kompaniestärke das Steilufer erreicht, Leitern angelegt. Die ersten zwanzig, dreißig Mann, deutlich im Doppelglas des Hauptmanns zu erkennen, klettern daran hoch. Sie treffen offensichtlich auf keinen Widerstand. Die 401er wehren sich weder mit Handgranaten noch mit Maschinenpistolen, und das kann nur bedeuten, daß die Uferverteidigung beim II./GR 401 völlig zusammengebrochen ist.

Der erfahrene Kommandeur der AA 240 ist sich sofort im klaren darüber, daß höchste Gefahr im Verzug ist. Er selbst kann den 401ern nicht zu Hilfe kommen, weil die eigenen Kräfte kaum ausreichen, die unter starkem Druck stehenden Verteidigungsstellungen der AA zu halten. Aber man könnte durch flankierendes Feuer dem Nachbarn Entlastung bringen. Dies ist allerdings nur vom Abschnitt der 1. Kompanie aus möglich. Noch wichtiger ist es jedoch, Verbindung zum II./GR 401 aufzunehmen. Es besteht dorthin eine Querschaltung. Die Frage ist nur, ob diese noch intakt ist.

Wie vom Teufel gejagt, rennt der Hauptmann zu seinem Gefechtsstand zurück und kommt dort völlig ausgepumpt an. Sein Adjutant springt besorgt hinzu und fängt Irle auf, der sonst zu Boden gestürzt wäre.

Der Hauptmann gönnt sich nur einige Sekunden Ruhe, dann fragt er den Adjutanten, ob noch Telefonverbindung zu den 401ern bestünde.

„Vor einer halben Stunden klappte es noch“, antwortet der Adjutant.

„Dann stellen Sie sofort eine Verbindung her“, befiehlt Irle und zündet sich zur Beruhigung eine Zigarette an.

Der Abteilungsnachrichtenzug ist in zwei Bunkern unmittelbar neben dem Gefechtsstand untergebracht.

„Sofort eine Verbindung zum II./GR 240“, platzt der Adjutant hervor, als er den Nachrichtenbunker betritt.

Ein Obergefreiter beginnt die Kurbel zu drehen.

Es dauert eine ganze Weile, aber dann reißt es den Fernsprecher von der Munikiste hoch, und er brüllt dem Leutnant zu: „Verbindung ist da ...“ Der Adjutant will den Hörer ergreifen, aber Hauptmann Irle steht schon neben dem Telefonisten und reißt ihm den Hörer aus der Hand.

„Hier Aufklärungsabteilung 240, Hauptmann Irle — Hallo — wer spricht? Ich kann Sie nicht verstehen ...“

Irle stößt einen Fluch aus. „Verdammt noch mal, da ist kaum was zu hören ... Hallo, hallo! Ja, endlich. Können Sie mich verstehen?“ Er hat wieder Verbindung. „Holen Sie Ihren Kommandeur an den Apparat!“

Doch da wird die Telefonverbindung zum II. Bataillon erneut unterbrochen.

So geht das einige Minuten lang hin und her. Manchmal kann der Hauptmann Wortfetzen aufnehmen, merkwürdige Geräusche, dann wieder herrscht Totenstille in der Leitung.

Aber Irle gibt nicht auf. Plötzlich dringt aus dem Hörer die klare Stimme eines Mannes: „Hier Gefechtsstand II. Bataillon/GR 401 ...“

„Mit wem spreche ich?" unterbricht Hauptmann Irle den anderen.

„Hier spricht Unteroffizier Uhlmann", tönt es aus dem Hörer.

„Sprechen Sie!" fordert der Hauptmann den Unteroffizier auf. „Was ist los bei euch? Geben Sie mir Ihren Kommandeur. Es ist dringend..."

Unteroffizier Uhlmann antwortet zwar, aber Irle kann die Worte nicht verstehen, weil sie von Gefechtsgeräuschen übertönt werden. Die Stimme bricht dann auch ab, und Irle hört das Krachen von explodierenden Handgranaten und Maschinenpistolen.

„Jetzt haben wir die Sauerei", wendet sich der Hauptmann an seinen Adjutanten. „Hören Sie selbst: Gefechtslärm! Die Iwans sind bei den 401ern durchgebrochen."

Während an der Westfront der Newa die Kämpfe mit unverminderter Heftigkeit anhalten, ist auch die 2. sowjetische Stoßarmee zum Angriff angetreten. Sieben russische Divisionen berennen die deutschen Stellungen zwischen Lipka am Ladoga-See und Gaitolowo nördlich der Kirow-Bahn.

Im Brennpunkt dieser Angriffe steht das Grenadierregiment 287, das zur 207. Sicherungsdivision gehört.

Das am Eckpfeiler dieser Verteidigungsfront fechtende II. Bataillon/Grenadierregiment 287 kann seine dünnbesetzten Stellungen trotz wütender und massierter Angriffe der Sowjets erfolgreich verteidigen. Doch südlich, wo das I. Bataillon des ostpommerschen Grenadierregiments 374 kämpft, gelingt den Sowjets plötzlich ein tiefer und gefährlicher Einbruch.

Breitgefächert stoßen sowjetische Infanterie- und Panzerverbände durch die Einbruchslücke. Die Russen stürmen und trommeln mit „Ratsch-Bumm" und schweren Granatwerfern die abgeschnittenen Kompanien und Stützpunkte zusammen. Wo es nicht gelingt, die in Rundumverteidigung kämpfenden Stützpunkte im ersten Ansturm niederzuwerfen, werden diese von den Gardeschützen (meist asiatischen Einheiten) eingekreist oder auch einfach umgangen, liegengelassen, um sie zu einem späteren Zeitpunkt zu liquidieren.

Einzelne Funksprüche, die nach hinten dringen, berichten von furchtbaren Kämpfen.

Im Verlauf des Vormittags kommt es schließlich zu allem Unglück auch beim III. Bataillon/GR 374 zu einer neuen russischen Schwerpunktbildung. Hier stürmen die Rotarmisten der 327. Schützendivision. Ihr Kommandeur heißt Oberst Poljakow.

Oberst Poljakow ist einer der profiliertesten Regimentskommandeure der 327. Schützendivision. Ein kühler Rechner, ein mutiger Draufgänger, aber auch ein vorzüglicher Taktiker. Wochenlang vor der Offensive hat Poljakow die Stellungen des III. Bataillon/GR 374 sowie die Verteidigungsanlagen von Oberst Wenglers Grenadierregiment 366 erkunden lassen. In generalstabsmäßiger Kleinarbeit haben seine Leute ein wirklichkeitsgetreues Modell dieser Stellungen im Sandkasten nachgebaut, und in allen Details: mit den Palisadenzäunen, den Laufgräben, den zahlreichen MG-Bunkern und den Gefechtsständen.

An der Naht zwischen beiden deutschen Regimentern setzt Oberst Poljakow nun den Hebel an: An einem kleinen Wäldchen, das sich hervorragend für eine gedeckte Annäherung eignet, stürmen seine Schützen.

Im Durchbruchsraum der 207. Sicherungsdivision herrschen zur Zeit chaotische Zustände. Nach vorsichtigen Schätzungen der Divisionsführung sind etwa vier starke Stützpunkte vom Feind überrollt und eingeschlossen. Ihre Kampfkraft kann aber nicht entbehrt werden. Andererseits muß angenommen werden, daß sich die Stützpunkte nur für kurze Zeit halten können, denn sie verfügen nur über wenig Nahrungsmittel, außerdem reicht ihre Munition keinesfalls länger als ein oder zwei Tage.

Die Division erteilt angesichts dieser Lage den Stützpunktbesatzungen den Befehl, sich nach Westen durchzukämpfen, um Anschluß an die eigenen Linien zu bekommen.

Eine besonders dramatische Episode verdient festgehalten zu werden. Gemeint ist der waghalsige und kühne Ausbruch des Stützpunkts Tscherniskaja. Tscherniskaja ist ein winziges Dorf, unmittelbar hinter der deutschen HKL.

Entgegen den sonstigen Gepflogenheiten wurde das Dorf nicht von den Zivilisten geräumt, da diese zu den Deutschen in einem besonders freundschaftlichen Verhältnis stehen und wochen- und monatelang unter schwierigsten Bedingungen mitgeholfen haben, die deutschen Winterstellungen auszubauen.

Das Dorf geriet sofort bei Beginn der sowjetischen Offensive in den Strudel der Vernichtungsschlacht. Den Stützpunktverteidigern, angeführt von einem jungen Hauptmann, gelang es, als „Wellenbrecher“, alle noch so wütend geführten Angriffe der Sowjets abzuwehren. Nach drei vergeblichen Sturmangriffen befahl der russische Regimentskommandeur, das Dorf liegenzulassen und einzukesseln.

Von diesem Zeitpunkt an begann das große Leiden. Die Russen brachten Artillerie heran, die pausenlos in das Dorf hineinschoß, bis alle Häuser dem Erdboden gleichgemacht waren. Der Stützpunkt, darüber ist sich der junge Hauptmann nun im klaren, kann sich nicht halten. Die vorhandene Munition ist zusammengeschmolzen. Jeder Mann besitzt noch fünfzehn Schuß Gewehrmunition, pro MG stehen 2000 Schuß zur Verfügung. Das Schlimmste aber ist: Im Stützpunkt liegen über dreißig Verwundete, in Schneelöchern, in eiskalten Kellern, die notdürftig mit Stroh ausgeschüttet sind.

Da trifft der Funkspruch der Division ein: „Setzen Sie sich bei Einbruch der Dunkelheit in Richtung Südwesten ab. Wir bereiten alles vor.“

Das ist gut und schön. Aber der Hauptmann braucht einen Arzt. Das Stöhnen, Wimmern und Schreien der unversorgten Verwundeten ist nicht mehr zu ertragen. Ein einziger Sanitätsdienstgrad bemüht sich um die Kameraden. Man kann ihnen keine Linderung verschaffen, weil weder Medikamente noch das allernötigste Verbandszeug da sind.

So funkt der Hauptmann an die Division: „Wir brechen aus, aber schickt uns einen Arzt. Die Not der Verwundeten ist schrecklich."

Im Stab der Sicherungsdivision ahnt man die Not, die im Stützpunkt herrscht. Es wird Verbindung zur Armee aufgenommen, und diese schickt einen Stabsarzt.

Dr. Ruderfels läßt sich vom Ia (Erster Generalstabsoffizier) der Division die Lage — soweit sie bekannt ist — erklären. Der erfahrene Truppenarzt hat keine Illusion. „Es gibt nur eine einzige Möglichkeit, dem Stützpunkt und den Verwundeten zu helfen: Ich muß mit einem Fieseler-‚Storch' eingeflogen werden."

„Den können Sie notfalls haben, Doktor", antwortet der Ia und heftet den Blick forschend auf sein Gegenüber. „Aber was dann? Die Zeit drängt, Doktor. Sie können unmöglich allein über dreißig Verwundete versorgen."

„Das habe ich auch nicht vor", sagt Stabsarzt Dr. Ruderfels. „Notwendig ist nur eines: Die Verwundeten müssen raus. Sie müssen ins Lazarett, denn nur dort kann man ihnen helfen."

„Und wie sollen diese armen Kerle den Durchbruch überstehen, Doktor?"

„Besorgen Sie mir eine Maschine, das andere wird sich finden", erklärt der Stabsarzt.

Ein Fieseler-„Storch" kann tatsächlich besorgt werden. Die Nahaufklärerstaffel stellt ihn unter der Bedingung zur Verfügung, daß die Maschine spätestens bis zehn Uhr abends wieder zurück sein mußte.

Die „Aktion Schwalbenflug" (Deckname) wird nach sorgfältiger Vorbereitung gestartet.

Der Doktor steckt sich die Taschen voll Pervitin und wird nach Einbruch der Dämmerung mit dem „Storch" in den eingeschlossenen Stützpunkt geflogen. Die Russen merken nichts. Sie glauben, die Maschine sei einer ihrer „Leukoplastbomber".

Inzwischen sind im Stützpunkt alle Vorkehrungen für den Ausbruch getroffen worden. Die Schlittenkolonne steht bereit. Spähtrupps haben vorsichtig die russische Sicherungskette abgetastet und tatsächlich eine Lücke darin gefunden.

Stabsarzt Dr. Ruderfels verteilt seine Pervitintabletten (ein starkes Aufputschmittel, welches das natürliche Schlafbedürfnis für längere Zeit aufhebt, bei Mißbrauch jedoch schwere Schädigungen hervorruft) an die Landser und Verwundeten.

Da erscheint eine Stunde vor dem Abmarsch überraschend der Dorfälteste beim Stützpunktkommandanten. Er hat Wind davon bekommen, daß die Deutschen das Dorf verlassen und zu den eigenen Linien durchbrechen wollen. Händeringend bittet er den Hauptmann, doch alle Bewohner mitzunehmen. Der Hauptmann hält dem Dorfältesten vor Augen, in welche

Gefahr sich die Männer, Frauen und Kinder begeben, wenn sie den Durchbruch mitmachen würden. Er verweist auf die Eiseskälte, den Schneesturm und auf die Möglichkeit, in einen Kugelregen der Russen zu geraten. Umsonst. „Lieber umkommen im Schnee und sterben als denen in die Hände fallen", sagt der Dorfälteste.

Der Mann hat sicherlich recht. Auf Kollaboration mit dem Feind steht bei den Sowjets der Tod oder zumindest Straflager. Was soll der junge Hauptmann tun? Nimmt er die Frauen und Kinder mit, geht er das Risiko ein, daß diese eine Gefahr und eine Behinderung für die Truppe werden. Andererseits: Kann er Menschen, die monatelang treu und zuverlässig die Kümmernisse eines Stellungskrieges miterduldet haben, vor den Kopf stoßen? Er berät sich mit dem Doktor, der aber meint: „Das müssen Sie allein entscheiden, Herr Hauptmann. Sie tragen die Verantwortung."

Der Hauptmann bringt es nicht übers Herz, die Dorfbewohner ihrem Schicksal zu überlassen, und nimmt sie mit.

Inzwischen ausgesandte Spähtrupps haben erkundet, daß die russischen Sicherungsposten sich zum großen Teil in die umliegenden kleinen Wälder zurückgezogen haben, das Dorf aber nach wie vor unter Beobachtung des Gegners stehe.

„Wir brechen Punkt neun Uhr auf", entscheidet der Hauptmann.

So geräuschlos wie möglich verläßt die aus siebenundzwanzig Schlittengespannen bestehende Kolonne die Ortschaft, Mann hinter Mann, Schlitten hinter Schlitten, die alle mit den Fäusten gezogen werden. Auf den Schlitten die Verwundeten sowie die älteren Frauen mit den Kleinkindern und Säuglingen.

Entlang der Kolonne stapfen in Schützenreihe die Grenadiere, die Waffen schußbereit. Schneeschuhstreifen fahren voraus, um die Lage zu erkunden.

Es gelingt tatsächlich, durch die vorher genau erkundete russische Postenkette zu schlüpfen, wobei freilich die Witterungsverhältnisse zum Bundesgenossen der Flüchtenden werden. Heulend fegt ein Schneesturm über das Land, und es herrscht rabenschwarze Dunkelheit.

Über drei Stunden ist der Elendszug schon unterwegs, ohne mit den sowjetischen Truppen in Berührung zu kommen. Der Hauptmann und der Stabsarzt laufen unermüdlich an der Kolonne entlang und muntern den einen oder anderen auf, dessen Kräfte zu versagen drohen. Im großen und ganzen haben beide nicht viel Mühe, denn das Pervitin sorgt dafür, daß keine vorzeitigen Ermüdungserscheinungen auftreten.

So geht es stundenlang durch den lockeren, oft metertiefen Pulverschnee, durch die Dunkelheit, grimmigste Kälte und Sturm. Gegen drei Uhr morgens schrecken Landser und Zivilisten zusammen: Motorengebrumm ist zu hören.

„Halt! Nicht bewegen. Alles volle Deckung!"

Scheinwerfer reißen die Dunkelheit auf. Es ist eine Gruppe von T-34-Panzern, die der Flüchtlingskolonne entgegenrollt. Aus, vorbei! denken entsetzt Landser und Zivilisten. Das drohende, malende Geräusch der Panzerketten kommt näher und näher, man glaubt, die Scheinwerfer des vorausfahrenden Panzers müßten die im Schnee liegenden Gestalten erfaßt haben.

„Panzernahkampftrupps nach vorn", befiehlt der Hauptmann. Sieben „Ofenrohre" hat er zur Verfügung, und er ist fest entschlossen, sie einzusetzen.

Da! Keine 100 Meter vor der Spitze der Kolonne drehen die russischen Panzer mit einemmal nach Norden ab — und verschwinden in der Dunkelheit.

Die Zivilisten bekreuzigen sich, die Landser können es zunächst noch nicht fassen.

Aber dann kommt das Morgengrauen. Weit kann die Kolonne von den eigenen Linien nicht mehr entfernt sein, denn deutlich sind Maschinengewehr- und Granatwerferfeuer zu hören.

Jetzt wird die Situation gefährlich, aber Eile tut not. Der Doktor und der Hauptmann drängen: „Nehmt eure letzten Kräfte zusammen! Gleich haben wir's geschafft." Da geschieht das, was der Hauptmann insgeheim längst erwartet hatte. Von hinten kommt der Ruf: „Wir werden verfolgt! Russische Skipatrouillen hinter uns!"

Ein ganzes Bataillon jagt hinter der Kolonne her, und nicht nur einzelne Streifen. In ihrer weißen Tarnkleidung huschen die sibirischen Schützen über den Schnee. Es wäre ein leichtes für sie, die Landser und Zivilisten mit MG-Feuer niederzumachen, aber offenbar liegt den Russen daran, die Flüchtenden lebend in die Hand zu bekommen.

Immer kürzer wird der Abstand zwischen den sibirischen Schützen, durchtrainierten, kräftigen Männern, und dem Elendszug der Deutschen. Siebenhundert Meter, sechshundert Meter. Hauptmann und Stabsarzt kommen bereits überein, mit einer zwanzig Mann starken Gruppe den Kampf gegen das heranrückende russische Skibataillon aufzunehmen, um den eigenen Kameraden durch hinhaltenden, wenn auch aussichtslosen Widerstand die weitere Flucht zu ermöglichen.

In diesem kritischen Augenblick erkennen vorgeschobene Gefechtsposten der 227. Infanteriedivision Flüchtende und Verfolger. In Sekundenschnelle wird die eigene Artillerie alarmiert, die vorgeschobenen Artilleriebeobachter geben ihre inzwischen ermittelten Schußwerte durch. Und dann heulen die Granaten von vier Haubitzenbatterien den Russen entgegen. Diese geraten in Verwirrung, jagen auseinander. Aber das deutsche Artilleriefeuer läßt sie nicht mehr aus dem Griff. Granate um Granate heult zwischen die Rotarmisten, die sich schließlich zurückziehen müssen. Völlig erschöpft und fast mehr tot als lebend, erreichen die Landser des Stützpunkts Tscherniskaja schließlich die eigene HKL. Sie haben, zusammen mit den russischen Zivilisten, den Durchbruch geschafft, aber unter welchen Opfern! Die Erfrierungen vor allem bei den Deutschen sind grauenhaft.

Obgleich die Verwundeten — viele sind unterwegs unbemerkt gestorben — und die Erfrierungsfälle sofort in das nächste Lazarett gebracht werden, kommt für manchen jede ärztliche Hilfe zu spät.

Von siebzig Deutschen und dreiundvierzig russischen Zivilisten hatte nur zirka ein Viertel die Flucht durch Eis, Sturm und Schnee überstanden. Ein bitteres Schicksal. Dennoch sind die Überlebenden glücklich, der Gefahr, in russische Gefangenschaft zu geraten, entgangen zu sein.

Dutzende deutscher Stützpunktbesatzungen, die von der eigenen Front abgeschnitten waren, hatten bereits am ersten Tag ebenfalls Versuche unternommen, zu den deutschen Linien durchzubrechen. Einigen gelang es, die meisten jedoch wurden von den Sowjets unterwegs gestellt, zusammengeschossen oder in die Gefangenschaft abgeführt.

Wieder andere hatte sich in ihren kleinen Schneeburgen oder in winzigen Waldstücken festgesetzt, und verteidigen sich mit dem Mut der Verzweiflung gegen die immer wieder anstürmenden Russen. Kaum einer dieser Stützpunkte besaß noch Funkverbindung zu seinem Regiment oder zur Division. Sie kämpften auf verlorenem Posten, und sie wußten das. Trotzdem hofften sie insgeheim, ein Entlastungsangriff der Kameraden würde sie aus ihrer schrecklichen Lage befreien. Eine Hoffnung, die nur in wenigen Fällen Erfüllung finden sollte.

*

Anderthalb Kilometer tief und zirka zwei Kilometer breit ist die Durchbruchsstelle bei Marino. Nennenswerter Widerstand wird kaum noch geleistet. Die sowjetische Angriffswalze rollt, die befürchtete Krisensituation im Raum der 18. deutschen Armee ist also eingetreten. Der Verteidigungsabschnitt des unglücklich kämpfenden Grenadierregiments 401 kann von der Lagekarte gestrichen werden.

Generalmajor Duchanow erhält die Nachricht vom Durchbruch zu einer Zeit, da er längst alle Hoffnungen aufgegeben hatte, daß seine Gardeschützen jemals das Ostufer der Newa erreichen könnten.

„Das ist fürchterlich“, sagte er noch vor 30 Minuten zu seinem Stabschef, als der ihm die Verlustziffern der Gardeschützenregimenter bekanntgab. „Allein im Raum Marino-Gorodok über 3000 Tote und Verwundete.“

Und jetzt diese überraschende Wende!

Duchanow erkennt die sich ihm bietende Chance. Er handelt sofort und befiehlt: „Alle verfügbaren Regimenter in den Durchbruchsraum. Panzer und schwere Waffen nach vorn.“

Er nimmt sogar das Risiko auf sich, die Reste der 86. Schützendivision, die vor Schlüsselburg kämpft, von dort abzuziehen und in die Durchbruchslücke zu werfen.

Innerhalb weniger Stunden schafft so der Oberkommandierende der 67. russischen Armee insgesamt die Masse von drei Elite-Schützendivisionen in den Einbruchsraum.

Sein letzter Befehl lautet: „Alle Panzerbataillone überqueren die Newa, stoßen den Infanterieverbänden nach, um dann nach Norden, Süden und Osten auszufächern.“

Panzer und schwere Waffen über die Newa! Das hört sich wie selbstverständlich an. In der Praxis jedoch stehen diesem Befehl schier unüberwindbare Schwierigkeiten im Weg. Die Newa ist an der Einbruchsstelle 800 Meter breit. Bis über zwei Meter hoch liegt teilweise der Schnee. Da und dort hat ihn der Wind zu regelrechten festvereisten Barrieren zusammengepreßt. Hinzu kommt noch, daß der Fluß an verschiedenen Stellen von den Deutschen vermint worden ist. Und im übrigen gibt es Flächen auf der Newa, wo sich das Eis so stark geworfen hat, daß kein Fahrzeug darüber hinwegkommt.

Diese Hindernisse hatte die deutsche Führung in ihren Verteidigungsplan einkalkuliert. Die ganze Abwehrtaktik konzentrierte sich deshalb mehr oder weniger auf angreifende Feindinfanterie. Mit der Möglichkeit, die Sowjets könnten kurzfristig Panzer und schwere Waffen ins Gefecht bringen, wurde nicht gerechnet.

Generalmajor Duchanow, dynamisch und von unerbittlicher Härte, löst dieses Problem auf seine Art. Mit Spezialpioniereinheiten rückt er den Hindernissen auf der Newa zu Leibe. Schneepflüge, Bulldozer, ganze Bataillone von zivilen Arbeitskommandos, vorwiegend Komsomolzen (sowj. Jungenorganisation), schaufeln, baggern und pflügen Panzerfurten frei, ebnen das holprige Eis der Newa ein. Währenddessen beginnen Minenspezialisten der 67. sowjetischen Armee mit der Räumung zahlreicher Minenfelder. Ein tödliches Geschäft. Alle paar Minuten rumst es, fliegt eine Mine in die Luft, werden Menschen in Fetzen gerissen, verstümmelt. Generalmajor Duchanows Panzerarmada steht mit laufenden Motoren am Westufer der Newa. Die Meute der stählernen Ungetüme muß in die Schlacht geworfen werden, ehe die Deutschen ihrerseits Gegenmaßnahmen ergreifen können. Jede vergeudete Minute kann über Sieg oder Niederlage entscheiden.

Das noch vor wenigen Stunden weit entfernte Operationsziel der Russen ist nun, nach dem geglückten Durchbruch, in greifbare Nähe gerückt. Diese einmalige Chance läßt sich Duchanow nicht entgehen.

Die Pioniere und Arbeitsbrigaden schuften bis zum Umfallen. Stumm, verbissen, trotzig, fluchend bewältigen sie in zweieinhalb Stunden das ihnen abverlangte Mammutprogramm. Eher als Duchanow angenommen hatte, wird ihm gemeldet:

„Newa minenfrei. Der Fluß kann von den Panzern überquert werden.“

Die sowjetischen Panzerverbände brausen los. Sie preschen mit heulenden Motoren über das Eis der Newa und erscheinen zu einem Zeitpunkt auf dem Schlachtfeld, als die deutsche Führung das ganze Ausmaß des Fiaskos noch nicht einmal annähernd erkennen kann.

*

Über die tiefverschneite Moor- und Steppenlandschaft jagt ein Geländekübel.

Der Fahrer holt aus dem Wagen raus, was nur rauszuholen ist. Er manövriert ihn in halsbrecherischer Manier über vereiste Wegstrecken und steuert ihn auf Biegen und Brechen durch tückische Schneelöcher, so daß die Karre einige Male umzukippen droht.

Neben dem Fahrer sitzt Oberstleutnant Dr. Kleinhenz, der Kommandeur des Grenadierregiments 401, und hinten im Fond kauert der Regimentsadjutant, die schußbereite MPi auf den Knien.

Beide Offiziere befinden sich auf dem Weg in die vorderste Linie, in den Einbruchsraum.

„Ich muß versuchen, zu retten, was noch zu retten ist", hatte Dr. Kleinhenz seinem Regimentsstab eröffnet, als das Ausmaß der Katastrophe offenbar geworden war.

Der Adjutant bewundert die Entschlossenheit und den Mut seines Kommandeurs. Andere würden in solch einem Fall ihren Gefechtsstand zurückverlegen, Hilferufe loslassen und im übrigen die „Entwicklung der Lage" abwarten. Nicht so Dr. Kleinhenz.

Der ruhige, ernste Mann denkt nicht an sein eigenes Leben. Obwohl der Wagen wie ein Schiff in der Dünung wild hin- und herschlingert, sucht der Oberstleutnant mit dem Glas das Gelände ab, nur auf seine Aufgabe konzentriert. Ein Blick auf sein Gesicht läßt die Sorge über den Zusammenbruch seines Regiments offenbar werden.

Der Fahrer, der den Kübel immer noch mit Vollgas durch das Gelände jagt, sieht kurz herüber.

„Wie weit noch? Das Gelände wird immer schwieriger", stellt er besorgt fest. Doch er bekommt keine Antwort. Wenn das nur nicht ins Auge geht! Er kennt das. Man fährt drauflos, und plötzlich steckt man mittendrin in der Schweinerei.

Es geht jetzt auf die Höhe 348 zu, die in vier Kilometer Breite das Gelände von Westen nach Osten durchschneidet.

„Dort rauf!" befiehlt der Oberstleutnant.

Sofort legt der Fahrer den Geländegang ein, gibt vorsichtig Gas. Aber alle Kunst nützt hier nichts, der klapprige Kübel schafft die Steigung nicht, die Räder rutschen durch.

Da läßt Dr. Kleinhenz anhalten. „Stoßen Sie zurück", befiehlt er dem Mann am Steuer, „und warten Sie hier auf uns. Wenn wir in einer Stunde nicht da sind, fahren Sie zum Gefechtsstand zurück."

Der Fahrer sagt, er würde nicht ohne seinen Kommandeur abhauen, aber Dr. Kleinhenz besteht auf seiner Anordnung. „Das ist ein Befehl", wendet er sich an den Obergefreiten und winkt seinem Adjutanten. „Kommen Sie!"

Vom Kamm der Höhe aus werfen beide einen Blick auf das vor ihnen liegende Gelände. Es ist der Verteidigungsabschnitt des I. und II. Bataillons. Er erstreckt sich zwei Kilometer tief bis zur Newa hin. Welliges, unübersichtliches Steppenland mit einigen kleinen Schluchten. Dazwischen stützpunktartig verteilte Kampfbunker, Gräben, zur Rundumverteidigung eingerichtete MG-Stellungen, die sich in ihrem Wirkungsbereich überlappen. Dahinter aber kommt nichts mehr, dahinter ist leerer Raum.

Dr. Kleinhenz und sein Adjutant blicken durch das Glas, und beide entdecken zu gleicher Zeit die winzigen Pünktchen: Hunderte von Tupfen auf dem Weiß der Schneefläche.

„Eigene Leute, die flüchten, oder Russen?" fragt der Adjutant mit beklommener Stimme.

Dr. Kleinhenz zuckt ratlos die Schultern.

„Das ist schwer zu sagen. Wahrscheinlich sind's Russen."

In diesem Augenblick pfeift es heran und schlägt rechts neben den Offizieren ein.

„Ratsch-Bumm", kommentiert Dr. Kleinhenz sarkastisch.

„Also doch Russen", ergänzt der Adjutant. Man sieht ihm an, daß es ihm nicht wohl ist in seiner Haut.

„Ich denke, Herr Oberstleutnant, daß uns die Russen schon erkannt haben", wendet er sich an Dr. Kleinhenz. Dieser nickt zustimmend.

„Weg von hier!" befiehlt er. „Wenn wir in gerader Richtung weitergehen, müssen wir auf die Gefechtsstraße des I. Bataillons stoßen. Das sind meiner Schätzung nach höchstens noch 700 Meter."

Minuten später sind sie im größten Schlamassel. Ringsherum kracht es. Einschläge, daß die Erde bebt. Eruptionen aus Erdbrocken und Schnee. Die Russen schießen aus Dutzenden von Rohren Sperr- und Vernichtungsfeuer, um zu verhindern, daß das GR 401 seine Eingreifsreserven heranführt, die freilich nicht existieren. Oberstleutnant Dr. Kleinhenz besitzt nicht einen Zug Reserve, den er in den Kampf hätte werfen können.

Kleinhenz' Adjutant sieht seinen Kommandeur fragend an, doch der zuckt nur die Schulter.

„Es hilft alles nichts, mein Lieber. Wir müssen durch das Artilleriefeuer. Los!"

Sie rennen, daß ihnen die Zunge aus dem Hals hängt, werfen sich, wenn es gar zu dick kommt, vorübergehend in Deckung, springen dann wieder auf und laufen weiter.

Einmal geraten sie in den Feuerschlag einer „Stalinorgel". Die Welt scheint unterzugehen. Aber sie überleben es.

„Da haben wir aber noch mal Schwein gehabt, wie?" sagt der Oberstleutnant mit rauher Stimme. „Weiter! Gleich haben wir's geschafft."

Und tatsächlich tackern plötzlich vor ihnen Maschinengewehre. Aber es sind russische. „Vorsicht, Herr Oberstleutnant!" warnt der Adjutant.

Doch da peitschen in rasender Schußfolge MG-Feuerstöße.

„Das ist ein MG 42, Herr Oberstleutnant." Der Adjutant bleckt die Zähne zu einem lautlosen Lachen. Es ist ihm anzumerken, daß er heilfroh ist, endlich auf eigene Leute zu stoßen.

Unter dem Scheitelkamm eines niedrigen Höhenrückens, in einer Linie nebeneinander kniend, sind an die zwanzig Grenadiere damit beschäftigt, Deckungslöcher auszuheben. Russische Maschinengewehre beharken sie. Aber die Soldaten scheren sich nicht drum.

„Die sind ja wahnsinnig geworden“, stößt Dr. Kleinhenz entsetzt hervor. Unwillkürlich bleiben er und sein Adjutant stehen.

Angeführt wird die Gruppe von einem jungen Leutnant, dessen Kampfanzug über und über mit Blut besudelt ist. Das rechte Hosenbein ist aufgefetzt, drunter ein blutdurchtränkter Verband. Das Gesicht des Offiziers ist fahl, hager, von einem Dreitagebart umwuchert.

Auf einen Knüppel gestützt, gibt er mit ruhiger Stimme seine Befehle, weist den etwas abseits von der schanzenden Gruppe in Stellung gegangenen MG-Schützen ein, aufrecht stehend und dem feindlichen Feuer ausgesetzt.

Entweder ist dieser Offizier schon so fertig, daß er nicht mehr bemerkt, welcher Gefahr er sich aussetzt, oder er hat Nerven wie Drahtseile.

Dr. Kleinhenz kann es nicht mehr mit ansehen, wie die Maschinengewehrgarben rechts und links von dem Leutnant den Boden furchen. Er rennt geduckt auf ihn zu und brüllt: „Nun gehen Sie schon in Deckung, Leutnant!“

Dieser, sich schwer auf den Knüppel stützend, wendet langsam den Kopf. Als er den Regimentskommandeur erkennt, strafft sich seine hagere Gestalt. Die linke Hand — die rechte hält den Knüppel — geht mechanisch zum Stahlhelmrand. Dann meldet er:

„Melde gehorsamst: Leutnant Krause, I. Bataillon, 3. Kompanie, mit einundzwanzig Mann und einem MG.“

Der Kommandeur des GR 401 erwidert die Ehrenbezeigung.

„Danke. Aber jetzt runter in Deckung“, befiehlt er fast schroff. Da lächelt der Leutnant bitter und antwortet:

„Geht leider nicht, Herr Oberstleutnant. Wenn ich erst mal unten bin, komme ich so schnell nicht wieder hoch. Da bleibe ich also lieber stehen.“

Dem Regimentskommandeur schnürt es die Kehle zusammen. Er begegnet dem brennenden, spöttisch-trotzigen Blick dieses Leutnent Krause, den er nie zuvor gesehen hat, und weiß keine Antwort.

Der MG-Schütze jagt wieder einen Feuerstoß hinaus. — Ein russisches Maxim-Gewehr antwortet kurz, aber die Geschosse gehen hoch übers Ziel hinaus. Noch einmal schießt der MG-Schütze, dann brüllt er dem Leutnant zu: „Geschafft! Die hauen ab, Herr Leutnant. Die haben die Schnauze voll.“

„Feuer einstellen!“ befiehlt Krause. Und sich an die schanzenden Grenadiere wendend: „Nun macht voran, Jungs. Lange dauert es bestimmt nicht, dann kommen sie wieder.“

Nach diesem Befehl scheint sich der Leutnant wieder des anwesenden Regimentskommandeurs zu erinnern. Nach einem schnellen Blick in die Runde humpelt er am Stock Dr. Kleinhenz entgegen, aber dieser winkt ab.

„Nicht doch, Herr Leutnant. Ich habe noch gesunde Beine.“ Er geht auf den jungen Offizier zu und schüttelt diesem beide Hände. Es ist eine für ihn außergewöhnliche Geste: Gefühlsmäßige Reaktionen sind sonst nicht seine Sache.

Krause, durch die Spontaneität seines Regimentskommandeurs sichtlich gerührt, ist eisern bemüht, sich nichts davon anmerken zu lassen. Betont forsch wendet er sich an den Oberstleutnant.

„Darf ich mir gehorsamst erlauben, Herrn Oberstleutnant in die Lage einzuweisen?"

„Ja! Ich bitte darum", antwortet Dr. Kleinhenz.

Krauses Bericht bringt wenig Klärung. Auch er kann nur berichten, daß nach mehrmaligem Artilleriefeuerschlag die vorderste Uferstellung zusammenbrach und die Russen in Stärke von mindestens zwei Bataillonen angriffen. Zusammengehauene Stellungen, Panik bei den schwachen Kompanien, die Hälfte aller MG außer Gefecht, Verwundete, Tote, sämtliche Fernsprechverbindungen unterbochen. Und massenhaft angreifende Rotarmisten. Erbitterte Nahkämpfe.

Dies alles ist für Dr. Kleinhenz nichts Neues. Interessant hingegen ist der Hinweis Krauses, daß die Russen in zwei starken Stoßkeilen angreifen, offenbar in der Absicht, daß GR 401 in zwei Teile zu zerschneiden.

„Merkwürdigerweise marschierten die russischen Angriffspitzen nicht, wie erwartet, weiter südwärts, sondern sie drehten ein", weiß der Leutnant noch zu berichten. Er mutmaßt folgerichtig: „Die Erklärung für dieses sonderbare Verhalten ist wohl die: Die Russen beabsichtigen, den Verteidigungsraum unseres Regiments vollends in ihre Hand zu bekommen, ehe sie weiterstoßen. Oder die Infanterie verhält, säubert den Kampfraum, bis die Panzer nachgekommen sind."

„Ich fürchte fast, Sie könnten recht haben, murmelt Dr. Kleinhenz nachdenklich. Die Frage, wo sich der nächste Bataillonsgefechtsstand befinde, kann der Leutnant auch nicht beantworten. Er erzählt in knappen Umrissen, wie es ihm selbst erging. Drei sowjetische Kompanien standen gegen die 3. Kompanie. Nach halbstündigem Kampf war die aus 45 Mann bestehende Kompanie aufgerieben, zusammengeschossen, in alle Winde zerstreut. Der Kompaniechef fand den Tod. Er, Leutnant Krause, konnte sich mit vier Mann nach Südwesten durchschlagen; bei einem Zusammenstoß mit einer vorgeprellten russischen Sturmgruppe wurde er verwundet: Oberschenkelsteckschuß. Dann stießen er und seine vier Männer auf Versprengte, die sich ihnen sofort anschlossen.

„Aus welchen Einheiten?" will Dr. Kleinhenz wissen.

„Ich hatte noch keine Zeit, danach zu fragen, Herr Oberstleutnant."

„Und was spielt sich hier ab?" fragt Dr. Kleinhenz.

„Wir befinden uns 800 Meter südwestlich der H-Linie (ein Gelände, das ursprünglich einmal als Auffangstellung für das I. Bataillon gedacht war), und nördlich von uns liegt Moorgelände, rechts abgegrenzt durch einen Höhenzug, der panzersicher ist", erwidert Leutnant Krause.

„Ich kenne dieses Gelände wie meine eigene Hosentasche, weil ich es selbst mit erkundet habe", fährt Krause fort. „Hervorragendes Schußfeld bis über 900 Meter, Herr Oberstleutnant. Wenn wir uns entsprechend gut eingegraben haben, können wir die Russen eine ganze Weile halten."

„Und die Knallerei vorhin?" erkundigt sich Dr. Kleinhenz.

„Ohne Bedeutung, Herr Oberstleutnant", erklärt Krause.

„Wieso das?"

„Ein russischer Spähtrupp, fünfzehn Mann stark. Wir konnten ihn abwehren."

Dr. Kleinhenz nickt. „Dies hier ist wirklich eine ausgezeichnete Riegelstellung, Krause. Aber die Russen werden wiederkommen. Artillerie einsetzen. Vielleicht sogar Panzer..."

Krause blickt den Oberstleutnant verständnislos an. — Was soll das heißen? — Natürlich werden die Russen kommen.

„Ich werde versuchen, Ihnen Verstärkung zu schicken", wendet er sich wieder an den Leutnant und schüttelt ihm nochmals die Hand. Dann geht er hinüber zu den Landsern und tut das gleiche auch bei diesen. Wortlos! Jede Aufmunterung würde nur zur Phrase werden. Und die Landser verstehen ihren Regimentskommandeur. „Mach dir mal keine Sorgen um uns", scheinen ihre Blicke auszudrücken. „Wichtiger ist, daß du dein Regiment, wenn es ein solches überhaupt noch gibt, wieder in den Griff bekommst."

Es sollte Oberstleutnant Dr. Kleinhenz jedoch nicht möglich sein, das GR 401 wieder in den Griff zu bekommen.

Wie katastrophal die Lage sich inzwischen entwickelt hat, erkennt der Regimentskommandeur spätestens, als er mit seinem Adjutanten in der gutgemeinten Absicht, den Widerstand wenigstens an einigen Stellen neu zu organisieren, weiter in den Einbruchsraum vordringt.

Nachdem beide Offiziere die sogenannte H-Linie — jenen schmalen Höhenrücken, an dessen westlichem Ende Leutnant Krause mit einer Handvoll Grenadiere Riegelstellung bezogen hat — überquert hat, liegt vor ihnen das Schlachtfeld in seiner ganzen Breite und Tiefe: die Bunkerlinien, die Drahtverhaue, inzwischen in Fetzen geschossen, die zahlreichen, aber kleinen Stützpunkte, die Verteidigungsnester.

In diesem Gelände brodelt — nach kurzer Gefechtspause — wieder die Schlacht. Wohin das Auge auch blickt: Einschläge, Qualmwolken, die zuckenden Leuchtspurgarben der Maschinengewehre und — massenhaft russische Infanterie. Sie kämpft, schwärmt aus und marschiert. In riesigen Kolonnen, die bis zum Newa-Ufer reichen.

Am Gefechtslärm kann Dr. Kleinhenz erkennen, daß deutscherseits nur noch vereinzelt Widerstand geleistet wird. Am linken Flügel, an der Nahtstelle zwischen I. und II. Bataillon, geht sowjetische Artillerie in Stellung. Und daneben, durch das Glas deutlich sichtbar, fährt Pak auf.

Erregt über dieses Fiasko und entschlossen, zu retten, was noch zu retten ist, eilt Dr. Kleinhenz mit seinem Adjutanten nach vorn. Es kommen ihm Trupps von Verwundeten entgegen, abgekämpfte, mutlos gewordene Gestalten, denen noch das Grauen in den Augen sitzt, kaum ansprechbar und nur von dem einen Wunsch besessen: Fort aus dieser Hölle!

Dr. Kleinhenz läßt sie ziehen. Die meisten von ihnen bemerken den Oberstleutnant gar nicht. Sie trotten stumpf davon, apathisch gewordene Opfer der Schlacht.

Einige fragt der Oberstleutnant nach der Einheit, woher sie kommen, wo die Russen stehen, wo der nächste deutsche Gefechtsstand liege. Die Antworten sind so widersprüchlich, daß Dr. Kleinhenz es aufgibt. Das Fazit aller Aussagen: Es geht alles drunter und drüber, und der Russe greift von allen Seiten an!

Einige hundert Meter weiter stößt Dr. Kleinhenz auf zirka vierzig Mann, die — voll bewaffnet und von einem Oberfeldwebel angeführt — zurückgehen. Da weit und breit keine Russen zu sehen sind, gerät Dr. Kleinhenz begreiflicherweise in Zorn.

Die MPi im Anschlag, stellt er sich den Zurückgehenden entgegen und brüllt den Oberfeldwebel an:

„Was für ein Sauhaufen ist das? Etwa Ihrer, Oberfeldwebel?"

In der Erregung hervorgestoßen, ist des Oberstleutnants Ton verletzend. Der mit beiden Eisernen Kreuzen ausgezeichnete Oberfeldwebel scheint es gar nicht zu bemerken. Erstaunt darüber, einen Stabsoffizier so weit vorn anzutreffen, nimmt er Haltung an und sagt:

„Zum Teil sind es meine Leute, Herr Oberstleutnant. Zum Teil Versprengte. Ich weiß nicht, woher sie kommen."

„Warum geht ihr zurück?" fragt Dr. Kleinhenz.

„Es sind Melder vom I. Bataillon an uns vorbeigekommen, die haben gesagt, russische Panzer kommen", antwortete der Oberfeldwebel.

„Und da haut ihr einfach ab?" fragt der Oberstleutnant in scharfem Ton.

„Erlaube mir zu bemerken, Herr Oberstleutnant, daß es weiter vorn überhaupt keinen Zweck hat, in Stellung zu gehen. Wenn die Panzer wirklich anrollen, machen die Mus aus uns."

„Und wo wollen Sie in Stellung gehen?" fährt ihn Dr. Kleinhenz an.

„Am besten wäre es diesseits der H-Linie, Herr Oberstleutnant."

„Kehrt marsch, und alles mir nach!" befiehlt der Kommandeur des GR 401.

Und der Oberfeldwebel antwortet: „Wie Herr Oberstleutnant befehlen. Ich darf aber noch einmal darauf aufmerksam machen, daß es in dieser Richtung nicht ein einziges Deckungsloch gibt. Außerdem ist das Gelände vom Feind eingesehen."

Wie sich gleich darauf zeigt, hätte Dr. Kleinhenz besser daran getan, die Warnung des Oberfeldwebels ernst zu nehmen.

Keuchend, in immer schnellere Gangart verfallend, stapfen Dr. Kleinhenz, sein Adjudant, der Oberfeldwebel und die Grenadiere durch den knietiefen Schnee auf eine ziemlich flache Bodenerhebung zu, die — weil sie gutes Schußfeld bietet — dem Oberstleutnant zur Verteidigung geeignet erscheint.

Umsonst warnt der Oberfeldwebel noch einmal: „Vorsicht! Da sind wir auch eingesehen.“

„Zum Teufel, Oberfeldwebel, können Sie mir eigentlich sagen, was hier nicht von den Russen eingesehen ist?“ erwidert der Regimentskommandeur hitzig und wohl in dem Glauben, der Mann übertreibe absichtlich.

Doch kaum haben sie die oben abgeplattete Bodenerhebung erreicht, rauscht es schon heran und schlägt vor ihnen ein.

„Allerhand, die sind aber fix bei der Hand“, entfährt es Dr. Kleinhenz, der sich, wie alle anderen, blitzschnell zu Boden geworfen hat.

„Ich habe Herrn Oberstleutnant ja darauf aufmerksam gemacht“, zischt diesem der Oberfeldwebel wütend zu.

Und dann geht's los. Donnernde, gar nicht weit entfernte Abschüsse mehrerer Geschütze, und Sekunden später krachende Einschläge. Rechts und links, hinten und vorn. Die krepierenden Granaten streuen einen Splitterregen, der zirpend herumfliegt und neben den Grenadieren in den Schneeboden patscht.

„Verdammt gut gezielt. Die wollen sich diesen verfluchten Hügel freihalten“, brüllt der Adjutant seinem Kommandeur zu.

„Einzeln zurückarbeiten!“ befiehlt der Oberstleutnant, der nun eingesehen hat, daß hier auf dieser Erhebung, und wenn sie für eine Verteidigung noch so günstig ist, kein Blumentopf zu gewinnen ist.

Etwa 60 Meter setzen sie sich ab, aber die Russen stellen deshalb das Feuer nicht ein. Ganz im Gegenteil, sie streuen mit noch mehr Geschützen das Gelände ab, und das geht wenigstens fünf bis zehn Minuten so, daß niemand daran denken kann, seinen Standort auch nur um einen Meter zu verändern. Das Genick eingezogen, den Körper an den Boden gepreßt, mit hellwachem Bewußtsein, jeden Einschlag registrierend und wehrlos dem Splitterhagel ausgesetzt, liegen sie da und warten darauf, daß ein Stück glühendes Eisen in ihren Körper fährt. Doch diesmal kommen sie alle noch mit dem Schrecken davon. Genauso schlagartig wie das Artilleriefeuer einsetzte, hört es wieder auf.

„Gott sei Dank, das hätten wir überstanden“, sagt erleichtert und so laut, daß es alle hören können, der Adjutant.

Kaum hat er den Satz zu Ende gesprochen, reißt es den Oberfeldwebel vom Boden hoch. „Panzer!“ ruft er.

Mit einem Satz ist auch Dr. Kleinhenz auf den Beinen, lauscht, schüttelt unwillig den Kopf, weil ihm noch die Ohren dröhnen und brausen.

„Es sind Panzer, Herr Oberstleutnant“, wiederholt der Oberfeldwebel und blickt seinen Regimentskommandeur fragend an.

Der Wind hat sich gedreht und trägt aus der Nordrichtung dumpfes Dröhnen heran: das Geräusch vieler Motoren.

Jetzt hören es auch die anderen. Die Luft ist angefüllt vom Kreischen der Panzerketten, das sogar den Infanteriegefechtslärm übertönt.

„Das sind schätzungsweise mindestens zwanzig Panzer“, wendet sich der Oberfeldwebel an seinen Regimentskommandeur.

„Los, rauf auf den Buckel", kommandiert Dr. Kleinhenz und gibt dem Adjutanten und dem Oberfeldwebel einen Wink.

Eng an den Boden gepreßt, liegen die drei im Schnee und spähen mit den Gläsern nordwärts.

Es sind Panzer! T 34 und zwei KW I, insgesamt 14 Stück, die rasch durch den Schnee heranrollen und dann plötzlich aus allen Waffen feuern.

„Die machen alle zur Sau, die noch vorn in den Löchern liegen", kommentiert der Oberfeldwebel die heranbrausende Panzerarmada.

„Wir müssen von hier weg", sagt der Adjutant erregt und erntet für diesen Vorschlag ein bitteres Lachen des Oberfeldwebels.

„Wohin denn? Es gibt weit und breit keine Deckung!"

Nein. Es gibt wirklich im Umkreis von mehreren hundert Metern keine Deckung. Es bleibt ihnen also keine andere Wahl, als sich hinter der Bodenerhebung in den Schnee zu legen und abzuwarten.

Kaum zehn Minuten später sind die Panzer da. Sie pflügen durch den metertiefen Schnee, schleudern ihn in flutenden Wellen hoch und kommen unaufhaltsam näher heran.

Von dem Häuflein deutscher Infanteristen nehmen sie keine Notiz. Die russischen Panzerkommandanten mit ihren Lederhelmen stehen bis zur Hüfte im Turm. So sicher fühlen sie sich.

„Da fahren sie dahin und kommen hoffentlich nicht wieder", sagt der Regimentsadjutant und atment schwer.

In diesem Augenblick geschieht es. Der Panzerkommandant des letzten T 34 dreht sich zufällig im Turm um. Den Deutschen stockt der Herzschlag.

Sie sind erkannt worden. — Aufkreischen der bremsenden Raupenketten. Ein Hagel weggeschleuderter Eisbrocken. — Der T 34 stellt sich quietschend quer. Dann Kommandos, nur undeutlich im Lärm der Motoren zu hören. Der schwere Turm schwenkt herum, und Sekunden später ein brüllender Abschußknall.

Nicht mehr als vier Sprenggranaten verschwendet der russische Panzerkommandant, dann dreht der T 34 wieder bei und braust den anderen Panzern nach. Es fällt ihm nicht ein, herbeizufahren und Gefangene zu machen.

Fünf Grenadiere des GR 401 sind tot, drei mehr oder minder schwer verwundet. Unter den Verwundeten befinden sich auch Oberstleutnant Dr. Kleinhenz und sein Adjutant.

Das GR 401 hat seinen Kommandeur verloren.

*

Im Hauptquartier des AOK 18 (Armeeoberkommando 18) sind eben die letzten Meldungen über die russische Newa-Offensive eingegangen.

Generaloberst Lindemann, den Blick auf die Lagekarte gerichtet, auf der die roten Pfeile eine allzu deutliche Sprache sprechen, ist über das Ausmaß der Katastrophe bestürzt. Es ist mit einem einzigen Blick ersehen, was sich im Verteidigungsraum der 18. Armee für eine verhängnisvolle Entwicklung abzeichnet.

Lindemanns Stabschef skizziert denn auch in seinem Lagevortrag treffend und nüchtern die gegenwärtige Situation in wenigen Sätzen:

„Anhand der vorliegenden Meldungen von der Front beabsichtigt General Goworow (Oberkommandierender der Wolchow-Front) ohne Rücksicht auf Verluste alle verfügbaren Kräfte seiner Armeen in die Einbruchslücke bei Marino zu werfen. Das Ziel dieser klar erkennbaren Operation: Durchstoß durch den ‚Flaschenhals' und Vereinigung mit den aus Osten angreifenden Verbänden. Dann Abschwenken nach Süden, um unsere Verteidigungsstellungen an der Newa und an der Ostseite unserer Front aufzurollen."

„Daraus ergeben sich zwangsläufig folgende ersten Angriffschwerpunkte", referiert der Stabschef weiter: „Erstens: die Arbeitersiedlung Poselok 5 an unserer Ostflanke. Hier müssen die Russen schwerpunktmäßig angreifen, weil da die einzige brauchbare Straße sowohl nach Norden zum See-Ufer hin als auch nach Süden zu den Sinjawino-Höhen und zur Kirow-Bahn führt. Zweitens: Angriffsschwerpunkte Raum Gorodok und Elektrizitätswerk. Hier blockieren wir den Russen den direkten und kürzesten Weg zu den Sinjawino-Höhen."

„Und ausgerechnet an diesen Stellen haben wir nur schwache Kräfte zur Verfügung", wirft Generaloberst Lindemann mit leiser Stimme ein.

„Sowohl bei Poselok 5 als auch bei Gorodok können wir uns bestenfalls 24 Stunden halten, Herr Generaloberst", gibt der Stabschef zu bedenken.

„Die einzige und überhaupt denkbare Maßnahme, die russische Walze zu bremsen, ist der sofortige Gegenstoß, Herr Generaloberst", fordert der Stabschef. „Andernfalls..."

„Ja, ja, ich weiß, was Sie sagen wollen: Andernfalls bekommen wir eine zweite Stalingrad-Auflage", unterbricht ihn der OB der 18. Armee gereizt.

„Dies muß allerdings befürchtet werden", sagt der Stabschef und sucht Lindemanns Blick.

Sofortiger Gegenstoß! Einsatz der einzigen Armeereserve!

Eine Gleichung mit vielen Unbekannten! Aber Lindemann, ein illusionsloser und nüchterner Armeeführer, weiß andererseits nur zu gut, was auf dem Spiel steht, wenn die russischen Stoßkeile nicht zum Stehen gebracht werden. Schweren Herzens gibt der Generaloberst schließlich den Befehl:

„Also gut. Rufen Sie sofort die 96. Infanteriedivision ab. Noeldechen soll heute abend aus dem Raum Sinjawino in nordwestlicher Richtung angreifen. Die ‚Tiger' und die Acht-acht-Flak (8,8 cm) werden unterstellt."

Damit sind die Würfel gefallen. Aber Lindemann ist nicht wohl bei dem Gedanken, seine Reserve schon jetzt ins Gefecht schicken zu müssen, zumal die 96. ID nicht die vollge Gefechtsstärke besitzt, sondern nur mit fünf Grenadierbataillonen antreten kann. Und das nicht einmal im geschlossenen Einsatz, weil die Division nach Lage der Dinge auf mehrere Schwerpunkte verteilt werden muß.

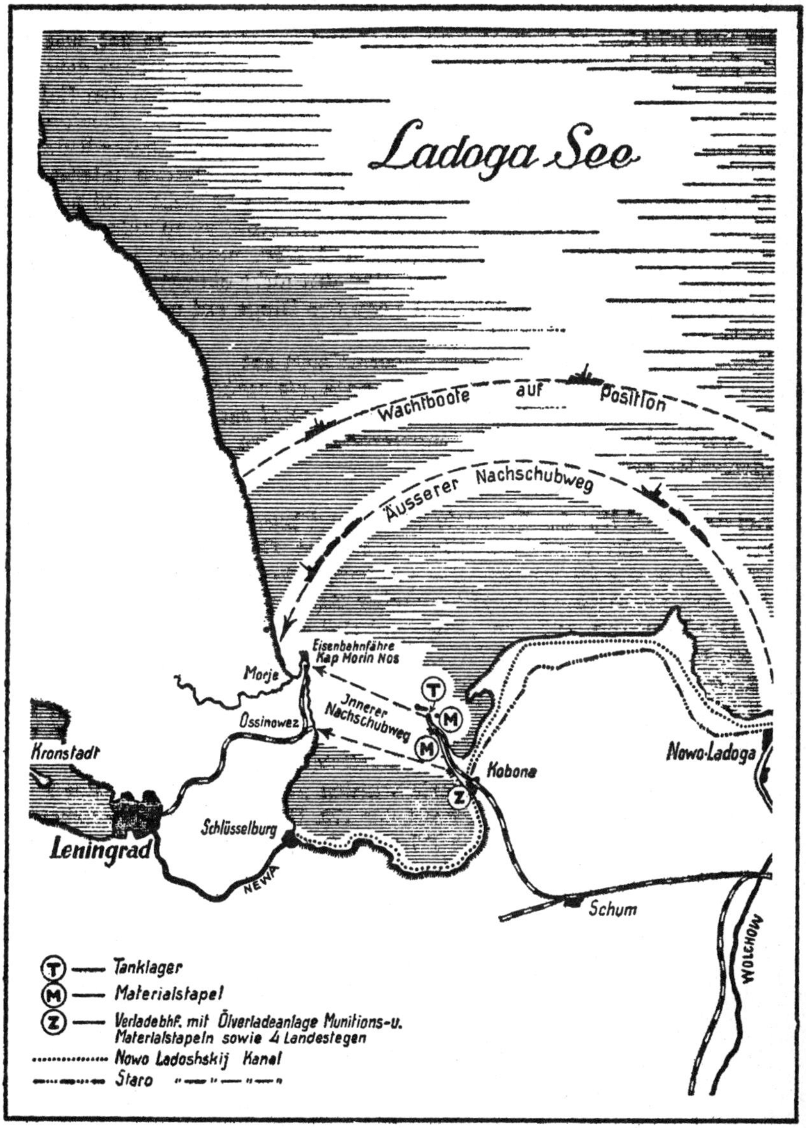
Ladoga See
Wachtboote auf Position
Äusserer Nachschubweg
Eisenbahnfähre Kap Morin Nos
Morje
Jnnerer Nachschubweg
Ossinowez
Kronstadt
Leningrad
Schlüsselburg
NEWA
Kobona
Nowo-Ladoga
Schum
WOLCHOW
T — Tanklager
M — Materialstapel
Z — Verladebhf. mit Ölverladeanlage Munitions-u. Materialstapeln sowie 4 Landestegen
Nowo Ladoshskij Kanal
Staro " " "

Bei der 96. ID löst der Einsatzbefehl keine Überraschung aus. In wochenlanger, generalstabsmäßiger Kleinarbeit hat General Noeldechen, der Kommandeur der 96. ID, den „X-Tag“ vorbereitet.

Seit sich die Anzeichen mehrten, daß die Sowjets eine Großoffensive auf den „Flaschenhals“ von Schlüsselburg ins Auge faßten, hatte Noeldechen Teile seiner Division noch näher an die möglichen Schwerpunkte herangezogen. So war beispielsweise das Grenadierregiment 284, zeitweilig der 170. ID unterstellt, schon Anfang Januar mit seinem III. Bataillon in das „Scheidislager“ gezogen, während das II. Bataillon auf den Sinjawino-Höhen in Bereitstellung ging.

Auch Teile der Divisionsartillerie wurden aus dem Abschnitt der 1. ID herausgezogen und in den Abschnitt der 170. ID verlegt, um die Arbeitersiedlungen P 3, P 2, P 1, P 5 und P 7 abzuschirmen.

Mit großer Sorgfalt waren zudem noch die voraussichtlichen Anmarschwege in die Kampfräume erkundet und markiert worden. Regelmäßig durchgeführte Alarmübungen brachten die Bataillone auf den Höchststand schnellster Einsatzbereitschaft.

Nach menschlichem Ermessen konnte kaum mehr etwas schiefgehen. Die 96. ID war für den Einsatz gerüstet.

Doch es kam anders.

Die für General Noeldechen wohl größte und auch bitterste Überraschung war die mächtige Feuertiefe des russischen Artillerieschlags. Das um 7.20 Uhr schlagartig einsetzende Trommelfeuer des Feindes traf nicht nur die im vordersten Verteidigungsraum eingesetzten Bataillone und Kompanien, es ging wie ein Hagelsturm auch auf die rückwärtigen Waldlager nieder, in denen die Reserven lagen. Mit unvorstellbarer Wucht traf es die Anmarschwege, ackerte diese um und zerschlug nicht zuletzt die Feuerräume des Artillerieregiments 196.

Schwer heimgesucht wurde obendrein noch das II. Bataillon/GR 284, das, wie schon erwähnt, auf den Sinjawino-Höhen in Bereitstellung liegt.

Als das gefechtsführende XXVI. AK (General d. Inf. von Leyser) den Befehl übermittelt bekam, die 96. ID noch in dieser Nacht in den Kampf zu werfen, war dieser Befehl wegen der letzten Ereignisse schon nicht mehr durchführbar.

In einem Blitzgespräch schilderte General von Leyser dem OB (Oberbefehlshaber) der 18. Armee die veränderte Situation bei der 96. ID. Der Angriffsbefehl wurde daraufhin zurückgenommen, als neuer Termin der Morgen des 13. Januar festgelegt.

Eine bittere Sache für die ganze Armee, deren Schicksal nach wie vor am seidenen Faden hing, denn die im Kampf stehenden Divisionen waren gegenwärtig einer Belastung ausgesetzt, die an der Grenze des menschlich und militärisch Zumutbaren lag.

Aber selbst wenn General Noeldechen sich über die Schwierigkeiten hinweggesetzt hätte, wäre es unmöglich gewesen, die 96. ID zeitgerecht zum Einsatz zu bringen, weil der Gegner alle Anmarschwege unter pausenloses Stör- und Vernichtungsfeuer genommen hatte. Das bedeutete: Kein einziges Bataillon wäre ungeschoren in den Bereitstellungsraum gekommen.

Angesichts dieser Lage blieben dem Korps und der Division nur die Hoffnung, nach Einbruch der Dunkelheit losmarschieren zu können.

Inzwischen verstrich aber kostbare Zeit.

Sieben Stunden ist die Schlacht an der Newa alt, als die Lage bei den deutschen Verteidigern den bislang kritischsten Punkt erreicht.

Vor allem bei Gorodok, dem Zentralstück der deutschen Verteidigungsfront, sieht es böse aus. Das hier fechtende Pionierbataillon 240 unter Major Schulze, der seinen Gefechtsstand im E-Werk aufgeschlagen hat, erlebt die Hölle.

Oberleutnant Winackers 2. Pionierkompanie, die das Krankenhaus und das umliegende Gelände verteidigt, ist am Ende. Die Munition wird knapp. Die Verwundetenzahl steigt stündlich.

Winackers Lage ist besonders schwierig, weil er im Verlauf der unübersichtlichen Kämpfe zwei Züge verloren hat, die nordostwärts abgedrängt worden sind und somit der Kompanie bei ihrer schweren Verteidigungsaufgabe fehlen.

Winacker hat zwar einen Zug der Radfahrschwadron 240 als Verstärkung erhalten und darüber hinaus auch noch zwei Gruppen Versprengte der Kampfgruppe Carsten, aber sie ersetzen nicht die zwei Züge.

So geschwächt, hat es Winacker nicht verhindern können, daß russische Gardeschützenbataillone bis zum Wäldchen vordringen konnten, das unmittelbar neben dem Krankenhaus liegt und eigentlich nie vom Feind hätte besetzt werden dürfen. Als der Oberleutnant von zwei losgeschickten Spähtrupps die Meldung erhielt, daß es in dem Waldstück von Russen nur so wimmelte, hatte er nur gesagt: „Nun ist die Schweinerei perfekt."

Sie ist es auch. Ihre Chance blitzschnell wahrnehmend, hatten die Sowjets Pak und 7,62-cm-Geschütze ins Wäldchen gebracht, und beschießen nun ohne Unterbrechung die schwachen Widerstandslinien von Winackers 2. Pionierkompanie.

Ihre Methode, den Widerstand der Deutschen im Krankenhausbereich zu brechen, ist denkbar einfach und wirkungsvoll: Zuerst vier, fünf Minuten toller Feuerzauber auf die erkannten Stellungen der Deutschen, dann blitzschneller Angriff mit kampfstarken Stoßtrupps, die aus MPi-Schützen und Flammenwerfertrupps zusammengesetzt sind.

Das kostet Nerven. Zwar gelang es Winackers Pionieren bis jetzt, alle Einbruchs- und Durchbruchsversuche abzuwehren, aber wie lange die Kräfte seiner wenigen Leute noch ausreichen werden, das weiß Winacker nicht zu sagen.

Als Major Schulz, der Kommandeur des Pionierbataillons 240, dem Oberleutnant Winacker einen Besuch abstattet und die verzweifelte Situation des kleinen Häufleins sieht, ist er entsetzt.

„Brendel und seine 3. Kompanie müssen her. Das schaffen Sie nie allein.“

„Wenn das möglich wäre, Herr Major, hätte ich nichts dagegen“, antwortet Winacker und fügt hinzu: „Aber es muß schnell gehen, Herr Major. Ich kann für nichts mehr garantieren.“

„Brendel ist spätestens in einer Stunde da“, verspricht der Major. Und er hält sein Wort. Brendels 3. Kompanie eilt zur Verstärkung herbei. Oberleutnant Winacker atmet auf, schöpft wieder Hoffnung.

In einer „fliegenden Lagebesprechung“ kommen Winacker und Brendel überein, daß zwei Dinge vorrangig sind: die Befestigung der Krankenhausgebäude und die Absicherung des umliegendes Geländes.

Beides wird sofort in Angriff genommen. In dieser kritischen Situation beweisen die Pioniere des Pionierbataillons 240, daß sie zu Recht „Handwerker der Schlachten“ genannt werden.

In kürzester Zeit verwandeln Brendels Pioniere das Krankenhaus in eine waffenstrotzende und feuerspeiende Festung. In den Fensternischen werden Maschinengewehr- und Scharfschützen postiert, kugelsichere Brustwehren errichtet und die Kellerfenster so massiv verbarrikadiert, daß sie selbst Pak-Beschuß aushalten können.

Um das Krankenhaus herum aber verlegen die Pioniere ihre letzten Minen, und das bei höchster Lebensgefahr, unter starkem Beschuß russischer Maschinengewehre und Granatwerfer.

Kaum sind Brendels Männer mit ihrer Arbeit fertig, beginnt sich das teuflische Karussell wieder zu drehen.

Mörderischer Pak- und Granatwerferbeschuß setzten ein. Dann ganze Salven der „Ratsch-Bumm“. — Der Dachstuhl des Krankenhauses fängt Feuer. — Unter dem Beschuß der Pak bröckelt die Frontseite des Krankenhauses ab. Die Granaten reißen riesige Löcher heraus.

Danach greifen die Gardeschützen mit lautem Kampfgeschrei an.

Die Rotarmisten, ganz offensichtlich in der Meinung, diesmal ein leichtes Spiel zu haben, erleben eine herbe Abfuhr. Als sie in Kompaniestärke bis an die Minensperre herangekommen sind, eröffnen Winackers und Brendels Pioniere das Feuer, tackern die Maschinengewehre, bellen ihnen die Gewehrschüsse der Scharfschützen entgegen.

Der sowjetische Angriff endet blutig. Zu Dutzenden fallen die Russen, zu Dutzenden wälzen sich die Verwundeten, gellend nach Hilfe schreiend, im Schnee.

Wieder einmal ist das Ärgste verhindert worden, hat die schwache deutsche Front bei Gorodok standgehalten. Pioniere eines einzigen Bataillons haben einen zehnfach überlegenen Gegner abgewehrt und keinen Meter Boden abgegeben.

Rechts vom Pionierbataillon 240 liegt Hauptmann Irles AA 240. Mit den Resten seiner Aufklärungsabteilung hat er an der Ringstraße Stellung bezogen.

Die beiden Einheiten, zusammen knapp 300 Mann, sind die einzigen Kräfte, die noch zwischen den Russen und der rückwärtigen deutschen Kampfzone liegen. Erzielt der Gegner hier einen Einbruch, stehen die Rotarmisten vor den Feuerstellungen der Divisionsartillerie.

Die AA hält ihre Stellungen. Zwar rennen auch hier die Russen pausenlos an, hämmern die Granaten von Pak und Feldgeschützen in die deutschen Feldstellungen, aber die russische Infanterie schafft es nicht. Sie verblutet im Abwehrfeuer von Hauptmann Irles MG-Schützen oder endet spätestens im erbarmungslosen Nahkampf.

Einmal — zwischen einem abgeschlagenen Infanterieangriff der Russen und einem eigenen Gegenstoß, bei dem ein verlorengegangener MG-Stand zurückerobert werden sollte — herrsche beim 3. Zug der 2. Kompanie beträchtliche Aufregung. Vor den Stellungen des Zuges tauchte plötzlich eine Gestalt auf. Wankend, mit zerfetzter Uniform und heftig gestikulierend, näherte sich der Mann der deutschen Hauptkampflinie.

Der Gefreite Schulze, mißtrauisch und aufmerksam, nahm die seltsame Figur bereits ins Visier seines MG. Man konnte schließlich nie wissen, auf welche Tricks die Iwans verfielen. Und dieser Unbekannte kam geradewegs aus der Richtung der Russen.

Schulze ließ den Mann bis auf 80 Meter herankommen, dann rief er ihm zu: „Halt! Stehenbleiben! Parole!"

Der Angerufene antwortete nicht, gestikulierte heftig mit den Armen, und da wurde Schulze nervös. Er hatte schon den Zeigefinger am Abzug, als sein Gruppenführer ihm in den Arm fiel. „Menschenskind, das ist doch einer von uns!"

Der Mann, der mit seinen letzten Kräften die deutschen Linien erreichte, war Unteroffizier Uhlmann. Sie brachten ihn sofort zum Gefechtsstand von Hauptmann Irle, der aus allen Wolken fiel, als dieses abgerissene Lumpenbündel, das sich kaum auf den Beinen halten konnte, sich mit letzter Kraft zusammenriß und stammelnd hervorbrachte:

„Unteroffizier Uhlmann, zwotes Bataillon/GR 401."

„Sie sind Uhlmann...?" Mehr konnte Irle vor Überraschung zunächst nicht sagen.

„Ja-jawohl, Herr Hauptmann", sagte Uhlmann. Dann konnte er nicht mehr und kam ins Wanken.

Zwei Melder fingen ihn auf und legten ihn auf eine Pritsche.

„Los, Decken her, Schnaps her, den Sani herholen. Und zieht ihm die Stiefel aus", herrschte der Hauptmann die im Gefechtsstand anwesenden Melder und Fernsprecher an. Sie taten es und legten den bewußtlosen Kameraden auf eine Pritsche.

Wegen besonderer Tapferkeit vor dem Feind wurde Unteroffizier Uhlmann später im Divisionsgefechtsbericht lobend erwähnt, zum Feldwebel befördert und mit einer Auszeichnung bedacht.

Die Angriffe der Russen im Raum Gorodok lassen in den ersten Nachmittagsstunden beträchtlich nach. Offenbar machen sich jetzt doch die enormen Verluste bemerkbar. Als auch nach Einbruch der Dämmerung keine weiteren Großangriffe sowohl im Einbruchsraum wie auch im Abschnitt Gorodok bei AA 240 und Pionierbataillon 240 unternommen werden und der Gegner sich lediglich auf Artillerie- und Granatwerferfeuerüberfälle beschränkt, atmen Führung und Truppe erleichtert auf.

Es sieht so aus, als sei das Ärgste überstanden. Trotz der bitteren und hohen Verluste und trotz des Durchbruchs im Raum Gorodok können die deutschen Verteidiger stolz sein auf ihren Abwehrerfolg. Das operative Ziel der Sowjets, der Vorstoß bis zu den Sinjawino-Höhen, konnte nicht erreicht werden.

Zuversichtlich sehen die Landser der 170. und 227. ID dem neuen Tag entgegen, der durch den Einsatz der 96. Infanteriedivision die große und entscheidene Wende im Kampf um die Newa-Front bringen soll.

Laut Armeebefehl soll der Gegenstoß der 96. ID aus der Linie „Scheidislager“—Raum Gorodok angesetzt werden. Zum Einsatz gelangen rechts das GR 284 unter Oberst Pohlmann mit dem III. Bataillon (Oberleutnant Ruprecht), dem I. Bataillon/GR 287 (Oberleutnant Mensing) und II. Bataillon/GR 284 (Hauptmann Dresp), links GR 283 unter Oberst Andoy mit dem III. Bataillon und dem II. Bataillon. Dem divisionseigenen Artillerieregiment 196 werden zusätzlich unterstellt: II. und III. Abteilung/AR 240 der 170. ID. Das AR 196 selbst kann einsetzen: IV. Abteilung/AR 196, ferner die 3. Batterie (im Unterstellungsverhältnis) der schweren Artillerieabteilung 641 und die II. Abteilung/Flakregiment 36. Hinzu kommen außerdem noch die „Tiger“ der 1. Kompanie/Panzerabteilung 502, verstärkt durch Panzer III.

Eine stattliche Feuerkraft, möchte man meinen. Doch darf nicht vergessen werden, daß diese auf einen verhältnismäßig großen Raum verteilt werden muß. Außerdem ist die gegnerische Artillerie inzwischen — durch Gefangenenaussage bestätigt — in einem Maße verstärkt worden, daß dem Gegner schätzungsweise über 400 Rohre zur Verfügung stehen.

Die mittlerweile herangezogenen russischen Panzerverbände sind in diesem Vergleich gar nicht berücksichtigt. Aber gerade die Panzer werden in der bevorstehenden Auseinandersetzung zweifellos den Ausschlag geben. Wie viele Panzer der Oberkommandierende der Wolchow-Front bereitgestellt hat, konnte nicht ermittelt werden. Korps und Armee schätzen jedoch, daß die Sowjets etwa anderthalb Panzerregimenter in den Kampf werfen können.

Anderthalb Panzerregimenter gegen vier Tiger-Panzer, acht Panzer III und eine Abteilung 8,8-cm-Flak!

Der Stabschef des XXVI. Armeekorps sagte angesichts dieses Kräfteverhältnisses: „Wie gehabt: der Kampf Davids gegen den Riesen Goliath. Der Himmel sei uns gnädig.“

Noch in der Nacht vom 12. auf den 13. Januar gibt es die erste, unter Umständen folgenschwere Panne: Die X-Zeit, auf 7 Uhr früh angesetzt, muß verschoben werden. Neuer Angriffstermin: 9.30 Uhr.

Was war geschehen?

Die Bataillone der 96. ID konnten ihre Bereitstellungsräume nicht zum vorgesehenen Zeitpunkt erreichen. Katastrophale Wegverhältnisse und der starke Beschuß russischer schwerer Artillerie, der die ganze Nacht über anhielt und vorher nicht einberechnete Umwege notwendig machte, waren die Ursache hierfür.

Der Stabschef des XXVI. Armeekorps ist sich mit dem Kommandeur der 96. ID darin einig, daß die Verschiebung der Angriffszeit verhängnisvolle Folgen haben kann, dann nämlich, wenn die Sowjets dem deutschen Gegenstoß zuvorkommen und ihrerseits sofort beim Morgengrauen ihre Angriffsoperationen fortsetzen.

Gegen ein solches Verhalten sprechen zwar einschlägige Meldungen des Korps, die allesamt besagen, daß der Gegner infolge der schweren Verluste gezwungen worden sei, auf breiter Front umzugruppieren. Ziemlich genaue Recherchen von Korps und Armee hatten ergeben, daß die sowjetischen Verluste an Toten und Verwundetetn am ersten Kampftag zirka 10 000 Mann betrugen.

Der Kommandierende General des XXVI. Armeekorps, General der Inf. von Leyser, schätzte die Feindlage folgendermaßen ein:

„Nach diesen Verlusten halte ich es für unwahrscheinlich, daß die Russen vor dem Mittag des 13. Januar ihre Operationen weiter fortsetzen. Meine Herren, die kochen auch nur mit Wasser.“

*

Hauptmann Sipjadom hatte nach dem Tod seines Regimentskommandeurs das Regiment nur einige Stunden lang geführt. Es war ihm gelungen, die versprengten und stark dezimierten Bataillone (Gefechtsstärken: rund 50 Mann) zu sammeln und wieder einigermaßen Ordnung zu schaffen. Fast alle Kompaniechefs waren gefallen. Von den drei Bataillonskommandeuren lebte noch einer, und auch der war verwundet, führte aber weiterhin.

Sipjadom hatte die Bilanz des ersten Kampftages gezogen. Die errechneten Verlustziffern, Waffenbestand, Munitionsbestand, augenblickliche Gefechtsstärke — all das ging mit Sonderkurier an die Division mit der Bitte um weitere Befehle.

Statt der Befehle erscheint Major Proskatow, der Divisionspolitkommissar.

Ohne sich um den jungen Hauptmann zu kümmern, schnallt Proskatow seine Meldetasche ab, öffnet die Lederschlaufen und zieht zwei dichtbeschriebene Meldeblattformulare hervor.

Sipjadom sieht mit einem Blick, daß es seine eigene Meldung ist, die er an die Division geschickt hat.

„Sie erkennen natürlich Ihre eigenen Schriftzüge“, sagt Proskatow.

„Allerdings, Genosse Major."

„Gut! Machen wir es kurz. Auf Befehl der Division übernehme ich ab sofort das Regiment. Das ist das eine." Und auf die Meldeblattformulare zeigend, fährt er fort:

„Dieses da habe ich mitgebracht, weil ich mich davon überzeugen will, ob Ihre Angaben den Tatsachen entsprechen."

„Bisher hat noch kein Vorgesetzter an meiner Korrektheit gezweifelt..."

Der Politkommissar zuckt die Schultern.

„Das mag sein. Ich persönlich habe da andere Vorstellungen. Schließlich übernehme ich ein Regiment. Und nun darf ich Sie ersuchen, mit mir die Stellungen des Regiments abzugehen."

Über eine Stunde lang kriechen Major Proskatow und Hauptmann Sipjadom durch die Kraterlandschaft. Proskatow entgeht nichts. Mit penetranter Ausdauer notiert er und vergleicht, spricht mit den Gardeschützen, läßt sich die Waffen vorzeigen, und erst als die letzte Gruppe besichtigt ist, kehrt er in den Gefechtsstand zurück.

„Ich hoffe sehr, daß Sie nach dieser Besichtigung das Regiment beruhigt übernehmen können", bemerkt Hauptmann Sipjadom.

Der Kommissar überhört den stummen Vorwurf, holt aus seiner Kartentasche ein versiegeltes Kuvert hervor und gibt es dem Hauptmann.

„Da drin ist Ihre Beförderungsurkunde und Ihre Ernennung zum Kampfgruppenkommandeur. Und nun alles Gute. Sie werden bei der 268. Division erwartet."

Sipjadom grüßt und verläßt den Gefechtsstand.

Eine Stunde später meldet er sich bei der Division. Die Sipjadom zugeteilte Kampfgruppe besteht aus drei Infanteriekompanien einer Spezialpionierkompanie mit sieben Flammenwerfern und zwölf Panzern vom Typ T 34.

Aufgabe der Kampfgruppe: Angriff auf die Arbeitersiedlung Poselok 5. Durchstoß bis zu den Sinjawino-Höhen. Angriffszeit: 13. Januar, 8 Uhr.

Die Eiligkeit dieses Kommandos unterstreichend, stellt die Division dem frisch gebackenen Major einen Motorschlitten zur Verfügung, der Sipjadom auf schnellstem Wege zur Kampfgruppe bringen wird.

Es ist bereits 21 Uhr, als Major Sipjadom dort eintrifft. Die Einheit liegt 1,5 km nordöstlich des „Scheidiswaldes" und setzt sich fast ausschließlich aus sibirischen Schützen zusammen. Die Kompaniechefs sind erfahrene Truppenoffiziere, und Sipjadom hat das Gefühl, mit ihnen gut zurechtkommen zu können.

Den Kommandeur der T 34 lernt Sipjadom wenig später kennen, da dieser noch im Unterziehraum der Panzer zu tun hatte. Es ist ein Hauptmann namens Sachartschy, 25 Jahre alt, die Brust voller Orden und Medaillen. Ein Draufgänger!

Die erste Lagebesprechung findet in einem provosorisch wiederhergestellten, ehemaligen deutschen Bunker statt.

Oberleutnant Dowator, der Chef der Pionierkompanie, berichtet dem

Major über die Ergebnisse der mittlerweile durchgeführten Spähtruppunternehmen. Die Spähtrupps sind bereits nach etwa 250 Meter auf die deutschen Sicherungen gestoßen, meldet er. Allem Anschein nach sei die Abwehrfront vor Poselok 5 nicht sehr stark.

Als nächstes unterzieht Sipjadom seine Kampftruppe einer kurzen Besichtigung, die zu seiner vollen Zufriedenheit ausfällt. Er hat das Gefühl, daß die Gardeschützen diszipliniert sind und noch eine erfreulich gute Kampfmoral besitzen.

Nach der Inspektion führt der Major schließlich noch ein Telefongespräch mit dem für seinen Abschnitt zuständigen Artilleriekommandeur, der ihm versichert, daß zwei Artillerie-Abteilungen den Angriff der Kampfgruppe mit einem zehnminütigen Feuerschlag vorbereiten werden.

Kurz nach Mitternacht erscheint Hauptmann Suchartschy im Gefechtsstand. Er ist der Kommandeur der T-34-Brigade. Auch mit ihm bespricht der Hauptmann die Durchführung des Angriffs.

An die 268. Schützendivision gibt der Major um 02.45 Uhr den Spruch durch: „Letzte Beurteilung der Lage zwingt mich, Panzer nicht, wie vorgesehen in erster, sondern in zweiter Linie einzusetzen.“

Dem Funksergeanten befiehlt er: „Ab 03.00 Uhr bis auf Widerruf abschalten. Die Verantwortung übernehme ich.“

Der Sergeant schieb Sipjadom einen Meldeblock hin. „Zu Befehl, Genosse Major. Aber ich darf Sie ersuchen, diesen Befehl schriftlich zu erteilen. Das ist Vorschrift.“

„Selbstverständlich“, murmelt Sipjadom und kritzelt seinen Namen auf das Stück Papier.

Die Sowjets setzen ihre Angriffe im Durchbruchsraum am 13. Januar pünktlich um 07.45 Uhr fort. Eingeleitet werden sie durch starkes Artilleriefeuer, das den bisherigen Feuerschlägen an Heftigkeit in nichts nachsteht.

Die gigantische Feuerwalze erreicht sogar den Gefechtsstand der 96. ID, wo alles zu den tiefen Deckungslöchern rennt. Zehn Minuten lang schießen die Russen Vernichtungsfeuer auf das deutsche Hinterland, danach trommeln sie nur noch auf die vorderste HKL herab.

General Noeldechen, der Kommandeur der 96. ID, sieht schwarz. Das vorzeitige Antreten der Russen kann sich zu einer unübersehbaren Katastrophe ausweiten, wenn es diesen gelingen sollte, in die in der Bereitstellung liegenden Grenadierbataillone hineinzustoßen.

Im Divisionsgefechtsstand herrscht begreiflicherweise Nervosität. Man wartet auf die ersten Meldungen von der Front.

Wo bildet der Russe Schwerpunkte? Mit was greift er an? Mit Infanterie? Oder setzt er schon seine Panzermassen ein, die von der deutschen Luftaufklärung jenseits der Newa am vergangenen Abend festgestellt worden sind?

„Voraussichtlicher Angriffsschwerpunkt wird der Scheidiswald sein“, mutmaßt der Ia der 96. ID. „Und vielleicht noch Poselok 5", fügt er stirnrunzelnd hinzu.

General Noeldechen nickt, starrt auf die Lagekarte.

„Scheidiswald und Poselok 5. Da stehen doch nur noch Trümmern der 170. Infanteriedivision und einige zusammengekratzte Einheiten des überrannten GR 401. Die halten einem Großangriff der Russen niemals stand, dazu sind sie viel zu schwach."

„Und wenn die Russen durchbrechen", fügt der Ia sorgenvoll hinzu, „stehen sie vor den Feuerstellungen der IV. Abteilung unseres AR 196."

Die IV. Abteilung/AR 196! Das ist auch so eine Sache. Die Abteilung steht viel zu weit vorn. Sie kann im Ernstfall unmöglich einen Stellungswechsel vornehmen und wird sich — für einen Artilleristen so ziemlich das Schlimmste überhaupt — mit der blanken Waffe verteidigen müssen. Daß bei einem feindlichen Durchbruch auch nur ein einziges Geschütz gerettet werden kann, ist dann so gut wie ausgeschlossen.

Noeldechen hatte mehrmals beim Koprs interveniert und auf die Gefahr hingewiesen, die seiner Artillerieabteilung droht, aber das Korps ließ ihn wissen: „Das Verbleiben IV. Abteilung/AR 196 in jetziger Stellung aus psychologischen Gründen unbedingt erforderlich."

Aus psychologischen Gründen! In die Truppenpraxis umgesetzt heißt das: Wenn schon vorn so gut wie nichts mehr liegt, dann sollen die Landser wenigstens das Gefühl haben; was kann uns schon viel passieren, hinter uns steht eine ganze Artillerieabteilung.

Es ist zwanzig nach acht, als Leutnant Teske in der Fernsprechzelle der Division den Hörer abnimmt.

„Wer spricht dort? Ich kann Sie nicht verstehen. Bitte, wiederholen Sie ... Eine Sauverständigung", knurrt der Leutnant dem Nachrichtenunteroffizier Weber zu. Dann: „Was sagen Sie? — Jawohl, ich werde die Meldung sofort weitergeben. Danke, Ende."

Teske wirft den Hörer auf die Gabel und läuft zum Divisionsgefechtsstand. Sekunden später steht er atemlos vor dem Ia.

„Nun, Teske, was gibt's?"

„Eben kam eine telefonische Meldung aus dem Abschnitt des GR 401 durch. Der Russe ist am Scheidiswald mit Panzern und bataillonsstarker Infanterie zum Angriff angetreten. Es muß befürchtet werden, daß die Feuerstellungen der IV. Abteilung/AR 196 unmittelbar bedroht sind."

„Also doch", sagt der Ia nur und tritt an die Lagekarte.

Scheidiswald! Dort liegt nur eine zusammengewürfelte Alarmeinheit des Oberleutnants Koch. Siebzig oder achtzig Mann, von denen einer den anderen nicht kennt. Ausgerechnet hier greifen die Russen mit Panzern und Infanterie an!

Und die Grenadiere des GR 287 können frühestens in zwei Stunden zur Stelle sein, um diese gefährliche Frontlücke abzuriegeln.

Aber zwei Stunden sind eine lange Zeit ...

Zusammen mit seinem Kompanieführer beobachtet Oberleutnant Koch die aus dem 400 Meter entfernten Wäldchen vor seiner HKL in Gruppen von zwanzig bis dreißig Mann hervorbrechenden Rotarmisten. Er sieht auch die Panzer, die am Waldrand aufgefahren sind und deren Besatzungen, die offenbar nur darauf warten, daß sich ihnen lohnende Schußziele bieten.

Etwa 100 Meter der HKL vorgelagert und durch einen tiefen Stichgraben mit dieser verbunden, liegt eine Datscha (Landhaus). Darin ein sMG, dazu vier Schützen und ein Unteroffizier als Bedienung.

Koch hat das sMG — das einzige, das er besitzt — in die Datscha verlegt, weil man von dort aus gutes Schußfeld hat und mühelos den ganzen Waldrand bestreichen kann.

Die Männer in dem Landhaus müßten das Feuer längst eröffnet haben. Doch das sMG schweigt. Kein Schuß fällt. Und die Russen nähern sich dem Haus in Zugstärke.

„Verdammt noch mal, warum schießen die Kerle nicht?" flucht Oberleutnant Koch. „Was ist los mit denen? Die pennen doch nicht?"

„Bei dem Krach? Ganz unmöglich, Herr Oberleutnant", sagt Unteroffizier Dohrn, Kochs Kompanietruppführer. „Da stimmt was nicht."

„Ist mir auch klar. Fragt sich nur, was nicht stimmt", knurrt der Oberleutnant.

„Eines ist auffallend, Herr Oberleutnant. Während die russische Artillerie bei uns alles kurz und klein schlug, hat die Datscha nicht mal nen Kratzer abbekommen. Dorthin ging nicht ein einziger Schuß."

Koch blickt seinen Kompanietruppführer verdutzt an. — Dohrn hat recht. Während der Beschuß hier nur so runterrauschte, schlug bei der Datscha nicht eine Granate ein.

Zufall? Koch weiß es nicht. Er hat jetzt auch keine Zeit, sich darüber den Kopf zu zerbrechen. Das Gelände wimmelt von Russen. Die T 34 am Waldrand stehen mit laufenden Motoren, abrufbereit. Höchste Eisenbahn, daß etwas unternommen wird.

„Waldrand und rechts daneben die Lichtung mit Granatwerfern sperren", befiehlt der Oberleutnant. „Alle Stützpunkte MG-Feuer frei!"

Dohrn schießt eine grüne Leuchtrakete — das verabredete Zeichen — in den Himmel.

Schlagartig prasselt das Feuer der deutschen MG-Schützen auf die Angreifer hernieder, krachen die Gewehrschüsse, schleudern die Werfer Granaten zum Waldrand hinüber, wo die T 34 auf der Lauer liegen.

Kochs Grenadiere schießen aus allen Waffen. Aber der ganze Feuerzauber muß Stückwerk bleiben, wenn das sMG in der Datscha nicht mithält. Es allein, mit seinem flankierenden Feuer, wäre für die Russen gefährlich.

So tritt denn auch das ein, was Koch längst befürchtet: Die Rotarmisten spritzen auseinander, werfen sich in Deckung und kommen nun in kleineren Gruppen sprungweise heran; unterstützt von den Panzern, die mit Punktfeuer die deutschen MG-Stellungen unter Beschuß nehmen.

Die Russen wiederum, die sich der Datscha genähert haben, hasten in eine querlaufende Bodenmulde, wo sie außerhalb des Wirkungsbereichs der Stützpunkt-MG sind. Das hindert sie jedoch nicht daran, sich weiterhin zielstrebig der Datscha zu nähern. Das sMG könnte sie mit Leichtigkeit daran hindern, würde es nur schießen.

„Ich halte das nicht mehr aus", platzt Kochs Kompanietruppführer plötzlich heraus. „Ich sehe nach, was bei Spieker los ist, Herr Oberleutnant."

Spieker ist der sMG-Truppführer, ein zuverlässiger und besonnener Soldat, ein Unteroffizier bewährter Art.

„Das schaffen Sie nicht, Dohrn", warnt Koch. Es hätte wirklich keinen Zweck, wenn Dohrn jetzt nach vorn rennen würde, denn die Panzer knallen einen Schuß nach dem anderen in den Stichgraben; offenbar in der Absicht, diesen für jeden Verkehr zu sperren.

Kochs Warnung kommt zu spät. Unteroffizier Dohrn jagt bereits durch eine Kurzsappe und taucht im Stichgraben unter.

Die T 34 haben den einzelnen Mann im Stichgraben ausgemacht und funken nun in den Graben rein, daß die Fetzen fliegen.

Niemals schafft er das! denkt Oberleutnant Koch erbittert, denn Dohrn und die sMG-Bedienung sind die einzigen Männer, die von seinem eigenen Haufen sind, die er kennt — und auf die er sich verlassen kann, wenn es hart auf hart gehen sollte.

Auch Dohrn gibt keinen Heller mehr für sein Leben. Vor und hinter ihm, rechts und links schlagen die Panzersprenggranaten ein, sirren die Splitter haarscharf an seinem Kopf vorbei. Doch er gibt nicht auf. Diese Sache mit Spieker und seinem sMG sitzt wie ein Stachel in ihm. Ganz abgesehen davon, muß das schwere Maschinengewehr zum Einsatz kommen, sonst ist hier in dieser belämmerten Stellung der Ofen gleich aus.

Um die Datscha pfeifen und heulen nun die Geschoßgarben mehrerer russischer Maschinengewehre.

Die letzten zwanzig Meter kriecht Dohrn auf dem Bauch, und als er sich der Datscha bis auf wenige Meter genähert hat, brüllt er: „Spieker! Spieker, was ist los! Melde dich!"

Nichts! Keine Antwort! Kein Geräusch aus dem Haus. Dafür wütendes Gebelfer der russischen MG, die mit Dauerfeuer die Vorderfront des Hauses bepflastern.

Wenig später liegt Dohrn vor der feindabwärts gewandten Tür der Datscha, die jetzt eigentlich mehr einen Kampfbunker darstellt. Die Tür steht einen Spaltbreit offen.

„Spieker! Ich bin's, Dohrn!"

Wieder keine Antwort. Nun ist es dem Unteroffizier klar, daß hier etwas passiert sein muß. Zuerst durchzuckt ihn der furchtbare Verdacht, Spieker und seine Männer könnten sich aus dem Staub gemacht haben. Doch dieser Gedanke ist zu absurd. Spieker, dieser durch alle Höllen der Wolchow-Front gegangene Kumpel kratzt nicht heimlich Kurve.

Entschlossen, sich letzte Klarheit zu verschaffen, schiebt Dohrn den Lauf der Maschinenpistole zwischen Tür und Angel, stößt dann die Tür mit einem Ruck auf. Gleichzeitig schnellt er nach vorn und springt ins Innere.

Da die beiden Fenster verrammelt sind und das Licht nur durch die Schlitze der Schießscharten in den Raum dringen kann, herrscht diffuses Zwielicht; in dem nur schwer etwas zu erkennen ist. Außerdem sind Dohrns Augen durch den Schnee derart geblendet, daß sie sich ohnehin erst umstellen müssen.

Da steigt Dohrn plötzlich ein Geruch in die Nase, der ihn erschauern läßt. Hier riecht es nach Blut, Waffenöl und unsauberer Kleidung.

Spieker und seine vier Männer der MG-Bedienung liegen in ihrem eigenen Blut, festgefroren auf dem Boden, erstochen. Der russische Überfall auf die Datscha muß ungemein listig und schnell durchgeführt worden sein, denn Dohrn kann nicht die geringsten Kampfspuren finden.

Waren die Kameraden, überfordert durch die vorhergegangenen Kämpfe, eingeschlafen? Konnten sie deshalb von den Russen überrascht und niedergemacht werden? Es muß so gewesen sein. Anders kann sich Dohrn ihren schrecklichen Tod nicht erklären. Und die Russen mußten ebenso schnell, wie sie gekommen waren, auch wieder verschwunden sein. Sie hatten nicht mal das sMG mitgenommen oder zerstört. Sogar die Munitionskästen sind noch da, und in der Zuführung liegt ein voller Gurt.

Trotz der grausigen Entdeckung und des damit verbundenen Schocks handelt Unteroffizier Dohrn kaltblütig und entschlossen. Den Kameraden hier ist nicht mehr zu helfen, aber den anderen in der Stellung muß geholfen werden. Und zwar sofort.

Daß er selbst in größter Gefahr schwebt, weil er zwar das MG bedienen und schießen, nicht aber zu gleicher Zeit das Gelände ringsum kontrollieren kann, daran denkt Dohrn nicht mehr.

Oberleutnant Koch zuckt überrascht zusammen, als das sMG in der Datscha zu feuern beginnt. Es muß Dohrn sein, der schießt. Die Soldaten der Kompanie haben keine Ahnung, wer hinter dem MG steht. Sie sehen nur, wie die Geschoßgarben in die russischen Angriffsreihen prasseln, die Gardeschützen reihenweise zusammengemäht werden, stürzend durcheinandergeraten.

Das flankierende Feuer des sMG verschafft ihnen Luft und läßt wieder einen Funken Hoffnung aufglimmen. Doch diese Hoffnung zerstiebt wenige Minuten später wie Rauch im Wind.

Mitten in das Geschnatter der feindlichen und eigenen Maschinengewehre hinein brüllen die Motoren der Panzer am Waldrand auf. Die T 34 walzen das Gestrüpp nieder und rollen aus der Deckung hervor.

„Panzer! Die Panzer greifen an!“

Oberleutnant Kochs Hände zittern, als er das Fernglas hält und zum Waldrand hinüberspäht.

Ja, nun kommen sie. Einer, zwei, vier, sieben, neun, mit weißer Tarnfarbe angestrichene T 34!

Während die Panzer bei den Grenadieren der Alarmeinheit Koch Schrecken und Angst verbreiten — im ganzen Abschnitt gibt es weder Pak noch irgendeine panzerbrechende Waffe —, bricht bei den Russen Jubel aus. Ihr heiseres, frenetisches „Urrä“ brandet über die Ebene.

Koch läuft es kalt über den Rücken. Neun T 34 — weitere werden noch im Wald stehen — und russische Infantrie mindestens in Bataillonsstärke!

Doch noch besteht eine winzige Hoffnung: Die Minensperre! Durch die müssen die T 34 hindurch, weil das Gelände rechts und links davon nicht panzertragend und zudem so verweht ist, daß die Kampfwagen steckenbleiben würden.

Die Minensperre! An sie klammern sich siebzig Grenadiere und ein Oberleutnant.

Trotzdem gibt sich Oberleutnant Koch keinen Illusionen hin. Er kennt die Russen. Sie werden einen Moment stutzen, wenn der erste Panzer auf die Minensperre fährt und in die Luft fliegt. Aber es wird sie nicht daran hindern, dennoch weiterzufahren. Was kümmert es sie, wenn drei, vier oder gar fünf T 34 draufgehen? Einige werden es doch schaffen. Und die veranstalten dann wahrscheinlich einen Zirkus, der sich gewaschen hat. An die andere Möglichkeit, daß die Panzer sich durch die Minensperre abschrecken lassen und stehenbleiben oder umkehren, wagt Koch gar nicht zu denken.

Die T 34 rollen an. Sie fahren, immer zwei dicht nebeneinander, direkt auf die Minensperre zu.

Der neben Koch liegende Obergefreite Beer, stellvertretender Kompanietruppführer, beißt vor Erregung in seine Wollfäustling.

„Gleich kracht's, Herr Oberleutnant. Gleich geht einer in die Luft“, prophezeit er.

Dein Wort in Gottes Ohr, denkt Koch und blickt mit klopfendem Herzen auf die durch den Schnee furchenden Panzer. Jetzt scheren sie in eine Reihe ein, kommen nun hintereinander daher.

„Achtung ... gleich, Herr Oberleutnant“, brüllt Beer.

Noch zwanzig Meter, zehn, fünf...

„Jetzt!“ heult der Obergefreite.

Doch nichts geschieht. Keine Minenexplosion erschüttert die Luft. Die T 34 marschieren durch die Minensperre, als wäre diese gar nicht vorhanden.

„Mein Gott, das gibt es doch nicht“, stöhnt Beer mit leichenblasser Miene. „Das ist doch nicht möglich, Herr Oberleutnant. Wenn ich nicht genau wüßte, daß unsere Pioniere über zweihundert Minen verlegt haben ...“

„Haben sie auch. Aber die Iwans haben uns einen Streich gespielt, Beer“, sagt Koch zum Obergefreiten. „ Die haben heute nacht eine Minengasse geräumt, und jetzt fahren sie ...“

Beer hat Tränen der Wut in den Augen.

„Los, laufen Sie zurück zu den Granatwerfern", befiehlt der Oberleutnant. „Möglich soll vier Schuß ins Minenfeld setzen. Aber rasch, Mann!"

Der Obergefreite wetzt los. Knapp zwei Minuten später rauschen die Werfergranaten über die Köpfe der Grenadiere hinweg und schlagen mitten im Minenfeld ein. Fast zur selben Zeit gehen vier oder fünf T-Minen (Tellerminen) hoch. Das Minenfeld ist also intakt, die Minen sind scharf.

Nun weiß Oberleutnant Koch mit absoluter Gewißheit, daß die Russen während der Nacht für ihre Panzer eine Minengasse geräumt hatten.

Es ist 09.10 Uhr, als die T 34 des russischen Kampfgruppenkommandeurs, Major Sipjadom, in die Stellungen der Alarmkompanie des Oberleutnants Koch einbrechen.

Hinter den T 34 her kommen schon die Gardeschützen, schlüpfen durch die Minengasse, immer in Deckung der Panzer, während die Pioniere, gedeckt vom Feuer der MG und Panzer, die Minengasse verbreitern.

Noch halten Oberleutnant Kochs Grenadiere die Stellung, hämmern die MG, kämpfen diese armen Teufel mit dem Mut der Verzweiflung und werfen einen Trupp Rotarmisten, die es zu eilig hatten, aus einem Grabenstück heraus. Doch dann sind die Panzer da, drehen ein, rasseln über die Gräben und Deckungslöcher hinweg.

„Panzer von links! — Panzer von vorn!"

Schreie, gellende Warnrufe. Die T 34 überrollen die Deutschen, und nicht einer von ihnen kommt dazu, die Hände zu heben, um sich zu ergeben. Manch einer hat das Glück, daß die Grabenwände nicht einbrechen, dann fährt der schreckliche Tod noch einmal an ihm vorüber.

Der Kampf der Alarmkompanie Koch ist kurz, grausam und hoffnungslos. Es wird ein Gemetzel, wie es furchtbarer nicht sein könnte.

Es wird aufeinander geschossen, gestochen, mit dem Spaten dreingeschlagen — und unter den Panzerketten gestorben.

Bei dem Versuch, einen T 34 mit der geballten Ladung zu erledigen, fällt Oberleutnant Koch. Ein wachsamer russischer MPi-Schütze streckt den deutschen Oberleutnant mit einer Garbe nieder. Koch wankt noch einige Schritte weiter, jagt einen Feuerstoß aus seiner MPi in eine Gruppe Rotarmisten, dann bricht er zusammen. Die Gleisketten eines T 34 walzen ihn in den Schnee.

Die „Operation Scheidiswald" ist für den russischen Major Sipjadom so gut wie gelaufen. Der Durchbruch ist geschafft. Die Siegesmeldung kann an die 268. Schützendivision abgehen.

Feindliche Widerstandslinie ostwärts Geländepunkt 7779 durchbrochen. Kein Widerstand mehr. Erbitte weitere Befehle. —

Dieser Funkspruch, der Eile wegen im Klartext abgegeben, wird — wie so viele andere russische Funksprüche auch — vom Abhördienst des XXVI. Armeekorps aufgefangen und dem Ic übermittelt. So alarmierend er ist, erregt es dennoch keine Panik mehr. Er war nur eine von Dutzenden

Hiobsbotschaften und Meldungen, die das Korps an diesem 13. Januar 1943 erreichten.

Hoffnungsloser als die Lage im „Flaschenhals“ von Schlüsselburg im Moment ist, kann sie nicht mehr werden. Der heutige und vielleicht noch der morgige Tag werden die Entscheidung darüber bringen, ob die 18. Armee in der Lage sein wird, die gewaltige sowjetische Newa-Offensive abzufangen.

Im Kampfraum der 170. ID läuft seit einer halben Stunde der Gegenangriff der 96. ID. Schon rollen die vier „Tiger“-Panzer in den Durchbruchsraum nordöstlich von Gorodok, jagt die schwere Abteilung des Flakregiments 36 mit ihren 8,8-cm-Geschützen in die bedrohte Ecke. Die Grenadierbataillone General Noeldechens, voran das GR 284, haben ebenfalls schon Feindberührung.

Das winterliche Duell in den Torfmooren südlich der Newa und vor den Sinjawino-Höhen hat erst begonnen. Und mit ihm eigentlich erst die richtige Schlacht, in deren Verlauf auf deutscher Seite statt vier Divisionen insgesamt zwölf zum Einsatz gebracht werden müßten.

Am Ende wird es weder Sieger noch Besiegte geben, dafür aber Tausende und Abertausende von Verwundeten und Toten auf beiden Seiten...

Karl Kollatz

Untersturmführer Michael Wittmann

21 Abschüsse in 30 Minuten
Der erfolgreichste Panzerkommandant des II. Weltkrieges

Die Sonne stieg über den Horizont. Innerhalb weniger Minuten wichen die langen, dunklen Schatten, dann wurde es fast ohne Übergang taghell.

Michael Wittmann legte die Hand schützend über die Augen und blickte nach Osten. Dort im Wald, der sich nach Norden hinzog, gingen die Kradschützen der Vorausabteilung vor.

„Wie sieht es aus, Unterscharführer (Unteroffizier)?" fragte Rottenführer (Obergefreiter) Klinck.

„Nichts zu sehen. Wir sitzen hier wie bestellt und nicht abgeholt. Hier ist nichts los!"

Sekunden nach diesen hastig hingeworfenen Worten hämmerten im Wald einige Pak (Panzerabwehrkanonen) los. Treffer knallten, dann das sägende Geräusch einer Reihe von MG und schließlich harte Panzerabschüsse.

„Jetzt haben sie Meyer am Hintern!" meinte Koldenhoff, der Fahrer des Sturmgeschützes mit der 7,5-cm-Kampfwagenkanone, kurz auch „Stummel" genannt.

Wittmann dachte an die Befehlsausgabe, keine zwei Stunden nach Mitternacht, als er auf dem Gefechtsstand von Sturmbannführer (Major) Meyer den Befehl erhalten hatte, an dieser südlichen Stelle des Waldes zu sichern, damit die Aufklärungsabteilung nicht in Gefahr geriet, von feindlichen Kräften umfaßt zu werden.

Die AA (Aufklärungsabteilung) der „Leibstandarte" selbst mußte sich nun den Weg durch den Wald freikämpfen, um die Verbindung mit dem Kradschützenbataillon 25 der 25. Infanteriedivision (mot.) herzustellen.

Die wenigen Sturmgeschütze waren auf einer Frontlinie von zehn Kilometern verteilt.

„‚Adler' ruft ‚Bussard'! — Kommen!"

Unwillkürlich zuckte Wittmann zusammen, als er ganz überraschend die Stimme seines Kompaniechefs vernahm.

„‚Bussard' an ‚Adler'. — Ich höre."

„Vorrollen bis auf die Bachlinie bei Punkt 56,9 und dort sichern. Aufklärungsabteilung meldet ausscherende Panzer."

„Wir rollen vor. Ende!"

Der Unterscharführer nagte nachdenklich an seiner Unterlippe. Sein schmales Gesicht bekam auf einmal einen gesammelten Ausdruck. Die Augen verengten sich, als er sich vorzustellen versuchte, was er tun müsse, wenn wirklich Panzer dort auftauchten.

„Marsch, Koldenhoff! 12 Uhr weiter, bis zu dem Hügel dort!"

Das Sturmgeschütz, dessen Motor warmlief, rollte an. Unterscharführer Koldenhoff lenkte es die Senke hinunter. Prasselnd walzten die Ketten durch das Gestrüpp. Danach wuchteten sie in eine Kuhle, daß der Koloß sich gefährlich weit überlegte.

Wittmann hielt sich an der Seitenhalterung fest und fluchte unterdrückt. Dann heulte der Motor auf, und es ging jenseits die Senke wieder empor.

Das Sturmgeschütz rumpelte weiter, erreichte den Hinterhang der Höhe.

In diesem Augenblick vernahm Michael Wittmann das Rasseln und Dröhnen von Panzern. Er hörte knallende Fehlzündungen durch das abebbende Feuer, das aus dem nördlichen Waldstück herausschallte.

„Da sind sie schon!“ sagte Rottenführer Klinck, der als Richtschütze hinter der „Siebenfünf“ hockte.

„Wir ziehen zur Höhe empor. 11 Uhr, in den Buschgürtel hinein, und so weit fahren, daß ich beobachten kann; nicht weiter, sonst stehen wir Scheibe!“

„Als wenn ich das nicht wüßte!“ knurrte Koldenhoff beleidigt. Er gab wieder Gas; vorsichtig, Meter um Meter, schob sich der Bug des Sturmgeschützes die Höhe empor. Sie gelangten an den Buschgürtel auf dem Kamm und hielten. Wittmann versuchte durch sein Fernglas etwas zu erkennen.

„Noch zwei Meter!“ befahl er.

Das Geschütz fuhr vor. In diesem Augenblick sah Wittmann die Panzer bereits ohne Fernglas, denn sie rollten schon in der Senke von Nordosten heran. Wittmann zählte sie. Als er bei zwölf angekommen war, spürte er, wie sein Herz ganz oben im Halse schlug.

Was sollte er machen? Wie konnte er diese Übermacht aufhalten, ohne daß sein Geschütz und seine Besatzung dabei kaputtgingen?

Während er noch überlegte, brachen aus dem Waldrand, ungefähr vierhundert Meter linker Hand, weitere sechs russische Panzer aus dem Unterholz und schwenkten nun nach Süden ein. Sie schlossen sich dem im Breitkeil fahrenden Panzerpulk an und würden wohl in zwei Minuten hier oben auf der Höhe sein.

„Wie viele, Unterscharführer?“ fragte Ladeschütze Petersen. Sie nannten ihn den „Schweigsamen“. Doch durch den Klang der vielen Motoren und den Lärm der Panzerketten war er wohl aus seiner Reserve herausgelockt worden.

„Achtzehn!“ antwortete der Sturmgeschützkommandant.

„Mehr nicht?“ fragte Sturmmann (Gefreiter) Zehmann, der siebzehnjährige Funker-Freiwillige.

„Mehr nicht!“ erwiderte Wittmann. Dann bückte er sich ein wenig. „Zurücksetzen, Koldenhoff! Dann nach links um den Huckel herum.“

Das Sturmgeschütz ruckte zurück, schwenkte und rollte etwa zwölf Meter unterhalb der Höhe um den Hügel herum.

„Gefechtsbereitschaft!“ rief Wittmann unterdrückt.

Sie rollten um die Höhe. Der Blick auf die Feindpanzer wurde frei. Da sah Wittmann, daß der nächste Gegner nur ungefähr dreihundert Meter entfernt rollte und das untere Drittel des Hanges bereits überwunden hatte.

Mit jähem Aufheulen ließ Koldenhoff das Geschütz vorspringen. Sie überwanden die noch fehlenden hundert Meter, hart blieb das Sturmgeschütz stehen. Klinck brauchte nicht mehr viel nachzurichten. „Feuer!“

Der Schuß peitschte hinaus, die Granate jagte in Sekundenschnelle zum Gegner, hämmerte in die schwachgepanzerte Flanke des Panzers und ließ ihn aufbrennen. Nach dem Aufflackern der Flammen barst die Bereitschaftsmunition auseinander.

Ohne Befehl rollte Koldenhoff weiter, schwenkte etwas ein und trat auf die Bremse. Inzwischen hatte Ladeschütze Petersen die nächste Granate in die Kammer gerammt, der Verschluß schnickte zu, der Abschuß peitschte. Während das Sturmgeschütz noch unter dem Rückstoß der Kanone federte, klirrte die leere Hülse gegen den Auffänger und polterte in den Hülsensack. Petersen hatte die nächste Granate bereits in der Kammer untergebracht. Koldenhoff beschrieb einen Haken nach Osten. So entgingen sie dem flirrenden Projektil des vordersten Feindpanzers, der sofort nach dem ersten Treffer auf einer Kette gedreht und das Feuer eröffnet hatte.

Der zweite Panzer brannte jetzt ebenfalls.

Mit hoher Fahrt rollten sie die Höhe ganz hinunter, zu dem Waldstück, aus dem vorhin die sechs Nachzügler gekommen waren. Sie walzten hinein, während Granaten um sie herum in die Bäume peitschten, Wipfel abrissen und auf das Geschütz schleuderten. Doch dann waren sie im Wald untergetaucht.

Nach einem halben Kilometer Fahrt ließ Wittmann nach Süden einschwenken. Zwei Kilometer rollten sie nun in südlicher Richtung, ehe sie wieder nach Westen drehten und rund eine Minute später den Waldrand erreichten.

„Stopp!" befahl Wittmann. Das Luk klirrte zurück. Er sprang auf den Panzer und von der Kettenabdeckung auf den Boden. Im Schutz der Büsche pirschte er sich bis an den Waldrand. Von hier aus hatte er einen guten Blick auf die Ebene an der Senke und auf den Osthang der Höhe 56,9. Er sah drei Panzer, die unbeirrt weitergerollt waren und nun oben auf dem Höhenkamm standen. Nach rechts blickend, erspähte er das Gros der feindlichen Kampfwagen, das sich — im Schritt fahrend — dem Wald wieder zugewandt hatte.

Kurz darauf tauchte ein anderer Panzer keine hundert Meter rechts vom Waldrand auf und fuhr genau auf Wittmann zu.

Mit langen Sätzen rannte er zurück zum Geschütz, dessen Motor im Leerlauf blubberte. Er schwang sich hinauf und stand wieder auf seinem Platz im Turm.

„Die Lücke anrichten, Klinck! Aufpassen, er muß gleich kommen!"

Klinck preßte die Stirn an die Gummiwulst der Richtoptik. Im Fadenkreuz erschien die Lichtung. Dann sah er den Rüssel der KW-I-Kampfwagenkanone, den Bug und schließlich den wuchtigen Turm mit dem MG.

Er hielt etwas vor, noch eine letzte Korrektur. Die Granate peitschte hinaus.

Der schmetternde Schlag des Abschusses und der berstende Einschlag verschmolzen fast miteinander. Zwischen Turmansatz und Unterwagen getroffen, wurde dem KW I der Turm heruntergerissen. Mit seinem beachtlichen Gewicht klatschte er auf die Erde, die Kanone blieb mit der Mündung im lockeren Wiesenboden stecken.

Wenige Augenblicke später booteten die Russen aus. Es waren zwei Mann. Von irgendwoher schoß ein MG. Die Tankisten kamen nicht mehr in Sicht. Mit lodernden Flammen brannte der Feindpanzer aus.

Das Sturmgeschütz setzte sich wieder in Bewegung. Sie wollten ein paar hundert Meter nach Süden am Waldrand entlangfahren.

Da krachte, heulte und schmetterte es!

Zehn Panzerkanonen schossen in den Wald hinein. Äste kamen herunter, Splitter klackerten gegen die Flanken des Geschützes. Eine Granate hieb keine drei Meter neben ihnen in den Boden. Feuer grellte in den Kampfraum. Für eine Sekunde glaubte Wittmann, daß es jetzt aus sei. Er war völlig taub und gab Koldenhoff, der zu ihm heraufblickte, ein Zeichen.

Mit Vollgas preschten sie los, vernahmen hinter sich das Brechen der Bäume, als sie wieder etwas hören konnten, sahen einen braungestrichenen Schatten durch eine Lichtung huschen, schwenkten weiter ein und warteten, bis der Gegner auftauchte.

Noch einmal schoß Klinck zielsicher und genau. Zum viertenmal prasselten Flammen, stieß ein Panzerluk hart zurück, blies eine buntschillernde Detonationsflamme gen Himmel, blieb ein Feindpanzer vernichtet liegen.

Das Geschütz rollte an. Nach kurzer Fahrtstrecke drehten sie auf den Rückweg nach Westen ein, rasselten über die Ebene. Drei Panzer standen noch immer auf der Kammlinie; wie Scherenschnitte anzusehen, offenbar auf die anderen wartend.

Ein Bachlauf tauchte vor ihnen auf.

„Vorsichtig, langsam durch!"

Im Schritt fuhren sie in den rund fünf Meter breiten Bach hinein. Es schien bestens zu klappen, doch als sie mittendrin waren, sackte der Bug des Sturmgeschützes plötzlich weg. Er mahlte sich tiefer und tiefer in den Schlamm.

„Rückwärtsgang! Langsam, vorsichtig, Herbert!" warnte Wittmann den Kameraden, mit dem er schon in Griechenland zusammen gewesen war.

Koldenhoff ließ den Rückwärtsgang einrasten, dann zog er zurück. Langsam, unendlich langsam, löste sich der Bug aus dem Schlamm. Sie waren freigekommen.

„Wir können hier nicht rüber. Also einschwenken und zurückrollen!"

Auf der einen Kette drehend, erreichten sie schließlich eine Stelle des Baches, wo er nur als flaches Rinnsal über den felsigen Grund lief. Hier kamen sie hinüber, gelangten an den Hinterhang und rollten von der südwestlichen Seite zur Höhe empor.

Nun pirschten sie sich aus der Flanke an den Gegner heran. Es gelang ihnen, bis auf fast vierhundert Meter heranzukommen. Einer der Feindpanzer zeigte ihnen das Heck.

Klinck zielte sorgfältig. Dann drückte er die Abfeuerung.

Der Schuß bohrte sich in den Motorraum des Kampfwagens. Weißliche Benzinflammen spritzten heraus. Der Panzer brannte. Die beiden übrigen drehten, kamen näher.

„Schießen, Klinck!“ schrie Wittmann.

Sie feuerten auf die Frontpanzerung und sahen, wie die Granaten einhämmerten, aber ohne jede Wirkung blieben.

„Verdammter Mist!“ schimpfte Klinck.

Petersen keuchte. Wie ein Besessener mannte er Granaten, bückte sich, um die nächste zu holen, hielt sie bereit, um sie nach dem klirrenden Ausspeien der leeren Hülse in den Hülsensack als nächste einzuführen.

Sie schossen mindestens viermal auf den Spitzenpanzer, bevor es ihnen gelang, ihn auszuschalten.

Der folgende Kampfwagen drehte. Er rollte die Höhe hinunter und verschwand in dem Wäldchen, in das sich auch die anderen russischen Panzer zurückgezogen hatten.

Der lahmgeschossene Panzer brach das Gefecht aber noch nicht ab. Die nächste Granate traf die schräge Kante des Sturmgeschützes, heulte als Querschläger beinahe senkrecht in die Luft.

In diesem Augenblick, kurz bevor der Gegner vielleicht den entscheidenden Schuß abfeuerte, gelang es Klinck, den Russentank in den Turmdrehkranz zu treffen. Jetzt war es aus! Flammen stoben in die Höhe. Luken wurden aufgestoßen. Männer kamen ins Freie, mit brennenden Uniformen. Sie wälzten sich schreiend am Boden. Ein furchtbarer Anblick!

Michael Wittmann starrte auf dieses Bild gnadenloser Vernichtung. Er gab einen Befehl. Zusammen mit dem Funker stieg er aus.

Der Panzerkommandant war im KW I geblieben und darin verbrannt. Die anderen drei Tankisten, denen die Flucht aus der Feuerhölle gelungen war, wiesen schwere Verbrennungen auf.

Sie verbanden sie, so gut es möglich war, mit ihren Verbandspäckchen. Dann rollten sie die Höhe hinauf und hielten.

Wittmann rief die Kompanie:

„Feindlicher Flankenstoß mit achtzehn Panzern aufgehalten. Sechs Feindpanzer abgeschossen!“

„Bitte wiederholen Sie! Hörfehler mit achtzehn?“

„Achtzehn Feindpanzer haben versucht, Höhe 56,9 zu erreichen und vorzustoßen. Sie wurden abgewiesen. Sechs Feindpanzer abgeschossen!“ erklärte Wittmann noch einmal. „Schickt einen Sanka, wir haben drei verwundete Russen hier!“ schloß er das Funkgespräch.

Der Gegner versuchte nicht mehr, an dieser Stelle mit Panzern durchzustoßen.

Inzwischen hatte Obersturmführer (Oberleutnant) Gerhard Bremer mit der ersten Kradschützenkompanie der Aufklärungsabteilung den nördlichen Wald durchstoßen und mit Unterstützung des Gros der Sturmgeschützkompanie den Feind geworfen.

Hundert Russen kamen ihnen mit erhobenen Händen entgegen. Sie schrien etwas im Chor, was er nicht verstehen konnte, bis sie nahe genug heran waren.

„Ukrainski — Ukrainski!“ riefen sie und fielen einander um den Hals.

Es handelte sich um Ukrainer, die offenbar froh waren, daß der Krieg für sie zu Ende war.

Das Angriffsziel der „Leibstandarte“ war damit erreicht.

Als Wittmann am Abend zur Kompanie zurückkehrte, wurde er gleich in den Divisionsgefechtsstand befohlen.

„Mensch, wasche dir die Brust, Michel!“ meinte sein alter Freund, Untersturmführer (Leutnant) Kling. „Der Sepp reißt dir den Kopf ab!“

Zehn Minuten darauf stand Michael Wittmann vor dem Divisionskommandeur. Obergruppenführer (Generaloberst) Dietrich sah ihn schmunzelnd an.

„Wittmann, Sie haben mit Ihrem einen Geschütz die Umfassung der Aufklärungsabteilung durch einen Panzerverband verhindert. Ich verleihe Ihnen hiermit das Eiserne Kreuz I. Klasse.“

Mit diesen Worten heftete der Divisionskommandeur die Auszeichnung an die Bluse des Sturmgeschützkommandanten.

Anschließend mußte Wittmann erzählen. Er tat es, wortkarg wie immer, knapp und sachlich. Und dennoch wußte jeder der Zuhörer, was dazugehörte, einer Panzereinheit mit einer solchen Überlegenheit entgegenzufahren, sie anzugreifen und — auch noch Erfolge zu erzielen.

„Haben Sie einen besonderen Wunsch, Wittmann?“

„Ich möchte, daß die drei verwundeten Russen auf der Höhe 56,9 versorgt werden, Obergruppenführer.“

Sepp Dietrich, einmal Leutnant des Ersten Weltkrieges und einer der ersten Panzerkommandanten der Kaiserlichen Armee, nickte.

„Wird erledigt, Wittmann!“

Der Kampf ging weiter. Die Brigade „Leibstandarte“ rollte im Rahmen der Heeresgruppe Süd (Feldmarschall von Rundstedt) auf Kiew vor. Sie hatte am 30. Juni 1941 — aus Griechenland kommend — die russische Grenze bei Uscilug überschritten. Über die Rollbahn Nord war sie nach Luck gelangt, hatte dort am 2. 7. 1941 den Befehl erhalten, über Klewan auf Rowno vorzustoßen und dort die Verbindung mit dem III. Armeekorps (General der Kavallerie von Mackensen) aufzunehmen.

Das III. Armeekorps war zu weit vorgeprellt, und seine Panzerdivisionen waren vom Gegner ostwärts Rowno fast eingekesselt worden. Der Führer der Vorausabteilung der Brigade umriß die Situation wie folgt:

„Ab heute steht der Feind überall!“

Mit dieser Definition hatte Sturmbannführer Kurt Meyer den Nagel auf den Kopf getroffen.

Nach dem bereits geschilderten Einsatz Wittmanns und der Aufklärungsabteilung ‚AH‘ war die Gefahr für das III. Armeekorps gebannt worden.

Zusammen mit der Panzergruppe 1 stürmte die Brigade mot. „Leibstandarte“ durch die Stalin-Linie bei Ljubar. Jetzt gab das Heeresgruppenkommando einen neuen Befehl heraus, dessen Kernpunkt lautete:

„... sich bei Kiew in den Besitz eines tiefen Brückenkopfes ostwärts des Dnjepr als Basis für die Fortführung ostwärts des Stromes zu setzen."

Damit kämpfte auch die „Leibstandarte" zweihundert Kilometer vor den Infanteriedivisionen, die dem schnellen Panzerraid nicht zu folgen vermochten.

Zur gleichen Zeit versuchte die Rote Armee, Kiew zu einer unbezwingbaren Festung zu machen. Miliztruppen wurden aus dem Boden gestampft. Frauen- und Jungenbataillone bauten Bunker und Feldstellungen aus. Die Gruppe Kiew warf sich der 14. Panzerdivision entgegen. Die 206. Schützendivision der Russen versuchte, die von Südwesten anrollende 13. PD (Panzerdivision) zu halten. Das III. sowjetische Luftlandekorps wurde nach Kiew verlegt.

Sowjet-Marschall Budjenny befahl den Panzerdivisionen der 5. und 6. Sowjetarmee, zusammengefaßt gegen die Panzergruppe 1 unter Generaloberst Ewald von Kleist anzutreten und diese aufzuhalten.

Die „Leibstandarte" hatte sich inzwischen nördlich der 25. ID (Infanteriedivision) (mot.) vollzählig in die Front am Irpen eingeschoben. Tagtäglich versuchten die Sowjets, diese Brigade auszuschalten.

Immer wieder stand auch Michael Wittmann im Einsatz. Dort, wo der Gegner eingebrochen war, rollten die Sturmgeschütze vor, machten die HKL (Hauptkampflinie) wieder frei und hielten den angreifenden Gegner ab.

So verging der Juli 1941.

Michael Wittmann wurde am Arm verwundet. Er sollte zurück ins Lazarett. Aber er blieb bei der Truppe. In einer solchen Lage wollte er seine Kameraden nicht allein lassen.

In der letzten Juliwoche hatte die „Leibstandarte" am Irpen mit Front nach Osten und Norden zu sichern. Die Versuche, in den ersten Augusttagen Kiew zu erobern, scheiterten jedoch.

Am 9. 8. befahl die Heeresgruppe Süd:

„Angriff von Kiew bis Korosten einstellen und zur Abwehr übergehen!"

Die Kesselschlacht bei Uman wurde beendet. In einer Sondermeldung vom 9. 8. 1941 war von 103 000 Gefangenen die Rede, unter ihnen die Oberbefehlshaber der 6. und 12. Sowjetarmee.

Hierbei hatte die „Leibstandarte" zusammen mit dem III. AK nur die Rückendeckung gebildet.

Nun aber rollte die Brigade weiter nach Osten. Nikolajew wurde erreicht. Dort drehte die Brigade nach Südosten ab, um Chersson anzugreifen.

Michael Wittmann rollte mit seinem Sturmgeschütz in der Vorausabteilung mit. Am 18. August wurde die Dnjeprmündung erreicht. Chersson lag als nahes Ziel vor ihnen.

Am nächsten Tag fuhren sie nach Chersson hinein. Damit war der gesamte Dnjeprbogen von Dnjepropetrowsk — das von der 14. PD und der

Waffen-SS-Division „Wiking" erobert worden war — bis Chersson in deutscher Hand. Kiew aber war noch immer nicht gefallen. Die Sowjets hatten die Stadt nach Abdrehen der Panzergruppe 1 zu einer fast uneinnehmbaren Festung ausgebaut.

Doch Kiew fiel!

Die „Leibstandarte" war bis zum 26. 9. 1941, dem Tag der endgültigen Eroberung von Kiew und dem Ende der Kesselschlacht, im Rahmen der 11. Armee im südlichsten Abschnitt der Ostfront eingesetzt. Die 11. Armee hatte den Doppelauftrag, mit Teilkräften die Halbinsel Krim zu erobern und mit der Masse der Divisionen am Nordufer des Asowschen Meeres entlang auf Rostow vorzustoßen.

Neuer Oberbefehlshaber der 11. Armee war seit dem 12. September General der Infanterie von Manstein. Der Armee-Oberbefehlshaber, Ritter von Schobert, war bei einer Notlandung mit seinem Fieseler-„Storch" mitten in einem Minenfeld niedergegangen. Dabei war die Maschine mitsamt dem Piloten und dem General zerrissen worden.

Mit der Wegnahme der Krim und Rostows sollte die 11. Armee die Basis schaffen, von der aus Feldmarschall von Rundstedt das Donezbecken gewinnen und schließlich nach Stalingrad und Astrachan vorgehen würde.

Am frühen Morgen des 12. September 1941 stürmten drei Spitzengruppen auf die Verteidigungsstellungen der Landenge von Perekop vor. Unter ihnen auch die Aufklärungsabteilung der „Leibstandarte" unter Sturmbannführer Meyer. In diesen Verband eingegliedert, fuhren die Geschütze der Sturmgeschützkompanie mit.

„Fertigmachen!" drang die Stimme von Hauptsturmführer (Hauptmann) Fischer durch die Kopfhörer zu den einzelnen Sturmgeschützkommandanten.

Michael Wittmann blickte nach vorn. Weit im Osten färbte sich der Himmel heller und heller. Der Chef stieß den Arm jetzt dreimal empor.

„Maaarsch!" befahl er.

Aus dem Leerlauf drehten die Motoren auf Vollgas. Der Verband setzte sich in Bewegung, rollte in die Bereitstellung, traf dort um 04.55 Uhr ein und stieß auf die Vorausabteilung Stiefvater.

Nach einem kurzen Zwischenhalt ging es weiter.

Sie fuhren der Enge entgegen und dem Tatarengraben. Reiter tauchten am Horizont aus Richtung Preobraschenko auf, verschwanden aber sofort wieder. Außer den Geräuschen der eigenen Sturmgruppen hörte Wittmann nichts.

Die Hütten der Ortschaft wurden immer deutlicher sichtbar.

„Seht euch das an!" rief Fahrer Koldenhoff überrascht und deutete auf die Schafherde, die aus dem Kusselgelände voraus auftauchte und dem Dorf entgegentrottete.

Im offenen Luk stehend, starrte auch der Kommandant auf dieses friedliche Bild.

Doch mit einem Male wurde die Stille durch eine brüllende Detonation zerrissen. Danach krachte und donnerte es auf der ganzen Breite der wandernden Schafherde. Mit den Flammensäulen der Detonationspilze wurden zerrissene Schafe emporgeschleudert. Die überlebenden Tiere rannten weiter, immer weiter in dieses tiefe Minenfeld hinein, und brachten es zur Explosion.

„Verdammt, verdammt!“ knurrte Klinck. „Wenn wir da ’reingefahren wären!“

Er sprach nicht aus, was dann passiert wäre, das war auch nicht nötig. Jeder Soldat wußte, was das für die Vorausabteilung Meyer bedeutet hätte.

Wenige Sekunden nachdem die letzte Mine krepiert war, eröffnete der Gegner das Feuer. Die Granaten hämmerten in die Marschkolonne Stiefvater hinein, rissen Kradschützen aus den Sitzen, ließen Kräder aufbrennen.

Auf einmal schob sich ein dunkler, langer Wurm aus der rechten Flanke nach vorn und blieb stehen. Wenig später blitzte es hundertfach auf.

„Panzerzug!“ brüllte der Kompaniechef entgeistert.

Sie eröffneten das Feuer. Zwei harte, bellende Schläge rechter Hand ließen Wittmanns Kopf herumfahren. Er sah, wie eines der Kameradengeschütze dunkel qualmte, einem anderen war die Kette zerschossen worden.

„Absetzen. Kehrt!“ kam der Befehl des Sturmbannführers.

Sie drehten, schlugen Haken, hörten das Krachen der Einschläge und das helle, klingelnde Pinken der Splitter, die gegen die Panzerung schlugen. Endlich waren sie in Sicherheit.

Die Panzerspähwagen nebelten die zurückgehenden Kradschützen ein. Eine „Dreisieben“ versuchte durch gezieltes Feuer einen aufmontierten Panzer zu erledigen. Doch in dem Augenblick, als Wittmann diese Pak erreichte, erhielt sie einen Volltreffer und flog in die Luft.

Artilleriefeuer schwenkte auf sie ein, zwang sie in volle Deckung. Der Panzerzug dampfte ab und verschwand in Richtung Perekop.

Vier Kilometer westlich von Preobraschenko blieben die zurückgehenden Einheiten liegen und sammelten.

„Wir müssen das Herankommen der Infanteriedivisionen abwarten!“ sagte Major Stiefvater. Sein Gesicht sah abgespannt und müde aus.

Eine halbe Stunde später erhielt Generalleutnant Bieler einen Funkspruch von Sturmbannführer Meyer:

„Handstreich auf Perekop unmöglich. Ausführlicher Gefechtsbericht folgt.“

Am Abend dieses Tages wurde die AA „Leibstandarte“ von einem Regiment der 73. ID abgelöst, um zu einer neuen Aufgabe bereitzustehen. Sepp Dietrich setzte nun seine Brigade gegen die mittlere Landenge bei Sjalkow an. Diese Enge wurde durchstoßen. Anschließend ging es nach Genitschesk weiter. Melitopol war das nächste Ziel.

„Direkt auf die Stadt zu. Im Nachtangriff kann es gelingen, sie im Handstreich zu nehmen.“

Diesmal fuhr das Sturmgeschütz „Bussard“ als Begleitgeschütz mit der Spitzengruppe. Dicht vor sich sah Michel Wittmann im letzten Licht des schwindenden Tages den Befehlswagen des Kommandeurs. Rechter Hand eine Gruppe Kradschützen, die MG in den Seitenwagen schußbereit. Zur Linken, etwas herausgesetzt, die beiden Pak.

Sie erreichten das auf der russischen Karte eingezeichnete Wäldchen, verhielten, um das Gros nachziehen zu lassen.

Untersturmführer Stolle fuhr als Spähtrupp vor. Zehn Minuten später brüllten aus der Richtung, in die er verschwunden war, die Abschüsse mehrerer Pak.

„Wir umholen mit der ersten Kompanie links. — Bremer zu mir!“

Der Chef der ersten Kradschützenkompanie tauchte aus der Düsternis auf. Er wurde eingewiesen.

Sie rollten los, über einen zunächst guten Weg. Dann über einen Feldweg, der mitten durch einen Fichtengrund führte. Der Gefechtslärm der frontal auf den Gegner gestoßenen Hauptgruppe stellte eine Orientierungshilfe dar.

Doch als sie auf gleicher Höhe waren und nach innen einschwenken wollten, peitschte ihnen ebenfalls das Feuer einiger Pak und „Ratschbum“ (russisches 7,62-cm-Geschütz) entgegen. Eine Granate fetzte ein Krad vom Weg.

„Angriff!“ befahl Meyer.

Wittmann gab seinem Fahrer die entsprechenden Befehle hinunter. Er stand im offenen Turmluk, um den Weg zu weisen. MG-Garben zischten an ihm vorbei. In dem zuckenden, grellen Licht der Abschüsse sah er, daß auch der Befehlswagen des Kommandeurs eingeschwenkt hatte.

„Fünfzehn Uhr!“ rief er, als er das grelle Mündungsfeuer einer russischen Kanone sah.

Koldenhoff ließ das Sturmgeschütz herumrucken. Klinck richtete ein wenig nach, dann peitschte die erste Granate hinaus. Sie traf in die Munition, denn Sekunden später grellte ein mächtiger Feuerball durch die Finsternis, danach hörten sie das scheppernde Krachen der Detonationen.

Sie rasselten weiter, rammten einen Baumstubben, den Wittmann nicht gesehen hatte, erhielten Feuer, zackten nach rechts weg. Anschließend schwenkten sie sofort wieder auf den Befehlswagen ein, auf den sich der Gegner mit zwei Pak einschießen wollte.

„Überkarren! Vollgas!“

Aus der linken Flanke fuhren sie auf die schießende Pak zu, sahen Gestalten, die zur Seite sprangen. Wittmann duckte sich, als ein Feuerstoß aus einer russischen MPi an seinem Schädel vorbeizirpte. Dann waren sie da. Hart schwankend, beinahe umstürzend, walzte das Sturmgeschütz die Pak in den Boden. Nach weiteren zehn Metern brachte Koldenhoff das Geschütz zum Stehen, schoß abermals, und die zweite Pak war ausgeschaltet.

„Feind von rückwärts!“

Der warnende Ruf kam von Wittmanns Zugführer. Sie drehten nach rechts, rollten mitten durch eine Tannenschonung, daß das trockene Geäst unter den Ketten zusammenkrachte, fanden am anderen Rand des Wäldchens den Befehlswagen und hielten neben ihm.

Es gab keinen Zweifel: Sie waren abgeschnitten. Das Gefecht verlagerte sich nach Westen und Nordwesten.

„Wir sitzen im Sack, Wittmann", sagte Meyers Adjutant.

„Wir kommen schon durch", erwiderte der wortkarge Sturmgeschützkommandant.

„Sicher kommen wir durch", meinte auch der Sturmbannführer.

In der nächsten Stunde fuhren sie kreuz und quer durch das Land. Immer wieder stießen sie auf Feindgruppen, wurden beschossen, entkamen, drehten abermals, um beim nächsten Graben auf neue Gegner zu treffen.

Bis zum frühen Morgen dauerte diese Jagd durch ein wildfremdes Gelände, mitten durch eine vielfache Übermacht. Als sie mit dem ersten Büchsenlicht — nach Verschuß der letzten Sprenggranate — nach Westen durchbrachen, flitzten ihnen aus einem halben Dutzend Geschütze die Abschüsse hinterher.

Unterscharführer Koldenhoff kurvte wie ein Testfahrer durch das Gelände. Was sie selbst nicht für möglich gehalten hätten, geschah: Sie kamen durch und erreichten wohlbehalten die eigene Auffangstellung.

Melitopol war zu stark verteidigt, als daß sie es im Handstreich hätten nehmen können. Besondere Kräfte standen der „Leibstandarte" aber nicht mehr zur Verfügung, denn die Infanteriedivisionen des XXX. Armeekorps, dem sie unterstellt worden waren, hingen noch dreihundert Kilometer weit zurück.

Am 21.9.1941 erhielt die „Leibstandarte" Befehl, sich vom Feind zu lösen, um auf der Halbinsel Krim eingesetzt zu werden.

Die Infanterieregimenter der 73. ID durchbrachen am 26. September die russischen Stellungen, überwanden den Tatarengraben und nahmen Perekop im Sturm. Als nun die „Leibstandarte" zum Einsatz kommen sollte, waren starke russische Kräfte weiter im Norden durchgebrochen. Damit waren die Würfel gefallen. Die „Leibstandarte" zog nicht auf die Krim.

Es ging nach Mariupol. Zehn Tage später wurde Taganrog erobert, und am 22.10.1941 drangen die Spitzengruppen der „LAH" in Rostow ein. Doch russische Gegenstöße zwangen zur Aufgabe der Stadt. Michael Wittmann wurde zum zweitenmal verwundet. Diesmal mußte er in die Heimat überführt werden.

Wenige Tage später ging er auf die Junkerschule nach Bad Tölz. Er machte einen Offizierslehrgang mit, um nach Ende dieser Zwischenausbildung als Untersturmführer abzugehen.

Danach kehrte er zu seinem Verband zurück.

*

Michael Wittmann wurde am 22. 4. 1914 in Vogelthal bei Beilngries in der Oberpfalz geboren.

Er wollte Landwirt werden und einmal einen eigenen Hof haben, um wie seine Eltern arbeiten und wirken zu können.

Nach der Volksschule trat er in eine landwirtschaftliche Lehre ein. Er schaffte es, knapp dreiundzwanzig Jahre alt, als fertiger Landwirt einen kleinen Besitz zu bearbeiten.

Dann jedoch entschloß er sich zum Soldatenberuf und trat in das Regiment „Leibstandarte" ein.

In Berlin-Lichterfelde hatte er des öfteren Gelegenheit, zu Kommandos zu kommen, die als Wachtruppe und zu repräsentativer Schau herangezogen wurden. In dieser Stadt lernte er aber auch seine Kameraden kennen, die er später in schweren Krisenlagen führen sollte.

Nach Ausbruch des 2. Weltkrieges wurde diese Truppe dem Oberkommando des Heeres zur Verfügung gestellt und den militärischen Gesetzen und Bestimmungen unterworfen.

Damit war zwischen dem Truppenverband Michael Wittmanns und der Allgemeinen SS sowie der Polizei ein klarer Trennungsstrich gezogen worden.

In Ausübung ihrer neuen Aufgaben trat auch die „Leibstandarte" als verstärktes motorisiertes Infanterieregiment während des Polen-Krieges zum Angriff an.

Michael Wittmann war Kommandant eines Panzerspähwagens und zum Unterscharführer befördert worden, als er mit der Vorausabteilung des Regimentes nach Lodz vorstieß und bei Warschau kämpfte.

Auch auf dem westlichen Kriegsschauplatz gehörte Wittmann zu der Panzerspäheinheit, die im Verband der 18. Armee durch Holland vorging.

Im zweiten Teil des Krieges gegen Frankreich kämpfte die „Leibstandarte" im Verband der 6. Armee an der Somme im Raum Ham — La Fère — Laon, überquerte die Marne und ging bis südwestlich Lyon vor.

Erst nach Beendigung des Krieges im Westen erhielt die Brigade ihre ersten Sturmgeschütze. Michael Wittmann unternahm alles, um Kommandant eines solchen Sturmgeschützes zu werden.

Sechs gab es nur, aber er erhielt eines davon.

Damit fuhr er nach Griechenland. Aus dem Raum Küstendil kämpfte sich die „Leibstandarte" zusammen mit der 73. ID und der 5. und 9. PD durch Südserbien. Prilep wurde erreicht. Bei Skopje übernahmen sie die Spitze. Im Verband der gepanzerten Aufklärungsabteilung unter Sturmbannführer Meyer war Michael Wittmann an der Einnahme von Bitolj beteiligt. Am 10. April wurde die Verbindung mit den an der nordgriechischen Grenze liegenden Italienern aufgenommen.

Beim Durchbruch auf den Klidipaß gelang es Wittmann, mit seinem Sturmgeschütz mehrere flankierende Geschützstellungen und MG-Nester der Neuseeländischen Division auszuschalten. Daraufhin erhielt er das Eiserne Kreuz II. Klasse.

Der blonde Oberpfälzer war kein jugendlicher Draufgänger, eher ein überlegter, ruhiger Typ, dem jede Heldenpose zuwider war.

Was er aber besaß, das war seine Kraft zum Durchhalten, vor allem aber sein immer wieder offenbartes Streben, seine Kameraden vor Gefahren zu schützen.

*

Als Untersturmführer Wittmann seine Division erreichte, war sie nach den schweren Abwehrkämpfen am Mius, die bis in den Juni 1942 hinein andauerten, nach Frankreich verlegt worden.

Hier, auf den großen Truppenübungsplätzen in Nordfrankreich, wurde die Umrüstung der Division zur Panzerdivision vollzogen. Das Panzerregiment 1 kam hinzu, und als erster Truppenverband erhielt die Division eine schwere 13. Kompanie. Diese sollte mit den allerersten „Tiger"-Panzern ausgerüstet werden, die nach und nach auf dem Truppenübungsplatz eintrafen.

Nachdem Wittmann diesen Stahlkoloß mit seiner 8,8-cm-Kanone gesehen hatte, wußte er sofort, daß er einen dieser Panzer fahren wollte. Also meldete er sich beim Regimentskommandeur:

„Obersturmbannführer (Oberstleutnant)", begann er, „ich muß diesen Panzer fahren!"

Obersturmbannführer Georg Schönberger, der das Regiment aufstellte, nickte dem hochgewachsenen Panzermann zu.

„Ich glaube, Wittmann, daß es für Sie eine gute Waffe sein wird. Sie werden Zugführer in der ‚Dreizehnten'!"

Während die Division als Besatzungstruppe in Frankreich ihre Aufstellung vollzog und in vielen Übungen die Homogenität der Einheiten übte, während sie am 6. November 1942 an der Demarkationslinie bereitgestellt wurde, am 21. 11. zur Besetzung von Südfrankreich antrat und am 26. 11. den Handstreich auf Toulon erfolgreich durchführte, saß Wittmann auf dem Truppenübungsplatz Ploermel in seinem „Tiger", um sich mit diesem monströsen Panzer vertraut zu machen.

Von Paderborn, dem Standort der Ersatz- und Ausbildungsabteilung 500 — die von nun an für sämtliche „Tiger"-Einheiten zuständig war — trafen die Ausbilder ein. Sie waren erfahrene Panzerkommandanten aus Rußland.

Hier lernte Wittmann auch seine Besatzung kennen.

Da war sein neuer Richtschütze, Rottenführer Balthasar Woll, der Ladeschütze Kurt Berges, der Fahrer Gustl Kirschner und der Funker Herbert Pollmann.*

Am Ende ihrer Ausbildung, als die Kompanie mit vierzehn „Tigern" stand, gab es ein Scharfschießen. Sie alle, die auf diesen Giganten umgestiegen waren, konnten mit Panzern umgehen. Daß sie auch den „Tiger" gut beherrschten, zeigten die Schießergebnisse.

---

*) Nicht alle Namen konnten eruiert werden; einige sind angenommen worden.

Es wurde Weihnachten 1942. Wieder einmal konnte Michael Wittmann heimfahren zu seiner Frau. Er wußte, daß bald ein neuer, gefährlicher Einsatz kommen würde: Rußland!

Bereits im November 1942 hatten die Sowjets ihre Winteroffensive im großen Donbogen begonnen. Geplant waren: Der Durchbruch am Don bei Sserafimowitsch und der Durchbruch bei Krasnoarmeisk, südlich Stalingrad. Ferner: Angriff der westlich und nordwestlich Stalingrads versammelten zwei russischen Heeresgruppen. Angriff der sowjetischen Heeresgruppe „Südfront" beiderseits des Dons mit Stoßrichtung Rostow und südliches Donezgebiet.

Von Stalingrad bis in Höhe von Orel lief die russische Großoffensive planmäßig. Bei der italienischen 8. und bei der 2. ungarischen Armee wurde die Front auf einer Breite von fünfhundert Kilometern aufgerissen. Nun gab Stalin sein neues Ziel bekannt: zum Dnjepr!

Das I. Waffen-SS-Panzerkorps mit den Divisionen „Leibstandarte", „Das Reich" und „Totenkopf" wurden alarmiert. Als es am 9. Januar 1943 in den bedrohten Raum gefahren wurde, schien es, als würden sie nicht mehr zurechtkommen.

Ende Januar erst kamen sie im Raum Charkow an. Zu dieser Zeit hatten die Sowjets die Donez-Linie in der Frontlinie Woroschilowgrad — Starobjeksk — Waluki — Oberer Oskol erreicht.

Ostwärts Charkows wurde ausgeladen. Auch die schwere Panzerkompanie unter Führung von Hauptsturmführer Heinz Kling war dabei.

„Das Nest dort heißt Merefa. Hinter uns liegt Charkow. Die Russen werden hier angreifen und dann Charkow einschließen."

„Quatsch, Panzergeneral!" rief Hauptscharführer (Oberfeldwebel) Höflinger, der Halbzugführer bei Wittmann war.

Oberscharführer (Feldwebel) Georg Lötzsch, von allen nur „Panzergeneral" gerufen, weil er vom Tiger alles wußte, wiegte nachdenklich den Kopf. Er war gebürtiger Dresdener und mit seinen neunundzwanzig Jahren einer der Ältesten.

„Wir sind zu wenig, Kameraden. Wir müßten Begleitinfanterie haben und..."

„Und eine weitere Armee und vielleicht noch zehntausend Flugzeuge und..."

„Halt's Maul, Warmbrunn!" fuhr Heinz Kling dazwischen.

Der Rottenführer maulte. Er war der Benjamin der „Tiger"-Kommandanten, aber ein fixer Junge und anscheinend mit „allen Wassern der Spree" gewaschen.

„Fertigmachen, Hauptsturmführer!" rief der Ordonnanzoffizier vom Chef-„Tiger" herüber.

„Also, Kameraden, jeder bleibt dort, wo er steht, und hält den Gegner auf. Meyer ist mit seinen Kradschützen noch weiter vorn. Wenn wir hier abhauen, ist er im Eimer!"

Michael Wittmann ging zu seinem „Tiger" hinüber, kletterte hinauf und glitt durch den Turm. Er stülpte den Kopfhörer über und schob ihn etwas zurück, damit er auch seine Kameraden im Panzer hören konnte.

„Was ist, Michel?" fragte Gustl Kirschner.

„Wir rollen in eine Bereitstellung und halten so lange, bis Meyer mit der Aufklärungsabteilung vom Donez zurückkommt."

„Achtung! Chef an alle: Maaarsch!"

Die Tiger rollten in die Bereitstellungen, die vor einer Stunde erkundet worden waren.

Nachdem die Panzermotoren verstummt waren, vernahmen sie das Grollen des Kampfes aus Richtung des Flusses.

„Ich gehe vor und erkunde. Pollmann geht mit mir!"

Michael Wittmann griff nach der MPi. Funker Pollmann nahm ebenfalls eine der Maschinenpistolen.

Sie pirschten entlang einer Bachrinne auf das Dorf vor. Die Weiden und Büsche am Bachufer waren tief verschneit. So kamen sie bis an den Dorfeingang heran. Plötzlich stieß Pollmann einen warnenden Laut aus.

Wie angewurzelt blieben sie stehen. Langsam gingen sie in die Knie.

„Dort, Untersturmführer!" wisperte Pollmann.

Wittmann erkannte zwei Pak-Stellungen, die sie bei der Aufklärung vor einer Stunde noch nicht festgestellt hatten.

„Die müssen weg, Pollmann!" sagte der Zugführer.

Sie schlichen erst noch ein Stück weiter, erreichten eine der Katen, drangen in den Hof ein und — sahen Rotarmisten, die hier wahrscheinlich eine Beobachtungsstelle einrichteten.

„Zurück, Pollmann!"

Ungesehen erreichten sie den Panzer, und Wittmann meldete dem Kompaniechef.

„Hören Sie, Wittmann, Sie rollen mit Ihrem Zug in das Dorf hinein und fahren bis zum Dorfausgang. Zug Wendorff fährt auf der rechten Flanke vor, er umholt das Dorf und greift von Südosten an, wenn es notwendig werden sollte. — Ende!"

„Alle Kommandanten zu mir!"

Wittmann wies die Kameraden in ihre Aufgabe ein. Unterscharführer Kurt Kleber sollte die russische Beobachtungsstelle bekämpfen. Der „Panzergeneral" nahm die Pak auf der linken Seite der Dorfstraße, und Wittmann die rechts der Straße in Stellung gegangene Kanone.

„Höflinger und Warmbrunn fahren rechts und links herausgestaffelt und halten unvorhergesehene Gegner nieder. Und noch eines", schloß Wittmann. „Mit voller Pulle hinein! Je schneller, desto besser!"

Eine Minute später stand er wieder im Turmluk und gab das Zeichen zum Angriff.

Der Tiger machte einen förmlichen Satz, als er losrollte. Kirschner legte die einzelnen Gänge ein, so rasch dies eben ging. Mit Höchstfahrt rollten sie auf der verschneiten Straße dem Dorf entgegen.

„Gefechtsbereitschaft!“ rief er.

Als das Turmluk zugeknallt war, blitzte es vor ihnen rechts und links der Straße auf.

Die erste Granate der Feind-Pak sauste hoch über den Panzerturm hinweg. Mit einem Ruck blieb der Tiger stehen. Woll hatte die Kanone bereits angerichtet. Noch eine winzige Korrektur.

Mit mächtigem Schlag und bei zurückruckendem Wagen jagte die Achtacht-Granate zum Gegner hinüber. Zwei Sekunden nach dem Abschuß drüben ein greller Blitz, das Grollen des Einschlages und eine sprühende Feuerkaskade.

„Treffer!“ schrie Woll, während Berges bereits die nächste Granate in die Kammer wuchtete.

Alle fünf Panzerkanonen schossen jetzt. Dann jagten sie weiter, dem Dorfeingang entgegen. Wittmann sah durch seine „Schere“ (Scherenfernrohr), wie russische Soldaten über die Straße liefen. Er erkannte Feuerzungen aus den Fenstern, und dann klackerte Stahl gegen die Frontpanzerung des Tigers.

„Panzerbüchsen!“ rief Woll.

Sie erreichten den Dorfeingang, als der „Panzergeneral“ die zweite Pak unschädlich machte.

Die rechte Kette des Zugführer-„Tigers“ walzte eine niedrige Mauer um, rammte die Seite eines Hauses. Lehmbrocken fielen auf den Panzer herunter.

Kirschner fuhr noch zwei Meter weiter und hielt.

Wittmann stieß einen überraschten Pfiff aus, denn soeben rollte eine lange Kolonne russischer Fahrzeuge — darunter auch Selbstfahrlafetten und Panzer — in das Dorf ein. Dahinter folgten Infanteristen.

„Angriff! Angriff!“ rief er.

Mit Vollgas kamen die anderen an. Sie rollten im Breitkeil hinter den Häusern des Straßendorfes her. Ein T 34 hielt, seine 7,62-cm-Kanone schwenkte auf Warmbrunns Wagen ein.

Richtschütze Woll ließ den Turm kreisen, er schoß etwa eine halbe Sekunde vor dem Gegner. Die großkalibrige Granate riß den Turm des T 34 herunter.

Alle fünf Kanonen feuerten jetzt. Feindpanzer flogen in die Luft. Munitionswagen barsten in grellen Schlägen ihrer explodierenden Granaten. Soldaten liefen über die Straße. Die Maschinengewehre der Tiger ratterten.

Schuß auf Schuß jagten die fünf Tiger hinaus. Die russische Kolonne kam nicht mehr weiter. Einzelne Fahrzeuge versuchten, auf das Feld zu gelangen und zu drehen. Sie blieben im tiefen Schnee stecken und wurden der Reihe nach abgeschossen.

Auf einmal knallte es auch in der rechten Flanke der russischen Kolonne.

„Dort fährt der Chef!“ rief Woll erleichtert. Sie rückten zum Dorfausgang nach, schossen auf die fliehenden Gegner und richteten sich hier aufs neue in einer Auffanglinie ein.

Die 329. Infanteriedivision

Aufstellung: Im Dezember 1941 erfolgt auf dem Truppenübungsplatz Groß Born die Aufstellung der 329. Infanteriedivision.

Gliederung: Wehrkreis VI, Westfalen. Grenadierregiment 551; Grenadierregiment 552; Grandierregiment 553; Artillerieregiment 329; Schwere Abteilung 329; Pioniere 329; Nachrichtenabteilung 329; Feldersatzbataillon 329; Sanitäter 329; Versorgungstroß 329.

Kampfeinsatz

Rußland: 1942 Entlastungsangriff zur Freikämpfung des Kessels Demjansk, im Raum Tschuchnowo — Wystawka — Artemjewo — Podtschze — Ssokolowo. Teile der Division kämpfen in der eingeschlossenen Stadt Cholm. Angriffskämpfe auf Leuschina und über die Redja. Abwehrkämpfe an der Landbrücke Demjansk. Angriffs- und Abwehrkämpfe im Raum Strelizy — Isskowo — Woitischi.

1943 Abwehrkämpfe im Raum Demjansk. Rückzugskämpfe (Aufgabe des Kessels von Demjansk) auf die Redja. Abwehrschlacht an der Redja und Porussja. Verteidigungskämpfe südlich des Ilmensees und im Raum Staraja Russa. Angriffskämpfe im Raum Newel. Verteidigungskämpfe im Raum Pustoschka.

1944 Schwere Abwehrkämpfe im Raum Pustoschka. Rückzugskämpfe über Idritza. Ludsen — Rositten auf Ergli. Angriffs- und Abwehrkämpfe um Ergli. Abwehrschlachten in Kurland. Die Reste der 21. Luftwaffenfelddivision werden von der 329. Infanteriedivision aufgenommen.

1945 Kurlandschlachten und Abwehrkämpfe im Raum Autz — Segewold — Frauenburg. Abwehrkämpfe im Raum Tuckum und Kapitulation.

Divisionskommandeure:
Generalmajor Castorf; Generalmajor Hippler; Generalleutnant Dr. Dr. Mayer; Generalleutnant Menkel; Generalmajor Schulze; Generalleutnant Winter.

Der Panzer des Chefs kam zu ihnen vorgefahren.

„Gut gemacht, Wittmann!“ lobte Hauptsturmführer Kling. „Das war schnell und glatt!“

Wittmann nickte dem Kameraden zu. Die Turmluks waren wieder geöffnet, das Warten begann.

Eine Stunde verging. Die Männer rauchten Zigaretten. Michael Wittmann dachte nach. Er war zu einer Erkundung vorgegangen und wäre um ein Haar in einen Russen-Spähtrupp hineingelaufen. Doch Pollmann, der Funker aus Dortmund, hatte ihn gerettet, indem er ihn am Tarnzeug festhielt und zu Boden zog. Danach liefen sie zurück, erreichten die Panzer. Als es dunkel wurde, hörten sie das heftige Schießen aus Richtung der zurückkommenden Aufklärungsabteilung. Aber es wurde Mitternacht, bevor Obersturmbannführer Kurt Meyer mit seiner Kampfgruppe ankam.

In den nächsten Tagen machte Michael Wittmann das gespenstische Ringen um Charkow mit, jener Stadt, die nach dem Willen Hitlers bis zur letzten Patrone gehalten werden sollte.

Er dachte an Stalingrad. Vor einigen Tagen war die Nachricht zu ihnen durchgedrungen, daß dort die gesamte 6. Armee aufgrund des gleichen Führerbefehls zugrunde gegangen war.

„Wird ‚Papa‘ Hausser den Befehl ausführen, Michel?“ fragte am Abend des 10. Februar Untersturmführer Wendorff seinen Kameraden. Wittmann schüttelte den Kopf.

„Hausser wird so lange halten, wie es sinnvoll ist. Wenn die Sache aussichtslos wird, dann läßt er absetzen, Helmut.“

Am nächsten Morgen griffen die Verbände der Waffen-SS nach Süden an. Durch tiefen Schnee rollten sie in drei Stoßgruppen über Merefa hinaus. Spitze der Kampfgruppe fuhr die 6. Kompanie des Panzerregiments 1 unter Obersturmführer Rudolf von Ribbentrop.

Die Tiger wurden als Reserve bereitgehalten. Sie sollten dort, wo es brannte, als „Feuerwehr“ eingreifen.

Mit seinem Zug fuhr Michael Wittmann in einen wilden Schneesturm hinein. Wie Pflüge schoben sich die stählernen Kolosse durch den Schnee, der wie eine dicke, glitzernde Wand vor ihnen lag. Alle Minuten waren die Optiken der Panzer verweht. Woll fluchte, der Fahrer fluchte, und Wittmann tat es auch.

Alexejewka wurde erreicht. Die Truppen richteten sich in dieser Ortschaft zur Rundumverteidigung ein. Obersturmführer von Ribbentrop wurde bei einem Spähtrupp durch Lungenschuß verwundet. Er sollte mit einem „Storch“ zurückgeflogen werden, aber er lehnte ab.

„Erst wenn der letzte Grenadier ausgeflogen ist, komme ich an die Reihe“, sagte er.

Die Russen griffen mit starken Kräften an. Sie schoben sich im Kreis auf Charkow zu, kesselten die Stadt ein.

In der Nacht zum 14. Februar brachen starke russische Kräfte in das winzige Dorf ein, in dem sich der Zug Wittmann zur Nacht eingenistet hatte. Der Posten konnte den Gegner zum Glück rechtzeitig erkennen und einen Warnschuß abgeben.

Wittmann, der in voller Uniform geschlafen hatte, rannte auf Socken ins Freie; seine Besatzung folgte dichtauf. Sie sprangen in ihren „Tiger", rollten in die eindringenden Russen hinein und schossen mit Sprenggranaten.

Die übrigen Panzermänner und die wenigen Grenadiere, die als vorgeschobener Spähtrupp in diesen Häusern gelegen hatten, kämpften die Häuser frei, während Wittmann die Straße unter Feuer nahm und den Gegner mit seinem Gros zum Abdrehen zwang.

Eine halbe Stunde später war die Gefahr beseitigt.

Sie kehrten zu ihrer Unterkunft zurück. Wittmann warf sich wieder auf die Strohschütte und war wenige Minuten später abermals eingeschlafen.—

Der Kampf um Charkow näherte sich seinem Endstadium. Poltawa, die Versorgungsbasis im Westen von Charkow, war von der Roten Armee besetzt worden. Am Nachmittag des 14. 2. 1943 waren die Sowjets auch in den Nordwestteil der Stadt eingedrungen. Hitlers neuer Haltebefehl „um jeden Preis!" traf ein. Aber General Hausser gab am 15. Februar 12.50 Uhr den Befehl zum Absetzen in den Udy-Abschnitt.

Die 13. schwere „Tiger"-Kompanie fuhr in der Nachhut. Durch Weitschüsse versuchten sie, die nachfolgenden feindlichen Panzerpulks aufzuhalten. Wieder einmal bewies Richtschütze Woll seine phänomenale Treffsicherheit.

Bis zum 16. Februar gelang es den deutschen Truppen, sich kämpfend zurückzuziehen.

Die „Leibstandarte" kämpfte in den folgenden Wochen nördlich von Krasnograd. Die als Schlacht zwischen Donez und Dnjepr in die Kriegsgeschichte eingegangene Phase war am 4. März 1943 beendet. Anschließend gab Hausser den Befehl, den sie alle erwartet hatten:

„Wir erobern Charkow zurück!"

„Achtung! Chef an alle: Feindpanzer von vorn!"

Sie sahen sie schon aus den Häuserverstecken vorbrechen. Wittmann ließ erst halten, als der Gegner bereits schoß. Die Panzerkanonen der „Tiger" feuerten in einem zehnfachen Abschußlärm. Granaten schlugen in Panzerstahl.

„Vorwärts!" rief Hauptsturmführer Kling durch die Sprechfunkverbindung. „Alles mir nach!"

So rollten sie nach Charkow hinein. An der Spitze die Schützenpanzer von Jochen Peiper. Die „Tiger" folgten, vernichteten die Pak-Stellungen des Gegners. Einige Zeit später war der Rote Platz erreicht, war Charkow wieder in deutscher Hand.

Hausser hatte damit die sichere Vernichtung des gesamten Panzerkorps verhindert und außerdem die Wiedereroberung der Stadt ermöglicht.

Die Angriffskraft der Sowjets erlahmte, die Front wurde ruhig. Beide Seiten bereiteten sich zu einem neuen Schlag vor. Auf deutscher Seite war es die Operation „Zitadelle“, die als Schlacht von Kursk in den Kriegsannalen verzeichnet steht. Hier, im großen Kursker Bogen, sollte sich der Krieg im Osten entscheiden.

Nachdem Stalin die Entscheidung in der Schlacht zwischen Don und Donez nicht erzwungen hatte, sondern an Feldmarschall von Mansteins taktischem Genie gescheitert war, bot sich der obersten deutschen Führung noch einmal eine Chance, durch Abnutzungsschlachten das Steuer herumzureißen.

Aber Hitler wollte mehr! Er wollte mit einer neuen Offensive die Wende und den Sieg erringen.

So trieb der Kampf im Osten seinem dramatischen Höhepunkt entgegen, und die russische Kriegsgeschichte sollte dieses blutige Ringen einmal richtigerweise als „die bedeutendste Schlacht des gesamten Krieges“ bezeichnen.

Nach dem altbewährten und in Rußland voll zum Erfolg gelangten System war auch diesmal eine Zangenoperation vorgesehen.

Die Nordzange wurde von der 9. Armee unter Generaloberst Model gebildet. Sie sollte, aus dem Raum südlich Orel antretend, mit drei Panzerkorps als Schwerpunkt nach Südosten auf Kursk vorstoßen.

Die Südzange, aus der 4. Panzerarmee unter Generaloberst Hermann Hoth bestehend, hatte mit zwei Panzerkorps im Schwerpunkt aus dem Raum nördlich Charkow, hart westlich Bjelgorod, auf Kursk vorzustoßen. Wenn sich beide Zangen in Kursk trafen, dann wäre der große Frontbogen bei Kursk ausgeräumt, dann hätte die Rote Armee eine Niederlage erlitten, die nicht wiedergutzumachen sein würde.

In der Südgruppe standen tausend Panzer und rund vierhundert Sturmgeschütze. Die Nordgruppe war ebenso stark.

Das I. Waffen-SS-Panzerkorps, in der Armeeabteilung Kempf stehend, gruppierte sich westlich Bjelgorod von Ost nach West in der Reihenfolge 3., 2., 1. Waffen-SS-Panzerdivision. Links an die „Leibstandarte“ schloß sich die 167. Infanteriedivision an. Stoßrichtung dieser beiden Divisionen war Streletzkoje und erstes ferneres Ziel Olchowka.

Der 4. Juli nahte. Alle Einheiten standen in den Sturmausgangsstellungen. Der Großangriff konnte beginnen.

„Wie lange noch, Untersturmführer?“ fragte Woll.

Michael Wittmann blickte auf die Uhr.

„Noch eine Stunde, Männer!“ sagte er.

Zusammen mit Michael Wittmann und seinem Zug warteten 230 000 weitere deutsche Soldaten des südlichen Zangenarmes auf den Befehl zum Angriff.

Um 03.30 Uhr begann der deutsche Artilleriefeuerschlag. Jetzt durften sie losfahren, die Divisionen des SS-Panzerkorps.

Sie fuhren im Breitkeil durch die Felder. Auf einmal peitschte ihnen Pak-Feuer entgegen.

„Angriff! Angriff!" rief Wittmann durch die Sprechverbindung.

Mit schneller Fahrt rollten sie weiter, rechter Hand blieb einer der „Tiger" mit zerschossener Kette liegen.

Auf einmal, keine hundert Meter vor ihnen, das Aufbrennen eines Abschusses, dann dicht neben ihnen ein schmetternder Schlag, ein Krachen und grelle Flammen. Aber Woll hatte den Gegner trotzdem anvisiert. Sein Schuß peitschte, und die Granate zerschmetterte die Feind-Pak. Da zog Kirschner wieder an.

Sie erreichten die Bunkerstellungen, gegen die vor einer halben Stunde die Stukas — hoch über ihre Köpfe hinweg — angeflogen waren. Aus den Bunkern fiel kein Schuß. Dafür tauchten Feindpanzer auf.

Die 13. Kompanie griff an. Hauptsturmführer Kling rief einen Befehl. Der Zug Wendorff schwenkte nach Nordwesten ein, rollte in schnellster Fahrt zur Seite. Eine Granate traf einen „Tiger" in die Flanke, die Besatzung stieg aus.

Wittmann dirigierte seine fünf Wagen. Sie schossen mit geballter Feuerkraft in die Phalanx der feindlichen Panzer hinein.

„Nicht aufhalten lassen! Schneller, schneller!"

Nach schneller Fahrt erreichten sie die Bunkerlinie und sahen sich einem hinter dem Hochbunker vorprellenden Feindpanzer gegenüber. Ein Flammenstrahl spritzte aus dessen Kanone. Direkt in Wittmanns Gesicht hinein schien diese Granate gezielt. Sie traf den schrägen Bug des „Tigers". Es krachte ohrenbetäubend, dann heulte das Geschoß senkrecht in den Himmel.

Woll schoß zurück. Der Turm des T 34 machte sich selbständig, rollte wie ein Ball über den Boden. Flammen stoben aus dem Panzer.

Wieder zogen sie an, fuhren in hohem Tempo weiter, passierten zwei Panzerrudel der Russen, die in einer Senke bereitstanden und nun hervorbrachen.

Rums! donnerte ein Treffer gegen die Seitenschürzen. Aber es ging weiter. Vor ihnen tauchte ein Dorf auf.

„Achtung! Chef an alle: Pak voraus!"

Die Russen hatten hier eine Pak-Front aufgebaut. Erneut entschied sich Wittmann für den schnellen Vorstoß.

Plötzlich eine feindliche Pak. Ein Schuß, und Wendorffs Panzer stoppte ruckartig. Wittmanns „Tiger" rasselte auf das Geschütz zu. Das Sechzig-Tonnen-Gewicht walzte die Pak in den Boden. Hart schwankte der Panzer, sie klammerten sich an. Berges brüllte wütend und schmerzerfüllt gleichzeitig, denn eine Granate war ihm auf die Hand gefallen.

Er arbeitete weiter. Blut lief über seine Finger, Schweiß übers Gesicht. Es gab jetzt keine Pause, denn draußen lauerte der Tod.

Woll schoß, wenn der Panzer hielt. Während des Anrollens richtete er das nächste sichtbar werdende Ziel an.

Nach etwa einer Stunde hatten sie die russischen Stellungen durchbrochen. Die Panzergrenadiere nutzten den Stoßkeil aus und kamen nach. Sie nahmen die überrollten Gegner gefangen, sicherten das Gelände und gingen aus eigenem Entschluß weiter vor. Nach einer kurzen Verschnaufpause setzten sich auch die „Tiger" wieder in Bewegung.

Eine Stunde später stießen sie abermals auf einen Pak-Riegel.

Auch dieses Mal fuhr der Zug an der Spitze. Und auch diesmal fing Wittmann den Gegner ab, indem er mit Vollgas vorpreschte. Granaten hämmerten links und rechts von ihm in den Boden. Ein paar Panzerbüchsentreffer knallten gegen die Stahlwände. Kurz darauf waren sie auf günstigste Schußentfernung heran. Wie auf Kommando hielten die Panzer; schossen, rollten wieder an und gelangten an die russischen Zwischenstellungen.

Vor seinem Kampfwagen sah Wittmann eine Gruppe Rotarmisten, die aufsprangen, um ihn im Nahkampf anzugehen. Er schlug das Luk zurück, schob sich bis zum Koppel hoch und schoß aus seiner MPi auf die Feindgruppe. Danach ließ er sich blitzartig zurückfallen, denn schon prasselten ihm Feuerstöße um die Ohren.

Noch ehe er das Luk zuwerfen konnte, vernahm er schreckliche Schreie. Noch ein paar Rucke! Die Gefahr war beseitigt.

Wittmann biß die Zähne aufeinander. Er spürte den faden Geschmack von Blut auf der Zunge. Es wurde ihm fast übel bei dem Gedanken, was draußen soeben geschehen war.

Doch dann zwang er sich wieder zu schärfster Aufmerksamkeit. Er hatte für fünf Panzer und fünfundzwanzig Männer zu sorgen. Er mußte sie aus dieser schwierigen Situation heraushauen! Und es gelang ihm auch.

Während der zweiten Rast hörten sie Hilferufe von Wendorff.

„Warmbrunn und Kleber halten hier. – Lötzsch und Höflinger mir nach!" befahl Wittmann.

Sie drehten und schwenkten auf ein Wäldchen ein. Von dessen jenseitigem Rand erklangen die Abschüsse der „Tiger" des ersten Zuges. Dazwischen die peitschenden Schläge russischer Pak und das Knallen von 7,62-cm-Panzerkanonen der T 34.

Die Kolosse wühlten sich durch das Wäldchen. Unter ihren Ketten brachen armstarke Stämme ab, wurden in den Boden gewalzt. Am Waldrand angelangt, standen sie im Rücken der Pak. In der Senke sahen sie russische Panzer, die einen von Wendorffs „Tigern" in Brand geschossen hatten und jetzt den Zugführerpanzer aufs Korn nahmen.

„Lötzsch, Höflinger, die Pak!"

Wittmann rollte mit Vollgas aus dem Wald heraus. Nun konnten ihn auch die Feind-Pak erreichen, wenn sie nach innen schwenkten. Aber den jungen Offizier focht das nicht an. Er ließ weiterrollen, bis er die beiden T 34 auffassen konnte, ohne Wendorffs Panzer beim Schießen zu gefährden.

„Wir sind da, Helmut!" rief er.

Dann standen sie. Woll schoß, der erste T 34 zerplatzte durch Volltreffer ins Heck. Den zweiten traf es genau fünfzehn Sekunden später. Der dritte entging seinem Schicksal, weil er hart zurücksetzte und die Granate daher vor seinem Bug vorbeizischte.

Kurz darauf drehte der T 34 erstaunlich schnell auf einer Kette, und wieder verfehlte ihn Woll. Der Schuß des T 34 schmetterte in die Kette des „Tigers".

Fahrer Kirschner schrie gellend auf.

Woll hatte den Gegner nun voll aufgefaßt. Sein Schuß durchschlug die Frontpanzerung. Eine, zwei, drei Sekunden vergingen. Dann knallte das Luk zurück. Flammen stoben heraus. Aus der Fahrerluke versuchte der brennende Fahrer auszubooten; er blieb hängen und wurde von den nachfolgenden Explosionen zerfetzt.

Die beiden Pak am Waldrand waren von Lötzsch und Höflinger vernichtet worden. Stille trat ein. Ein feindlicher Widerstandsriegel im Angriffsstreifen war ausgeschaltet worden.

Gemeinsam mit seinem Funker hob Michael Wittmann den Fahrer aus dem Panzer heraus. Sie legten ihn auf den Boden, wo Woll eine Zeltplane ausgebreitet hatte.

„Ist es aus mit mir, Untersturmführer?" murmelte Kirschner.

Michael Wittmann starrte auf die Wunde, die mit vier Verbandspäckchen umwickelt worden war, und aus der immer noch Blut durch den Verband rann. Er schüttelte den Kopf.

„Du wirst es schon schaffen, Kirschner!"

Wittmann befahl den anderen: „Los, die Kette reparieren!"

Während Untersturmführer Wendorff Feuerschutz gab, brachten sie die Kette in Ordnung. Pollmann rief nach dem Sani. Ehe sie weiterrollten, kam der Sanitäts-Dienstgrad mit dem Sanka nach vorn, und sie luden Kirschner ein.

„Unterscharführer Möller!" meldete sich der Fahrer eines brennenden „Tigers" vom Zug Wendorff. „Ich soll Ihren verwundeten Fahrer ersetzen."

„Gut, willkommen bei uns, Möller. Dann steigen Sie ein."

Als der Tag zur Neige ging, hatte Wittmann mit seinem „Tiger" acht Feindpanzer abgeschossen und sieben Pak vernichtet.

Hauptsturmführer Kling meldete an den Kommandeur des Panzerregiments:

„Untersturmführer Wittmann hat mit seinem „Tiger"-Zug den Vorstoß des Regiments entscheidend unterstützt."

Am Abend dieses ersten Tages der großen Kursker Schlacht hatte das I. Waffen-SS-Panzerkorps die Pak-Riegel und Artilleriestellungen der 52. sowjetischen Gardeschützendivision durchstoßen.

Der erste Angriffstag war zu Ende gegangen. Zwanzig Kilometer tief waren die deutschen Panzer in das tiefgestaffelte Stellungssystem des Gegners eingedrungen.

Am frühen Morgen des 6. Juli 1943 waren sämtliche „Tiger" der 13. (schweren) Kompanie der „Leibstandarte" neu aufgetankt und aufmunitioniert.

Der Angriff ging weiter.

Wieder war Wittmann an der Spitze des stählernen Stoßkeils. Es ging schnurgerade nach Norden, dem Psjol-Knie entgegen.

Bei Lutschki I wurden die Spitzenfahrzeuge beschossen. Es waren schwere 15-cm-Batterien des Gegners, die ihr Feuer auf die Vormarschstraßen legten.

„Wittmann schwenkt ein, setzt die Batterien außer Gefecht!" kam ein Befehl durch.

Das Manöver wurde ausgeführt. Fünf „Tiger" rollten in das Wäldchen auf der linken Flanke, erreichten es unbemerkt, drehten darin ein und suchten sich ihren Weg in Richtung auf die schweren Batterien.

Nach zwei Stunden waren sie da. Im Breitkeil fuhren sie aus dem Wald heraus auf die Ebene. Sie sahen die erste Batterie, die eben wieder eine Salve abfeuerte.

Alle fünf Panzer schossen gleichzeitig. Flammen loderten empor. Die sowjetische Funkstelle wurde durch einen Volltreffer vernichtet. Ein Munitionsstapel flog in die Luft. Der Gegner floh.

Mit Höchstfahrt fuhren sie weiter, gelangten vor die zweite Geschützstellung und setzten sie außer Gefecht.

In der Ortschaft Lutschki I wurden sie von Pak beschossen. Der „Tiger" von Kleber erhielt einen Treffer. Wittmann und Warmbrunn legten sich rechts und links davor und schossen in rascher Folge vier Feind-Pak ab.

Inzwischen war es Kleber gelungen, seinen Wagen wieder klarzubekommen.

Sie fuhren in das Dorf hinein, wurden von Rotarmisten angesprungen, die Brandflaschen auf den Spitzen-„Tiger" warfen. Die Farbe des Kampfwagens begann zu brennen. Aber es ging noch einmal gut.

Am Dorfausgang angekommen, sahen sie zurückweichende Lastwagen und Infanteriekolonnen.

„Sprenggranaten!" befahl Wittmann.

Die nächsten fünf Minuten mußten für die zurückweichenden russischen Verbände die Hölle gewesen sein. Getroffene Pferde schrien, Lastwagen wurden in Sekundenschnelle zerfetzt, Rauchwolken stoben empor. Es war ein entsetzliches Bild der Vernichtung.

Der Gegner war überwunden, es ging weiter. Der dritte Zug übernahm die Führung. Am Ostrand von Lutschki II rollte diese Einheit auf eine weitere Pak-Sperre. Ein eingegrabener KW I schoß den Spitzenpanzer aus sechshundert Meter zusammen. Brennend booteten die Männer aus, wälzten sich am Boden, wurden von Maxim-MG erfaßt und getötet.

Ein Inferno ohnegleichen hatte begonnen. Es peitschte, krachte und barst. Granaten trafen auch den „Tiger" von Wittmann, aber sie prallten wirkungslos ab.

„Sprenggranaten schießen, vor die beiden eingegrabenen KW I!“ befahl Wittmann.

Seine Besatzung und die von Warmbrunn feuerten auf die gegnerische Panzer-Pak-Stellung. Pausenlos blitzten die Abschüsse. Dicke Staubwolken waberten empor und verhüllten dem Gegner die Ziele.

„Vorwärts, mir nach!“

Wie schon oft in den letzten zwei Tagen, so stürmten auch jetzt die Panzer hinter dem führenden „Tiger“ des Zugführers her. Der Gegner schoß nun ohne Sicht. Seine Granaten flitzten über die Türme der deutschen Kampfwagen hinweg, die das Feuer bereits unterfahren hatten.

„Haaalt!“ befahl Wittmann.

Auf einer Breite von fünfhundert Metern hielten die Panzer, richteten die aufblitzenden Flammen an, warteten noch etwas. Die Staubwolken hoben sich. Der Turm des ersten KW I tauchte aus dem Dunst. Woll drehte etwas ein. Noch eine winzige Höhenkorrektur, dann peitschte der Abschuß. Kaum eine Sekunde später verschwand der KW I in einer turmhohen Sprengsäule seiner explodierenden Bereitschaftsmunition.

Rechts und links schossen die anderen Wagen. Der Gegner wurde ausgeschaltet. Der Verband drehte zunächst nach Norden und am Abend dieses zweiten Kampftages nach Nordwesten auf die Höhe 260,8 ein, die zwischen Werchnopenje und Gresnoje liegt.

Gresnoje wiederum war das Ziel der Division „Totenkopf“. Die Division „Das Reich“ schwenkte nach Nordosten, auf Teterowino ein.

Der Kampf näherte sich seinem Höhepunkt. Die Männer in den Panzern und Schützenpanzern waren seit achtundvierzig Stunden nicht mehr zur Ruhe gekommen. Wo an diesem Abend des 6. 7. 1943 gehalten wurde, fielen sie neben ihren Panzern und Transportwagen zu Boden und schliefen.

Übernächtig, dennoch voller Konzentration, stand Wittmann im offenen Luk, als er die Henschel-Schlachtflieger sah, die dicht über den Panzern der „Leibstandarte“ anflogen.

„Die neuen Schlachtflugzeuge, Wittmann!“ rief Klug über Sprechfunk.

Das waren sie also, die Hs 129, die fliegende Pak mit ihren 3-cm-Kanonen.

Hier, auf dem Schlachtfeld zwischen Kursk und Bjelgorod, griffen sie erstmalig an. Im Tiefflug preschten sie nach vorn, erreichten die aufgefahrenen kampfbereiten Feindpanzer, schossen auf die schwach gepanzerten Turmluks und die dünnen Oberpanzerungen.

Die Granaten durchschlugen sie, ließen einen Feindpanzer nach dem anderen aufbrennen.

„Schrecklich!“ sagte einer. Keiner wußte, wer es war. Aber jeder dachte das gleiche, als sie dieses Vernichtungswerk sahen.

Auf einmal tauchten Focke-Wulf-Schlachtgruppen auf. Major Druschel führte sie. Derselbe Druschel, der ihnen im Frühjahr bei Charkow mit seiner Gruppe des Schlachtgeschwaders 1 geholfen hatte. Am 20. Februar

1943 war ihm als vierundzwanzigstem deutschem Soldaten das Eichenlaub mit Schwertern zum Ritterkreuz verliehen worden.

Diesmal brachen seine Flieger zum zweitenmal den Infanterieriegel vor der „Leibstandarte“ auf. Mit MG, Bordkanonen und Splitterbomben zerstreuten sie den Feind.

„Panzer maaarsch!“

Das war der Regimentskommandeur. Nun rollte der Angriff wieder, bis zu den ersten versteckten Pak und zu den eingegrabenen, gut getarnten Panzern sowie den Kampfständen mit Betonkuppeln.

Der Kampf wurde mit letztem Einsatz geführt.

Abermals fielen sieben Feindpanzer den Schüssen des Tigers zum Opfer. Die Zahl der abgeschossenen Pak erhöhte sich auf neunzehn.

Zusammen mit Wittmann kämpften die übrigen „Tiger“- und „Panther“-Besatzungen sowie die der neuen Panzer IV mit der Kampfwagenkanone 7,5 cm (lang).

Den ganzen Nachmittag über mußten die Panzer gegen die sowjetische 29. Pak-Brigade anstürmen. Es war dies eine Truppe, die Wittmann größte Hochachtung abnötigte. Die gegnerischen Kanoniere kämpften mit einer wahren Todesverachtung, um den Rückzug der 6. Gardearmee und vor allem des schwer getroffenen 31. Panzerkorps zu decken.

Wenn das nicht gelang, dann brach die Front zusammen. Die Pak-Männer wußten das.

Dennoch gelang es Hauptsturmführer Alfred Lex mit seiner 3. Kradschützenkompanie, durch eine von den „Tigern“ freigeschossene Lücke hindurchzupreschen. Nach einem Kilometer schnellster Fahrt erreichte er mit seinen Männern den Gefechtsstand einer russischen Schützenbrigade. Lex hob diesen Gefechtsstand aus, nahm den General, die Offiziere und die gesamte Stabskompanie gefangen.

Wittmann hörte von diesem Husarenstreich am Abend, bevor er total erschöpft auf ein schnell bereitetes Lager sank.

Er konnte trotzdem nicht schlafen. Seine Gedanken kreisten um den Tag und um das, was der morgige ihnen allen bringen würde. Beim Schein eines Hindenburglichtes holte er die russische Beutekarte heraus und studierte das Gelände. Er mußte wissen, was morgen auf sie zukam. Es konnte für seine Männer und ihn lebenswichtig sein.

Als Hauptsturmführer Kling eine halbe Stunde später vorbeikam, war Wittmann über seiner Karte zusammengesunken.

Der 9. und 10. Juli zogen vorüber. Für Michael Wittmann verschwamm alles ineinander. Nie zuvor war er einer derartigen Belastungsprobe ausgesetzt gewesen.

Die Russen hatten sich gefangen. Versteckte Pak-Fronten forderten schwere Opfer. Vor allem die Schützenpanzer und die Kradschützen wurden von russischer Artillerie und gegnerischen Schlachtfliegern heimgesucht.

Bis zum Abend des 10. 7. kämpften sie sich bis dicht an das Psjol-Knie heran. In der Nacht zum 11. 7. hatte die Division „Leibstandarte", in der Mitte des I. SS-Panzerkorps kämpfend, den Raum hart südostwärts Bogorodiskoje erreicht. Die Division „Totenkopf" auf der linken Flanke schickte sich an, mit dem Panzergrenadierregiment 6 bei Krassnyj Oktjabr den Übergang über den Psjol zu erzwingen, und die Division „Das Reich" drehte an der Ostflanke auf die Befestigungsriegel südlich Prochorowka ein.

Am späten Abend des 10. Juli gelang es Obersturmbannführer Karl Ullrich, den Psjol mit seinem Verband zu überschreiten und einen Brückenkopf zu bilden.

Am frühen Morgen des 11. Juli stürmte die „Leibstandarte" zwischen der Bahnlinie und dem hier nach Nordosten drehenden Psjol auf den Raum hart nördlich Prochorowka vor.

Nach zügigem Vorgehen stieß die Division auf die Stellungen des 18. und 29. sowjetischen Panzerkorps. Ein Kampf, wie ihn der russische Kriegsschauplatz noch niemals zuvor gesehen hatte, nahm seinen Verlauf.

Während der Nacht flaute das Gefecht etwas ab. Nur die ab und zu aufblitzenden Abschüsse zeigten Michael Wittmann, daß die Front nach wie vor stand.

Sie warteten alle den Morgen ab, die beiden Gegner dieser Schlacht. Schließlich zog die erste fahle Helligkeit herauf, und General Hausser ließ abermals angreifen.

Die deutsche Panzerarmada rollte den beiden Panzerkorps der 5. sowjetischen Gardepanzerarmee entgegen, die in Eilmärschen von der Steppenfront herübergeholt worden waren.

General Rotmistrow führte diese beiden Korps.

Die Schlacht begann. Zuerst war es die II. Abteilung des Panzerregiments 1 unter Sturmbannführer Martin Gross, die auf den Gegner stieß.

Auf einem Raum von fünfhundert Meter Breite und einem Kilometer Tiefe prallten die Kolosse aufeinander. Hier war es Martin Gross, der den Einsatz seiner Kompanien leitete und in dem drei Stunden dauernden Nahkampf neunzig Feindpanzer abschoß. Das Kampfgelände von einem halben Quadratkilometer war ein einziger Panzerfriedhof geworden.

Auf der linken Flanke stießen die Tiger der 13. Kompanie vor, als hier die Panzergrenadiere nicht durchkamen.

Sie rollten durch Wäldchen und hinter Hecken her. Plötzlich stürmten aus einem Waldstück sechzig Feindpanzer im Breitkeil. Diese sechzig russischen Tanks durchstießen die deutsche Vorausabteilung, trafen auf die „Tiger", kamen bis auf hundert, fünfzig, ja dreißig Meter heran. Die Deutschen kämpften verbissen. Vier wurden abgeschossen. Zweimal wurde Wittmanns Panzer getroffen. Funker Pollmann fiel durch einen Oberarmschuß aus. Sein Blut tropfte auf die anderen Kameraden herunter.

Munition flog in die Luft. Benzintanks platzten in aufblaffenden weißen Flammen auseinander.

„Fünfzehn Uhr, dreihundert!" rief Wittmann, als er den T 34 erkannte, der hinter einer Buschgruppe hervorrollte, stehenblieb und seinen langen Kanonenrüssel drehte.

Woll ging blitzschnell mit und schoß, noch ehe der Gegner den deutschen „Tiger" richtig angerichtet hatte. Ein Volltreffer riß den Turm des T 34 herunter. Sie fuhren an, hielten, schossen, drehten sich auf der Stelle und halfen einem Kameraden. Die Abschüsse peitschten in kürzesten Intervallen.

Hier konnte man sich nicht vom Gegner lösen und auf eine neue Ausgangsbasis zurückziehen. Hier mußte man kämpfen bis zum bitteren Ende.

Aus nächster Entfernung waren auch die 7,62-cm-Kampfwagenkanonen der T 34 erfolgreich. Sie durchschlugen den schwergepanzerten „Tiger" ebenso wie die leichteren Panzer und auch die „Panther".

Immer wieder ging Panzermunition hoch und purzelten Panzertürme wie Riesenspielzeug von den Wagen herunter. Immer wieder Flammen, Rauch und schreiende, brennende, herumtaumelnde Menschen.

Hier feierte der Krieg eine seiner größten Orgien, wurde die Menschlichkeit zur Farce. Nichts blieb als die einzige Alternative: Er oder ich!

Doch auf einmal waren die Flieger da, die „Feuerwehr" der Luft, die von Major Rudel geführten Stukas. Nacheinander stießen sie nieder und fingen erst in geringer Höhe über dem Panzer, den sie jeweils anvisiert hatten, wieder ab. Feuerstreifen zischten aus ihren Kanonen, zahlreiche Panzer platzten auseinander.

Russische Jäger tauchten auf, hingen sich hinter die schwerfälligen Stukas, schossen ein Dutzend ab.

Schließlich kamen deutsche Jäger in Sicht. Eine wilde Kurbelei begann. Die Schlacht um Kursk hatte ihren Höhepunkt erreicht. Der Tod ging um in vielerlei Gestalt. Die Männer kämpften, um zu überleben. An Sieg dachte keiner mehr. Auf keiner Seite!

Bald war das gesamte Gefechtsfeld in eine dicke, undurchdringliche Wolke aus Pulverdampf, Dreck und schwarzem Qualm gehüllt.

„Wir greifen entlang des Flußufers weiter an!" dröhnte die Stimme von Obersturmbannführer Schönberger durch die Sprechverbindung. „In schneller Fahrt durchstoßen!"

Kurz darauf ein Befehl von Hauptsturmführer Kling:

„Wittmann, Sie schirmen mit Ihrem Zug die rechte vordere Flanke ab und halten jeden auf, der uns von Nordosten angreift!"

Wittmann bestätigte. Er rief seine drei „Tiger" zusammen. Zwei standen irgendwo hinter ihm auf dem Gefechtsfeld. Er hatte die Meldungen der Kommandanten gehört und hoffte, daß Warmbrunn und Kleber mit ihren Besatzungen aus den Panzern herausgekommen waren.

Sie rumpelten hintereinander, mit den Türmen auf vierzehn Uhr, nach vorn, erreichten die Spitzenposition und fuhren nun mit der gleichen Fahrt wie das Gros weiter.

Geraume Zeit später durchrollten sie ein Maisfeld, kamen in eine langgezogene, mit Gemüse bepflanzte Balka (Schlucht), durchstießen sie. Einmal tauchte — als sie auf einer kleinen Höhe hielten — das silbern blitzende Band eines Flusses in Wittmanns Optik auf.

Jetzt schwimmen können, in der Sonne liegen! Welch wahnwitzige Gedanken in einer solchen Situation! Es wäre besser gewesen, zu beten. Denn er war gläubiger Christ. Wenn das in seiner Truppe auch nicht gerade üblich war, er war es geblieben!

Prochorowka lag bereits hinter ihnen. Sie hofften nun, hinter dieser noch immer im Pulverdampf und im blitzenden Gewitter der Schlacht liegenden Ortschaft einschwenken und den Kameraden zu Hilfe eilen zu können. Wenn sie den Gegner im Rücken angriffen, war er erledigt.

Doch da hörte Wittmann einen Warnruf seines Kompaniechefs. Danach dröhnte die Stimme von Hauptsturmführer Kling:

„Achtung! Voraus starker Panzerverband! Kommt näher. Viele Panzer!"

Eine Minute später sahen auch sie den Gegner. Pfeifend stieß Wittmann den Atem aus. Das waren ja mindestens hundert Feindpanzer aller Typen! In schneller Fahrt kamen sie an.

„Aus dem Halt schießen. Entfernung 1800 anfangen!"

Jeder richtete einen der Panzer an, die rasch heranwalzten, in einer Senke verschwanden und dann — gut tausendachthundert Meter entfernt — wieder auftauchten.

Die weitreichenden „Tiger"-Kanonen feuerten.

In die Phalanx des Gegners wurden die ersten Lücken gerissen, Brände flammten auf, Rauchsäulen stoben gen Himmel. Aber das Gros der Feindpanzer — die 181. Panzerbrigade des 18. sowjetischen Panzerkorps — wurde schneller und schneller.

„Genau die richtige Taktik!" rief Kling. „So hätten wir es auch gemacht."

Das stimmte. Die Russen mußten sehen, wie sie die Entfernung so rasch wie möglich überbrückten, denn ihre Kanonen konnten den „Tigern" erst auf achthundert Meter gefährlich werden.

Sie preschten wie die wilde Jagd heran, und keiner von ihnen hielt, um den getroffenen Kameraden zu helfen; jetzt zu stoppen wäre gleichbedeutend gewesen mit der eigenen Vernichtung. Sie stürmten mit einem Elan, der nicht nur Wittmann mit Hochachtung und gleichzeitig mit Entsetzen erfüllte.

Seine Besatzung und die von Lötzsch und Höflinger schossen im Salventakt. Als die Feindpanzer bis auf tausend Meter herangekommen waren, wurde jeder Schuß ein Treffer. Aber die Sowjets erwiderten nun das Feuer. Sie kamen näher und näher, schossen während der Fahrt und konnten deshalb nicht sicher zielen. Trotzdem brannte bereits in dieser Phase des Duells der erste „Panther" auf, und ein „Tiger" wurde lahmgeschossen.

Eine Panzergruppe, vielleicht noch fünfzehn Panzer, stürmte auf der Flanke. Sie rollte direkt auf die drei „Tiger" von Wittmann zu.

„Den Spitzenwagen, Woll!" schrie Wittmann.

Woll zielte, schoß!

„Getroffen!“ brüllte Unterscharführer Möller. Sie alle sahen, wie die Granate in die Seitenwand des T 34 hineinpeitschte. Aber der Panzer rollte nach kurzem Halt wieder an und schloß zu den anderen Kampfwagen auf.

Woll gab noch einen Schuß ab. Wieder ein Treffer. Diesmal hielt der T 34. Sie sahen, wie zwei Russen den verwundeten Kommandanten herauszogen und mit ihm in einem Granattrichter in Deckung gingen.

„Achtung, der kommt!“ warnte Wittmann den „Panzergeneral“, auf dessen „Tiger“ zu sich plötzlich der brennende T 34 in Bewegung setzte.

„Verdammt, verdammt!“ schrie auch Oberscharführer Lötzsch. „Vorziehen, sonst blendet er uns mit dem Qualm!“

Der Fahrer des „Tigers“ von Lötzsch rasselte vor und hielt genau auf den T 34 zu. Dann ein schneller Halt. Der Richtschütze visierte den auf sie zukommenden T 34 an. Er schoß auf eine Entfernung von höchstens sechzig Metern. Die Granate schmetterte gegen die runde Turmkante und — fetzte heulend zum Himmel.

Der lodernde Flammenball rollte weiter. Die Todesgefahr nahte, und dann rammte der T 34 den „Tiger“. Die Flammen schlugen über dem deutschen Panzer zusammen. Es schien so, als habe die Besatzung nun völlig die Nerven verloren.

„Lötzsch, zurücksetzen! Zurücksetzen!“ beschwor Wittmann den Kameraden.

Plötzlich löste sich der „Tiger“ aus der Feuerwolke, setzte zurück.

In diesem Augenblick detonierte im Innern des T 34 die Bereitschaftsmunition. Es war die Hölle. Als das grausige Getöse verstummt war, zog sich der „Tiger“ auf seine Ausgangsstellung zurück. Er hatte in letzter Sekunde der Vernichtung entgehen können.

Die russische Panzerphalanx war zum Stehen gekommen. Auch hier war das Gefechtsfeld übersät mit brennenden und lahmgeschossenen Panzern, von denen einzelne das Feuer der deutschen Panzer noch immer erwiderten. Sie taten das so lange, bis auch sie von den weitreichenden „Tiger“-Kanonen durchschossen und vernichtet wurden.

Es war General Rotmistrow nicht gelungen, den deutschen Panzerkeil zu durchstoßen. Aber er hatte erreicht, daß der Angriffsschwung des SS-Panzerkorps gebremst worden war.

So ging der schwere Einsatz für Michael Wittmann noch einige Tage weiter. Bis zum 17. Juli kämpften die Divisionen des südlichen Zangenarmes.

Während sich die Tiger der 13. schweren Kompanie am Abend des 17. Juli vom Feind lösten, wußte jeder einzelne Mann, daß sie es hätten schaffen können, denn noch war keine Division — bis auf eine Panzerdivision — vernichtend geschlagen.

Aber „Zitadelle“ war zu Ende, und damit ging die Initiative auf dem östlichen Kriegsschauplatz unweigerlich an die Sowjets über.

Zehn Tage und Nächte hatte die Schlacht gedauert. Zum erstenmal verließ Wittmann mit dem Bewußtsein, einmal eine Nacht durchschlafen zu können, seinen Panzer. Während der vergangenen Tage hatte er dreißig Feindpanzer abgeschossen, achtundzwanzig Pak vernichtet und zwei schwere Sowjetbatterien mit insgesamt acht Geschützen außer Gefecht gesetzt.

Sturmbannführer Martin Gross, dessen Abteilung am 12. Juli allein neunzig Feindpanzer auf engstem Raum abgeschossen hatte, erhielt am 22. 7. 1943 das Ritterkreuz des Eisernen Kreuzes. Auch Michael Wittmann gratulierte dem Kameraden.

Wenig später durfte Wittmann den wohlverdienten Urlaub antreten. Mit ihm fuhren Woll und viele andere in die Heimat.

*

Untersturmführer Michael Wittmann kehrte zu seiner Truppe zurück. Zu dieser Zeit wurde die Division „Leibstandarte“ gerade aus der Front herausgelöst, um im Bahntransport nach Italien übergeführt zu werden.

Die Italiener waren am Abend des 6. September 1943 „umgefallen“. Nun sollte die Division „Leibstandarte“ der Heeresgruppe Rommel zugeführt werden, die in Oberitalien seit dem 17. August 1943 eingesetzt war, um die rückwärtigen Dienste zu schützen und schließlich auch die italienischen Truppenverbände zu entwaffnen.

Es wurden Wochen der Ruhe und Besinnung.

„Wie lange soll das Herumgammeln noch dauern, Michel?“ fragte Untersturmführer Wendorff den Kameraden, als sie am späten Abend des 4. November 1943 in Wittmanns Bude beisammen saßen.

„Ich glaube, unsere Tage hier sind gezählt“, erwiderte Wittmann. „Was meinst du, Heinz?“

Hauptsturmführer Kling nickte. Er blickte auf die Uhr und schaltete den Wehrmachtsempfänger ein. Es war eine Minute vor zweiundzwanzig Uhr. Der Sprecher der Abendmeldungen sagte:

„Nördlich Kiew traten die Sowjets nach starker Artillerievorbereitung und von zahlreichen Schlachtfliegern unterstützt, zum Angriff an. Schwere Abwehrkämpfe sind im Gange...“

„Männer, das heißt, daß wir auch bald an der Reihe sind.“

Heinz Kling hatte ausgesprochen, was alle dachten. Sie waren nun in II. SS-Panzerkorps umbenannt worden. Das I. SS-Panzerkorps war soeben in Berlin gebildet worden und wurde nun in Brüssel und Meran aufgestellt. Sepp Dietrich wurde der neue Kommandierende General.

Am Tag zuvor, am 3. November 1943, hatten zweitausend sowjetische Geschütze und fünfhundert „Stalinorgeln“ die deutschen Stellungen im Großraum Ljutesch vierzig Minuten lang unter Vernichtungsfeuer genommen.

Die drei russischen Generale, in deren Händen die neue sowjetische Großoffensive lag, hatten einen einzigen, wenige Worte enthaltenden Befehl bekommen:

„Kiew muß am Jahrestag der Oktoberrevolution fallen!"

Der Mann, der diesen Befehl Stalins im Keller des Schulhauses in dem Dorf Petrowzy den drei Armeeführern vortrug, hieß Nikita Sergejewitsch Chruschtschow.

General Watutin, Oberbefehlshaber der 1. Ukrainischen Front, hatte General Rybalko (3. Gardepanzerarmee) und General Moskalenko (38. Sowjetarmee) zu sich gerufen. General Kraftschenko, Kommandierender General des 5. Gardepanzerkorps, war ebenfalls zugegen.

Sie hörten den Befehl und — sie befolgten ihn.

Den geballten russischen Panzerbrigaden warf sich die 7. Panzerdivision unter Generalmajor Hasso von Manteuffel entgegen. Sie konnte nicht verhindern, daß die Russen acht Kilometer westlich von Kiew über den Irpen gingen und auf Shitomir vorstießen.

Generaloberst Hoth erfuhr am 5. November, daß auch die Kampfgruppe „Das Reich" abgedrängt worden war, und daß nur noch die 88. Infanteriedivision in Kiew stand.

Als es Mitternacht schlug und mit dem 6. November 1943 der Tag der russischen Revolution anbrach, rollten die Panzer des Generals Kraftschenko bereits auf dem Krastschatik — der Prachtstraße von Kiew — in die Stadt hinein. Schützen der 4. sowjetischen Aufklärungskompanie pirschten sich im Feuerhagel zum Parteigebäude auf dem Roten Platz und hißten das Sowjetbanner. In Generalsuniform zog Nikita Chruschtschow im Triumph in Kiew ein.

General Rybalko aber, der eigentliche Sieger von Kiew, preschte mit seinen Panzerverbänden bereits weiter nach Süden, traf auf die 10. Panzergrenadierdivision und wurde zurückgeworfen. Aber er gruppierte rasch um, schwenkte in eine deutsche Lücke nach Südwesten ein und eroberte am 7. 11. 1943 Fastow. Damit standen Rybalkos Panzerverbände bereits im Rücken der Heeresgruppe Süd.

Feldmarschall von Manstein flog ins Führerhauptquartier. Er beschwor Hitler, ihm drei Panzerdivisionen freizugeben, die für die Abwehrkämpfe am unteren Dnjepr bestimmt waren.

Hitler lehnte diesen Antrag ab, und von Manstein, der immer — auch vor Hitler — seine wahre Meinung sagte, entgegnete:

„Geht das schief, mein Führer, dann ist das Schicksal der Heeresgruppe Süd besiegelt."

Hitler genehmigte ihm, daß die 1. Panzerdivision und die 1. Waffen-SS-Division „Leibstandarte" nicht am unteren Dnjepr, sondern vor Kiew eingesetzt werden sollten.

Doch zu diesem Zeitpunkt war die am frühen Morgen des 5. November alarmierte und sofort verladene Division „Leibstandarte" noch auf dem Bahnmarsch nach dem Osten. Die russische Front hatte sie wieder. Zum drittenmal fuhr auch Untersturmführer Wittmann nach Osten, der Hölle einer blutigen Winterschlacht entgegen.

Aus dem Raum hart nördlich Rogosna und ostwärts Maloye Polowezke trat die Division „Leibstandarte“ am 13. November in zwei Stoßkeilen nach Norden an. Erstes Ziel war die Straße Kiew—Shitomir.

„Panzer maaarsch!“

Die schwere „Tiger“-Kompanie setzte sich in Bewegung. In schneller Fahrt erreichte sie bis zum Mittag des 13. 11. die Kamenka und überschritt diese ostwärts Potschniki. Links von der Division „Leibstandarte“ fuhren die Panzer der 1. Panzerdivision.

Der Gegner wurde vom Auftauchen deutscher Truppen an dieser Stelle völlig überrascht. Im Bachgrund südlich des Unowa stießen die Panzer zum erstenmal auf massierten Feind.

Die „Panther“-Abteilung griff an. In schneller Fahrt rollten sie genau in den feindlichen Panzerkeil hinein, der sich auf Mochnatschka zurückzog.

Als die „Tiger“ vorrollten, war der Feind bereits in der Bewegung. Mit Schwerpunkt bei der 1. PD, kämpfte er sich schrittweis zurück und zog auch vor der Division „Leibstandarte“ zügig nach Norden, so daß es ihr bis zum 20. 11. gelang, den Raum nordostwärts von Chomutes zu erreichen und hier die Flanke des XXXXVIII. Panzerkorps nach Osten abzuschirmen.

Hier erfuhr Michael Wittmann, daß es der 7. Panzerdivision unter Generalmajor Hasso von Manteuffel gelungen war, von Süden nach Shitomir hineinzustoßen und die Stadt im Handstreich zu nehmen.

„Jetzt schaffen wir es!“ sagte er zu seinem Richtschützen Woll.

„Ich hoffe auch. Wenn nur der Russe nicht immer hier vor unserer Front ausweichen würde.“

„Das wird morgen anders sein“, ließ sich Hauptsturmführer Kling vernehmen, der eben von einer Besprechung beim Regimentsgefechtsstand zurückgekommen war.

Sofort wurde er von den versammelten Panzerkommandanten umringt.

„Was ist los, Hauptsturmführer? Was machen die Russen? Wollen sie angreifen?“

„Die Russen haben starke Kräfte um Brussilow versammelt. Das 1. Gardepanzerkorps und das 5. und 8. Gardepanzerkorps stehen bereit. Die Division kommt den Bewegungen zuvor und greift die Bereitstellungen an.“

Die „Tiger“-Kompanie setzte sich in Bewegung. Gleichzeitig damit rollte die gesamte Division nach Nordnordwesten in Richtung Brussilow.

Michael Wittmann stand im offenen Turmluk, denn es war noch ziemlich finster.

Vor sich erkannte er den breiten Rücken des Kompaniechefs. Ihre Kompanie sollte den ersten Durchbruch in die feindlichen Bereitstellungen erzwingen.

Vor ihnen tauchte ein Wäldchen auf, das Brussilow südostwärts vorgelagert war. Wittmann hatte es sich am vergangenen Abend auf der Beutekarte genau angesehen. Wenn sie Erfolg haben wollten, mußten sie entlang dem Bachgrund nach Nordnordwesten angreifen und auf die Stelle zuhalten, wo dieser Bach hart südwestlich von Brussilow in den Sdwish mündete.

Bis auf etwa achthundert Meter kamen sie an das Waldstück heran, als eine Pak das Feuer eröffnete. Sekunden später wurde der Morgen von unzähligen Panzer- und Pak-Abschüssen durchblitzt.

„Mit Vollgas mir nach!“ brüllte Wittmann in das Kehlkopfmikrophon.

Sie stürmten. Nun waren wieder alle fünf „Tiger“ beisammen.

Die ersten Granaten schlugen ganz bedrohlich nahe ein. Wittmann befahl Schießhalt. Die fünf Kampfwagen stoppten. Sekunden vergingen, dann krachten die Abschüsse, und die Flammenlanzen stießen aus den langen Kanonen hinaus.

Die ersten Feindpanzer brannten. Sie rollten weiter, erreichten den Bachgrund, tauchten darin unter, waren für die nächste Strecke vor Treffern sicher.

„Schnell weiter, Wittmann, wir halten sie frontal unter Feuer!“ rief Wendorff dem Kameraden zu.

Sie hörten das Schießen des ersten Zuges und rollten weiter. Voraus lag ein Wald. Die Abschüsse des gegnerischen Panzerrudels klangen zu ihnen herüber. Sie schwenkten aus dem Bachgrund, zogen die paar Meter des Hanges empor und standen nun direkt in der Flanke der Feindpanzer.

„Feuer frei!“

Fünf Panzerkanonen schossen. Die Granaten hämmerten in die T 34 und in die Pak hinein, ließen sie in Flammen aufgehen.

„Vorwärts!“

Im Breitkeil rollten sie durch den lichten Wald, schossen, sobald sie Gegner ausmachten, rochierten, fuhren einen Halbkreis, kamen an eine weite Lichtung und — sahen sich hier mindestens dreißig aufgefahrenen Panzern gegenüber.

Die Kolosse stoppten. Granaten zischten in schnellster Folge hinaus, bohrten sich in Panzerstahl. Der feindliche Verband war offenbar kurz nach Beendigung des nächtlichen Biwaks überrascht worden. Die auseinanderrollenden Panzergruppen behinderten sich gegenseitig, krachend stießen T 34 zusammen, ruckten zurück, bollerten gegen andere Panzer, drehten und schossen.

Der Panzer von Lötzsch wurde getroffen. Fahrer Pötter war sofort tot. Dem Funker Abarhardt wurde der Arm abgerissen.

Wittmann hörte den Hilferuf des von drei Feinden angegriffenen Kameraden und drehte sofort. Er fuhr von rückwärts an die T 34 heran, und Woll schoß binnen einer Minute zwei der drei Gegner ab. Der dritte wendete, kam auf sie zu. Eine Abschlußflamme sprang aus seiner langen Kanone. Die Granate schrammte über den Wagen hinweg und riß die hinten aufgeschnallte Freßkiste herunter. Dann schoß Woll. Das Geschoß schleuderte den Panzerturm des Gegners weit zurück. Der T 34 rollte gegen die Flanke des „Tigers". Gestalten booteten aus, sprangen auf den deutschen Panzer.

Wie ein Blitz schnellte Wittmann hoch. Er schoß sofort. Sein Feuerstoß erfaßte die Tankisten und warf sie zurück.

Eine Gewehrkugel riß Wittmann die Haut auf dem Wangenknochen auf. In der nächsten Sekunde war er wieder im Turm untergetaucht.

Es ging weiter. Wendorff war mit seinen Panzern frontal in den Wald eingedrungen. Sie kämpften sich den Weg zu ihnen frei. Rechter Hand tauchte Hauptsturmführer Kling auf. Mit seinen beiden Begleitpanzern rollte er den Gegner von der rechten Flanke her auf.

Wild kurvten die T 34 durcheinander. Sie beschossen sich in dem unübersichtlichen Gelände gegenseitig, wurden von drei Seiten gepackt und verloren einen Panzer nach dem anderen. Schließlich zogen sie sich zurück, wurden verfolgt und stellten sich erneut zum Kampf.

Werfergranaten hämmerten rings um die „Tiger"-Panzer in den Boden. Einige „Stalinorgeln" (Raketengeschütze) versuchten, den Sturm der nachfolgenden Panzergrenadiere aufzuhalten.

Viermal sechzehn Raketengeschosse schlugen zwischen den vorgehenden Panzergrenadierkompanien ein, rissen Schützenpanzer auseinander, warfen Männer reihenweise in den Staub, so daß der Angriff ins Stocken geriet.

Um die Mittagszeit hatte Michael Wittmann mit seiner Besatzung zehn Feindpanzer abgeschossen und fünf Pak vernichtet.

Sie rollten zurück, um neu aufzumunitionieren und zu tanken.

In den kleinen Pausen schliefen die Männer vor Übermüdung sofort ein. Wittmann war überall gleichzeitig. Er munterte seine Kameraden auf, studierte die Karte, versuchte, sich ein Bild von der Lage zu machen. Als alle in den Schlaf der Erschöpfung gefallen waren, ging er noch einen Spähtrupp und entdeckte eine versteckte Pak sowie mehrere Panzer.

Schweigend löffelte er die nach vorn durchgekommene warme Verpflegung. Anschließend legte er Hauptsturmführer Kling seinen Plan dar:

„Ich fahre mit meinen Panzern hier entlang um den Bach herum, und nehme diese Gegner unter Feuer! Zur gleichen Zeit könnt ihr dann rechts umholend vorgehen."

„Gut, einverstanden, Michel! Aber paß auf, daß sie dich nicht abkneifen und euch dann einzeln abschießen."

Mit knappen Worten wies Wittmann seine Männer ein. Nacheinander kletterten sie wieder in die Kampfwagen und rollten los.

Sie schlichen in Reihe mit kleiner Fahrt durch den Wald, fuhren hinter der Senke über den Bach, gewannen eine Fichtenschonung und rasselten dahinter über einen verwachsenen Forstweg.

Nach etwa zwei Kilometern drehten sie nach Osten ein und nach einem weiteren halben Kilometer nach Süden.

Fünf Minuten später stießen sie auf die Pak, die an einem Lichtungsrand lag. Gleichzeitig konnten sie auch die Feindpanzer sehen. Es waren elf.

„Feuer frei!“ erschallte Wittmanns Kommando.

Vier Panzerkanonen knallten. Vier tosende Einschläge folgten. Die von Woll anvisierte Pak stürzte um. Drei T 34 brannten. Einer drehte schwarz qualmend weg, wurde vom zweiten Schuß aus Wolls Kanone in der Flanke getroffen und explodierte.

Jetzt eröffneten die anderen T 34 das Feuer.

In schnellen Anläufen setzten sie durch den Wald. Einmal prallten sie gegen einen starken Baum und mußten zurücksetzen. In diesem Augenblick wurde der Stamm von einer Panzergranate durchschlagen.

Der „Tiger“ ruckte zur Seite. Sie entgingen einem Pak-Schuß, drehten auf der Stelle und vernichteten die Panzerabwehrkanone.

Wendorff griff in das Gefecht ein. Er kam mit Höchstfahrt angebraust. Das verwirrte die Russen, die sich diesen vier „Tigern“ offenbar allein gegenüber gewähnt hatten.

Sämtliche elf Panzer wurden abgeschossen. Aber der Durchbruch war nicht gelungen.

Unmittelbar vor Brussilow hatten die Sowjets sich wieder gefangen und den Angriff der „Leibstandarte“ aufgehalten.

Als der Abend niedersank und die Männer in den Hütten von Chomutez völlig erschöpft auf die Strohdiemen sanken, hatte Wittmanns Panzer an diesem Tag weitere zehn T 34 und sieben schwere Pak abgeschossen.

In den nächsten Tagen ging es mit allen Kräften gegen Brussilow vor. Diesmal war auch die 1. PD mit dabei. Auf der rechten Flanke war die 19. PD herbeigerollt und beteiligte sich an dem erbitterten Einsatz. Am 20. November fiel Obersturmbannführer Schönberger durch Volltreffer. Max Wünsche übernahm die Führung des Panzerregiments. Die 1. PD stürmte aus Nordwesten auf Brussilow. Kotscherowo fiel. Bis zum 24. 11. gelang es ihr, Brussilow freizukämpfen.

Als der November 1943 zu Ende ging, hatte das XXXXVIII. Panzerkorps die Lage, wenn auch nur vorübergehend, bereinigt. Am 30. 11. 1943 meldete der Wehrmachtsbericht:

„In den Angriffs- und Abwehrkämpfen im Gebiet um Kiew und Shitomir haben Truppen des Heeres und der Waffen-SS unter Führung des Generalobersten Hoth die zum Durchbruchsangriff angesetzten feindlichen Armeen in beweglicher Kampfführung aufgefangen und im Gegenangriff nach Osten zurückgeworfen.

Die Sowjets verloren dort vom 8. bis 28. November über 20 000 Tote, 4800 Gefangene, 603 Panzer und 1305 Geschütze.“

Die Divisionen der 4. Panzerarmee wurden umgruppiert. Dazu wurde das XXXXVIII. Panzerkorps herausgelöst und in Nachtmärschen in den neuen Versammlungsraum westlich der Bahnlinie Shitomir—Korosten bereitgestellt. Und zwar so, daß General Balck mit den drei Panzerdivisionen einen überraschenden Angriff gegen die rechte Flanke des Gegners im Abschnitt Shitomir—Radomyschl führen konnte.

Bis zum Abend des 5. 12. 1943 erreichte die 1. PD den Raum Kamenka—Federowka, nördlich von Shitomir. Wiederum nördlich von ihr hielt die 7. Panzerdivision, die Shitomir erobert hatte, und südlich, hart nördlich von Shitomir, stellte sich die Division „Leibstandarte" bereit.

Die drei Divisionen sollten von hier aus nach Osten gegen die Flanke der 60. Sowjetarmee antreten.

Rechts der „Leibstandarte" wurden die 68. ID, die 2. Fallschirmjägerdivision unter General Ramcke und die Division „Das Reich" zum Angriff auf Radomyschl angesetzt. Alles war zum entscheidenden Schlag vorbereitet.

„Saukälte!" schimpfte Untersturmführer Wendorff, als sie im ersten Büchsenlicht des 6. Dezember antraten.

„Ganz deiner Meinung!" rief Wittmann zurück, denn der Frost war beißend und fraß sich selbst durch die dicke Winterbekleidung.

„Ziel ist Malin und Radomyschl!"

Diese Worte hatte Michael Wittmann noch immer im Ohr, als vorn der Regimentskommandeur den Arm gegen den schneegrauen Himmel stieß.

Sie rollten an. Wieder stand Wittmanns Kompanie im vordersten Treffen, um den feindlichen Pak-Riegel zu durchstoßen, der von der Luftaufklärung zwischen Kortyky und Styrty mit dem sowjetischen Feldflugplatz erkannt worden war.

„Wenn es soweit ist, Wittmann, Wendorff, dann nichts wie hinein mit voller Pulle und schießen! Nichts als schießen!"

„Darauf Schiefertafel!" sagte Woll, der gelassen wie immer hinter der Richtoptik klebte und das Gelände schon jetzt durchforschte.

Pollmanns Arm war wieder in Ordnung. Er war trotz des Blutverlustes bei der Truppe geblieben.

Unterscharführer Möller umkurvte einen tiefen Trichter und drehte dann wieder auf die alte Richtung ein. Die übrigen Panzer fuhren links und rechts, mit einem Zug nach rechts rückwärts herausgesetzt, über das Gelände. Das Rasseln der Ketten übertönte selbst die Geräusche der Artillerie. Die Russen schossen in die deutsche Bereitstellung hinein.

Rechts voraus tauchte bereits Kortyky auf.

„Achtung, Wittmann! Flankenschutz gegen die Ortschaft übernehmen. Nicht aufhalten lassen!"

„Vierzehn Uhr!" befahl der Untersturmführer. Ein schnelles Schwenken, und schon waren die Kanonen des inzwischen wieder auf die volle Zahl von fünf Kampfwagen gebrachten Zuges gerichtet.

Ein zehnfacher Feuerschlag aus den Häusern am Nordrand und hinter den Kusseln der Ebene hinweg blendete Wittmann förmlich.

„Vorwärts! Vollgas!"

Mit vierzig Stundenkilometern preschten sie feindwärts und rumpelten der Feuerwand dieser gefährlichen Pak-Front entgegen. Sie erhielten Treffer, die nicht frontal genug auftrafen und abprallten. Flammen und Rauch drangen in den Kampfraum des Spitzen-Tigers.

„Warmbrunn und Lötzsch, Schießhalt! Die anderen weiter!"

Die beiden gerufenen Panzer hielten. Ihre Geschütze eröffneten das Feuer, während Wittmann mit den drei übrigen „Tigern" direkt auf die Pak-Sperre zuhielt.

Fahrer Möller sah die rauchenden Spuren der Granaten, die auf ihn einschwenkten. Gerade noch rechtzeitig drehte er. Der „Tiger" zackte weg und entging den Geschossen. Danach ging es wieder mit Vollgas auf die Feuerwand zu! Die feindlichen Geschütze wurden größer und größer. Eine Granate hämmerte schräg gegen die Seitenschürze, prallte ab, die zweite jagte so dicht über den Turm hinweg, daß keine Zeitung mehr dazwischengepaßt hätte.

Dann waren sie bei der Pak. Drei „Tiger" überrollten den Gegner, walzten ihn in den Boden. Dann ging es weiter.

Wohin Richtschütze Woll auch blickte: überall Kanonenmündungen, aus denen Feuer spritzte. Es waren schwere Pak und Feldgeschütze.

Jetzt schossen sie im Salventakt. Die Granaten zerschlugen den Pak-Riegel des Gegners. Die „Panther"-Abteilung rollte — eine kleine Schwenkung ausführend — in die geschlagene Bresche hinein, brach mit hoher Geschwindigkeit durch und stürmte auf Styrty zu.

„Schwere Kompanie rollt weiter. Ziel Südrand Styrty!" befahl der Regimentskommandeur. „SPW-Bataillon schließt sich an, gewinnt den durchrollten Raum und sichert ihn!"

Hauptsturmführer Kling setzte sich mit seinen beiden Begleitgeschützen an die Spitze. Wittmann fuhr auf der linken Flanke der Kompanie und Wendorff rechts. So, im Breitkeil, hatten zehn Geschütze gleichzeitig völlig freies Schußfeld, wenn sie auf den Gegner stießen.

Sie fuhren immer noch. Eine blasse Sonne leuchtete durch den Morgennebel. Schnee glitzerte. Die Büsche waren wie in dicke Wattemäntel gehüllt.

Wittmann drückte das Turmluk auf, um besser sehen zu können. Sein „Tiger" rollte am weitesten rechts herausgesetzt. Instinktiv hatte Woll bereits die Kanone auf vierzehn Uhr geschwenkt, denn wenn sie schossen, dann würde ihr Feuer auf die Flanke zielen.

Aus einem niedrigen Buschwald schob sich plötzlich ein gewaltiger Koloß. Sein Rohr war mindestens acht Meter lang. Wuchtig und dennoch verhältnismäßig niedrig, tauchte er auf, hielt, schwenkte auf den Ketten herum.

„Sturmgeschütz, Untersturmführer!" brüllte Möller.

Die Kanone des Giganten bewegte sich herunter.

„Achtung, Möller!"

Möller schlug einen Haken, daß sich der „Tiger" beängstigend weit überlegte, schwenkte wieder ein und stand.

Woll schoß.
Die Granate prallte auf die Bugpanzerung des Gegners und — stieg wie eine Rakete steil zum Himmel.
Kurz darauf blaffte aus der (mindestens) 15-cm-Kanone des feindlichen Sturmgeschützes ein meterlanger Feuerstrahl.
Die Granate zog über den „Tiger“ hinweg, schmetterte einige hundert Meter weiter in einen beinahe mannsstarken Baum und — säbelte ihn um.
Rabam!
Ein mächtiger Schlag erschütterte den Gegner, als die 8,8-cm-Granate diesmal frontal auftraf. Aber noch war er nicht erledigt.
„Rechts einschlagen!“ befahl Wittmann.
Der „Tiger“ schwenkte nach rechts und rollte mit zunehmender Geschwindigkeit über etwa hundertfünfzig Meter. Der Fahrer des gegnerischen Kolosses versuchte, die drohende Gefahr — dem Feind die verletzliche Flanke zu zeigen — durch Mitdrehen abzuwenden.
Aber er war nicht schnell genug. Woll bewegte den Turm nach links, auf neun Uhr. Dann hielt der „Tiger“. Sekunden später brüllte der Abschuß.
Die Granate durchschlug die Flanke des russischen Sturmgeschützes. Unter mächtigen Schlägen der explodierenden Kartuschen barst der Stahlgigant auseinander.
„Braucht ihr Hilfe?“ fragte Hauptsturmführer Kling.
„Alles erledigt!“ gab Wittmann durch und ließ mit schneller Fahrt wieder aufschließen. Sie erreichten ihren Platz eben noch rechtzeitig, denn schon bellten abermals Dutzende von Pak-Abschüssen. Einer der „Tiger“ blieb brennend liegen, während ein zweiter sich auf einer Kette drehte und dann das Feuer erwiderte.
Sie sahen, wie Warmbrunn gegen zwei Pak kämpfte, wie eine dieser Kanonen ihn lahmschoß und die andere versuchte, einen Kernschuß anzubringen.
Mit einem schnellen Satz nach vorn brachte Möller den Zugführer-„Tiger“ in Schußposition. Wieder einmal war es Woll, der mit gezieltem Schuß die Lage bereinigte.
„Jetzt Vollgas und weiter!“
Sie fuhren auf den Südrand von Styrty zu, erreichten die Straße, die weiter nach Osten auf Kortschewka und Tortschin zuführte und — sahen eine riesige Lastwagenkolonne. Dazwischen Geschütze.
„Aufrollen und...“
Ein brüllender Feuerschlag peitschte ihnen aus vielen Stellungen entgegen. Pak, Feldgeschütze, Ratschbum und Panzerbüchsen, MG und Schnellfeuergewehre krachten, bellten und knatterten los.
Sie hatten die russischen Stellungen von Styrty erreicht.
„Rechts einschlagen!“
Der „Tiger“ von Wittmann rollte nach Süden, gelangte an ein Wäldchen und tauchte darin unter. Er rumpelte bis zum Ostende weiter und brach von dort — nun hinter der Stellung des Gegners — auf die Straße vor.

„Sprenggranaten!“ befahl Wittmann.

Sie rasselten mit fünfzehn Stundenkilometern Fahrt an der Kolonne entlang, die mit Marschrichtung Westen fuhr. Im Vorbeifahren sahen sie vom Entsetzen erstarrte Gesichter und abspringende Rotarmisten.

Schuß um Schuß jagte Woll hinaus. Berges arbeitete mit schweißtriefendem Gesicht. Er war nach seiner schweren Verwundung im Sommer bei Bjelgorod erst seit November wieder bei der Kompanie.

Auf der Fahrbahn war die Hölle los. Immer wieder spritzte eine Granate aus dem Rohr, zerschlug einen Lastwagen, ließ Munition und Benzin hochgehen. Die Straße verwandelte sich in ein Flammenmeer. Einzelne Fahrzeuge versuchten zu drehen. Sie stürzten im freien Feld um und wurden eine leichte Beute des feuernden Panzers.

Auf einmal brandete die Vierfachschnur einer Flak gegen den „Tiger“. Es krachte, dröhnte und kreischte. Der Lärm machte die fünf Männer fast taub. Fahrer Möller schwenkte nach rechts. Sie wuchteten in einen Trichter, wühlten sich darin ein und versuchten im Rückwärtsgang herauszukommen. Doch da wurden sie von einem Dutzend Gegner angesprungen.

Möller, der noch immer versuchte, aus dem Loch herauszukommen, sah vier Rotarmisten vor sich auftauchen. Geschosse schlugen gegen den Kinonausblick, aber das Glas war kugelsicher. Dennoch zuckte er unwillkürlich zurück.

Funker Pollmann riß das MG aus der Halterung und schob sich neben dem Kommandanten hoch. Wittmann griff nach der Waffe, schlug das Turmluk auf und — blickte in ein verzerrtes Gesicht, das nur aus Bart und Augen zu bestehen schien.

Er zog den Abzug, schwenkte die Waffe. Sich aufrichtend, sah er hinter dem Heck des „Tigers“ einen Rotarmisten, der an einer Sprengladung hantierte.

Wieder bellte das MG. Der Soldat wurde zurückgeworfen. Im gleichen Moment detonierte in seinen Armen die Sprengladung. Der Druck warf Wittmann über den Rand des Turmluks. Unter Aufbietung aller Kraft fing er sich, sonst wäre er aus dem Turm gestürzt.

Kurz darauf gelang es Möller, freizukommen.

„Chef an Wittmann! Wo seid ihr?“ hallte die Stimme von Hauptsturmführer Kling durch die Funksprechverbindung.

„Haben Gelände einen Kilometer ostwärts Styrty erreicht, stehen im Kampf mit russischer Nachschubkolonne!“

Nachdem der „Tiger“ herausgesetzt hatte, wurde er abermals vom Gebelfer der Vierlings-Flak empfangen. Der Koloß drehte auf der Stelle. Woll schrie etwas. Möller hielt.

Ein harter Abschuß, und gleich darauf Flammen und Kaskaden explodierender Geschosse in bunten Farben. Die Vierlings-Flak war durch die Munitionsdetonation zerfetzt worden.

Aus dem Dorf tauchten Kling und der Zug Wendorff auf. Auch Wittmanns übrige Panzer kamen am Südrand in Sicht und schlossen auf.

Im Dorf selbst war ein Nahkampf entbrannt. Die Panzergrenadiere waren eingedrungen und schalteten den letzten Widerstand aus.
„Wir fahren weiter. Nächstes Ziel ist Golowin!"
Michael Wittmann wußte Bescheid. Er kannte die Karte und erinnerte sich, daß Golowin südlich der Straße an der Bahnlinie lag.
„Ich umhole entlang der Bahn nach Süden!" sagte er dem Hauptsturmführer. Kling bestätigte.
So fuhren sie weiter, bis sie vom Feuer russischer Panzer erfaßt wurden. Diesmal traf es den Wagen von Unterscharführer Kleber. Rein zufällig blickte Wittmann im gleichen Augenblick zu dem anderen „Tiger" hinüber. Er sah, wie der Körper des Kameraden hoch durch die Luft flog und auf dem Boden aufschlug. Eine schnelle Drehung des eigenen Fahrzeugs nahm ihm dann die Sicht.
Er spürte, wie es heiß in ihm aufstieg. Kleber! Er war also der nächste gewesen!
Das Feuergefecht ging weiter. Jeder Griff saß, jeder Schuß war gezielt. Ein T 34 stand in Flammen. Der zweite wurde getroffen und von Warmbrunn, dessen Wagen wieder flottgeworden war, endgültig abgeschossen.
Sie fuhren auf einen weiten Obsthof zu. Ein anderer T 34, der soeben hinter einer Scheune hervorkam, wurde beschossen. Der Gegner blieb brennend liegen.
Plötzlich stieß Möller einen Schrei aus und deutete erregt nach vorn.
„Durch das Fenster!" brüllte er.
Wittmann sah, wie sich eine Panzerkanone in das Rechteck eines Fensters schob, und dann schob sich auch der Bug mit dem Turm ins Blickfeld. Die Rückwand der Kate war zerschossen.
Woll visierte, hatte den Turm auf dem Leuchtstachel und schoß.
Die Granate flitzte durch das Fenster und riß dem Gegner, der hinter der stehengebliebenen Vorderwand herfuhr, den Turm herunter.
Eine lähmende Stille breitete sich über das Kampffeld. Im Knistern von Flammen hörten sie auf einmal seltsames, hohles Brausen, das sich von einer Sekunde zur anderen zu einem wilden Fauchen und Heulen steigerte. Eine Ladung Raketengeschosse zischte mit flirrenden Feuerschweifen heran.
„Volle Deckung!" brüllte Hauptsturmführer Kling.
Sie schlugen die Luken zu, die sie gerade geöffnet hatten, und duckten sich unwillkürlich. Um sie herum schien die Hölle ihre Pforten geöffnet zu haben. Flammen und Rauch waberten. Die Erde bebte. Gesteinsbrocken prasselten wie ein tödlicher Gewitterregen herab.
Der „Tiger" des Zugführers wurde ein paarmal angehoben. Er schwankte und wackelte, als ob eine Riesenfaust ihn rütteln würde. Feuerschein zuckte in den Kampfraum, Gestank breitete sich aus. Der Feuerüberfall, der fünf Minuten gedauert hatte, war zu Ende.
„Wenn hier die Panzergrenadiere gewesen wären, dann hätte man sie nie wiedergefunden", sagte Untersturmführer Wendorff, als sie fünf Minuten

später am Nordostrand von Golowin hielten und zu einer Besprechung zusammenkamen.

Obersturmbannführer Wünsche, der anstelle des am 20. November gefallenen Regimentskommandeurs das Panzerregiment vertretungsweise führte, kam zu ihnen vorgefahren. Er blutete aus einer Schramme auf der linken Gesichtsseite.

„Wie sieht es aus?"

„Bald verschossen, Obersturmbannführer", antwortete Kling.

„Ja, Munition und Sprit müssen her! Ich habe das schon veranlaßt!"

Wittmann rannte bereits zum Panzer von Kleber hinüber. Er wollte wissen, was mit dem Kameraden geschehen war. Sicher war er tot. Hatte man ihn geborgen?

Auf einmal, er war noch etwa zehn Meter vom „Tiger" des Unterscharführers entfernt, tauchte dieser im Luk auf. Wittmann verschlug es die Sprache. Doch dann ging es wieder.

„Was war los, Quax?" fragte er. Ein paarmal mußte er tief Luft holen, ehe er die Atmung wieder unter Kontrolle hatte.

„Volltreffer auf unseren ‚Tiger'. Der Luftdruck hat mich herausgeschleudert. Es langt nicht mal zum Verwundetenabzeichen."

„Und ich dachte schon, du wärst..."

Vor Erleichterung konnte Wittmann nicht mehr sprechen. Kleber, der von der Luftwaffe kam und deshalb nur Quax genannt wurde, spürte die Sorge, die sich Wittmann um ihn gemacht hatte. Er wurde verlegen. Seine Lippen preßten sich zusammen.

„Wittmann zum Regimentsführer!" sagte er, nachdem er diesen Befehl durch den Kopfhörer aufgefangen hatte.

Der Untersturmführer lief zum Kommandeurswagen hinüber und meldete sich. Max Wünsche, seit dem 28. 2. 1943 mit dem Ritterkreuz ausgezeichnet, gab ihm die Hand.

„Ich hörte soeben, daß du jetzt den sechzigsten Panzer und fast ebenso viele Pak abgeschossen hast, Michel. Dein Richtschütze hat seinen vierundfünfzigsten Panzer abgeschossen. Ich glaube, daß jetzt das Ritterkreuz für dich fällig ist."

„Danke, Obersturmbannführer!" erwiderte Wittmann. „Aber ich denke, daß Woll der Mann ist, der eine solche Auszeichnung eher verdient hat. Er hat vierundfünfzig meiner sechzig Feindpanzer als Richtschütze abgeschossen."

„Womit er der erfolgreichste Richtschütze der gesamten Division sein dürfte", gab Wünsche zur Antwort.

Der Tag ging zu Ende.

Die Division „Leibstandarte" hatte bis zum Einbruch der Dunkelheit den Raum Tortschin erreicht und richtete sich hier für die Nacht ein.

Die Tage verrannen. Am 11. Dezember erreichte die „Leibstandarte" den Raum Weprin—Wyrwa, hart südlich der Bahnlinie nach Kiew. Brigadeführer Wisch besuchte Generalleutnant Krüger auf dessen Gefechtsstand in Medelewka. Der Kommandeur der 1. Panzerdivision beglückwünschte ihn zum Erfolg seiner tapferen Division. Aber beide Kommandeure wußten, daß die Kräfte ihrer Verbände allmählich erlahmten.

Inzwischen war die Temperatur auf dreißig Grad minus abgesunken. Der Gegner wurde über den Tetereff zurückgeworfen.

Beim Angriff auf Federowka, der die 1. PD im Zentrum sah, erhielt Generalleutnant Krüger das Eichenlaub zum Ritterkreuz für die vorbildliche Divisionsführung und eigene Tapferkeit. Zugleich mit ihm wurde jene Panzerdivision ausgezeichnet, die seit vier Jahren an den Brennpunkten der Schlacht eingesetzt gewesen war. Wieder einmal wurde umgruppiert. Es geschah aufgrund von Aufklärungsergebnissen, denen zufolge die hinter der Linie ostwärts Shitomir—südwestlich Korosten aufmarschierende 60. Sowjetarmee und andere Teile der Ersten Ukrainischen Front in Kürze auf der Nahtlinie zwischen dem XIII. AK (bei Shitomir) und dem LIX. AK (bei Korosten) vermutlich einen Durchbruchsversuch unternehmen würde.

Das XXXXVIII. Panzerkorps sollte gegen diese 60. Sowjetarmee antreten. Und zwar mit der 1. PD links und der „Leibstandarte“ rechts. Aus dem Raum Malin sollte sich die dort in einem Brückenkopf stehende 7. Panzerdivision dem Angriff anschließen und den so einzukesselnden Gegner schlagen helfen.

Am 18. 12. griff die „Leibstandarte“ nach Feuervorbereitung durch dreißig Batterien und Nebelwerfermassierung an. Das I./PR (Panzerregiment) 1 unter Hauptmann von Krauß war der Division von der 1. PD zur Verfügung gestellt worden.

Gleichzeitig griff auch die Kampfgruppe Bradel der 1. PD an. Der bei Meleni liegende Gegner wurde geworfen. Oberstleutnant Bradel erhielt hierfür das Ritterkreuz.

Dann aber blieb die „Leibstandarte“ in ungünstigem Gelände stecken. Es bildete sich um sie so etwas wie ein Kessel. Dabei wurde die „Leibstandarte“ in den Tagen vor Weihnachten von drei Panzer- und drei Schützenkorps der Ersten Ukrainischen Front ununterbrochen berannt.

Dennoch war es gelungen, den Aufmarsch der 60. Sowjetarmee nachhaltig zu stören, Korosten sowie Shitomir zurückzugewinnen und einen lockeren Anschluß an die Heeresgruppe Mitte herzustellen.

Am 24. 12. 1943 erreichte eine dringende SOS-Meldung der 4. Panzerarmee des Korps Balck. Das XXXXVIII. Panzerkorps mußte aus dem Meleni-Abschnitt herausgelöst werden, mit seinen drei Panzerdivisionen — darunter auch die „Leibstandarte“ — nach Süden eilen, um die im Großraum Berditschew vom Gegner aufgerissene Front wieder zu schließen.

Michael Wittmann rollte mit seinem Zug im Verband der schweren Kompanie nach Süden.

Die „Leibstandarte" wurde zur „Feuerwehr", die von einer Krisenstelle zur anderen geworfen wurde. Ebenso wie die 1. und 7. Panzerdivision.

Der 1. Weihnachtstag sah die „Leibstandarte" auf dem Marsch durch das frostklirrende, tief verschneite Land nach Süden. In einer Marschpause schrieb Michael Wittmann in seinem Panzer mit frostklammen Fingern einen Feldpostbrief nach Hause.

Die Division „Leibstandarte" richtete sich in einer provisorischen, im Lauf der nächsten Tage mehr und mehr verstärkten HKL am Nordrand von Berditschew ein. Am Ostrand und von dort nach Süden hinunter schloß die 1. PD an. Aus Westen und Nordwesten griffen russische Skitruppen an.

Mit Sprenggranaten wurden die in tiefgestaffelten Wellen vorprellenden Gegner geworfen. Flak-Kampftrupps und die schwere Heerespanzerabteilung 501 unter Major Gierga — ebenfalls mit den neuen „Tigern" — unterstützten den Abwehrkampf.

Immer wieder wurden gegen die Nordfront anrennende feindliche Panzerverbände gestellt und abgeschossen. Wittmann war einer der Kommandanten, die ihre „Tiger" stets schußbereit hielten. Tag und Nacht wachten die Soldaten.

Am frühen Morgen des 9. Januar 1944 wurde Wittmanns Zug alarmiert. Der Gegner stellte sich mit Panzerkräften zum Durchstoß bereit, hieß es.

„Ich fahre vor und erkunde, Hauptsturmführer!" erbot sich Wittmann sofort.

„Gut, nimm zwei deiner ‚Tiger' mit."

„Warmbrunn und Lötzsch zu mir!"

Die beiden Kommandanten kamen angelaufen. Wittmann zeigte ihnen die Karte.

„Dort stehen die Feindpanzer. Hinter der Waldbürste in der Balka, die von Westen nach Osten verläuft. Wir fahren hier umholend in die Balka hinein, drehen nach Osten und greifen sie im Rücken an. Sie tanken vielleicht auf oder munitionieren noch. Auf jeden Fall packen wir sie zu einer Zeit, wo sie ihre Kampfbereitschaft noch nicht erreicht haben."

Sie fuhren davon. Als sie einmal von einigen T 34 beschossen wurden, wichen sie weiter nach Süden aus und drehten dann wieder ein. Auf einem steilen Hang ging es in die breite Balka hinein. Unten angekommen, hörten sie bereits das Getöse der vorrollenden und sich weiter vorn sammelnden Feindpanzer.

Die Schlucht verbreiterte sich, wurde flacher, und dann sahen sie die Panzer, die ihnen die Hecks zuwandten. Gerade rollten von links sechs oder sieben andere russische Kampfwagen einen flachen Hang herunter.

Die drei „Tiger" entfalteten sich, dann gab Wittmann den Feuerbefehl.

Der dreifache Feuerschlag wurde von einem dreifachen Trefferdonner übertönt. Innerhalb kurzer Zeit verwandelte sich die feindliche Bereitstellung in eine Lärmhölle, aus der immer wieder Flammen emporstoben.

Möller rollte rochierend durch die Senke. Woll schoß, Berges mannte die Munition herein. Alles wickelte sich rasend schnell ab. Bei diesem Angriff stellte Warmbrunn sein besonderes Können unter Beweis, indem er zwei Panzer nacheinander abschoß.

Lötzsch vernichtete ebenfalls zwei T 34, und Wittmann schaffte binnen fünfzehn Minuten, immer wieder den Kurs wechselnd und unter die verwirrten Gegner fahrend, sechs Abschüsse.

Zehn Panzer des Gegners blieben brennend liegen. Die übrigen drehten und verschwanden in den Seitentälern.

Damit hatte Michael Wittmann sechsundsechzig Panzer abgeschossen.

Am 13. Januar 1944 erhielt er das Ritterkreuz des Eisernen Kreuzes.

Noch in den Abendstunden des 13. 1. 1944 wurde die „Tiger"-Kompanie abermals alarmiert.

„Russische Panzer sind im Abschnitt der Panzergrenadiere durchgebrochen. Sie müssen aufgehalten werden!" So lautete die Meldung.

Eine Viertelstunde später rollten die „Tiger" los. Sie brauchten sich nur nach dem Donner der Schlacht zu richten und nach dem Flammenschein über den brennenden Feindpanzern, die vor den Stellungen liegengeblieben waren.

Das feindliche Gros aber war durchgebrochen!

Hinter diesem Stoßkeil der Panzer stürmten die Rotarmisten in Stärke von zwei Regimentern. Sie gewannen hinter den Kampfwagen die deutsche HKL, kämpften die Gräben frei, setzten sich darin fest. Ein weiteres Regiment folgte den Panzern. Fast hatten sie schon den Regimentsgefechtsstand erreicht.

Wendorffs „Tiger" rollten auf der linken Flanke. Der Untersturmführer hatte ebenfalls schon über vierzig Panzerabschüsse zu verzeichnen.

Sie stießen auf einen russischen Panzerpulk, der am weitesten vorgeprellt war. Bei herabsinkender Dämmerung begann das Gefecht. Auf der Spitze seines Leuchtstachels sah Woll die Gegner. Er schoß einmalig sicher an diesem späten Abend. Der Feind blieb liegen. Am frühen Morgen des 14. 1. griffen „Panther" und „Tiger" der „Leibstandarte" erneut an.

Ein Kampf begann, wie man ihn sich dramatischer nicht vorstellen konnte. Immer wieder kurvte Wittmann mitten in die feindlichen Panzer hinein. Er schoß hier einen Gegner ab, dort mit einer Granate sogar zwei, die nebeneinander hergefahren waren. Die Panzergranate des „Tigers" hatte beide T 34 getroffen, nachdem der Schuß in die Flanke des ersten Panzers und auch noch in die eine Seitenwand des dahinter rollenden Kampfwagens eingedrungen war.

Stunden dauerte dieser Kampf. Immer wieder zogen sich die „Tiger" zurück, um dann erneut vorzuprellen, zu schießen und zu kurven. Wenn sie abdrehten, standen weitere vernichtete Feindpanzer auf dem Gefechtsfeld.

Jeder Panzer der Kompanie war an diesem gemeinsamen Erfolg beteiligt. Hauptsturmführer Kling schoß dabei seinen 37. und 38. Panzer ab.

Der Tiger Wittmanns war jedoch unbestreitbar derjenige, dem der Löwenanteil an Abschüssen zugefallen war. Bis zum Mittag hatte er sechzehn T 34 und KW I abgeschossen.

Am Nachmittag gelang es ihnen, beim Stoß auf eine kleine sowjetische Bereitstellung im Vorfeld, weitere drei Panzer und drei Sturmgeschütze abzuschießen.

Der Gegner wurde gestoppt. Über hundert Feindpanzer und Sturmgeschütze hatten diesen Angriff mit ihrer Vernichtung bezahlt.

Am 15. 1. 1944 meldete der Wehrmachtsbericht:

„Westlich Berditschew zerschlugen Verbände der Waffen-SS im Gegenstoß zwei feindliche Regimenter ...“

Einen Tag später erhielt Balthasar Woll, Wittmanns Richtschütze, an achtzig Abschüssen des Kommandanten beteiligt, aus der Hand seines Divisionskommandeurs das Ritterkreuz.

„Jetzt erst bin ich froh über meine Auszeichnung“, sagte Wittmann. „Jetzt, nachdem auch Woll die verdiente Ehrung zuteil wurde.“

Zum Feiern kamen sie in diesen Krisentagen bei Berditschew nicht. Immer wieder griffen die Sowjets mit frischen Kräften an. Ein wahrer Granatenhagel ging auf die Tiger nieder. Trotzdem gelang es Wittmann im Verein mit Möller immer wieder, den Karren aus dem Dreck zu holen.

Als die Männer am Abend des 19. Januar 1944 in der Ortschaft Kustowezka völlig übermüdet ins Stroh fielen, schaltete Hauptscharführer Höflinger den Tornisterempfänger ein, mit dem sie — falls der Krieg ihnen die dazu nötige Zeit ließ — den Wehrmachtsbericht abhörten.

„Mach doch die Quatschkiste aus!“ rief Kleber wütend.

Höflinger stellte den Ton leiser und horchte. Da kam bereits die Stimme des Sprechers:

„Der am 13. 1. 1944 im Wehrmachtsbericht genannte SS-Untersturmführer Michael Wittmann, Zugführer in einem Panzerregiment der SS-Panzerdivision ‚Leibstandarte‘ ... aus Ingolstadt, wurde am 13. 1. 1944 ... für seine hervorragenden Leistungen mit dem Ritterkreuz ausgezeichnet.“

„Lauter, Höflinger, lauter!“ brüllte Kleber nun aufgeregt. Alle Männer saßen wie erstarrt. Der „Panzergeneral“, der eben seine Maschinenpistole reinigte, ließ die Waffe sinken.

Michael Wittmann, der an einem Brief schrieb, hob den Kopf. Er war verwundert, daß er schon wieder genannt wurde. Das war doch nicht üblich. Dazu gab es viel zu viele Männer, die mehr geleistet hatten.

Der Sprecher fuhr fort:

„Wittmann hat seit Juli 1943 bis Anfang Januar 1944 mit seinem ‚Tiger‘ sechsundfünfzig feindliche Panzer, unter ihnen sowjetische T 34 und überschwere Sturmgeschütze ebenso wie auch englische und amerikanische Panzer abgeschossen.

Am 8. und 9. 1. 1944 konnte er mit seinem Zug den Einbruch einer sowjetischen Panzerbrigade aufhalten und diese zerschlagen, wobei es ihm gelang, wiederum zehn Feindpanzer abzuschießen.

In den Kämpfen am 13. 1. 1944 trat Wittmann gegen einen starken Panzerverband an und schoß aus diesem neunzehn T 34 sowie drei überschwere Sturmgeschütze ab.

Damit erhöht sich die Abschußzahl Wittmanns auf achtundachtzig Feindpanzer und Sturmgeschütze.

Diese hervorragende Leistung ist seinem Angriffsschwung und Draufgängertum, wie auch der überragenden Waffenwirkung des ,Tiger'-Panzers zuzuschreiben.

Wittmann wurde am 22. 4. 1914 in Vogelthal in der Oberpfalz geboren."

Lange blieb es in der Kate still. Dann brach auf einmal der Jubel los. Nur Wittmann saß sprachlos auf seinem Hocker hinter dem provisorisch zusammengehauenen Tisch.

„Michel, weißt du, was das bedeutet?" rief Untersturmführer Wendorff, der aus dem Nebenraum hereingestürmt kam.

„Was soll das denn groß bedeuten?" fragte der Leutnant.

„Das ist das Eichenlaub für dich!"

„Du spinnst wohl!" erwiderte Wittmann.

Helmuth Wendorff hatte recht. Die Meldung über die Geschehnisse war mit einem genauen Kampfbericht von „Teddy" Wisch bereits an das Oberkommando weitergeleitet worden.

In dieser Nacht feierten sie trotz des pausenlosen sowjetischen Beschusses. Sie sangen ihre Lieder, waren wie ausgelassene Kinder und nahmen das Leben an die Brust, weil es morgen vielleicht schon zu Ende sein konnte.

Am 20. Januar 1944 wurde Michael Wittmann, ebenfalls wegen Tapferkeit vor dem Feind, zum Obersturmführer (Oberleutnant) befördert. Er sollte nach dem Ausscheiden von Hauptsturmführer Kling, der als Abteilungskommandeur vorgesehen war, die 13. schwere Tiger-Kompanie übernehmen.

Der Kampf ging weiter. Im eisigen Schneesturm schoß Wittmann wenige Tage später fünf T 34 nacheinander ab. Wie Schemen waren sie aus dem Flockentanz des Schneetreibens aufgetaucht, wurden erkannt, beschossen und vernichtet. Dichte Panzerverbände stürmten gegen die deutsche HKL. Wittmann und Wendorff, Kling und alle anderen „Tiger"-Kommandanten fuhren Tag für Tag aufs neue gegen einen übermächtigen Gegner, der sich aus scheinbar unerschöpflichen Quellen immer wieder ausrüstete und ständig Nachschub erhielt.

Am 28. 1. 1944 griffen die Sowjets wiederum mit starken Panzerkräften an. Auch dieses Mal war es die schwere „Tiger"-Kompanie, die wie ein Fels in der Brandung stehenblieb.

Was hier die Männer in den Stahlkästen leisteten, grenzte ans Unvorstellbare. Sie rollten mitten in die angreifenden Panzerrudel hinein, schossen in sekundenlangen Schießhalten, drehten, wuchteten auf die Flanken, um abermals in das Gros der Angreifer hineinzustoßen. Wo sie sich lösten, blieben Feindpanzer liegen, standen glosende Flammen und dicke Rauchsäulen über dem Schlachtfeld, das, schneeverweht und mit seiner Eiseskälte, für die ausbootenden Besatzungen zu einer wahren Hölle wurde.

Schließlich erlahmte die Kraft des Feindes, und abermals mußten die kampfstarken Divisionen dieses Panzerkorps als „Feuerwehr" umgruppieren.

Im Großraum Tscherkassy hatten die 2. Ukrainische Front (Armeegeneral Konjew) und Teile der 1. Ukrainischen Front die deutsche „Korpsabteilung B", das XXXXII. und XI. AK, mit insgesamt sechseinhalb Divisionen eingekesselt. Unter diesen Verbänden befanden sich auch die Waffen-SS-Division „Wiking" und die Brigade „Wallonien" unter Leon Degrelle.

Die „Leibstandarte" machte sich gleichzeitig mit der 1. Panzerdivision bereit, aus Südosten auf Schenderowka—Lissjansk vorzustoßen und den Kessel zu öffnen.

Mitten in die Vorbereitungen hinein platzte am Abend des 31. 1. 1944 die Meldung, daß Michael Wittmann als 380. deutschem Soldaten das Eichenlaub zum Ritterkreuz verliehen worden sei.

Als Wittmann auf dem Divisionsgefechtsstand gefragt wurde, was er sich besonders wünsche, antwortete er:

„Daß ich mit dazu beitragen könnte, die eingeschlossenen Kameraden herauszuhauen."

Bewegt reichte Brigadeführer Wisch dem Kameraden die Hand.

„Das, lieber Wittmann, wünschen wir uns alle, und wir werden es schaffen, weil die Kameraden das verdient haben, und weil sie es auch von uns erwarten."

Die Division „Leibstandarte" verließ am 1. Februar 1944 den Kampfraum Shitomir—Berditschew, um den bedrängten Divisionen zu Hilfe zu eilen. Allein die 13. (schwere) „Tiger"-Kompanie unter Hauptsturmführer Heinz Kling hatte in diesen wenigen Wochen eine gewaltige Anzahl feindlicher schwerer Waffen abgeschossen. Den Höhepunkt bildeten aber zweifellos die Januartage 1944. In diesen vierzehn Kampftagen hatte die 13. Kompanie mit ihren „Tigern" 343 Feindpanzer, 3 Sturmgeschütze, 255 schwere Pak und 5 Feindbatterien zu je vier 15-cm-Geschützen außer Gefecht gesetzt. Hauptsturmführer Kling wurde von Brigadeführer Wisch zum Ritterkreuz eingegeben. Dieser Offizier, eingangs Januar mit dem Deutschen Kreuz in Gold ausgezeichnet, elfmal verwundet, hatte den Geist der Kompanie mitgeprägt. Umsichtige Führung, Tapferkeit und Kameradschaftlichkeit — nicht zuletzt aber, daß er seinen Zugführern die nötige Freiheit ließ —, machten diesen kleinen Verband zum gefürchtetsten Gegner für den Feind. Aber auch als Panzerkommandant hatte es Heinz Kling auf sechsundvierzig eigene Abschüsse gebracht.

Noch ein Angehöriger dieser Kompanie wurde in diesen Januartagen 1944 zum Ritterkreuz eingegeben:

Untersturmführer Helmuth Wendorff. Er war Zugführer wie Michael Wittmann und ein Offizier des Jahrgangs 1920.

Nach Weihnachten hatte er bei Shitomir als Einzelgänger immer wieder eingeschlossene Panzergrenadiere befreit. Er wurde so etwas wie ein Ehrengrenadier. An einem dieser Schicksalstage, da eine einzige glückliche Operation über Tod und Leben entschied, gelang es Wendorff, von russischen Panzern eingekreist, zwölf von ihnen abzuschießen und den Angriff damit zu vereiteln.

Am Abend dieses entscheidenden Tages deckte er mit insgesamt vier „Tigern" — ein Panzer war ausgefallen — das Absetzen der Panzergrenadiere aus einer vom Feind besetzten Ortschaft und ermöglichte durch schnelles Vorpreschen, daß die schweren Waffen auch aus der alten HKL gerettet und in der neuen wieder eingesetzt werden konnten.

Achtundsechzig Panzerabschüsse kamen auf sein Konto, als Brigadeführer Wisch den Verleihungsvorschlag an das Korps schickte.

Bis die beantragten Auszeichnungen jedoch eintrafen, hatten die Panzerkommandanten bereits weitere schwere Gefechte und immer neue Erfolge hinter sich gebracht.

In den Fahrzeugschlangen auf der Rollbahn zum Kessel von Tscherkassy wühlten sich die Fahrzeuge der „Leibstandarte" neben denen der 1. PD, der 6. und 16. PD vorwärts. Alle waren nur von dem Wunsch beseelt, den eingeschlossenen Kameraden das Schicksal der 6. Armee in Stalingrad zu ersparen.

Michael Wittmann rollte mit seinem Zug an der Spitze. Er umfuhr Stokkungen, um schneller voranzukommen, und fluchte bei den Halten, die eingelegt werden mußten, damit das Gros aufschließen konnte.

„Wenn wir es nicht bald schaffen, sind die Kameraden im Kessel hin!" sagte er, als er einmal von einem Stabsoffizier einer anderen Division gerügt wurde. Der Oberstleutnant nickte, gab dem Panzeroffizier wortlos die Hand und ließ ihn weiterfahren.

Die Sowjets versuchten fieberhaft, diesen Kessel einzudrücken. Sie waren der Meinung, die gesamte deutsche 8. Armee (General Wöhler) „im Sack" zu haben.

General Konjew, der Oberbefehlshaber der 2. Ukrainischen Front, sagte noch am 3. 2. 1944:

„Dieses Mal ist es soweit! Ich habe die Deutschen in der Zange und lasse sie nicht mehr entwischen."

Der russische Heeresgruppenbefehlshaber Konjew hatte sich getäuscht. Es handelte sich lediglich um die „Korpsabteilung B". Dahinter verbarg sich die 112. deutsche ID, und nicht eine ganze Korpsabteilung.

Mit zwei Heeresgruppen wollte Armeegeneral Konjew den Deutschen hier ein zweites Stalingrad bereiten.

General Stemmermann, der im Kessel führte, versuchte den Zusammenhang zu sichern und das Zentrum des Kessels, die Ortschaft Korsun mit dem wichtigen Flugplatz, zu halten. Ihm standen 56 000 Soldaten zur Verfügung.

Nun rollten deutsche Divisionen zum Entsatz heran, und zwar die stärksten Panzerdivisionen. Jede von ihnen konnte es mit einem russischen Panzerkorps aufnehmen. Die „Leibstandarte“ war ebenfalls dabei. Auch sie sollte wieder am Brennpunkt der Schlacht eingesetzt werden, wie schon so oft zuvor.

General Nikolaus von Vormann sollte einen „Dampfhammer“ der Entsatzdivisionen führen. Ihm stand beim XXXXVII. Panzerkorps die 24. Panzerdivision unter General von Edelsheim zur Verfügung. Aber am 3. Februar wurde sie kurz vor dem Ziel durch Hitler persönlich abgedreht, weil die Sowjets im Rücken der 6. Armee (Generaloberst Schörner) durchgebrochen waren.

Damit war die Planung eines kombinierten Angriffes des XXXXVII. mit dem III. Panzerkorps unter General Breith, Chef des zweiten „Hammers“, gescheitert.

Am 4. 2. ließ General Breith die 16. und 17. PD und die Kampfgruppe Bäke antreten. Dieser erste Stoß traf auf Teile der 1. Ukrainischen Front, während die Spitzenverbände von der „Leibstandarte“ soeben auf der rechten Flanke des Stoßkeiles eintrafen. Vier sowjetische Panzerkorps und die „Rasputiza“ (der erste Frühjahrsschlamm) — seit dem 2. Februar herrschte Tauwetter — stoppten diesen ersten Versuch, den Kessel aufzusprengen.

Doch dann waren sowohl die „Leibstandarte“ als auch die 1. Panzerdivision herangekommen.

„Erstes Ziel ist der Gniloi Tikitsch!“

Das war der Kernsatz der Kommandeursbesprechung am frühen Morgen des 6. Februar 1944. Eine halbe Stunde später wühlten sich die „Tiger“ der 13. Kompanie durch den Schlamm nach Nordosten. Bereits nach einem Kilometer rollten ihnen russische Panzer und Sturmgeschütze in die Flanke.

Wittmann befahl den Angriff. Wie immer war es sein Bestreben, möglichst schnell in den Feind zu stoßen, dessen Verwirrung auszunützen und ihn zu zerschlagen.

Sie stürmten gegen eine T-34-Abteilung des 5. sowjetischen Gardepanzerkorps.

Die „Tiger“-Kanonen krachten. Feindpanzer gingen in Flammen auf, andere drehten, flohen in einen Wald.

„Hinterher!“ befahl der Kompaniechef. „Beide Züge mir nach!“

Sie fuhren mit elf „Tigern“ in das Wäldchen hinein, schwenkten um einen Windbruch herum, sahen die Panzer, die sich hier zum Flankenstoß bereitstellten, und griffen sie an. Noch niemals zuvor hatte Wittmann die Kampfwagen in einer Reihe gesehen, wie sie hier durch den Wald zogen, den Gegner vernichteten und dann gegen eine Pak-Front fuhren.

Granaten hämmerten auf den Panzerstahl. Beide Flanken des „Tigers“ wurden getroffen. Die Seitenschürzen zersplitterten, aber sie verhinderten, daß die Granaten des Gegners durchschlugen.

Einmal fuhren sie über eine Pak. Durch die Ausblicke sahen sie die Gegner erst, als diese wenige Meter vor dem „Tiger“ in langen Sätzen davonsprangen.

Bei diesem Einsatz schoß Wittmann neun Feindpanzer ab. Auch seine Kommandanten kamen mit weiteren Abschüssen zu Erfolgen. Zwei Tiger wurden angeschossen. Andere Wagen nahmen die Besatzungen auf und fuhren wieder zum Gros der Division zurück.

Am nächsten Tag ging der Kampf weiter. Noch in der Nacht hatte der Instandsetzungszug beide Tiger aus dem Niemandsland herausgeholt und in wenigen Stunden wieder einsatzbereit gemacht. Für die verwundeten Kameraden stiegen andere ein.

Bis zum Abend des 8. Februar kämpfte sich die Division „Leibstandarte“ bis an den Schicksalsfluß des Kessels, den Gniloi Tikitsch, heran. Rechts von ihr hatte es auch die 1. Panzerdivision geschafft. Dort zeichnete sich einer der Oberfeldwebel aus, der bereits seit Anfang des Krieges von sich reden gemacht hatte:

Hans Strippel!

Auch er hatte über siebzig Feindpanzer abgeschossen. Vor gut einem Jahr, am 26. 1. 1943, hatte er das Ritterkreuz erhalten. Für diesen Kampf in den Februartagen 1944, zum Aufbrechen des Kessels von Tscherkassy, erhielt er das Eichenlaub, das ihm am 4. 6. 1944 verliehen wurde.

Das Ringen um die Öffnung des Kessels wurde von Tag zu Tag dramatischer. Die Sowjets, die den Entsatzvorstoß vereiteln wollten, trommelten mit allen Waffen auf die Panzer, die immer wieder gegen eine Mauer aus Pak, Sturmgeschützen und Panzern anrollten.

Jeder einzelne Panzerkommandant stellte seinen Willen, durchzukommen und die Kameraden zu befreien, immer wieder unter Beweis

Ein anderer Soldat, der auch während der Operation „Zitadelle“ als einer der besten „Tiger“-Kommandanten Erfolg gehabt hatte, zeichnete sich bei diesen Kämpfen ebenfalls besonders aus: der Kärntner Unterscharführer Franz Staudegger.

Im Zug Wendorff fahrend, hatte Staudegger damals in einer Krisensituation, als sämtliche „Tiger“ im Einsatz standen, das gesamte Panzerregiment — vielleicht sogar noch mehr — gerettet.

Das war, als die Sowjets am 6. Juli 1943 versuchten, mit einem Panzerverband von zirka sechzig T 34 die „Leibstandarte“ aus den Angeln zu heben.

Plötzlich waren sie dagewesen.

Staudegger, der den eigenen Angriff wegen eines technischen Fehlers nicht hatte mitfahren können und in der Bereitstellung verblieben war, zauderte keine Sekunde. Er rief seine Besatzung. Sie sprangen in den „Tiger“, fuhren los, Staudegger immer noch im offenen Turmluk stehend.

Er sah, daß die feindlichen Panzer die Linie des Regiments bereits erreicht und daß Schreiber und Funker zwei T 34 mit Nahkampfmitteln ausgeschaltet hatten.

„Feuern, so schnell es geht!“ rief er seinem Richtschützen zu.

Er rollte auf den Bahndamm zu, auf dem plötzlich zwei T 34 auftauchten. Zwei Schüsse, und diese Gegner waren vernichtet. Der Kärntner griff weiter an. Immer wieder rochierend, schießend, ausweichend, einige Male selbst getroffen, aber nicht entscheidend.

Auf diese Weise hatte er binnen zweier Stunden von den sechzig Feindpanzern zweiundzwanzig abgeschossen und seine ganze Munition verbraucht. Mit Sprenggranaten gelang es ihm, noch vier weitere T 34 lahmzuschießen, bevor die Feindpanzer drehten.

Ein Mann hatte zusammen mit seiner Besatzung eine ganze russische Panzerbrigade aufgehalten.

Dafür war ihm am 10. 7. 1943 das Ritterkreuz verliehen worden.

Und nun, an diesem legendären 10. Februar 1944, geschah ähnliches. Achtzehn gegnerische Sturmgeschütze und Panzer versuchten den Zug Wittmann aus der Flanke und dem Rücken anzugreifen und zu vernichten. Wieder einmal war Staudegger mit einem leichten Schalthebelschaden liegengeblieben. Als er nun hinterherfuhr, um die Kameraden noch rechtzeitig vor Beginn des Kampfes zu erreichen, sah er auf einmal die Gegner durch eine Senke in den Rücken von Wittmanns Tiger rollen.

„Wittmann! Aufpassen!“ brüllte er durch die Sprechfunkverbindung. „Hinter dir! — Ich komme!“

Michael Wittmann erkannte den Kameraden an seinem unverkennbaren Dialekt. Blitzschnell fiel ihm die Episode vom Juli des vergangenen Jahres bei Bjelgorod wieder ein.

„Linksum machen und Feuer eröffnen!“ befahl er.

Nach diesem Kommando ruckten die sechs „Tiger“ herum. Feuerbälle blitzten aus den Mündungen der russischen Sturmgeschütze. Zu diesem Zeitpunkt traf Staudegger das erste Sturmgeschütz bereits ins Heck, worauf es sofort in Brand geriet.

Die nächsten fünf Minuten waren erfüllt vom Getöse der Abschüsse, den Trefferknallen und den Explosionen der Selbstzündungen.

Die sowjetischen Sturmgeschütze wurden bis auf zwei abgeschossen. Auch diesmal war Staudegger mit fünf Abschüssen beteiligt.

„Danke, Staudegger!“ rief Wittmann dem Kameraden zu. „Dank für die Hilfe!“

„Siehst du, Wittmann, wenn i net g'wes'n wär!“ brüllte der Kärntner zurück.

Sie fuhren gemeinsam weiter, drangen in die feindliche Pak-Front ein, schalteten den Gegner aus und machten Sturmbannführer Herbert Kuhlmann Luft, der nach der Regimentsübernahme durch Obersturmbannführer Wünsche dessen I. Abteilung übernommen hatte.

„Danke, Wittmann, das war in letzter Sekunde. — Chef an alle: Alles mir nach!“

Die „Tiger“ und Panzer IV sammelten und fuhren hinter Kuhlmann her, der den Kessel nun unter allen Umständen aufbrechen wollte.

Wenig später schlossen sich noch die „Panther" und „Tiger" des Regiments Bäke dem Stoß an. Nun kamen sie bis dicht vor Dshurshenzy, bevor der Gegner sie abermals stoppte, indem er aus Norden in ihre linke, offene Flanke fuhr.

Aus den Wäldern brachen in den folgenden Tagen immer wieder feindliche Panzer hervor. Die weißen Abschußringe an Wittmanns Kanonenrohr vermehrten sich. Schon waren zehn breite weiße Streifen und sieben schmale Ringe aufgemalt, was 107 Abschüsse bedeutete. Doch täglich kamen neue Erfolge hinzu.

Die Panzergrenadiere der Divisionen hatten die Last des Stehenbleibens und Haltens der erreichten Stellungen zu tragen. Die Regimenter schmolzen zusammen wie der tauende Schnee. Die Höhe 239 fraß ihre Opfer zu Hunderten. Und noch immer warteten die Kameraden im Kessel. Sie hatten die Front gedreht und stellten sich zum Ausbruch bereit.

Furten über den Fluß wurden gefunden. Die ersten Panzer fuhren — oft bis zu den Kettenabdeckungen im Wasser — auf das andere Ufer. Pioniere bauten die Nordbrücke und die Ostbrücke. Lissjanka, die wichtige Ortschaft, war fest in deutscher Hand, als der Morgen des 16. Februar 1944 heraufzog.

Ju 52 flogen im Tiefflug in den Kessel hinein und warfen an den kenntlich gemachten Punkten aus wenigen Metern Höhe Zweihundert-Liter-Fässer mit Sprit ab, um die Eingeschlossenen beweglich zu machen.

Jeder Mann der 13. (schweren) „Tiger"-Kompanie wußte jetzt, daß sie es schaffen würden.

Es fror nun wieder. Die schwere Panzerabteilung 503 unter Hauptmann Scherff griff in den Kampf ein. Oktjabr wurde den Russen entrissen. Noch immer fünfundzwanzig Kilometer vom Südrand des Kessels entfernt, lag am 17. 2. 1944 das gesamte III. Panzerkorps fest.

„Ausbruch auf uns!" wurde in den Kessel gefunkt. Das AOK (Armee-Oberkommando) 8 funkte anschließend:

„Aktionsunfähigkeit III. Panzerkorps. Gruppe Stemmermann muß entscheidenden Durchbruch bis Dshurshenzy—Höhe 239,0, zwei Kilometer südlich davon, aus eigener Kraft führen. Dort Vereinigung mit III. Panzerkorps."

Drei Ausbruchsgruppen stellten sich bereit. Rechts die „Korpsabteilung B", in der Mitte die 72. ID, links die Division „Wiking" unter Gruppenführer Gille.

Zur gleichen Zeit, da Sturmbannführer Kuhlmann das Ritterkreuz erhielt, weil er den Kessel so weit wie möglich aufgebrochen hatte, traten diese drei Stoßgruppen, gefolgt von den übrigen Verbänden, zum Ausbruch an. Und gleichzeitig damit war auch Oberstleutnant Bäke mit seinem Panzerregiment unterwegs, um den Ausbrechenden entgegenzustürmen.

Nach einem fürchterlichen Kampf, immer wieder von russischen Panzern und Salvengeschützen beschossen, gelang es schließlich 35 000 Mann, die rettenden Auffangstellungen zu erreichen. Jedes Geschütz und jeder

Panzer war in ununterbrochenem, vierundzwanzigstündigem Einsatz gestanden, um die Gegner abzuwehren, die sich hier auf die Ausbrechenden stürzen wollten.

Jeder gab sein Letztes. Jener Feldwebel Wohler, der dreimal durch den Gniloi Tikitsch schwamm, um jedesmal einen verwundeten Nichtschwimmer über den Fluß zu holen, sei stellvertretend für alle genannt. Er rettete diesen Verwundeten das Leben.

18 800 deutsche Soldaten aber blieben tot oder sterbend im Kessel. Daß es nicht mehr geworden waren, dafür hatte auch Obersturmführer Michael Wittmann gesorgt.

Hauptsturmführer Kling wurde zum Sturmbannführer befördert. Als er verwundet wurde, übernahm Michael Wittmann die schwere Kompanie.

Er führte seine Männer in den nächsten Wochen durch eine wahre Hölle. Sie standen im Kampf gegen Marschall Schukows 1. Ukrainische Front — er hatte sie von dem von ukrainischen Freischärlern erschossenen General Watutin übernommen —, die den linken Flügel der Heeresgruppe Süd durchbrochen hatte. Die „Leibstandarte" warf sich dem Panzersturm entgegen. Wieder kam es zu dramatischen Kämpfen. Wendorff, am 15. 2. hatte er sein Ritterkreuz erhalten, wurde verwundet. Sieben „Tiger" fielen aus. Der Einbruch konnte nicht mehr verhindert werden.

In Eis und Schlamm kämpfte die Division „Leibstandarte" an der Rollbahn ostwärts Tarnopol. Sie wurde mit der 1. Panzerarmee eingangs März 1944 im Raum Kamenaz—Podolsk eingeschlossen, kämpfte sich über mehrere Tage durch — und hatte es wieder einmal geschafft.

Damit aber war die Division am Ende ihrer Kraft. Die Reste wurden herausgezogen und nach Belgien verlegt, wo eine Neuaufstellung vorgesehen war.

Michael Wittmann wurde ins Führerhauptquartier beordert, um das Eichenlaub in Empfang zu nehmen. Er erhielt die Auszeichnung und konnte endlich wieder einmal zu seiner Familie heimkehren.

Als er seine Frau in die Arme schloß und als er ihre Stimme hörte, glaubte er: Diesmal wird es vielleicht das letzte Mal sein!

Er sagte nichts von seiner Ahnung. Nur später hatte er es Woll und Pollmann erzählt.

Wittmann wurde regelrecht „herumgereicht". Er fuhr ins „Tiger"-Werk, um sein Versprechen wahrzumachen und sich bei den Arbeitern zu bedanken.

Dann waren auch diese Tage zu Ende, und er erhielt den Marschbefehl nach Belgien, um dort die 2. Kompanie der schweren Waffen-SS-Panzerabteilung 501 zu übernehmen. Diese Abteilung, deren 1. Kompanie von Hauptsturmführer Möbius geführt wurde, war eine Neuaufstellung und unterstand direkt dem I. SS-Panzerkorps „Leibstandarte". In diesem Korps waren die 1. SS-Panzerdivision „Leibstandarte" und die 12. SS-Panzerdivision „Hitlerjugend" zusammengefaßt.

Die schwere Korpspanzerabteilung 501 wurde zu einem schlagkräftigen

Verband geformt. Ebenso die Panzerabteilung 502, die dem II. SS-Panzerkorps als schwere Korpsfeuerwehr zugeführt wurde.

Als alle Einheiten standen, landeten die Alliierten in der Normandie. Die Panzer rollten in Richtung Calvados-Küste. Ziel der Abteilung 501 war Caen.

*

Die alliierte Invasion an der französischen Atlantikküste hatte begonnen, und die größte Schiffsarmada aller Zeiten war zusammen mit mächtigen Luftgeschwadern am frühen Morgen des 6. Juni 1944 an der Küste zwischen der Halbinsel Cotentin und St. Mère—Eglise aufgekreuzt. Zu dieser Zeit begann auch für Obersturmführer Wittmann ein neuer Kriegsabschnitt.

Die Kompanie Wittmann stellte sich in einem schütteren Wäldchen ostnordostwärts von Villers Bocage bereit. Rechts angeschlossen fuhr die 1. Kompanie unter Hauptsturmführer Möbius in die Bereitstellung. Beide Kompanien waren alarmiert.

Gefangenenaussagen hatten ergeben, daß die 7. britische PD auf der offenen linken Flanke der im Kampf um Tilly stehenden PLD (Panzerlehrdivision) vorgedrungen sei.

Während die 50. britische ID Tilly frontal angriff, versuchten die „Wüstenratten" es mit einem Horizontschleicher.

Wittmanns „Tiger", die am 7. Juni den Marsch von Beauvais über Paris zur Invasionsfront angetreten hatten, waren am Morgen des 8. Juni bei Versailles von alliierten Jagdbombern angegriffen und schwer getroffen worden. Mehrere „Tiger" waren ausgefallen.

„Wenn wir so weitermachen, Michel", meinte Untersturmführer Stamm, „dann sind wir erledigt, bevor wir überhaupt an der Front eingetroffen sind."

„Kannst du dir erklären, Stamm, warum wir so weit vom Schuß bereitgestellt wurden?"

„Nein, das kann ich nicht, Michel. Besonders unerklärlich ist für mich, daß die ‚Panzerlehr' und die ‚Hitlerjugend' so weit entfernt standen. Sie hätten doch am ersten Morgen den Feind im Zustand der Schwäche — unmittelbar nach der Landung meine ich — treffen und leicht ins Meer schmeißen können."

„Und jetzt gurken wir hier herum, verlieren Kameraden und Waffen für nichts und wieder nichts!"

„Wir sollten nur noch des Nachts marschieren, Obersturmführer!" warf Oberscharführer Ernst Krieg ein.

„Genau das werden wir tun!"

Wittmann gab einen Funkspruch auf. Sein Antrag wurde genehmigt. So fuhren die schweren „Tiger"-Kompanien in den Nächten weiter und erreichten am frühen Morgen des 12. Juni den Raum Villers Bocage.

„Schäden beheben, Stamm!“ sagte Wittmann im Morgengrauen des 13. Juni, als eben die Sonne über den Horizont gestiegen war.

„Wir werden spätestens um Mittag fertig sein, Obersturmführer“, erwiderte der andere.

„Fein, ich melde mich stündlich. Halten Sie Verbindung mit Möbius' Kompanie, für alle Fälle!“

Wenig später fuhr Michael Wittmann zu einer Erkundung los.

„Verdammt und zugenäht. Michel, ich habe Nase, daß etwas passiert!“ meinte Oberscharführer Woll, der einzige, der von der alten Besatzung der 13. Kompanie übriggeblieben war.

„Möglich, Balty“, erwiderte Wittmann. „Aber dafür sind wir ja gerüstet!“

Er deutete hinunter auf die Stapel Panzer- und Sprenggranaten, die Ladeschütze Unterscharführer Sepp Preitl griffbereit gestapelt hatte. Der wuchtige Bayer war einer der härtesten Burschen, die Wittmann je kennengelernt hatte. Bei einer der ersten Übungen hatte er sich beim Granatenmannen einen Finger und den Daumen gebrochen und hatte weitergemacht, um die Übung nicht zu versauen — wie er hinterher sagte.

Wittmann nahm die Karte heraus. Die Besatzung scharte sich um ihn herum.

„Paß auf, Berger!“ wandte sich Wittmann an den Fahrer. „Wir werden hier durch das Wäldchen vorgehen und versuchen, zu dem Hügel hart nördlich Villers Bocage zu gelangen. Von dort haben wir einen guten Überblick über das gesamte Gelände bis nach Balleroy, das bereits feindbesetzt ist.“

„Da taucht doch keiner auf, Obersturmführer“, meinte Hauptscharführer Berger, der vom Stab gekommen war. „Davor steht doch die ‚Panzerlehr‘!“

„Stimmt, Berger. Aber wir wollen uns auf nichts anderes verlassen als auf das, was wir selber sehen!“

Sie rollten los, und während sie auf das Wäldchen zuhielten, nahm Funker-Unterscharführer Köllner Verbindung mit dem Stab der Abteilung auf.

Die vier „Tiger“, die zurückblieben, konnte Wittmann so lange sehen, bis sie im Wald verschwanden.

Durch sein Scherenfernrohr suchte Michael Wittmann während der langsamen Fahrt nach Nordwesten das Gelände voraus ab. Es ging zunächst an einer Weißdornhecke entlang über einen Feldweg auf Villers Bocage zu.

Einmal blieben sie hängen, als sie versuchten, eine der Querhecken einfach niederzuwalzen. Wittmann dirigierte den „Tiger“-Fahrer. Sie erreichten den kleinen Hügel, der als Ebenbild der Höhe 213 nach Südosten vorgelagert war. Langsam zog der „Tiger“ hügelaufwärts. Noch zehn Meter, dann mußte sich ein Ausblick auf die Straße von Balleroy nach Süden auf Caumont und von dort nach Osten in Richtung Villers Bocage bieten.

Wittmann erwartete nichts Besonderes. Möglicherweise war es einem feindlichen Stoßtrupp gelungen, die Frontlinie der PLD zu umholen. Er hätte es jedenfalls in gleicher Situation versucht.

„Haaalt!“ befahl er, als sich ihm der Blick in die Ebene öffnete und der Panzer noch nicht völlig frei oben auf der Kuppe stand. Der Motor verstummte. Wittmann suchte den Horizont ab. Im Norden nahe Sermentot erkannte er Bewegungen. Dort lag der Stab mit dem Gefechtsstand der Panzerlehrdivision.

„Wenn hier ein Gegner umholend angreifen würde, dann könnte er die ‚Panzerlehr‘ in den Sack stecken und...“

Wittmann, der das lässig hingesprochen hatte, verstummte. Dann stieß er einen leichten Pfiff aus.

„Was ist, Michel?“ fragte Woll, der seinen Kameraden zu genau kannte, um nicht dessen plötzliche Erregung zu bemerken.

„Feindpanzer auf der Straße nach Villers Bocage und auf dem Weg zur Höhe 213, Woll. — Kampfbereitschaft herstellen!“

Wittmann ließ den Panzer drehen und rollte in Richtung des kleinen Wäldchens, von dessen Nordwestspitze sie diesen Verband genau beobachten konnten.

Sie umrundeten den Hügel, auf dem sie gestanden hatten, kamen an das Wäldchen, fuhren hinein und hielten etwa zehn Meter vor dem Waldausgang.

Wittmann beobachtete durch die Schere.

„Ein ganzer Panzerverband, Männer. Sie rollen nach Villers Bocage hinein und werden hier an der Straße nach Caen eindrehen. — Funkspruch an die 2. Kompanie: ‚Einsatzbereite Tiger fertig machen und Richtung Höhe 213 fahren. Weitere Befehle folgen!‘ “

„Was machen wir, Obersturmführer?“ fragte Ladeschütze Preintl.

„Angreifen!“ erwiderte Wittmann. „Panzergranate laden! — Wir lassen sie erst dicht herankommen und nutzen das Überraschungsmoment aus.“

Das Wetter war diesig, deshalb waren an diesem Vormittag des 13. Juni 1944 auch keine Jabos in der Luft.

Die Feindpanzergruppen und die Schützenpanzerwagen rollten weiter. Keine Sicherung fuhr voraus. Es war der Spitzenverband der 7. britischen Panzerdivision, und zwar die 22. Panzerbrigade sowie Teile der 1. Schützenbrigade. Auch zwei Kompanien der berühmten 8. Husaren und Teile des Panzerregiments 1 waren darunter.

Wittmann wußte um die Gefährlichkeit dieser Kampftruppen. Wenn es der 7. PD des Gegners gelang, in den Rücken der Front zu kommen, dann war der Kampf hier zu Ende.

Daher durfte er nicht warten, bis er alle Waffen hier hatte, denn die Panzer, die SPW und die Kanonen der 5. britischen Artillerieabteilung fuhren unverdrossen weiter.

Balthasar Woll blickte jetzt durch die Schere. Er sah die Massierung der Feindkräfte. Dann sagte er:

„Sieh dir das an! Da macht doch ein Haufen an der Straße einfach Rast. — Ja, glauben die denn, sie hätten den Krieg schon gewonnen?“

„Sieht so aus! Aber damit sollen sie sich gewaltig geirrt haben, Balty!“ erwiderte Wittmann.

Die Feindpanzer kamen immer näher. Noch zweihundert Meter war der Spitzenpanzer entfernt, als der leise laufende Motor auf höhere Touren drehte. Das konnte der Gegner bei dem eigenen Getöse nicht hören.

Richtschütze Woll hatte den Spitzenpanzer bereits anvisiert.

„Wie bei Berditschew, Michel, im Vorbeifahren?“

„Genauso, Balty! — Sie wissen Bescheid, Berger?“

„Jawohl, Obersturmführer.“

Preintl hielt bereits die nächste Panzergranate bereit.

„MG klarhalten, Köllner!“

Der Funker meldete klar.

Noch hundert Meter! Wittmann spürte, wie sich sein Hals zusammenzog, daß er kaum noch Luft bekam.

Das war immer so vor einem Angriff, und es würde sich erst ändern, sobald der erste Schuß hinaus war.

„Los!“ befahl Wittmann.

Der Panzermotor röhrte auf. Der „Tiger“ setzte sich in Bewegung, verließ sein Waldversteck, erreichte die Straße und blieb stehen.

Mit mächtigem Knall fetzte die erste Panzergranate aus dem Rohr. Der Turm des vorn fahrenden Feindpanzers kam herunter. Flammen schossen aus den Luken hervor. Die nächste Granate war im Verschluß. Woll zielte, und wieder der krachende Abschuß. Der zweite Panzer brach in vielen Explosionen auseinander.

Der „Tiger“ rollte langsam vor. Die Feindkolonne stand. Ruhig gab Wittmann seine Befehle. Jeder Schuß war — aus nächster Nähe abgeschossen — ein Volltreffer.

Panzer, Lastwagen, Kräder, Halbkettentrucks und Schützenpanzer passierte der rollende Koloß. Und jedes dieser Fahrzeuge platzte unmittelbar nach dem Schuß auseinander. Brände loderten auf, Explosionen gellten, Männer schrien, warfen sich brennend neben der Straße zu Boden.

Im Panzer arbeitete jeder wie besessen. Der Fahrer kurvte zur Seite. Rumpelnd und dröhnend rollte er über zwei wegkurvende Kräder und erfaßte sie.

Ein Cromwell-Panzer scherte aus und schoß. Die Granate traf den „Tiger“ frontal und — heulte als Abpraller in die Höhe.

Zwei Minuten dauerte der erste Feuerschlag, dann war die gesamte Panzerkolonne vorn ein einziger Trümmerhaufen, aus dem sich die Soldaten in panischer Furcht zu retten versuchten.

Funker Köllner feuerte auf Infanteristen, die versuchten, den Panzer mit Minen anzuspringen. Der Angriff wurde abgewehrt. Ein Befehlswagen mit Stander versuchte, über das freie Feld auf die Höhe 213 zu entkommen. Die Kanone schwenkte herum. Woll faßte den Wagen auf. Ein Schuß. Etwa eine halbe Sekunde später knallte der Treffer. Der Wagen wurde zur Seite geschleudert und brannte aus.

Woll schwenkte auf den Cromwell-Panzer ein, der sie abzuschießen versuchte. Mit der ersten Granate durchbohrte er diesen Gegner, der ebenfalls sofort in Flammen stand.

Der „Tiger" ruckte an, schoß mit Panzer- und Sprenggranaten. Er vernichtete den Verband, der die Entscheidung bei Tilly erzwingen sollte und es wahrscheinlich auch geschafft hätte, wenn nicht dieser einzelne deutsche Panzer zur Stelle gewesen wäre.

„Stamm an Chef: Haben Höhe 213 erreicht, eröffnen das Gefecht, schießen die Aufklärerpanzer ab!"

„Vorwärts, Stamm!" rief Wittmann zurück.

Wenige Sekunden später mischten sich in das Knallen der „Tiger"-Kanone des Chefs die Feuerschläge der vier „Tiger", die den Marsch zur Front heil überstanden hatten.

Untersturmführer Stamm rollte mit den vier Stahlgiganten gegen die 8. Husaren. Seine vier Panzer schossen zielsicher. Bald drehten diejenigen Feindpanzer ab, die das Inferno überstanden hatten. Sie rollten nach Villers Bocage hinein, wo noch das Gros des Umgehungsverbandes saß.

Granaten und MG-Garben prasselten gegen die Panzerung von Wittmanns „Tiger". Aber das machte dem Koloß nichts aus. Wittmann schaltete den gesamten Verband aus. Nur einem Teil gelang es, Villers Bocage zu erreichen.

Schließlich war das Gefecht an dieser Stelle zu Ende.

Fünfundzwanzig Panzer und Panzerfahrzeuge standen in Flammen oder waren abgeschossen. Dazu viele Fahrzeuge und Kräder.

Auf einmal hörte Wittmann die Stimme von Hauptsturmführer Möbius:

„Kommen mit acht ‚Tigern'. Bitte einweisen!"

„Feind hat sich nach Villers Bocage zurückgezogen. Wir greifen die Ortschaft aus Richtung Höhe 213 an. Dreht ihr aus Süden ein!"

Wittmann rollte in schneller Fahrt zur Höhe 213. Als er sie erreicht hatte, stieß er auf seine vier „Tiger". Stamm meldete ihm.

„Angriff auf Villers Bocage, Stamm! Vorsicht, es ist Pak dabei!"

Sie griffen an, rollten nach Villers Bocage hinein, wurden von Pak und Bazooka*-Schützen angegriffen.

Es war die Pak-Abteilung unter Major French, die hier in Villers Bocage versuchte, „die mächtigen Elefanten zu stoppen", wie er sich selbst später ausdrückte.

Dreizehn „Tiger" griffen Villers Bocage von drei Seiten an, drangen in die Stadt ein, rissen Mauern um, schossen auf jedes Mündungsfeuer.

Wittmann dirigierte den „Tiger" in eine Seitenstraße, als er das schmetternde Getöse der Abschüsse und Einschläge der Feind-Pak auf der Hauptstraße hörte. Er rammte eine Hauswand.

---

*) Panzerabwehrwaffe, ähnlich dem deutschen „Ofenrohr"

Unwillkürlich zogen alle die Köpfe ein. Berger setzte ein paar Meter zurück. Sie schwenkten, sahen eine Pak, die auf einen Kameraden-Panzer feuerte und diesen in Brand schoß.

Woll drehte den Turm. Er faßte die Kanone auf, als sie zum zweitenmal schoß. Dann zerschmetterte die 8,8-cm-Granate den Gegner. Aber auch ein eigener Panzer war vernichtet. Es war der von Untersturmführer Stamm. Kein Mann der Besatzung war mehr aus dem brennenden Stahlsarg herausgekommen.

Drei Minuten später ging der Panzer von Oberscharführer Ernst Krieg in Flammen auf. Zwei Bazooka-Schützen hatten ihn aus einem Keller unter Feuer genommen und vernichtet. Auch hier kam kein Mann der Besatzung mehr aus dem brennenden Panzer heraus.

Die übrigen aber schlugen den Pak-Riegel auf. Sie beseitigten ihn, indem sie Geschütz nach Geschütz vernichteten.

Wittmann fuhr mit seinem „Tiger" weit vor den anderen. Er sah, daß die Stadt mit starken Infanteriekontingenten der Engländer belegt war. Erst hier erkannte er, daß Villers Bocage bereits vor Eindringen der 7. britischen Panzerdivision vom Gegner mit Infanterieverbänden vollgestopft worden war.

Sie schwenkten auf die Hauptstraße ein, als plötzlich aus einer Nebenstraße ein Abschuß blitzte.

Mit einem ohrenbetäubenden Krach schlug die Granate in die vordere rechte Laufrolle des Tigers hinein und zerschmetterte auch noch die Kette.

„Panzer ist lahmgeschossen, Obersturmführer!" rief Berger verzweifelt.

„Alle Waffen mitnehmen und ausbooten!"

In aller Eile sprangen sie aus den Luken, wurden von MG-Garben empfangen, rannten um ihr Leben und erreichten eine niedrige Mauer, hinter der sie in Deckung gingen und verschnauften.

„Alles hier?" fragte Wittmann.

„Alles, Obersturmführer", bestätigte Hauptscharführer Berger, und Balthasar Woll stieß einen Fluch aus.

„Die anderen ziehen sich zurück!" rief Funker Köllner, der kriechend bis zur Straßenecke vorgegangen war und gerade sah, daß sich die Panzer der Kompanie Möbius absetzten.

„Das müssen sie auch", antwortete Wittmann, „denn hier würden sie alle von Panzerfaust-Schützen abgeschossen werden."

Sie krochen in das Haus, kletterten auf der Rückseite aus dem Fenster und pirschten sich durch einen Garten.

Einmal wurden sie beschossen. Köllner feuerte mit seinem lMG zurück. Woll und Wittmann kämpften mit Maschinenpistolen den Weg frei.

Wenig später erreichten sie den Ortsausgang. Hier kam ihnen einer der „Tiger" der Kompanie entgegen, der sie aufnehmen wollte.

„Aufsitzen, Obersturmführer!" rief Unterscharführer Zackel.

Sie enterten hoch, wurden aus dem Feuerbereich gekarrt und waren in Sicherheit.

Sie kamen bei der Kompanie an. Beim Korps wußte man bereits Bescheid, und eine Stunde später kam Sepp Dietrich zum Abteilungsgefechtsstand. Er ließ sich von Wittmann berichten. Dann sagte er:

„Wittmann, das hast du gut gemacht. Du hast eine Schlacht entschieden. — Was wünschst du dir?"

„Ich möchte meinen ‚Tiger' bergen, Oberstgruppenführer (Generalfeldmarschall)!" antwortete Wittmann mit einem Seitenblick auf Woll, der energisch mit dem Kopf nickte.

„Na, ich glaube, das kann ich versprechen, denn vor einer Viertelstunde hat der Angriff der 2. Panzerdivision unter General von Lüttwitz und einer Kampfgruppe der ‚Panzerlehr' auf Villers Bocage begonnen. Sobald die Stadt in unserem Besitz ist, fährt der Instandsetzungstrupp los."

„Danke, Oberstgruppenführer!"

Am Abend dieses Tages kam die Nachricht durch, daß der Gegner Villers Bocage geräumt habe. Mit dem I-Trupp (Instandsetzungstrupp) fuhren Wittmann und Woll nach Villers Bocage hinein. Sie fanden ihren „Tiger" dort, wo er liegengeblieben war. Nichts war vom Gegner aus dem Wagen herausgeholt worden. Der I-Trupp ging an die Arbeit, und kurz vor Mitternacht sagte der Hauptscharführer:

„Obersturmführer, Sie können einsteigen!"

Dieses Gefecht, das zuerst von einem einzigen „Tiger", dann von zwölf hinzukommenden weiteren „Tiger"-Panzern geführt und entschieden wurde, ging in die Kriegsgeschichte der Briten als „Schlacht bei Villers Bocage" ein. Hier hatte die 7. Panzerdivision ihre schwersten Verluste während der gesamten Invasionsschlacht erlitten. Der gesamte Divisionsstab und die vorn fahrende A-Panzerkompanie mit siebenundzwanzig Panzern und sämtlichen Ketten- und Räderfahrzeugen der Panzerbrigade 22 gingen verloren.

Der Kommandeur der 22. brit. Panzerbrigade, Brigadier W. R. N. Hinde, war verzweifelt. Er hatte 15 Offiziere und 176 Mann verloren, die 1. Schützenbrigade ihren Kommandeur, drei Offiziere und sechzig Mann.

Die von Montgomery (brit. Marschall) geplante und angesetzte Operation „Perch" war fehlgeschlagen. Nun sollte Caen, das ja Ziel dieses Umfassungsangriffes war, frontal gestürmt werden.

Montgomery versuchte nun, eine Durchbruchsschlacht zu entwickeln. Die Panzerlehrdivision und die 12. SS-PD „Hitlerjugend" verteidigten den Kampfraum, auf den es „Monty" abgesehen hatte: den Raum Tilly—Caen.

Hier fuhr Michael Wittmann seine Angriffe, Gegenstöße und Aufklärung.

Am 22. Juni 1944 erhielt er als einundsiebzigster deutscher Soldat die Schwerter zum Eichenlaub des Ritterkreuzes. Er hatte bis zu diesem Zeitpunkt 138 feindliche Panzer und Sturmgeschütze und nicht weniger als 132 feindliche Panzerabwehrkanonen abgeschossen oder vernichtet.

Damit war er der mit weitem Abstand erfolgreichste Panzerkommandant auf deutscher wie russischer und alliierter Seite. Wegen Tapferkeit vor dem Feind wurde er zum Hauptsturmführer (Hauptmann) befördert.

Zur Feier der „Schwerter" waren sie alle gekommen: Dietrich und Peiper, Wisch und Witt, vor allem aber auch Helmuth Wendorff, der nun die 13. Kompanie führte, in der er mit Wittmann zusammen Zugführer gewesen war.

Wieder wurde Michael Wittmann „herumgereicht". Eine Sache, die ihm nicht paßte.

Er wollte zurück. In dieser schwierigen Krisenlage konnte er seine Kameraden nicht allein lassen. Jetzt, wo jeder Mann gebraucht wurde, wollte er an der Front sein. Deshalb konnte er auch die angebotene Kommandierung zur Kriegsschule und danach zu einem Ersatztruppenteil nicht akzeptieren.

Er fuhr weiter als Kompaniechef in seinem „Tiger". Im Großraum Falaise kam er noch einmal zum Einsatz, als Montgomery am 4. August den Befehl an die 1. kanadische Armee erteilte, den Angriff auf Falaise durchzuführen. Für diese Operation „Totalize" standen Generalleutnant Simmonds zwei Panzerdivisionen, zwei Panzerbrigaden und drei Infanteriedivisionen zur Verfügung.

Südlich Caen stellten sich am Abend des 7. 8. 1944 diese Verbände bereit. Den Stoßkeil bildeten sechshundert (!) Panzer, die in sechs Gruppen westlich und ostwärts der großen Straße nach Falaise angreifen und diese Stadt bis zum Mittag in Besitz nehmen sollten.

Tausend Fliegende Festungen (Boeing-B-17-Bomber) sollten einen zehn Kilometer breiten Durchbruchsschlauch freibomben.

Der Angriff begann. Bis zum Abend war der Gegner fünf Kilometer tief eingedrungen. Wenn jetzt die bereitstehenden Panzer der 4. kanadischen und der 1. polnischen PD lospreschten, dann standen der 12. SS-PD „Hitlerjugend" nur zwei Kampfgruppen mit insgesamt fünfzig Panzern zur Abwehr zur Verfügung.

„Panzer"-Meyer aber wußte dagegen nur ein Rezept:

„Verteidigung in der Front mit Mittelpunkt Cintheaux und eigener umfassender Panzerangriff!"

„Wittmann", wandte sich Oberführer Kurt Meyer an den „Tiger"-Kommandeur, „du rollst nach Norden und setzt dich in den Besitz von Cintheaux und hältst dort. Deine ‚Tiger' sichern die Flanken gegen feindliche Panzerangriffe!"

Michael Wittmann drückte die ihm hingestreckte Hand. Dann rollte er mit der Abteilung, die er inzwischen als Kommandeur übernommen hatte, nach Norden. Sie erreichten Cintheaux, schossen Panzer ab, die die Panzergrenadiere in den Ruinen der Ortschaft zusammenwalzen wollten.

Und dann sahen sie die Feindpanzer näher kommen: sechshundert!

Hinter einer langen Hecke waren Wittmanns „Tiger" aufgefahren, als Oberführer Meyer angerollt kam.

„Wittmann und Waldmüller zu mir!"

Zusammen mit Sturmbannführer Hans Waldmüller, dem Kommandeur des I. Bataillons des Panzergrenadierregiments 25, erreichte Hauptsturmführer Wittmann den Divisionskommandeur.

„Paßt auf, Kameraden", begann Meyer, „wir müssen nach Norden angreifen. Angriffsziel ist der Wald von Garcelles, südlich und südostwärts dieser Ortschaft. Dort vermute ich den Ansatz der 1. polnischen Panzerdivision, die auf der rechten Seite der Nationalstraße bereitsteht."

Während er vortrug und an Hand der Karte bekräftigte und ergänzte, flogen einzelne Bomber über das Kampfgebiet hinweg und setzten Leuchtzeichen.

„Dort wird der Gegner mit Bomberverbänden angreifen, Oberführer!" sagte Wittmann.

„Stimmt! Und um unsere Panzer aus dem Angriffsstreifen herauszubringen, greifen wir nach Norden an. Die Lage ist kritisch, Michel, äußerst kritisch! Paß auf dich und die anderen auf!"

Michael Wittmann zuckte die Schultern.

„Wir werden es schon schaffen, Kurt!"

Und so sah ihn „Panzer"-Meyer, als er zu seinem Befehls-„Tiger" hinüberging: Lächelnd und trotz der bedrohlichen Lage gelassen und — bereit wie immer.

Das war sein letzter Eindruck von Michael Wittmann.

Wittmann stieg in den Panzer und gab seine Befehle. Dann setzten sich die beiden Kompanien in Bewegung und rollten mit den Panzergrenadieren Waldmüllers nach Norden.

Artilleriefeuer schmetterte den deutschen Panzern entgegen. Durch die Funkgeräte hörten die Kommandeure der anderen Kampfgruppen und Verbände noch einmal die Stimme von Wittmann:

„Mit schnellster Fahrt voraus! Durch, durch, durch!"

Sie sahen, wie Wittmann, immer noch an der Spitze, in das feindliche Feuer hineinrollte. So machte er es immer, das war seine Taktik, die bisher noch niemals versagt hatte.

Durch! — Nur nicht stehenbleiben und zur Schießscheibe werden!

Sie stießen durch, und die Panzergrenadiere fuhren hinterher in die Hölle hinein.

Plötzlich schrien alle Männer in den zurückliegenden Stellungen, die Wittmanns Panzersturm erlebten, auf. Einer, der dicht neben dem Divisionskommandeur hinter seinem MG lag, deutete zum Himmel.

Dort kamen sie: 1900 Bomber und 1800 Jagd- und Kampfflugzeuge, wie die spätere Auswertung alliierter Tagebücher ergab.

„Nach vorn, in freies Feld!" befahl Meyer.

Sie stürzten vor, hinter den Panzern her. Und dann luden die Bomber über den französischen Ortschaften ab. Dort um Dorf wurde dem Erdboden gleichgemacht, und selbst noch in die kanadischen Stellungen hinein fielen Bomben. Schwerverwundet mußte Generalmajor Keller, Kommandeur der 3. kanadischen ID, zurückgefahren werden. Mit ihm viele seiner Soldaten. Auf zehn Kilometer Breite wurde das Land umgepflügt.

Über Wittmanns Panzer und Waldmüllers Panzergrenadiere flogen die Bomber hinweg, ohne zu werfen. Sie hatten ihr Planquadrat, und dort würden sie in Aktion treten. Nirgendwo anders!

Von der Flanke stürmten Wittmanns „Tiger" gegen die polnischen Panzer und schlugen sie auf 1800 Meter Entfernung zusammen. Michael Wittmann setzte seine Wagen so ein, wie er es gelernt hatte. Noch immer feuerte die Artillerie auf sie.

Die „Sherman"-Panzerrudel, die auf Cintheaux vorrollten, wurden von den Tigern aufgehalten. Angriff auf Angriff zerbrach vor dieser schwachen Front.

Stundenlang tobte der Kampf. Einige „Tiger"-Kommandanten berichteten, daß Wittmann noch zwei, dann einen dritten Panzer abgeschossen habe.

Max Wünsches Panzerregiment stürzte sich in das Getümmel. Die „Panther"-Abteilung unter Sturmbannführer Arnold Jürgensen jagte dem angreifenden Panzerfeind entgegen, nahm ihn in die Zange. Sherman-Panzer der kanadischen PD flogen in die Luft.

Der Angriff der Operation „Totalize" kam durch diesen rasanten, mit letztem Einsatz geführten Gegenangriff zum Erliegen.

Als der Abend einfiel, wurde der Kommandeurspanzer vermißt. Überall ließ Oberführer Meyer nach Wittmann suchen. Er befragte sämtliche Panzerbesatzungen, die in der Nähe des Obersturmführers gefahren waren. Und dann hatten sie die Gewißheit.

An der Spitze seiner „Tiger" vorstürmend, hatte sich Michael Wittmann in das dichteste Kampfgewühl begeben und ostwärts Cintheaux ein Sherman-Rudel gestellt.

Er vernichtete zwei „Shermans" und schoß einen dritten bewegungsunfähig, dann führte er seine Kampfgruppe weiter nach Norden vor. Er fuhr in die gewaltige Übermacht hinein, wollte die Schlacht in seiner Manier aus dem Feuer reißen, wurde von Granaten überschüttet. Drei, vier oder fünf Sherman-Panzer schossen den „Tiger" schließlich von drei Seiten zusammen.

Brände stießen aus den Luks empor, keiner der Besatzung kam heil aus dem Kampfwagen heraus. Alle waren sie wahrscheinlich von den einschlagenden Granaten schon vorher getötet worden.

So fand Michael Wittmann, einer der tapfersten deutschen Soldaten, den Tod.

Anton Ostry

Ein General stirbt für seine Armee

Die Schlacht auf der Halbinsel Kertsch

Im Hauptquartier der 11. deutschen Armee ging es zu wie in einem Maklerbüro kurz vor Börsenschluß: Telefone summten und schrillten, Fernschreiber klapperten, Ordonnanzen kamen und gingen, und die Funkmelder gaben einander die Tür in die Hand.

In bunter Folge kamen die Meldungen hereingeflattert: von Korps- und Divisionskommandeuren, von Artillerie-, Pionier- und Transportführern, von den großen Munitionslagern, den Sprit- und Verpflegungslagern. Die Luftaufklärung gab ihre letzten Wahrnehmungen über Feindbewegungen und Truppenansammlungen durch, die Auswertung schickte Reihenbilder von der Sewernaja-Hafenbucht und den von Geschützrohren starrenden Bunkeranlagen und Feldbefestigungen der stärksten Festung der Welt: Sewastopol. Die vorbereitenden Arbeiten an der komplizierten Maschinerie liefen auf Hochtouren, und in allen Dienststellen herrschte hektische Betriebsamkeit.

Was über Funk und Fernsprecher hereinkam, mußte erst einmal entschlüsselt werden, denn überall hingen sowjetische Abhörtrupps dran und horchten mit. Das war eine der verwundbaren Stellen des modernen Bewegungskrieges, mit denen man sich abfinden mußte. Die Hauptmacht brauste auf wenigen Vormarschstraßen dem abgesteckten Ziel zu und kümmerte sich sonst um nichts; was seitab lag, blieb unbeachtet und sich selbst überlassen. Und hier überall blühte der Weizen der Späher und des geheimen Nachrichtendienstes des Gegners.

„Ein Narrenturm", seufzte der alte Generaloberst Misselmann. „Und ein frohes Fest! Das schönste Weihnachtsgeschenk wären ein paar Stunden Schlaf. Das ist jetzt schon die dritte Nacht. Aber es geht nicht, es geht wirklich nicht. Der Russe schläft auch nicht. Also, meine Herren, weitermachen! Es werden wieder ruhigere Zeiten kommen."

In der müffelnden Stube einer Bauernkate sagte General von Manstein, der Oberbefehlshaber der 11. Armee, zu seinem Chef des Stabes: „Jetzt geht es um die Wurst. Bis spätestens Silvester muß dieses verfluchte Räubernest Sewastopol fallen! Machen wir uns nichts vor: So ganz einfach wird das nicht gehen. Wir werden uns ein paar Zähne ausbeißen und Haare lassen müssen. Vor allem muß endlich Schwung in die Sache gebracht werden. Der Fahrplan ist uns davongelaufen, und wir hinken weit hintennach. Es ist höchste Zeit, daß wir hier fertig machen und in den Kaukasus hineinfahren; wenn wir noch wochenlang an diesen Betonklötzen herumbasteln, schwimmt uns das Öl davon und wir können einpacken. Ohne Öl kann man heutzutage nicht Krieg führen."

Der Stabschef betrachtete nachdenklich die Luftbilder.

„Es ist nicht nur allein die Zitadelle, Herr General; da sind vor allem Fort ‚Maxim Gorki' und Fort ‚Stalin'. Erst wenn wir diese Brocken geknackt haben ..."

„Das werden die neuen Wundermörser besorgen. Hoffentlich halten sie wenigstens die Hälfte davon, was man sich von ihnen verspricht. Dann ist der Weg zur Hafenbucht frei."

Der Ia (Erster Generalstabsoffizier) kam herein und brachte die zusammengefaßten Meldungen der auf den Höhen des Belbek-Tales und der Kamyschly-Schlucht postierten Licht- und Schallmeßtrupps der Beobachtungsbatterien.

„Na, lieber Kerbler, wie steht's?"

„Im ganzen Festungsbereich starke Artilleriestellungen. Im Fort ‚Maxim Gorki' konnten unterirdische Panzerbatterien festgestellt werden. Anscheinend Kaliber 30,5. Sie feuern aus Doppeltürmen und schießen sich auf die Vorfelder von Belbek, Kamyschyl und sogar von Katschanowo ein. Fort ‚Stalin' schweigt und wartet vorläufig noch ab."

„. . .oder ist noch nicht soweit. Wie ich vorhin gesagt habe: Der Russe blufft gerne. Worauf warten wir eigentlich noch? Bis er alles drin und fest abgeriegelt hat?"

Der Stabschef räusperte sich auffällig, und der General hielt den Kopf schief.

„Noch immer Bedenken, Herr von Klauder?"

„Gesetzt den Fall, der Russe landet inzwischen irgendwo auf Kertsch Truppen. Jetzt müßte er's tun. Die Stelle könnte er sich aussuchen. Dann hätten wir die Bescherung im Rücken. Wenn . . ."

General von Manstein fuhr gereizt auf.

„Wenn, wenn, wenn . . .! Natürlich wird er es versuchen, das müssen wir riskieren. Im Handumdrehen kann er nicht gleich eine ganze Heeresgruppe herüberwerfen, und im übrigen verlasse ich mich ganz auf den Sponeck. Der macht das schon. Wäre nicht das erste Mal."

Der Stabschef nickte zustimmend.

„Ein tüchtiger Mann, dieser Sponeck — aber mitunter ein wenig schwierig. Wenn er seinen Dickschädel aufsetzt . . ."

Der General winkte ab.

„Natürlich! Das gehört schließlich dazu. Mit einem lammfrommen Ackergaul kann man keine Rennen gewinnen. Aber das lassen Sie ruhig meine Sorge sein. Der Sponeck ist in Ordnung, und schlimmstenfalls werde ich ihn an die scharfe Kandare nehmen. Jetzt können wir nicht mehr zurück. Also: Angreifen!"

*

Kurz nach Mitternacht rumpelte eine kleine Kolonne aus Parpatsch heraus und fuhr ostwärts. Sechs schon etwas klapprige Lastkraftwagen und ein asthmatischer Dreiachser. Sie hatten Munition, Sprit, Verpflegung und ein paar Säcke Feldpost geladen. Nach langer Zeit wieder einmal Post von daheim! Sogar Päckchen waren darunter. Weihnachtspäckchen. In den zerdrückten Pappschachteln rieselte es verdächtig.

Es ging auf Kertsch zu. Das waren gute hundert Kilometer; an sich keine große Angelegenheit. Aber hier, in der riesigen, verschneiten Steppe und in rabenschwarzer Nacht auf gut Glück querfeldein und ohne Licht . . .

Man konnte sich nur behutsam vorwärtstasten. Überdies mußte man dieses deckungslose Nudelbrett noch vor Tagesanbruch hinter sich gebracht haben, denn dann kamen die Russenflieger.

Im Führerhaus des Spitzenfahrzeuges saß der Feldwebel Trösch, neben ihm der Obergefreite Rankrieder als Fahrer und Kolonnenführer. Der Feldwebel gehörte eigentlich nicht dazu. Er kam aus einem Heimatlazarett und hätte eigentlich zur Kampfgruppe Pretz fahren sollen. Diese fuhrwerkte jedoch irgendwo in den Schluchten des Jaila-Gebirges herum. Deshalb hatten sie ihn auf der Frontleitstelle zur 46. Infanteriedivision (ID) geschickt. Diese gehörte zum XXXXII. Armeekorps (AK) des Generalleutnants Hans Graf von Sponeck und hatte die Aufgabe, die Halbinsel Kertsch vor Überraschungen abzusichern. Ihre Bataillone geisterten ziemlich verloren auf dem riesigen Gebiet herum, und das Gros lag im Raum von Kertsch. Hier war es am gefährlichsten, denn hier war die Wasserstraße bloß wenige Kilometer breit. Und drüben auf dem Festland lauerte der Russe. Vor knapp fünf Wochen hatten sie ihn aus seinen stark befestigten Feldstellungen hinausgeworfen; nur dem Armeestab und kleinen versprengten Teilen war es gelungen, sich im allerletzten Augenblick hinüberzuretten und zu entkommen.

In diese unheimliche Gegend hatte es den Feldwebel Trösch verschlagen. Ächzend rutschte er auf seinem Sitz herum. Sein zerschossenes Bein schmerzte und wollte noch immer nicht recht. Hinter ihnen, auf der offenen Ladefläche, trampelten die Männer des Begleitkommandos einen wilden Veitstanz herunter, um sich ein wenig warm zu machen. Es war grimmig kalt. Vom Asowschen Meer pfiff ein eisiger Wind herüber. Er peitschte die herabhängenden Drähte der zerschossenen Telegrafenleitung, trieb wehende Schneeschleier vor sich her und biß durch die dünnen Sommermäntel bis auf die Haut. Die Fahrbahn war in einem elenden Zustand, und das schwere Vehikel schlingerte und stampfte wie eine steuerlose Fregatte auf hoher See und krachte in allen Fugen.

Sie kamen zu der zerstörten Eisenbahnstrecke. Eine Art von Karrenweg führte an ihr entlang. Hier ging es etwas besser, weil der Bahndamm den Wind brach und der Schnee weniger hoch lag.

Unter der Motorhaube röchelte und pochte und klapperte es grauenhaft, aber der Ford zog trotzdem zäh und verbissen durch. Streckenweise schluckte er sogar den dritten Gang.

Jemand bearbeitete die Rückwand des Führerhauses mit Fußtritten.

„Was ist denn?“ fragte der Fahrer gleichmütig. „Haben wir vielleicht ein Wirtshaus übersehen?“

Er stieß den Gang heraus. Auf die Bremse mußte er nicht steigen, denn der müde Karren blieb von allein stehen.

Der Feldwebel kurbelte die Scheibe herunter. Von hinten her schob sich ein entsetztes Gesicht vor, und eine aufgeregte Stimme kreischte: „Flieger!“

„Schon gut“, brummte der Obergefreite. „Laß sie. Sie müssen auch, genauso wie wir.“

Hoch über ihnen sprühten Auspuffflämmchen und schwammen in Richtung Westen. Zu sehen waren die Maschinen nicht. Dem Motorengeräusch nach mußten es sowjetische Nahaufklärer eines veralteten Typs sein. Hier konnten sie's riskieren; hier tat ihnen niemand etwas. Der vermummte Kopf verschwand wieder nach hinten.

Sie kamen an kleinen Bodenerhebungen vorüber. Sie standen wie flachgedrückte Maulwurfshügel am Bahndamm und sahen nach nichts aus. Es waren einmal russische Schützenbunker gewesen.

„Hier hat's uns bös erwischt. Hier ist der Oberstleutnant Kuhn gefallen, der Hauptmann Weyprecht, der Leutnant Haas und fast die ganze 1. Kompanie vom III. Bataillon. Beschissen war das."

„War das auf dem Vormarsch?"

„Auf dem Vormarsch ist das passiert, mitten in der Nacht. Es hat wie aus Kannen gegossen, die Russen sind nur so gelaufen, und kein Mensch hat an so was gedacht. Die Mongolen haben die Kompanie vorübergelassen und dann losgelegt. Und wie! Ich bin gerade bei der Nachhut gewesen. Das werde ich im Leben nicht vergessen."

„Hat denn niemand die Kampfstände..."

„Das sagt sich hernach so leicht. Wir sind seit Tagen marschiert und marschiert, haben uns mit Nachhuten herumgeschlagen und gleichzeitig überall sein müssen; die Augen sind uns zugefallen, und wir haben im Gehen geschlafen. Da kann so was schon mal vorkommen."

„Und wer hat die Russen erledigt?"

„Die Marschsicherung des I. Bataillons. Die ist drüben an dem Bahndamm vorgegangen und dann gleich herübergesprungen. Hat bloß ein paar Handgranaten dazu gebraucht. Die Ausschußscharten sind nämlich nach hinten gegangen, und die Burschen haben nicht schnell genug herausfahren können. Sie liegen noch drin. Die Zugmaschinen der Heeres-Flak (Flugabwehrkanonen) sind einfach über sie drübergerollt."

Fünfhundert Meter weiter standen Lehmhütten. Von rechts herüber schlängelte sich ein Holperweg aus der Steppe heraus, führte durch einen gedeckten Durchlaß im Bahndamm und weiter zu einer kleinen Bucht.

So schäbig das alles auch aussah: Das Nest lag an einem Wegkreuz und war vor sechs Wochen erbittert umkämpft worden. Wie ein Panzerwerk. Durch den Durchlaß und über den Holperweg hatten sich zurückflutende sowjetische Eliteverbände zur Bucht durchgeschlagen und auf Schiffe und Flöße gerettet. Ein usbekisches Schützenbataillon hatte den Rückzug gedeckt und war dabei bis auf den letzten Mann aufgerieben worden. Jetzt standen in dem Durchlaß zwei leichte Feldhaubitzen, und die Beobachter saßen in Bootshütten am Ufer des Asowschen Meeres.

Ortskommandant und Batteriechef war der Oberwachtmeister Andreas Spielvogel. In seinem kurzen Schafspelz und der breiten Fellmütze hätte man ihn für einen russischen Bauern halten können, wenn nicht das „Spiegelei" (Deutsches Kreuz in Gold) und die flache Maschinenpistole gewesen wären.

„Wir machen hier Küstenwache", sagte er und blinzelte schalkhaft. „Solange uns der Iwan nicht draufkommt, werden wir ruhige Zeiten haben. So faul haben wir schon lange nicht mehr gelebt. Nur bei Tag müssen wir von der Oberfläche verschwinden, denn da spionieren ‚Ratas' in der Gegend herum."

Er grinste breit.

„Kommt ihr vielleicht vom Weihnachtsmann? Wir könnten was brauchen. Die Kost ist nämlich nicht besonders, und von daheim wissen wir schon lange nichts mehr."

Ein Unteroffizier kam atemlos angerannt.

„Sie haben angerufen! ‚Meergreis' ist da. Du sollst gleich rüberkommen."

„Jetzt schon?" wunderte sich der Oberwachtmeister. „Es ist ja noch fast eine halbe Stunde Zeit. — Ich komme gleich."

Er lud seine Maschinenpistole durch und nahm sie in die Armbeuge.

„Ich muß zu den Funkern rüber. Kontrollruf oder so was. Wird wahrscheinlich eine Weile dauern."

„Wir machen weiter", stieß Rankrieder hastig hervor, „wir haben noch ein schönes Stück vor uns."

„Na, dann allerseits prosit Neujahr und alles Gute! Und kommt gut heim. Hoffentlich ist dieser Zirkus bald zu Ende."

Er verschwand in der Nacht, das Dunkel verschluckte ihn. Der Wachtposten warf den Karabiner von einer Schulter auf die andere und brummte mürrisch: „So Extratouren habe ich gar nicht gern. Schaffen bloß Unruhe. Wenn's einmal so angeht, ist meistens auch schon eine Laus drin."

Rankrieder hatte es plötzlich eilig.

„Anwerfen!" brüllte er. „Es geht weiter."

Im Weiterfahren verhielt er sich auffallend schweigsam und sinnierte vor sich hin.

„Warum denn auf einmal?" fragte Trösch. „Ist vielleicht der Anruf dran schuld? So was kommt immer mal vor."

„In dieser Gegend und außerhalb der Kontrollzeit? Da muß was passiert sein. Wir müssen schauen, daß wir zum Haufen kommen."

Obwohl es verboten war, drehte er das Nachtmarschgerät an und trat das Gaspedal durch. Die Klapperkiste setzte sich schnaufend in Schwung, und alles an ihr begann zu vibrieren.

„Sie glauben also ...", tastete sich der Feldwebel behutsam vor.

„Sogar sicher. So was riecht man doch."

„Ich habe die Nase noch voll Karbolgestank", entschuldigte sich Trösch. „Alles schmeckt nach Lazarett. Das muß sich erst geben."

Er kurbelte das Fenster herunter. Jetzt klapperte auch noch die Scheibe in ihren Führungsleisten. Trotzdem war das anschwellende Rumsen nicht zu überhören. Es kam von Osten herüber: Infanteriegeschütze, Pak, hin und wieder das Knurren ganz großer Brocken. Der Nachthimmel über Kertsch leuchtete plötzlich matt auf, und über den Horizont stiegen rote

Leuchtkugeln herauf; dutzendweise, flirrend, aufgeregt und mit dünnen, zitternden Lichtschweifen.

Feind greift an!

Das war in der Nacht zum 26. Dezember 1941.

*

Nördlich Kertsch lag ein Zug Küstenwache in dem Verwaltungsgebäude einer Obstkolchose. Für die Wachtposten standen an der Steilküste kleine hölzerne Bunker. Die starken Bohlendecken waren zum Schutz vor Artilleriebeschuß und Teiffliegern mit Sandsäcken bepackt. Kein Mensch kroch jedoch in diese engen Gehäuse hinein. Warum auch? Die Reste der zerschlagenen sowjetischen Krim-Armee waren in die Gefangenschaft gewandert, und der Armeestab hatte sich mit knapper Not über die Meeresenge aufs Festland hinüberflüchten können. Was sollte noch viel kommen?

Die Doppelposten schlenderten wie geruhsame Spaziergänger am Strand herum, beguckten sich neugierig die seltsamen Gebilde, die von den Wellen herangeschwemmt wurden, und dachten an nichts Schlimmes.

„Was sollen wir eigentlich noch hier?“ fragte der Gefreite Schmälz mißmutig. „Hier ist doch nichts mehr los.“

„Vielleicht hier“, murmelte der Obergefreite Tobisch düster. „Aber nur hier. Da hinten spreizt sich nämlich Sewastopol. Erst wenn wir Sewastopol haben, ist auf der Krim und auch hier Feierabend. Eher nicht.“

Die Ablösung kam herangeschlendert.

„Ihr habt die Leuchtpistole vergessen“, sagte der Obergefreite Lohr vorwurfsvoll. „Zum Glück hab ich’s gleich gemerkt und sie weggesteckt. Wenn der ‚Alte‘ draufgekommen wäre, hätt’s wieder einen Riesenkrach gegeben. Er ist ja noch vom letztenmal ganz wild.“

„Blödsinn!“ bellt Schmälz giftig. „Wozu die Kanone dauernd herumschleppen? Hier kommt nichts mehr. Die Brüder sind froh, daß sie drüben sind und nichts von uns wissen. Wenn einer wirklich so beklopft sein sollte, ersäuft oder erfriert er garantiert. Seht euch bloß das einmal an!“

Über die Wasserstraße brodelte eine milchweiße Nebelwand.

„Sind wenigstens die MG gut zugedeckt?“

„Keine Ahnung. Ich hab nicht mal hingesehen, ob sie überhaupt noch da sind. Macht keine so komischen Gesichter! Bei diesem Wetter kommt kein Besuch.“

Lohr hob den Kopf und horchte.

„Was ist denn das?“

„Die Wellen und der Wind“, spöttelte Schmälz. „Das geht schon eine ganze Weile so. Ihr seid vielleicht Helden! Das ist eben ein gottverlassenes Windloch, deswegen mußt du nicht gleich hysterisch werden. — Ich hab davon genug und krieche hinter den Ofen. Viel Spaß!“

„Und es ist doch etwas“, flüsterte jetzt auch Tobisch. Er machte einen langen Hals und starrte in die kochende Nebelwand. „Da!“

Schmälz zuckte zusammen und riß die Augen groß auf. Gedrosselte Motoren tuckerten und Bugwellen schäumten. Aus dem Dampf schoben sich dunkle Schatten heraus. Lohr jagte eine Leuchtkugel schräg in die Luft. Der grelle Schein zerriß die Finsternis. Triefende Gestalten, bis an die Brust im eiskalten Wasser watend, stemmten sich gegen die Brandung und arbeiteten sich heran. Über den Köpfen schwankten leichte MG und Sturmgewehre, andere zogen auf kleinen Flößen Munitionskästen hinter sich her.

Alle fuhren blitzschnell in den Bunker hinein, und schon ratterten die Maschinengewehre. Zwischen zwei Stößen schoß Tobisch rote Leuchtkugeln, auch rechts und links ging es los. Was im Verwaltungsgebäude war, kam herbeigerannt und ging in Deckung. Die ersten Russen schwangen sich herauf, ließen sich fallen und legten einen prasselnden Feuerzauber herüber. Aus der Nebelwand jaulte es jetzt heraus und schlug weiter hinten krachend hinein: Sperrfeuer.

„Mensch!“ schnappte Schmälz, und seine Augen flackerten. „Die machen uns ja zur Sau ...“

„Wenn wir nichts dagegen machen — bestimmt“, sagte Tobisch seelenruhig. Er lugte vorsichtig über den Rand des Bunkerschlitzes. „Die erste Welle ist fast schon zerbröselt. Pack die Handgranaten und die Muni, und los!“

„Wo willst du hin?“ kreischte Schmälz entsetzt auf.

Eine Wurfmine kam herangetorkelt; sie war jedoch zu kurz angesetzt und plumpste zwei Meter vor dem Bunker in den weichen Schnee. Tobisch duckte sich blitzschnell und riß seinen Kameraden mit sich nach unten. Der Detonationsdruck fauchte herein, Splitter jaulten und pfiffen.

„Raus!“ brüllte Tobisch.

Über ihnen begann eine Maschinenpistole zu hämmern. Das war Unteroffizier Preittensteiner. Einer Gruppe Rotarmisten, die schon zum Greifen nahe heran war, wurde ein jähes Ende bereitet. Tobisch warf das MG hinaus, die Munitionskästen hinterher und stieß dem wimmernden Gefreiten die Faust zwischen die Rippen.

„Mach schon! Willst du hier verrecken?“ Er stemmte sich hoch und ließ sich blitzschnell hinausrollen. Aus benachbarten Bunkern schnatterte Leuchtspur heraus und züngelte den Angreifern entgegen. Im Liegen warf Tobisch Handgranaten. Das verschaffte ihm etwas Luft. Jetzt packte er das MG und hetzte nach vorn; Preittensteiner und Schmälz sausten mit den Munitionskästen hinterher. Der Gefreite hatte den lähmenden Schock von sich abgeschüttelt und war jetzt eine gute Stütze geworden.

Die zweite Welle der Angreifer watete brüllend durch die gischtenden Brecher und schob sich näher. Lohr, Murauer und noch ein paar andere lagen schon in Deckung und feuerten. Die Garben mähten die Stürmenden reihenweise um. Aber immer wieder tauchten weitere Rotarmisten auf. Und jetzt schob sich eine gepanzerte Platte vor, eine Schnellfeuerkanone brüllte auf, deckte das Häuflein zu und zwang es zu Boden. Der Unteroffizier Preittensteiner lag neben Tobisch und machte sich ganz dünn.

„Lange wird das nicht gehen“, sagte er stöhnend und biß die Zähne zusammen. „Mich hat es im Rücken erwischt, und die Beine sind wie abgestorben.“

„Kriechen Sie zurück“, keuchte der Obergefreite. „Warum kommt denn nichts vor? Schlafen denn die Brüder?“

Leutnant Rott kam herangekrochen.

„Absetzen, Preittensteiner! Es geht nicht. Bis zu den Russenbunkern zurück! Vielleicht können wir dort...“

Es riß ihn plötzlich herum, und dann lag er mit dem Gesicht im Schnee und rührte sich nicht mehr. Der Feldwebel Feuermacher schob sich näher.

„Herr Leutnant! Herr Leutnant!“

„Ist nicht mehr!“ schrie Tobisch. „Sie können den Zug übernehmen.“

„Es ist nicht mehr viel da“, erwiderte der Feldwebel. „Alles zurück. Weiter oben sind sie schon durch. — Haut ab!“

„Zu den Bunkern?“

„Da stecken wahrscheinlich schon Rote drin. Dann eben drumherum und hinter die eingegrabenen Panzer. Dort steht Pak und sichern Pioniere.“

„Wissen das auch die anderen?“

„Welche anderen? Es gibt keine mehr, ihr seid die letzten. Macht schon endlich und verschwindet!“

„Nehmt den Preittensteiner mit“, drängte Tobisch. „Lohr und ich geben euch Feuerschutz.“

Sie schwenkten ihre Maschinengewehre herum und schossen Dauerfeuer. Jetzt durften sie nicht mit Munition sparen, jetzt kam es auf Sekunden an. Die Russen waren überall.

Als Murauer und Schmälz den Unteroffizier aufheben wollten, hing er schlaff in ihren Armen. Im Lichtschein einer Leuchtkugel sah Murauer das ausgezackte schwarze Loch im Stahlhelm, dicht über der linken Schläfe. Er ließ den leblosen Körper fallen, griff in den Halsausschnitt des Toten und riß die Erkennungsmarke von ihrer Schnur ab. Zu mehr war nicht Zeit, denn das Urräh-Gebrüll klang schon gefährlich nahe. Lohr und Tobisch schossen den letzten Gurt leer, schleuderten den heranstürmenden Rotarmisten Handgranaten entgegen, warfen die MG über die Schultern und rannten um ihr Leben.

Die Kolonne des Obergefreiten Rankrieder fuhr wie die Feuerwehr. Jetzt sogar mit voll aufgeblendeten Lichtern. Anders wären sie todsicher in die nächsten Bombentrichter hineingerumpelt und hätten sich erschlagen. Vor ihnen, noch fünfzehn bis zwanzig Kilometer entfernt, zuckte der Widerschein von Abschüssen über den nächtlichen Himmel, und Leuchtkugeln flirrten in allen Farben.

„Ob wir das überhaupt noch schaffen?“ sagte Feldwebel Trösch besorgt.

„Wir müssen. Die Munition und der Sprit werden gerade jetzt dringend gebraucht. Es geht um was, also müssen die Mühlen noch eine Weile werkeln.“

Eine Zeitlang fuhren sie schweigend weiter. Die Lichtkegel der Scheinwerfer tanzten auf und nieder. Tiefe Löcher, Bombentrichter, breitgewalzte Wegsperren, Wassergräben. Es wurde eine wilde Slalomfahrt auf Biegen und Brechen.

„Hoffentlich sind nicht gerade jetzt Russen in der Luft", murmelte Trösch. „Bei dem Lichtzauber, den wir hinlegen!"

„Geht nicht anders. Wir müssen fahren, was drinsteckt; zu erschleichen ist da nichts. Wenn wir zu spät kommen, ist alles aus."

Eine Faust trommelte hart gegen die Scheibe des Führerhauses. Rankrieder nahm das Gas weg und stieß den Wagenschlag zu einem Spalt auf.

„Der Maras ist abgerissen!" schrie einer von der Begleitmannschaft herein.

Der Obergefreite Maras fuhr den schweren Dreiachser. Sein Beifahrer kam angerannt.

„Die Karre ist verreckt und will nicht mehr!"

Rankrieder drehte die Lichter aus, sprang aus dem Fahrzeug und sauste nach hinten. Die ganze Kolonne stand. Maras jammerte verzweifelt: „Bis jetzt ist es wie geschmiert dahingegangen. Auf einmal war es aus."

„Vielleicht kein Sprit?"

„Sprit genug. Hab schon nachgesehen. Noch halb voll. Muß was anderes sein."

Feldwebel Trösch kam nach.

„Will er nicht? Dann keine langen Geschichten machen. Anhängen! Wir müssen weiter."

Rankrieder schüttelte den Kopf.

„Den anhängen? Der hat gut seine zwölf Tonnen, der reißt dem Schlepper das Beuschel heraus. — Probier einmal zu starten."

„Hab ich schon, geht nicht. Nicht einmal das Ritzel beißt an. Kein Anlasser, kein Licht — nichts."

„Nimm meinen Wagen", entschied der Obergefreite. „Ich mache das schon und komme dann nach. Steh nicht herum, nimm meinen Wagen und fahr damit los! Nur paß auf die Kupplung auf. Die rupft schon, aber bis Kertsch muß sie halten."

Feldwebel Trösch war entsetzt.

„Sie wollen mit diesem Sperrschiff, das nicht geht, allein hier zurückbleiben? Das ist doch verrückt. Anzünden und stehenlassen! Auf meine Verantwortung."

Der Obergefreite sah ihn groß an.

„Da sind die neuen Sondergranaten drauf, Herr Feldwebel. Und gerade die werden jetzt gebraucht. Zum Umladen ist keine Zeit, und die anderen sind auch so schon bis oben voll. Fahrt also weiter. Ich bringe das in Ordnung und komme dann nach."

„Und wenn nicht?"

„Dann ist wenigstens nicht alles auf einmal im Eimer. Ich schlage mich schon durch."

Trösch gab sich einen Ruck.

„Schön! Sie sind hier der Verantwortliche. Ich bleibe bei Ihnen. Der Beifahrer soll mit auf Ihren Wagen."

Die Kolonne fuhr wieder an, die Schlußlichter verglühten, und die beiden standen mit dem bewegungslosen Karren mutterseelenallein in der verschneiten Steppe.

Rankrieder schaltete die Zündung ein — das Kontrollämpchen blieb schwarz. Er drückte auf den Anlasserknopf — nichts! Kein Standlicht, keine Scheinwerfer, kein Nachtmarschgerät, nicht der leiseste Lichtschimmer, alles tot.

Feldwebel Trösch stand dabei und sah zu. In ihm stieg es heiß auf, und der Halskragen wurde ihm zu eng. Nur der Obergefreite nickte befriedigt: „Das kann nicht viel sein. Wenn wir Glück haben, rauschen wir in zehn Minuten wieder dahin."

Jetzt ist er auch noch verrückt geworden! fuhr es Trösch durch den Kopf.

Rankrieder schob die Sitze zur Seite und leuchtete mit der Taschenlampe in den Raum darunter hinein. Und schon hatte er es! Die Klemme des Massekabels hatte sich vom Batteriepol gelöst. Das war alles. Er nahm einen Schraubenzieher und schloß die Batterie kurz. Kräftige Funkenbündel klatschten. „Gleich, Herr Feldwebel", sagte er lachend. „Es reicht nicht einmal auf eine Zigarette."

Mit ein paar Handgriffen machte er die Klemme wieder fest. Das Kontrollämpchen leuchtete auf. Jetzt ein Druck auf den Anlasserknopf, und der Motor war auch schon da.

„Gelernt ist gelernt", sagte Trösch bewundernd. „Ich bin zwar auch vom Fach, aber im Anfang hat es mir einen Riß gegeben. Jetzt geht es wieder."

Eine kleine Ansiedlung wuchs aus dem Dunkel heraus, die Scheinwerfer geisterten über langgestreckte Schuppen und Baracken hinweg. Am Bahndamm stand eine Verladerampe auf hohen Pfostenbeinen, eine primitive Auffahrt führte zu ihr hinauf. Dann noch ein nach drei Seiten hin offenes Flugdach, von dünnen Pfählen getragen. Am Weg stand eine vermummte Gestalt und winkte aufgeregt.

„Vorsicht!" warnte der Feldwebel und entsicherte seine Pistole.

„Das ist Voronowskaja", sagte Rankrieder. „Nur eine Verladestelle. Hier liegt ein Bauzug von der Organisation Todt und wartet auf Material. Schon seit drei Wochen. Die Schienen sollen nämlich auf deutsche Normalspur umgenagelt werden. Es sind aber noch nicht einmal die Nägel da."

„Licht aus!" brüllte der Posten.

Ein Brocken von Kerl, mehr breit als hoch, trat an den Wagen heran und schimpfte: „Ihr seid vielleicht Komiker! Kommt wie ein Christbaum daher, und dabei ist allerhand in der Luft."

„Sind Fahrzeuge hier durchgekommen?"

„Sind! Auch so lustige Feuerwerker wie ihr. Stehen drin im Kaff und warten auf euch, weil sie nicht wissen, was sie jetzt machen sollen. Es sind nämlich einige Sachen passiert, und kein Mensch kennt sich aus."

Die Wagen standen vor einer Baracke. „Stanica (Station) 17“ stand auf der Giebelwand des hölzernen Vorbaus. Ein älterer Mann rannte frierend um sie herum, das langschäftige Gewehr trug er wie eine Jägerbüchse mit der Mündung nach unten.

In der leeren Stube stand ein Oberfeldwebel und schnaufte erleichtert: „Da seid ihr ja endlich! Wir haben schon ohne euch loszuckeln wollen.“

„Wohin?“

„Nach Kostron. Das soll irgendwo bei Kertsch sein. Ganz genau weiß ich das selber nicht. Vorhin ist der Befehl gekommen. Wir werden eingesetzt. Wo und warum und als was, hat man uns nicht gesagt.“

„Ihr wollt doch auch nach Kertsch oder wenigstens in die Nähe. Das wäre unsere Richtung. Könnt ihr uns mitnehmen? Wir sind dreißig Mann und zu Fuß nicht besonders gut!“

Er sah Trösch erwartungsvoll an. Der Feldwebel wich aus:

„Ich gehöre nicht dazu, da mußt du schon mit diesem Obergefreiten reden.“

„Mir ist jeder recht, wenn er uns nur von hier fortbringt. Hier kommt man sich scheußlich verlassen und verkauft vor. — Also?“

„Habt ihr viel Zeug?“

„Bloß ein paar Schippen und Schaufeln und was jeder so an Klamotten mit sich herumschleppt. Es muß nicht gerade ein Möbelwagen sein. Wir werden uns irgendwo hineinquetschen und ganz dünne machen.“

„Wir fahren gleich weiter.“

„Wir müssen auch, Herzensjunge, wir auch“, sagte der Oberfeldwebel erfreut. „Je eher, je lieber. Wir haben hier herum keine Verwandten.“

Draußen rauschte es hernieder. Und dann krachte es. Die Hütte wackelte, und die trübe Petroleumfunzel erlosch. Er rumste noch einige Male, aber das war schon wieder weit draußen, jenseits des Bahndammes. Die Tür wurde aufgerissen, und jemand plärrte herein: „Volltreffer ins Depot! Alles brennt.“

„Es wird Zeit“, drängte Rankrieder. „Verteilt euch auf die Fahrzeuge, wo gerade Platz ist. Wir hauen ab.“

Jetzt ging alles blitzschnell, denn jeder wußte genau: Wo ein Brand aufloderte, wurde noch mehr hineingeschmissen. Die Verladerampe brannte lichterloh, und aus dem Lagerschuppen schlugen Flammen heraus. In das Prasseln und Fauchen mischte sich brüllendes Motorendröhnen und näherte sich rasch. Eine Leuchtbombe glomm müde auf, pendelte unschlüssig hin und her, verspritzte magere Funkenbündel, wollte jedoch nicht recht und fiel wie ein Stein zu Boden. Die Bautruppler warfen ihre Bündel auf die Lastkraftwagen und kletterten hinterher. Der Russenflieger donnerte über die Ladestelle drüber, drehte eine Schleife und setzte neuerlich an. Aber da war die Kolonne schon in der schwarzen Steppe draußen und rumpelte querfeldein.

*

Die Nachricht, daß sowjetische Kräfte nördlich und südlich von Kertsch gelandet waren und Brückenköpfe errichtet hatten, schlug im Armeehauptquartier wie eine Bombe ein. General von Manstein biß sich auf die Lippen und knurrte: „Na, Herr von Klauder, zufrieden?"

Der Chef des Stabes überhörte die Anspielung.

„Mir wäre lieber, ich hätte unrecht gehabt. Das hat uns gerade noch gefehlt."

„Ist der Russe stark?"

„Genauere Meldungen fehlen noch, Herr General. Immerhin sollen ihm kleine Brückenköpfe gelungen sein. Ein Anfang ist es."

„Und was sagt der Sponeck dazu?"

„Bisher hat er nichts von sich hören lassen."

„Das ist zu verstehen; er wird alle Hände voll zu tun haben."

Er beugte sich über die Karte.

„Im Raum Kertsch liegen Teile der 46. Division. Der Himer wird doch hoffentlich etwas dagegen unternommen haben."

„Die Division ist über die ganze Halbinsel verstreut, Herr General", gab der Stabschef zu bedenken. „Er muß sich erst etwas zusammenkratzen. So schnell wird das nicht gehen."

Manstein zog die Brauen zusammen.

„Nichts als ‚wenn' und ‚aber'! Soll ich jetzt vielleicht — nur weil ein paar Russen irgendwo weit hinten an Land spaziert sind und sich Löcher gegraben haben — den Angriff auf Sewastopol abblasen und alles aufs Spiel setzen? Wo wir gerade so schön im Schuß sind? Das kann nicht einmal der schwärzeste Schwarzseher von mir verlangen."

„Ich werde alles versuchen, um General von Sponeck zu erreichen."

„Tun Sie das, aber rasch! Dann werden wir ja sehen. Viel kann nicht passieren. Der Sponeck ist alles andere als ein Angsthase, das hat er wiederholt bewiesen; auf ihn können wir uns verlassen, auch wenn es knüppeldick kommen sollte. — Haben sich noch weitere alarmierende Nachrichten ergeben?"

„Vorläufig nicht, Herr General."

„Vorläufig!" seufzte der Oberbefehlshaber. „Herr Klauder, Sie machen es einem schwer. Aber schließlich kann niemand aus seiner Haut heraus, und manchmal behalten auch die Pessimisten recht. Ich möchte nicht so leben. — Schon wieder etwas?"

Der Ia hatte die Stube betreten und schloß die Tür hinter sich ab.

„Nanu", wunderte sich der General. „So feierlich? Also etwas Besonderes."

„v. Sponeck hat sich gemeldet."

„Na also! — Und was will er?"

Der Ia zögerte.

„Keine Faxen, Kerbler, ich bin einiges gewohnt. Heraus mit der Sprache! Was will er?"

„Kertsch räumen."

Den General riß es herum.

„Waas? Was haben Sie da gesagt?"

„In Anbetracht der völlig veränderten Lage bittet General von Sponeck, die Halbinsel räumen und die 46. Division auf die Linie Feodosia—Parpatsch zurücknehmen zu dürfen."

Manstein schnappte nach Luft.

„Ist er denn schon ganz verrückt geworden? Kertsch räumen? Genau das bezwecken doch die Sowjets mit ihrem Theaterdonner!"

Er rannte erregt in der Stube auf und ab. „Was sagen Sie dazu, Klauder?"

„Das ist unmöglich, Herr General, ganz unmöglich. Wir würden uns selbst den Rücken entblößen. Sponeck muß halten, und wenn er das ganze Korps hineinwerfen müßte."

„Sehen Sie, so gefallen Sie mir schon besser. Bringen Sie ihm das bei. Aber scharf! Kann gar nicht scharf genug sein. Den Sponeck kenne ich. Weiß der Deubel, was ihm da wieder über die Leber gelaufen sein mag. Sonst ist der doch nicht so."

Er überlegte.

„Aber das von ‚das ganze Korps hineinwerfen' sagen Sie lieber nicht. Wenn er stur wird, tut er das vielleicht wirklich. Nicht auszudenken, was dann alles passieren könnte. Es muß auch so gehen."

General Himer raffte alles zusammen, was er im Augenblick erreichen konnte, und warf es gegen die noch schwachen sowjetischen Brückenköpfe. Die Bataillone mußten marschieren, weil es an schnellen Transportmitteln fehlte. Das brauchte seine Zeit, und inzwischen konnten sich die Kaukasier festkrallen. Im Schanzen und Einbuddeln waren sie Meister. Kaum hatten sie sich hingeworfen, steckten sie auch schon in tiefen Löchern und Gräben drin. War es einmal soweit, dann mußte jedes Schützenloch, jede Bodenerhebung und jede flache Mulde einzeln erstürmt und im Nahkampf genommen werden. Das kostete Zeit und Blut. Auf beiden Seiten.

Inzwischen brachten Kutter und Motorfähren unaufhörlich frische Kräfte und Material vom Festland herüber. Diesiges Wetter und Nebel begünstigten die Landungsoperationen und legten die deutsche Luftwaffe lahm.

Anfangs gab es keine klaren Fronten, alles ging wirr durcheinander, und niemand wußte auch nur annähernd, wie es in der allernächsten Umgebung aussah. Auch die Sowjets nicht. Wenn ihre rückwärtigen Verbindungen abrissen und der Nachschub ausblieb, verschanzten sie sich da, wo sie gerade standen, in Bomben- und Granattrichtern oder in alten, zum Teil zerstörten Auffangstellungen. Und warteten ab.

Ein kleiner deutscher Spähtrupp prellte zu weit vor, verfranzte sich und steckte schließlich fest. Russen überall! Die Lage begann kritisch zu werden. Glücklicherweise war Feldwebel Gleichauf ein ausgekochter Einzelgänger, ließ sich nicht gleich ins Bockshorn jagen und behielt die Nerven.

Solche Kleinigkeiten konnten ihn nicht aus der Ruhe bringen; derlei hatte er schon des öfteren mitgemacht und sich am Ende immer wieder irgendwie herausgewurstelt. Jetzt hockte er mit seinem Häuflein hinter einer verschneiten Hecke und schnüffelte nach einem Schlupfloch, durch das sie vielleicht wieder hinausfahren konnten.

„Magritz", sagte er zu dem alten Obergefreiten, „jetzt heißt's zaubern. Anders kommen wir von hier nicht raus."

„Lange warten dürfen wir nicht", nickte Magritz. „Jetzt ist es noch nicht einmal elf, und vor drei wird's nicht dunkel genug. Das sind noch gute vier Stunden. Sollen wir so lange in der Auslage liegenbleiben und warten, daß uns vielleicht wer abholt?"

„Nee", bestätigte der Feldwebel, „können wir nicht. Dann ist der Laden hier zu. Wir müssen raus. Aber wohin auf dieser offenen Freilichtbühne?"

„Wir haben alleweil was gegen Wälder gehabt. Jetzt wäre einer schön, zum Verschwinden. Die magere Hecke ist nichts; von weit her sieht einen da jeder herumhoppeln."

Der Gefreite Bormann tauchte auf. Er hatte sich ein wenig in der Gegend umgesehen.

„Drüben stehen Hütten", berichtete er. „Schau'n sich ganz friedlich an. Die Hecke geht fast bis hin. Vielleicht könnte man 'rankommen. In der Nähe ist nichts, bloß rechts und links ziehen sie durch die Bodenmulde. Wie die Zigeuner. Müßte eigentlich gehen."

„Dann munter drauflos!" sagte Gleichauf. „Viel Auswahl haben wir nicht. Es muß mit Frechheit gehen."

Weit auseinandergezogen, schlichen sie im Schutz der Hecke auf die Hütten zu. Aus einer stieg dünner Rauch auf; zu sehen oder hören war jedoch nichts. Ganz links flackerte matter Gefechtslärm auf: ein russisches MG und ein paar Karabiner. Eine Kesselschlacht war das bestimmt keine. Also weiter!

Ein Zweitakter knatterte. Von rechts herüber kam ein einzelnes Krad den Hang heruntergehüpft.

„Es ist also doch jemand drin", flüsterte Gleichauf. „Aber was? Von uns bestimmt niemand."

Das Krad näherte sich der Wegkreuzung. Der Fahrer war in einen dicken weißen Pelz gehüllt.

„Das ist kein gewöhnlicher Melder", behauptete Kratsch.

„Den schnappen wir uns", flüsterte der Feldwebel. „Aber ohne viel Krach. Die im Dorf dürfen nichts merken, täten gleich rebellisch werden. — Kratsch und Bormann, ihr schneidet ihm den Weg ab und ..."

Mit ohrenbetäubendem Prasseln kamen zwei Tiefflieger dahergefegt. Keine dreißig Meter über dem Boden. Auf den Rümpfen und den Leitwerken leuchteten knallrote Sterne. Die Maschinen wischten über die Hecke drüber und jagten auf die Ortschaft zu. Die Bordwaffen hämmerten.

„Verdammt!" schnaufte Gleichauf. „Da sind unsere Leute drin. Wieso eigentlich?"

Die Russen stiegen steil in die Höhe, stießen in den Dunst hinein und verschwanden darin.

„Jetzt aber fix!" drängte der Feldwebel und sprang auf. „Hier dürfen sie uns nicht erwischen."

Die Jäger kamen jedoch nicht zurück. Das Motorengeräusch wurde schwächer und schwächer und erstarb schließlich ganz. Das Häuflein hastete weiter. Wenige Schritte vor der Wegkreuzung lag das Krad in einem Bombentrichter, ein paar Meter weiter der Mann mit dem Pelzmantel.

„Er hat sich das Genick gebrochen", stellte Kratsch sachkundig fest. „Sonst fehlt ihm nichts. Wahrscheinlich hat er im Schreck den Bock verrissen, und es hat ihn hingestreut. Im Pelz ist kein Loch und kein Riß zu sehen. Ein pikfeines Stück!"

Der Tote trug die Rangabzeichen eines sowjetischen Artilleriemajors, seine lederne Meldetasche war mit Papieren vollgestopft. In einem Seitenfach steckte eine Lageskizze; sie war mit roten und blauen und grünen Richtungspfeilen, mit Schraffenflächen, Zahlen, Uhrzeiten und Daten und seltsamen Zeichen bekritzelt.

Der Feldwebel strahlte über das ganze Gesicht.

„Die ist mehr wert als hundert Pelzmäntel, Kinder! Nämlich ein Stück vom russischen Fahrplan. Und das Papierzeug wird den Rest erzählen. Wißt ihr auch, was das bedeutet? Jetzt werden wir die Weichen stellen und ins Horn pusten!"

Die Kompanie lag in einem Gutshof, zusammen mit Pionieren und Teilen einer Abteilung Heeres-Flak. Die Flak (Flugabwehrkanonen) setzte sich gerade in Marsch, die Pioniere machten sich fertig. Feldwebel Gleichauf wollte sich beim Chef zurückmelden.

„Geht leider nicht mehr", sagte der Hauptfeldwebel. „Jetzt führt Leutnant Toman den Haufen. Und du mußt seinen Zug übernehmen."

„Und der Oberleutnant?"

„Gefallen! Er und der Kaller und der Rirsch und noch ein paar andere. Kaum, daß ihr davon wart, ist der Wirbel losgegangen. Wir warten nur noch auf das Bataillon, dann werden wir gleich wieder eingesetzt. Das hier ist bloß so was wie eine Gefechtspause."

Leutnant Toman tauchte auf.

„Hauptfeldwebel, antreten lassen! Das Bataillon ist umdirigiert worden, und wir schließen uns den Pionieren an. Abmarsch in zehn Minuten. Ich bin froh, daß Sie wieder da sind. Sie übernehmen meinen Zug. Zu erklären brauche ich Ihnen wohl nichts. — Ich mache bloß noch einen Sprung zu der Fernsprechvermittlung hinüber; vielleicht ist dort etwas zu erfahren."

„Mit den Pionieren?" brummte der Hauptfeldwebel düster. „Das wird keine große Begeisterung geben ..."

General Himer wartete nicht lange auf ein Wunder, sondern warf alles, was er zusammenraffen konnte, gegen die sowjetischen Brückenköpfe nördlich von Kertsch. Passieren durfte allerdings nichts, denn er hatte keine Reserven. Das war gefährlich, aber es ging im Augenblick nicht anders. Er riskierte es, setzte alles auf eine Karte und fuhr drein, als stünde ein ganzes Korps hinter ihm. Jetzt kam es darauf an, wie stark der Gegner schon war.

Die Geschütze ließ er dicht hinter der vordersten Linie auffahren. Sie trommelten auf die Brückenköpfe los und riegelten hinter ihnen ab; dann stießen die Sturmtrupps hinein. Die Kaukasier wehrten sich tapfer und verbissen, waren jedoch noch schwach und konnten dem wilden Ansturm nicht standhalten. Fast alle hatten bei dem stundenlangen Warten im eiskalten Wasser vor der Steilküste schwere Erfrierungen erlitten; außerdem hatten sie noch keine schweren Waffen. Die Brückenköpfe wurden eingedrückt, aufgerissen und schließlich zerschlagen. Den nachstoßenden deutschen Truppen bot sich ein grauenhafter Anblick: Tote und Sterbende in zerstampften Löchern und eingesunkenen Gräben, in eingedrückten Erdbunkern und auf blankem Boden. Was dazwischen noch lebte und herumkroch, verfeuerte die letzten Patronen und wehrte sich dann mit Gewehrkolben und Spaten, mit Eisenstangen und Holzprügeln. Die Verwundeten waren zu Eisklumpen zusammengefroren; mit der Strömung trieben Scharen von Leichen und tanzten in der Brandung gespenstisch auf und nieder.

Südlich der Stadt konnten sich die Sowjets an einigen Stellen behaupten; sie wurden jedoch abgeriegelt und solcherart — wenigstens für den Augenblick — unschädlich gemacht. Obwohl sie von ihrem Nachschub abgeschnitten, ohne Verbindung zu ihren rückwärtigen Stellen, ohne Verpflegung und ärztliche Versorgung und fast schon ohne Munition waren, kämpften sie weiter und ergaben sich nicht.

Von den wenigen Gefangenen war nicht viel zu erfahren. Aus einem eingestürzten Bunker wurde ein sowjetischer Stabsoffizier herausgeholt. Er hatte Splitter im Rücken, im Bauch und in der Brust. Ein Unterarzt putschte das fast schon erloschene bißchen Leben mit Spritzen auf. Die Augen des Russen gingen von einem zum anderen. Er schwieg jedoch auf alle Fragen und dämmerte hinüber. In seiner Kartentasche fanden sich Anweisungen und Einsatzbefehle. Aus ihnen ging hervor, daß die gelandeten Verbände zur 51. sowjetischen Armee des Generals Lwow gehörten.

Die Kompanie war stark angeschlagen und wurde deshalb herausgezogen. Der Zug Gleichauf bestand nur noch aus elf Mann. Die alten Hasen waren noch da, die Neulinge hatte es erwischt. Bis auf den Gefreiten Bormann. Auch er war schon nahe daran gewesen, aber im letzten Augenblick hatte ihn der Obergefreite Kratsch heraushauen können. Jetzt hockte das Häuflein in einer Baracke am Rande der Stadt und reinigte die Waffen. Diese waren wichtig und gingen vor; von ihnen hing oftmals alles ab.

„Ob jetzt für ein paar Tage Ruhe sein wird?“ meinte der Obergefreite Flach nachdenklich.

„Bestimmt!“ behauptete Magritz. „Die haben für eine ganze Weile genug, die kommen nicht so bald wieder.“

„Da bin ich nicht so sicher“, widersprach Gleichauf.

In den ersten Nachtstunden zog das Pionierbataillon 46 durch die Steppe und bewegte sich westwärts. Das Bataillon war schon seit zehn Stunden auf dem Marsch, hatte gegen Schneetreiben und Stürme ankämpfen müssen und war am Ende seiner Kraft. Schon rissen kleinere Gruppen vom Gros ab und torkelten hinterdrein. Der Haufen drohte auseinanderzufallen. Der Kommandeur beorderte also die Kompanieführer zu sich nach vorn. Was er von ihnen zu hören bekam, war nicht sehr ermutigend.

„So geht es nicht weiter", entschied er. „Jetzt kommt bald Feodosia. Das schaffen wir noch. In Feodosia ziehen wir unter. Zumindest für den Rest der Nacht. Schicken Sie also Quartiermacher voraus, meine Herren. Irgendwo wird sich ein Plätzchen für uns finden. Ich glaube nicht, daß das Nest übermäßig mit Truppen vollgestopft sein wird. Halten Sie jedoch den Haufen wenigstens einigermaßen ordentlich zusammen; ich möchte nicht daß wir wie Zigeuner angeklappert kommen."

In Feodosia war Platz genug. Man konnte sich's aussuchen. Von der Abteilung Heeres-Küstenartillerie, die den Schutz des Hafens übernehmen sollte, waren bisher bloß der Stab und das Stabspersonal und vier 10,5-cm-Kanonen eingetroffen. Zusammen mit der deutschen und einer tschechischen Beutehaubitze nahm sich diese Hafenbestückung ziemlich dürftig aus. Im Ernstfall würde dieses Arsenal nicht viel zeigen können.

„Kommt alles noch", behauptete der Ortskommandant zuversichtlich. „Es kann sich höchstens nur noch um Tage handeln. Außerdem ist hier nichts los."

„Hoffentlich reden Sie sich das nicht selbst ein", sagte der Pionierführer mißtrauisch. „Kann ich nicht recht glauben. Ich habe ganz andere Sachen erlebt. Und was haben Sie sonst noch hier?"

„Da ist noch ein Zug Panzerjäger."

„Haben sie auch etwas mit, womit sie nötigenfalls Krach machen können?"

„Zwei Pak, Kaliber 3,7."

„Mager, Herr Kamerad, sehr mager! Ein mattes Süppchen, falls alle auf einmal zum Essen kommen sollten."

„Es ist auch noch ein Sturmbootkommando da."

„Das können Sie in hellen Mondscheinnächten auf Fischfang schicken. Viel mehr nicht. — Ist das alles?"

„Teile eines rumänischen Regimentstrosses haben sich bei uns einquartiert und warten hier, bis ihr Stab eintrifft. Sie haben allerdings keine Fahrzeuge und stehen unter eigenem Kommando."

Der Pionierführer schnitt eine Grimasse.

„Die schenke ich Ihnen zum Frühstück. Mitsamt dem Kommando."

Er überlegte.

„Sie können schließlich nichts dafür, aber am liebsten möchte ich gleich wieder weiter. Dieses Lokal ist mir unheimlich."

Die Wachtposten standen am Hafenkai beisammen und flüsterten miteinander. Sie hatten die Mantelkragen hochgeschlagen, die Fäuste in die Taschen hineingebohrt und die Gesichter dick mit Kopfschützern umwickelt, denn vom Schwarzen Meer blies ein eisiger Wind herüber. Unter ihnen glucksten die Wellen gegen die Kaimauer und dünne Schaumkränze glitzerten. Die Männer schoben ihre Stahlhelme ins Genick, hielten die Köpfe schief und horchten. Da drüben lag Sewastopol und der aus dem Fels herausgehauene Steinblock der Festung, die starken Vorwerke mit ihren Betonklötzen und Panzerkuppeln. Das waren bloß hundert Kilometer, aber die Abschüsse und die Einschläge krachten, als wäre es nicht viel mehr als ein Katzensprung.

„Allerhand!" sagte der Gefreite Kochthaler. „Die legen vielleicht was drauf. Da möchte ich jetzt nicht sein."

„Das geht schon seit gestern so. Daß da überhaupt noch was ganz ist."

„Ist doch alles lauter Beton und Stahl. Und Beton und Stahl halten was aus. Da kann man eine ganze Weile drauflostrommeln."

Die Doppelposten vom Bootshaus kamen herübergeschlendert.

„Da drüben geht's aber zu! Die Stadt soll schon lichterloh brennen. Nicht mehr lange, und der Steinhaufen wird gewesen sein."

„Daß du dir bloß nichts eintrittst! Die alte Seeräuberbraut hat ein dickes Fell und verträgt schon einiges; die macht so schnell nicht schlapp."

Aus dem Dunkeln rauschte es heran. Bugwellen schäumten und schwappten gegen die Kaimauer. Dann flammten Scheinwerfer auf, leuchteten die deutschen Geschützstände an und hielten sie fest. Mündungsfeuer schwerer Schiffsartillerie zuckten auf. Im Schutz einer mächtigen Feuerglocke liefen russische Motorkutter in den Hafen, legten an und spien ihre Fracht aus.

In aller Eile wurde vor der Stadt eine Sicherungslinie aufgezogen. Dazu mußte alles ausgeräumt werden, sogar die Werkstätten, das Verpflegungslager und die Feldpoststellen. Ihr Rückgrat bildeten die Männer des Pionierbataillons, das erst vor drei Stunden todmüde in Feodosia untergezogen war.

„So ähnlich habe ich mir das vorgestellt!" wetterte der Bataillonskommandeur. „Wir sind wieder einmal vom Regen in die Traufe geraten. Woher, zum Teufel, kommen alle diese Paddelbrüder?"

„Übers Schwarze Meer herüber", antwortete der Adjutant und lud seine Maschinenpistole durch.

„Himmelherrgott noch mal, und wo hat unsere Luftaufklärung gesteckt?"

„Über Sewastopol, Herr Oberst. Alles über Sewastopol."

Im gleißenden Lichtschein von Dutzenden zischender Leuchtkugeln stand die russische Armada drohend vor der Hafeneinfahrt: ein schwerer Kreuzer, zwei oder drei Zerstörer und eine Unzahl von gepanzerten Kuttern.

„Das ist kein Kertsch mehr, diesmal wird es blutiger Ernst!" schrie der Pionierführer dem Hafenkommandanten zu. „Setzen Sie sich sofort mit dem Korps in Verbindung. Die Herren müssen etwas dagegen unternehmen. Aber bald!“ Und schnaufend setzte er hinzu: „Mit diesem müden Haufen werde ich nicht lange halten können.“

*

Im Armeehauptquartier hatte alles nur Augen für die Sewastopolfront und für die deutschen Angriffskeile, die schon tief in den inneren Verteidigungsring der Festung eingedrungen waren. Stoßtrupps des Infanterieregiments 16 hatten sich bis an das Vorfeld des feuerspeienden Panzerwerks „Stalin“ herangearbeitet und eingegraben. Die Entscheidung stand unmittelbar bevor. Sobald Fort „Stalin“ fiel, war der Weg zur Hafenbucht frei; dann waren es nur noch acht Kilometer bis zur Sewernaja.

Die Nachricht, daß sowjetische Kriegsschiffe in Feodosia eingelaufen waren, die Küstenverteidigung niedergekämpft und Truppen gelandet hatten, warf alles mit einem Schlag über den Haufen. Im Kartenzimmer war es so still, daß man das Fallen einer Nadel gehört hätte. Der Chef des Stabes malte dicke rote Pfeile quer durch das Hafengebiet und die Stadt, und darüber hinaus eine gestrichelte Linie in Richtung Parpatsch.

General von Manstein sah ihm argwöhnisch zu und knurrte: „Sie machen ja ganz so, als wäre es schon passiert. Wollen Sie nicht gleich auch das Staatsbegräbnis bestellen?“

„Das hat noch Zeit, Herr General“, erwiderte der Stabschef bedächtig. „Bis Parpatsch sind es immerhin noch zwanzig Kilometer. Wenn wir schnelle Eingreifreserven hätten ...“

„Wenn ...“, knurrte der Oberbefehlshaber, „aber wir haben eben keine. Wir haben überhaupt keine Reserven mehr. — Das muß der Sponeck schon allein machen.“

Von Klauder seufzte.

„Er kann sich nicht in Stücke reißen. Außerdem steht seine beste Division bei Kertsch. Das ist ein weiter Weg! Bis den die Gäule abgeklappert haben ...“

Manstein nickte.

„Und den Anpfiff wird er auch noch nicht ganz verdaut haben. Ich verstehe das, ginge mir genauso. Aber das läßt sich jetzt nicht mehr ändern.“

Er trat zur Wandkarte.

„Was die sowjetische Führung beabsichtigt, ist unschwer zu erraten: Nach Parpatsch marschieren, die Halbinsel Kertsch von der Krim abtrennen und hinter Sewastopol zumachen. Gelingt ihr das, dann steckt Sponeck mit seinem Korps in der Falle. Das muß mit allen Mitteln verhindert werden, denn dann könnten russische Keile auf Simferopol oder Dschankoj vorstoßen und uns von den rückwärtigen Verbindungen abschneiden.“

„Wir wären drin, und Sewastopol bekäme wieder Luft.“

„Darum geht es dem Iwan. — Und jetzt der Gegenschlag, meine Herren! Die 22. Infanteriedivision ist im Augenblick gut in Fahrt. Sie muß jetzt kräftig in die Hände spucken, Fort ‚Stalin‘ überrennen und zur Hafenbucht vorprellen. Kontrollieren unsere Batterien erst einmal die Sewernaja, kann der Russe keine Verstärkung mehr an die Stadt heranbringen, und Sewastopol ist eingemauert.“

„Das wird sich machen lassen“, stimmte der Stabschef zu. „Da habe ich keine Sorge. Dann kann Sewastopol warten. Ist nicht anders zu machen.“

„Wir verstehen uns also. Ist es soweit, wird der Angriff von Osten her eingestellt und eine Einschließungsfront aufgezogen. Was an Kräften dabei frei wird, geben wir dem Sponeck dazu. Dann ist er stark genug und kann die Reste der Kertscher Brückenköpfe und die bei Feodosia angreifen und zerschlagen.“

„Und was soll er inzwischen machen? Er wird keinen leichten Stand haben.“

„Es handelt sich nur um zwei, höchstens drei Tage. Solange muß er sich eben mit dem behelfen, was er hat. Da können wir ihm nicht helfen. Es muß gehen!“

„Vorausgesetzt, daß nicht noch etwas passiert.“

Der Oberbefehlshaber hob abwehrend beide Hände.

„Malen Sie nicht wieder Gespenster an die Wand, Herr von Klauder! Die Lage ist verzwickt, also muß man etwas riskieren.“

Er holte tief Atem.

„Und jetzt kein ‚Wenn‘ und kein ‚Aber‘ mehr, Herrschaften, sondern los und drauf; mit allem was drin ist! Es wird ein scharfes Wettrennen werden, und es wird vielleicht um halbe Nasenlängen gehen.“

*

In den Morgenstunden des 29. Dezember traf in der Funkstelle des Armeehauptquartiers in Sarabus ein neuerlicher Hilferuf ein: „Starke sowjetische Kräfte an offener Küste nordostwärts von Feodosia gelandet!“

An dieser Stelle stand im Augenblick fast nichts. Auch in der Nähe nichts. Kurz zuvor hatte General von Manstein die 170. Infanteriedivision aus der Sewastopolfront herausgelöst und in Richtung Feodosia in Marsch gesetzt; aus dem Jaila-Gebirge eilten rumänische Regimenter herbei. Sie waren jedoch noch weit. Inzwischen hatten die Sowjets eine kriegsstarke Division an Land bringen können; Aufklärer meldeten sogar Panzer und schwere Artillerie. Diese Nachricht wirkte wie ein Schock. In das Räderwerk der Kriegsmaschinerie war plötzlich Sand geraten. In dem empfindlichen Getriebe kreischte es beängstigend.

„Wie mag ihnen das bloß wieder gelungen sein?“ stöhnte der Chef des Stabes. „Panzer und schwere Artillerie? Haben denn diese Hexenmeister Ausladeeinrichtungen und Kräne auf Fischerbooten mitgebracht?“

„Es handelt sich nicht um Fischerboote, Herr General“, berichtigte der Nachrichtenoffizier. „Die Beobachter sprechen von ausgewachsenen Kriegseinheiten und Landungsfahrzeugen.“

„Jetzt ist alles wieder anders, und wir können wieder von vorn anfangen“, setzte der Ia hinzu. „Wo nehmen wir die Zeit her?“

„Der Teufel soll sie holen! Jetzt aber rasch!“

Das Steuer wurde brutal herumgeworfen, Funk und Fernsprecher begannen fieberhaft zu spielen, Melder fuhren, rannten und galoppierten durch die Steppendörfer. Es stand so ziemlich alles auf dem Spiel.

General von Manstein blieb eiskalt. Wie jedesmal, wenn alle Stricke zu reißen drohten und der verfahrene Karren nahe am Umkippen war.

„Jetzt kommt es auf den Sponeck an“, sagte er ruhig. Aus seinem übernächtigten Gesicht sprach jedoch die Sorge. „Wir können ihm nicht helfen. Beim besten Willen nicht, und wenn wir die ganze Sewastopolfront herumdrehten! Sie käme zu spät.“

„Vielleicht sollte man trotzdem ...“, murmelte der Ia.

Der Oberbefehlshaber winkte ab.

„Hätte alles keinen Sinn, käme alles viel zu spät. Ich verlasse mich ganz auf den Sponeck. Er wird am besten wissen, was im Augenblick ...“

Der Nachrichtenoffizier wurde hinausgerufen. Kurz darauf kehrte er wieder mit einem Funkspruch zurück. Manstein ließ keinen Blick von der Karte.

„Von wem?“

„Vom XXXXII. Korps, Herr General.“

„Na also! Ich hab's ja gesagt: Der Sponeck braucht niemanden, der macht das schon.“

Als er das wachsbleiche Gesicht des Nachrichtenoffiziers sah, griff er hastig zu. Sein Kopf lief dunkelrot an. Er hieb mit der Faust auf den Tisch und brüllte: „Sofort zurückfunken: ‚Die Absetzbewegung ist unverzüglich einzustellen!‘ “

„Was ist passiert?“ fragte der Chef des Stabes.

„Lesen Sie selber.“

General von Klauder nahm das Blatt und las: „Generalkommando räumt Halbinsel Kertsch. 46. ID ist in Richtung auf die Landenge von Parpatsch in Marsch gesetzt.“

Manstein blies die Backen auf.

„Jetzt haben wir's schwarz auf weiß. Ich hätte ihm viel zugetraut — das aber nicht.“

Er wischte sich den Schweiß von der Stirn.

„Er setzt sich von Kertsch ab und räumt die Halbinsel. Gegen einen klaren Befehl! Aber diesmal werde ich deutsch mit ihm reden!“

Der Nachrichtenoffizier tauchte wieder auf.

„Der Funkspruch an General von Sponeck kann nicht abgesetzt werden.“

„Warum nicht?“

„Das Generalkommando meldet sich nicht mehr. Auch die Telefonverbindung ist abgerissen.“

*

Seit Mitternacht heulte ein wilder Schneesturm vom Asowschen Meer herüber und fuhr fauchend in die Steppe hinein. Die Männer vor den sowjetischen Brückenköpfen duckten sich in ihre Löcher und ließen den Wind über sich hinwegfegen. Sie wurden zugeweht, mußten sich wieder freischaufeln, horchten angespannt nach vorn und warteten frierend auf die Ablösung.

Die Bedienungsmannschaften der Geschütze lagen auf freiem Feld; sie hatten Munitionskörbe zu kleinen Schutzwällen übereinandergeschichtet, drängten sich hinter ihnen zusammen und froren sich die Seele aus dem Leib.

Der Oberwachtmeister Spielvogel wanderte von einem Geschützstand zum andern und predigte unermüdlich: „Es ist saukalt, Kinder. Dagegen hilft nur ein warmer Ofen oder Bewegung. Öfen gibt es hier herum keine, also müßt ihr euch bewegen, wenn ihr nicht erfrieren wollt. Immerfort munter bewegen!"

Seine Predigt fand nicht viel Begeisterung, aber er ließ nicht nach.

„Und dann noch was! Zwischendurch auch mal einen Blick in die lieben Röhrchen tun, ob nicht vielleicht Eisklumpen drinstecken und sie verstopfen. So was kommt nämlich vor. Ist nämlich so ein Pfropfen drin und ihr zieht ab, dann reißt euch der Rohrkrepierer mit in den Himmel hinauf, und die Russen reiben sich die Hände, weil sie so keine Arbeit mehr mit euch haben."

Seine drollige Art brachte ein wenig Humor in die verdrossene Gesellschaft; wo er auftauchte und feixte, wurde die Stimmung um einige Grad besser.

Der Funkwagen stand neben einer Hausruine, das Aggregat hinter einem Mauersockel. Ein Mann vom Instandsetzungstrupp bastelte wütend an dem störrischen Ding herum. Bei dieser Affenkälte und im Freien war das kein Vergnügen. Mit Fäustlingen konnte man nicht arbeiten, und wo man mit bloßen Händen hingriff, blieben auch schon Hautfetzen an dem kalten Metall kleben. Und das Luder wollte und wollte nicht.

„Alles viel zu fein gemacht für diese gottverlassene Gegend!" schrie der Mann den Funker an, der schon zum -zigstenmal nachfragen kam. „Kann ich dafür? Beim Iwan ist alles primitiver, aber es funktioniert immer."

Er schraubte eine Zündkerze heraus und hielt sie gegen den fahlgrauen Himmel.

„Sieh dir das mal an! Ein ganzer Strauß aus Eisblumen um die Elektroden herum. Wie soll da das Ding funken? Weil ihr auch immer gleich abstellen müßt! Laßt das Ding laufen, dann gibt es so was nicht."

„Halte keine Parteitagsreden, du Pfeifenkopf! Mach lieber etwas", drängte der Funker zur Eile. „Es ist gleich wieder soweit."

„So seid ihr", schimpfte der Mechaniker erbost. „Wenn ihr nicht dauernd quatschen könnt, fehlt euch etwas."

Brummend setzte er die Zündkerzen wieder ein. Dann ging das Ding wieder. Er schüttelte mißbilligend den Kopf. „Eine Gangart hat der

Klapperkasten. Wie eine asthmatische Kuh: einmal platsch, dann eine Weile wieder nichts, dann wieder mal platsch...Der macht's bestimmt nicht mehr lange."

Der Funker steckte ihm ein paar Zigaretten zu und kletterte in den Funkwagen. Der Gefreite Moll hockte schon am Gerät, machte den Buckel krumm, horchte angespannt und schrieb mit. Unteroffizier Weberknecht entschlüsselte. Als er fertig war, drehte er sich um und sagte:

„Fertigmachen, Herrschaften! Die Division verlegt."

Er las vor, und seine Augen wurden immer größer: „‚Martha' löst sich sofort vom Gegner, setzt in Eilmärschen in Richtung Landenge Parpatsch ab, greift den Feind bei Feodosia an und wirft ihn ins Meer."

*

Schon am 23. Dezember hatten Bataillone des Infanterieregiments 16 den äußeren Festungsring durchstoßen, die ersten Bunkerstellungen überrannt und die Nord-Süd-Straße erreicht. Hier ging es nicht mehr weiter. Sie hatten sich zäh durchfressen müssen und waren nahezu ausgeblutet, obwohl ihnen Stuka, Horizontalbomber und Tiefflieger einen Weg durch das Vorfeld und das mörderische Abwehrfeuer geschlagen hatten. Jetzt saßen sie fest. Für das, was noch vor ihnen lag, waren sie zu schwach. Die einzelnen Sturmtrupps verschanzten sich also in zerschossenen sowjetischen Grabenstellungen und warteten auf Verstärkung. Russische Artillerie, Granatwerfer und Salvengeschütze deckten sie pausenlos ein. Lodernde Feuervorhänge fegten über sie hinweg und pflügten die ausgebrannte Kraterlandschaft immer wieder aufs neue um. Verbindung nach hinten gab es keine mehr; kaum war ein Kabel gezogen, wurde es auch schon zerfetzt. Melder sprangen todesmutig durch die Teufelsgärten und rannten um ihr Leben. Zurück kam keiner mehr.

Der Obergefreite Lohse hatte in halbes Dutzend Schutzengel zur Seite. Er kam heil durch, erreichte den Bataillonsgefechtsstand und kehrte wieder zurück. Er wurde von allen wie ein Wundertier bestaunt. Er brachte sogar ein tragbares Sprechfunkgerät mit. Das war viel.

„Wie haben Sie das bloß gemacht?" fragte Leutnant Schock.

„Ganz einfach, Herr Leutnant. Nichts als auf und nieder und von einem Bunker zum anderen, wenn der Iwan gerade Atem geholt hat. Ist auch ganz gut gegangen. Nur in den Bunkern sieht's nicht schön aus.

„Was hat Major Lebell gesagt?"

„Herr Major Lebell hat nichts mehr sagen können. Tiefflieger. Jetzt führt Oberleutnant Resch den Haufen. Das Bataillon hängt selbst in der Luft, weil hinter ihm schon wieder zu ist und es keine Verbindung zum Regiment gibt. Kein Mensch weiß, was eigentlich los ist. Angeblich soll Entsatz im Anmarsch sein. Aber darauf wollen wir uns lieber nicht zu sehr verlassen, hat der Herr Oberleutnant gesagt. ‚Eingraben und die Stellung halten und abwarten!' hat er befohlen."

Feldwebel Gauß hatte staunend zugehört. Jetzt gab er sich einen entschlossenen Ruck, angelte zwei zerdrückte Zigaretten aus seiner Gasmaskenbüchse hervor und hielt sie dem Obergefreiten hin.

„Das sind die allerletzten", sagte er wehmütig. „Richtig abgehungert habe ich sie mir und für eine besondere Gelegenheit aufgespart. Sie sollen sie haben, Lohse, Sie haben sie sich ehrlich verdient. So was ist eine Leistung."

„Ich rauche nicht, Herr Feldwebel", lehnte der Obergefreite höflich ab, „aber ich bedanke mich auch so. Schon für den guten Willen."

„Nee, so was...!" grunzte Gauß verdutzt und atmete erleichtert auf. „Dann werde ich eben selber mal. Ein Stäbchen muß dran glauben."

Eine schwere Granate krachte ganz in der Nähe in den gefrorenen Boden hinein. Erdbrocken, Stützbalken, Spreizhölzer und Eisensplitter wirbelten durch die Gegend. Lohse duckte sich, fuhr in den gedeckten Laufgang hinein und rannte zu seiner Gruppe hinüber.

Als es dunkel wurde, kam vom Nachbarabschnitt der Unterfeldwebel Kirchsteiger herübergerobbt. Für seine Zweimeterfigur war hier alles zwergenhaft. Er konnte sich nur auf allen vieren weiterbewegen.

„Die Luft ist wieder mal voller Eisen", schimpfte er. „Wie eine Wühlmaus kommt man sich vor."

Er sah sich um.

„Hier sieht's auch aus wie vor der Erschaffung der Welt."

„Tüchtig sind sie", bestätigte Gauß. „Man ist seines Lebens keinen Augenblick sicher. Aber jetzt ist es ruhiger geworden."

Von den Wällen des Panzerwerkes „Stalin" stiegen buntfarbene Leuchtzeichen in den Himmel. „Maxim Gorki I", „GPU", „Molotow" und „Tscheka" antworteten mit flirrendem Feuerspiel. Nur „Wolga", „Ural" und „Sibirien" beteiligten sich nicht an dem Feuerwerk.

„Sie signalisieren", murmelte Feldwebel Gauß. „Ob sie wieder angreifen werden?"

„Wahrscheinlich", knurrte Kirchsteiger. „Sie müssen ja. Wir sitzen ihnen zu nahe vor der Nase. — Es wäre Zeit, daß was nachkommt."

Gegen Mitternacht wurde es ruhig. Zu ruhig. Die plötzliche Stille zerrte an den Nerven und machte das Warten unerträglich. Was steckt da wieder dahinter? fragten die Männer in den Löchern einander.

Gauß schickte den Obergefreiten Lohse zum Kompaniegefechtsstand. Dieser war gleich wieder da und berichtete: „Sie wissen selber nichts, weil der Draht zum Bataillon kaputt ist und erst wieder geflickt werden muß. Außerdem soll der Bataillonsstab verlegt haben. In irgendeine Schlucht hinein."

„Und was ist mit einem Zugführer?"

„Im Moment ist keiner da. Anderen geht's angeblich noch schlechter. Die 1. Kompanie zum Beispiel hat überhaupt keinen Unteroffizier mehr. Den Haufen führt jetzt ein Obergefreiter."

„Und so sollen wir...?"

Feldwebel Gauß hob vorsichtig den Kopf und schielte über den Grabenrand. Schwarz und drohend standen die Wälle vor dem helleren Nachthimmel. Hinter ihnen reckten sich die klobigen Doppeltürme und die flachen Panzerkuppeln des Vorwerks. Und was überdies noch alles dazwischen liegen mochte...

Zwei Stunden später traf der neue Zugführer ein: ein blutjunger Oberfähnrich. Er brachte fünfundzwanzig Sturmpioniere mit. Die Männer krochen auf den Bäuchen heran und schleppten tragbare Flammenwerfer, Munitionskästen und Sprenggerät. Nach Neulingen sahen sie glücklicherweise nicht aus. Feldwebel Gauß atmete auf.

„Um fünf Uhr fünfunddreißig geht's los, Feldwebel!" sagte der Oberfähnrich so unbekümmert, als ginge es auf einen Gepäckmarsch. „Ganz einfacher Fall: Heimlich, still und leise in den Draht hinein! Noch ehe sich die Iwans aus ihrer Überraschung aufrappeln, müssen wir durch sein. Und dann auf den morschen Steinhaufen los! — Alles klar?"

Du lieber Himmel! stöhnte Feldwebel Gauß innerlich. Der hat in seinem ganzen Leben noch keine Festungskasematte gesehen...

*

Während sich das Gros der 46. Infanteriedivision in aller Stille von Kertsch absetzte und die einzelnen Marschgruppen in der Steppe verschwanden, machten die zurückgelassenen schwachen Nachhuten möglichst viel Krach, täuschten den Russen vollbesetzte Stellungen vor und lenkten solcherart die Aufmerksamkeit des Gegners ab. Sturm und Schneetreiben begünstigten die Absetzbewegung. Aus der Luft war nichts zu befürchten, denn die dicke Wokendecke hing tief herab und brodelte wie Waschküchendunst. Das Knarren der Wagenränder und das Schnauben der Gäule verhallte allmählich in der Ferne; jetzt waren die Nachhuten mutterseelenallein auf weiter Flur. Drüben, bei den Russen, rührte sich nichts.

„Wie lange bleiben wir, Herr Hauptmann?" fragte der Oberwachtmeister Spielvogel.

„Noch zwei Stunden und dreiundzwanzig Minuten. Dann setzen sich die Artillerie und die Flak ab; zusammen mit den Kompanien, die keine Fahrzeuge haben. Eine Stunde später folgen die Lkw und der Funkwagen. Den Schluß machen die Panzerjäger."

„Und wenn der Iwan schon vorher etwas merkt und angreift?"

„Das ändert nichts am Fahrplan. Die Zeiten müssen auf die Minute genau eingehalten werden, sonst geht der ohnehin dünne Schleier in Fetzen, und alles reißt auseinander. Aber so schlimm ist es ja nicht, wir haben schon schwierigere Dinge geschaukelt. Die Russen werden heilfroh sein, daß sie uns endlich los sind. Sehr stark sind sie ja nicht, und über das Wasser herüber geht das nicht so schnell. Bis das richtig in Schwung kommt, sind wir längst im Raum Keneges und beim Korps."

Eineinhalb Stunden vor der festgesetzten Zeit kam ein Melder angerannt.
„Befehl vom Kampfkommandanten! Das Feuer sofort einstellen, aufprotzen und in Richtung Swerchotsk abhauen!"
„Jetzt schon?" fragte der Oberwachtmeister Spielvogel bestürzt. „Was ist passiert?"
Der Melder zuckte die Schultern.
„Weiß ich nicht. Irgendwo muß was nicht stimmen. Alles haut ab. Bis auf die Panzerjäger."
„Das muß ich schriftlich haben."
„Keine Zeit für solche Mätzchen, Herr Oberwachtmeister. Diesmal müssen Sie es auch so glauben. Die Schreibmaschine ist nämlich schon verladen. Ich muß noch zur Flak hinüber."
„Verstehst du das, Martin?"
„Nee, Andreas. Ich habe noch nie verstanden, was die zusammenschustern. Geht mich auch nichts an, ich bin kein General."
Der Funkwagen kam herangeschaukelt. Aus dem kleinen Seitenfenster hing der Unteroffizier Weberknecht heraus. Er ruderte aufgeregt mit den Armen und brüllte herüber: „Ladenschluß, meine Herren! Gebt euren Hafermotoren feste Vorzündung, sonst kommt ihr vielleicht zu spät; wir haben noch ein schönes Stück Rußland vor uns."
„Sind denn alle auf einmal verrückt geworden?" wetterte der Oberwachtmeister. „Haubitzen sind keine Kinderwägelchen, die man so einfach herumschieben kann. Wegen der Handvoll Iwans da vorn werden wir nicht gleich in die Hosen machen und wie die Schneider rennen."
„Um die vor uns geht es jetzt nicht, aber um die hinter uns! Bei Feodosia haben sie ganze Haufen Panzer ausgeladen. Wie im Manöver. Das zielt auf Parpatsch. — Deswegen ist es Andreas."

*

5.10 Uhr. Die Sturmpioniere lagen in ihren Ausgangsstellungen und warteten. Vor ihnen — zum Greifen nahe — ragten die schroffen Wände der Kasematten des Panzerwerkes „Stalin" in den nachtschwarzen Himmel. Trutzig, drohend, unheimlich. Nicht der leiseste Lichtschimmer, kein Laut, alles wie tot und ausgestorben. Die alten Hasen hockten gelassen da und warteten. Die Neulinge wetzten unruhig herum. Hin und wieder klapperten Gasmaskenbüchsen oder klirrten Spaten gegen Drahtscheren.
„Fuchtel mir nicht dauernd mit dem Ding vor der Nase herum", brummte einer mürrisch. „Leg's lieber hin, sonst stichst du mir noch die Augen aus."
„Messer, Gabel, Scher' und Licht ...", leierte einer den alten Kindervers und kicherte.
„Licht können wir gerade jetzt am wenigsten brauchen", kam es in tiefem Baß herüber. „Je dusterer, desto besser für uns. Wir sind ein lichtscheues Gesindel."

„Und wenn sie uns mit Scheinwerfern anstrahlen?" fragte ein Neuling. „Was machen wir dann?"

Seine Stimme hörte sich an, als käme sie ganz tief aus dem zusammengedrehten Zwerchfell.

„Die Augen zu, du Blindgänger! Wenn du die Augen fest zukneifst, sieht dich der Iwan nicht."

„Wenn es für die russische Wochenschau ist, dann mußt du freundlich lächeln und den deutschen Gruß machen. Aber mit geballter Faust."

„Macht die Wickelkinder nicht ganz verrückt", orgelte die Baßstimme. „Das erste Mal ist es auch so schon schwer genug."

„Jetzt endlich Schluß mit dem blöden Gequatsche!" fuhr der Oberfähnrich dazwischen. „Nur noch sieben Minuten."

„Jawohl, Genosse Kommissar!" gluckste ein Spaßvogel mit gut verstellter Stimme.

„Sie melden sich nachher bei mir."

„Im Dienstanzug und mit Gasmaske? Oder mit sauber poliertem Heiligenschein und weißen Flügeln?"

Der Oberfähnrich unterdrückte ein Schmunzeln. Das waren Kerle! Mit denen konnte einfach nichts schiefgehen.

Ganz hinten stiegen grüne Leuchtkugeln kerzengerade in die Luft, eine rote kletterte nach.

„Es wird langsam Zeit", sagte der Obergefreite Rötzinger zu seinem Nachbarn. „Hilf mir das Ding umtun. Hier ist es ein bißchen eng."

Im Liegen streifte er die Trägerriemen des Flammölbehälters über die Schultern und zog die Bauchgurte fest.

„Das ist ein Geschäft für Lebensmüde", raunte der andere. „Ich möchte nicht da rein. Mit dem Schmelztiegel auf dem Buckel, und vielleicht auch noch durch MG-Feuer! Da muß einer schon sehr viel Glück haben, daß er nicht als Feuerball in den Himmel fährt."

„Das ist schon wahr", gab Rötzinger zu, „aber es geht wenigstens husch-husch und man merkt es kaum. Einen Splitter in den Bauch bekommen und dann tagelang elendiglich krepieren, ist viel schlimmer."

Am Himmel begann ein aufrechtstehender Scheinwerferkegel zu kreisen und zu schwenken. Das war drüben, hinter dem Panzerwerk. Wahrscheinlich befanden sich noch Flugzeuge in der Luft und mußten eingewiesen werden. Der Oberfähnrich hielt seine Armbanduhr nahe an die Augen. Die Leuchtzeiger wiesen auf 05.30 Uhr. Noch fünf Minuten! Die einzelnen Sekunden dehnten sich endlos. Er zog die Leuchtpistole aus der Tasche und tastete mit der Fingerkuppe den Rand der Patrone ab. Zwei scharfe Kerben: also Rot. Man konnte nicht vorsichtig genug sein. Wenn man die falsche Farbe erwischte ...

Rechts und links von ihnen wurde es unruhig. Die Männer machten sich bereit. Die letzten Minuten vor dem Angriff wollten kein Ende nehmen. Endlich ein unterdrücktes Gezischel: „Achtung — auf!"

Die Männer arbeiteten sich aus ihren Löchern heraus und glitten lautlos in das Niemandsland hinein. Die ersten Drahthindernisse! Nahezu mannshoch, wirr, raffiniert verflochten. Die Drahtscheren bissen hinein. Pioniere krochen in die freigemachten Lücken und tasteten den Boden nach Minen ab. — Nichts. Weiter! Aber nur nicht leichtfertig werden! Den Russen war nicht zu trauen. Manchmal lag lange nichts, und auf einmal krachten gekoppelte Flatterer oder tanzten Springminen gleich dutzendweise.

Die Pioniere verstanden ihr Geschäft und arbeiteten eiskalt, schnitten aus dem Drahtgewirr schmale Gassen heraus, und die Minensucher schnupperten wie Fährtenhunde.

Eine ganze Weile ging alles gut. Plötzlich knisterten bläuliche Funken.

„Verdammt!" fluchte der Obergefreite Wobisch. „Eine Alarmstrippe!"

Auf den Wällen flammten Scheinwerfer auf, schwenkten herum und suchten das Vorfeld ab. Jeder warf sich hin, wo er gerade stand. Der Oberfähnrich hob die Leuchtpistole und drückte ab. Ein dünner Faden zitterte zum Himmel auf, zerplatzte und versprühte rotes Licht. Daraufhin sagte der Artilleriebeobachter ins Telefon: „Geschütz zwo und drei: Nebel auf Kasematten vor ‚Stalin'!"

Und schon rauschte es heran, über die Drahthindernisse hinweg und vor den Wällen hinein. Aber es krachte nicht so richtig. Die Bunkerreihe und die Kasematten begannen zu dampfen, und schließlich verschwanden sie völlig in milchigem Nebel. Russische Maschinengewehre ratterten, und Werfergranaten torkelten aus den Schwaden heraus; blindlings und aufs Geratewohl angesetzt. Das grelle Licht der Scheinwerfer verfing sich in dem wallenden Dampf und konnte ihn nicht mehr durchdringen.

„Weitermachen!"

Keine zehn Minuten, und der Drahtkäfig war durchstoßen. Jetzt schnell über das freie Vorgelände weg. Bisher war alles gutgegangen, aber jetzt kamen die Bunker an die Reihe. Zu allem Unglück fauchte der Ostwind in die Nebelwand hinein, riß sie auf und trieb die Fetzen nach Westen. Aus den Scharten prasselte ein mörderisches MG-Feuer herüber und zwang die Männer zu Boden. Die Garben lagen gut, und dann klatschten auch noch schwere Granatwerfer. Gellende Schreie, Stöhnen und Röcheln. Aber die Sanitäter waren auf den Boden festgenagelt und konnten nicht helfen.

„Die machen uns zur Sau, Herr Oberfähnrich!" brüllte der Obergefreite Wobisch. „Entweder drauf oder zurück!"

„Zurück? — Ihnen ist wohl nicht gut. — Nebelkerzen her!"

„Sind schon da. Wer macht mit?"

„Ich!" schrie der Oberfähnrich. „Geben Sie her und kommen Sie!"

Er sprang auf, schnellte vorwärts, ließ sich hinfallen, wartete ab und sprang erneut auf. Wobisch immer hinter ihm her. Auch rechts und links von ihnen sprangen Gestalten auf den feuernden Bunker zu. An Minen dachte niemand mehr. Die Luft war auch so schon dick genug.

„Flammenwerfer vor!"

Mit dem leicht entzündbaren Flammölbehälter auf dem Rücken gegen noch intakte Betonbunker loszugehen, erforderte entweder sehr starke Nerven oder aber überhaupt keine.

Die Flammenwerfertrupps stürmten im wütenden MG-Feuer vor und bis ganz nahe an die Bunker heran. Lodernde Flammenbüschel fauchten und zischten in Scharten und Stahlblechschlitze. Dann flogen Handgranaten und Sprengladungen hinterher. Die Bunker waren mit Munition vollgestopft. Mannsstarke Mauern barsten und schwächere Kuppeln segelten wie Papierschiffchen durch die Luft.

Nach den Bunkern kamen die Kasematten dran. Auch das ging, aber gerade noch mit dem allerletzten Restchen an Kraft. Die erste konnte genommen werden, aber dann war endgültig Schluß.

Die Ausfälle waren zu groß, die Männer ausgepumpt, ganze Kompanien nahezu ausgeblutet.

„Es geht nicht, Herr General", sagte der Ia mit gepreßter Stimme. „Sie sind zu schwach. Die Leute haben Übermenschliches geleistet, aber über die Kasematten kommen sie nicht hinaus."

„Die Bataillone bestehen nur noch aus sechzig oder siebzig Mann", fügte der Chef des Stabes hinzu, „einige auch noch weniger. Die Leute haben das letzte aus sich herausgerissen; aber jetzt sind sie ausgebrannt und endgültig fertig. Von ihnen ist nichts mehr zu erwarten. Wenn nicht sofort frische Kräfte nachstoßen ..."

General von Manstein blickte von der Lagekarte auf. Sein Gesicht war grau.

„Sie wissen doch selbst, daß wir nichts haben. Ich müßte anderswo ein Loch aufreißen. Das würde ein Teufelskreis ohne Ende."

„Dann wird sie der Russe zusammendreschen. Wahrscheinlich noch in dieser Nacht."

„Und bei Feodosia?"

„Die russische Panzerspitze marschiert in Richtung Wladislawowka und auf Star. Krym zu. Vielleicht sind sie schon drin."

„Und bei Kertsch?"

„Himmer hat sich befehlsgemäß ..."

„Das habe ich nicht befohlen, Herr von Klauder!"

„... hat sich abgesetzt und dürfte auf dem Marsch nach Westen sein. Kertsch ist für die russische Führung kaum mehr interessant. Für sie gilt es jetzt, an der Landenge abzuschneiden und die 46. ID abzufangen."

„Dann haben wir eine neue Front im Rücken. — Und — und Sponeck?"

Der Chef des Stabes zuckte zusammen. Das war das erste Mal, daß Manstein den Namen des Kommandierenden Generals des XXXXII. Armeekorps in den Mund nahm, seitdem er ihn wegen Befehlsverweigerung kurzerhand seines Kommandos enthoben und abgesetzt hatte. Auch der Ia fühlte ein Unbehagen in sich aufsteigen.

„Seine Funkstelle ist nicht zu erreichen, anscheinend befindet sie sich auf dem Marsch."

„Mit ihm selbst habe ich nichts mehr zu tun, mir geht es einzig und allein um das Korps. Sponeck wird sich vor einer höheren Stelle zu verantworten haben."

Er zog die Brauen zusammen.

„Im Augenblick ist die Lage so: Die tiefe Flanke der Sewastopolfront ist bedroht. Wie es in unserem Rücken aussieht, wissen wir nicht, weil dieser Herr Sponeck auf eigene Faust Krieg führt und sich den Kuckuck um Haltebefehle schert und einfach macht, was ihm gerade in den Kram paßt."

„Trotzdem bin ich fest davon überzeugt..."

Der Stabschef wollte für den „Meuterer aus zwingender Notlage" eine Lanze brechen. Der Oberbefehlshaber fiel ihm barsch ins Wort: „Sind Sie auch überzeugt, daß wir unter solchen Umständen die Hafenbucht in die Hand bekommen könnten?"

„Falls unverzüglich ein ausgeruhtes Regiment nachstößt — ja!"

„Wissen Sie irgendwo eines?"

Der Stabschef schwieg betroffen; auch der Ia zog den Kopf zwischen die Schultern. Der Oberbefehlshaber holte tief Luft.

„Dann also heraus mit diesen armen Hunden aus dem steinernen Sarg! So schnell wie möglich heraus. Sie sollen nicht sinnlos verrecken."

In Anbetracht der aussichtslosen Lage hatte sich General von Manstein zu diesem Entschluß durchgerungen. Er war ihm nicht leichtgefallen. Die unerhörten Anstrengungen und die Opfer in den letzten Wochen waren umsonst gewesen. Sewastopol war wieder in weite Ferne gerückt.

Was von dem tapferen Regiment 16 noch übrig war, räumte die Kasematten und zog sich auf die Höhen des Belbektales zurück.

Das war in der Silvesternacht 1941.

*

Nach seinem Auszug aus Keneges zog das Generalkommando des XXXXII. Armeekorps für ein paar Stunden in dem Tatarendorf Kijutsch unter. Kijutsch war ein unbedeutendes Nest; es lag jedoch an einer strategisch wichtigen Straßengabel. Hier trafen zwei uralte Handelswege zusammen. Einer kam von Wladislawowka herauf, der andere von Parpatsch herunter. Hier vereinigten sie sich und führten gemeinsam nach Kertsch weiter.

Der Raum war so niedrig, daß man in ihm nicht aufrecht stehen konnte. Ein gutes Viertel nahm das gemauerte Ofenungetüm ein, um die Wände herum lief eine grobgezimmerte Bank, und der Fußboden bestand aus festgestampfter Lehmerde. Von der Decke hing eine Bezingaslampe herab. Ihr greller Lichtschein beleuchtete die ganze Armseligkeit. Die winzigen Fensteröffnungen waren mit Zeltplanen und Decken verhängt.

General von Sponeck, sein Ia und stellvertretender Stabschef, Major Eineder, und noch ein paar Herren hockten auf Benzinkanistern um die Karte herum und erörterten die augenblickliche Lage.

„Ist der Funkwagen schon eingetroffen?“
„Noch nicht, Herr General.“
„Und Himer?“
„Hat sich befehlsgemäß von Kertsch abgesetzt und ist auf dem Marsch hierher.“
Der Korpskommandeur blickte auf.
„Damit es keine Unklarheiten gibt, meine Herren: Ich handle bewußt gegen den strikten Haltebefehl, räume eigenmächtig die Halbinsel Kertsch und ziehe das Korps auf die Linie Feodosia—Parpatsch zurück. Damit stelle ich mich offen gegen die Armee und werde dafür zahlen müssen. Gleichgültig, wie es ausgeht! Auch für den Fall, daß ich nachträglich recht behalten sollte; was aber noch gar nicht so sicher ist.“
„Die besonderen Umstände rechtfertigen diesen Entschluß“, bestätigte der Ia.
„Geben Sie sich keine Mühe, mein Lieber! Was ich mache, ist glatte Meuterei und wird einen Sturm auslösen. Aber daran denke ich im Augenblick nicht. Wichtig ist, daß der gefährliche Schlag pariert wird und der Rücken der Sewastopolfront — um die es dem Russen in der Hauptsache geht — freigehalten werden kann. Das sowjetische Landungskorps hat es geschafft und wird jetzt den Anfangserfolg ausweiten wollen. Jetzt hängt alles davon ab, ob wir das Gesetz des Handelns an uns reißen können oder nicht. Ich sehe lediglich einen Weg aus dem Debakel: Der Schwerpunkt des Gegenschlages muß in den Raum Feodosia verlegt werden. Nur so kann die Gefahr eines sowjetischen Einbruchs in den Rücken der 11. Armee vielleicht doch noch abgewehrt werden.“
„Es gibt nur diese eine Möglichkeit“, nickte Major Eineder zustimmend. „Das müssen die Herren doch einsehen!“
General Sponeck war nicht so sicher.
„Manstein — und zweifellos auch die Heeresgruppe — sind anderer Ansicht. Ihrer Meinung nach muß Kertsch unbedingt und mit allen Mitteln gehalten werden. Sie halten die 46. ID noch immer für stark genug, beide Einbrüche abzuriegeln und die Lage wieder stabilisieren zu können. Sie sehen nur Sewastopol.“
„Das ist unmöglich!“ polterte Oberst Asbach los. „Vor zwei Tagen mag das noch richtig gewesen sein, aber das Landungsmanöver ostwärts von Feodosia ist geglückt und hat alles über den Haufen geworfen. Jetzt hat alles ein völlig anderes Gesicht. Wenn die russische Panzerspitze zu bohren beginnt — und sie wird bohren!“
„Das ist auch meine Meinung. Wir waren im Handumdrehen zwischen zwei Armeen eingeklemmt und würden einfach zerquetscht werden. — ‚Halten oder untergehen!‘ Das hört sich zwar sehr heldisch an und macht Eindruck, wäre jedoch in unserer Lage sinnlos, weil niemand etwas davon hätte und es auch nichts zu halten gibt. Halten können wir an der Landenge mit mehr Aussicht auf Erfolg, aber dazu müssen wir vor den Sowjets dasein.“

„Das ist zweifellos richtig", gab einer der Herren widerstrebend und zögernd zu, „aber wie immer es auch ausgehen mag, am Ende wird man uns einen Strick daraus drehen und ..."

Sponeck überhörte den Einwand.

„Ich weiß, daß ich Kopf und Kragen riskiere. Ich muß es darauf ankommen lassen und tun, was die Lage vorschreibt. Zu langem Hin und Her haben wir keine Zeit mehr; sachlich begründet und erklärt kann später einmal werden. Jetzt heißt es handeln, ohne Rücksicht auf mögliche Folgen. Ich setze mich bewußt über einen klaren Befehl hinweg und mache das Gegenteil. Was dann kommt, werde ich auf meine Kappe nehmen."

Der Ordonnanzoffizier brachte eine Meldung des Oberstleutnants Rotsch: „Nach übereinstimmenden Aussagen getrennt voneinander einvernommener russischer Stabsoffiziere sind bei Feodosia zwei komplette sowjetische Schützendivisionen — zusammen rund 25 000 Mann — an Land gegangen. Vermutlich in Stoßrichtung: Star. Krym, Wladislawowka und die Nachschubstraße 17 zwischen Wuschuman und Tschego."

„Da haben wir's!" fuhr Major Eineder auf. „Es gibt nichts mehr zu überlegen, die Straße muß unbedingt offengehalten werden; sie ist im Augenblick wichtiger als Star. Krym und Wladislawowka. Wir müssen sofort ..."

General Sponeck faltete die Karte zusammen und erhob sich.

„Ich fahre vor. Das hier hätte zwar ein Nachtquartier werden sollen, es wird jedoch nichts daraus. Bis auf weiteres dürfen wir nicht an Schlaf denken. Hoffentlich kann Himer noch rechtzeitig durchschlüpfen, ehe das letzte Tor zufällt. — Wie lange, schätzen Sie, wird er brauchen?"

Der Ia bewegte den Kopf hin und her.

„Schwer zu sagen. Er hat immerhin hundertzwanzig Kilometer vor sich, und die Straßen sind alles andere als Chausseen. Es kann auch sein, daß er sich stellenweise wird durchboxen müssen. Sollte aber alles gutgehen, dann rechne ich mit drei Tagen, wenn er auch die Nächte durchmarschiert und keine großen Umwege machen muß. Man kann da sehr danebenhauen."

„Hm! — Auch der Iwan wird auf die Tube drücken, um Parpatsch zu erreichen und zuzumachen. Viel Zeit also hat Himer nicht zu verlieren."

Der Funkwagen traf ein und brachte eine Meldung mit: „Russische Panzer am Stritschin-Bach, zehn Kilometer vor Wladislawowka!"

„Stritschin-Bach? — Das ist doch die verworrene Kusselgegend am Schluchtenrand."

„Jawohl, Herr General! Ein unübersichtlicher und gefährlicher Winkel."

„Wer steht dort?"

„Oberst Löschitz mit seinen Langrohren und einer sMG-Kompanie."

„Mit dem Löschitz könnte es gehen. — Und an der Straße 17?"

„Eine motorisierte Abteilung Flak und eine auf Stützpunkte verteilte rumänische Brigade."

„Zwischen denen die Sowjets einfach durchfahren werden. Für

schwache Stellen haben die Herrschaften eine feine Nase. Nun, wir müssen es darauf ankommen lassen; wir können nicht gleichzeitig überall sein. — Wer führt die Flak?"

„Major Tuschl."

„Dann können wir beruhigt sein, auf den Tuschl kann man sich verlassen. Ich fahre jetzt vor und sehe mir das an; veranlassen Sie inzwischen alles Erforderliche für den Fall, daß wir gewaltsam durchstoßen müssen."

Der große Kübelwagen stand an der Giebelwand der gegenüberliegenden Hütte. Der Fahrer war soeben dabei, den abgenommenen Korpsstander im Kofferraum zu verstauen.

„Was machen Sie da, Henschler?" fragte Sponeck verwundert. „Fangen Sie schon mit dem Abrüsten an?"

„Es muß nicht jeder alles gleich wissen", knurrte der Unteroffizier. „Sehen sich Herr General mal die Visagen dieser Leute an. Lauter Galgengesichter! Die haben es faustdick hinter den abstehenden Löffeln."

„Nanu, Henschler — auch schon Schiß?"

Der Fahrer feuerte wütend den Kofferraumdeckel zu. „Ich? Wieso ich? Ich bin doch kein General!"

Dem Adjutanten gab es einen Riß, Sponeck schmunzelte vergnügt und sagte: „Sehen Sie, Merk, es hat sich schon herumgesprochen. Man kann nicht vorsichtig genug sein."

„Den Pelz, Herr General", brummte der Unteroffizier. „Heute haben wir wieder eine Viechskälte. Und für den Herrn Oberleutnant ist auch was da."

„Wenn wir Sie nicht hätten ...", lächelte Sponeck und schlug die unteren Teile des langen Schafspelzes über die Schenkel. „Wie lange streiten wir eigentlich schon miteinander?"

„Ich habe Herrn General schon in Holland gefahren. Damals sind wir noch so was wie eine Luftlandedivision gewesen und haben uns die ‚Festung Holland' vorgeknöpft."

Der Unteroffizier Gottfried Henschler legte den ersten Gang ein und fuhr an.

*

Am 29. Dezember brachen die Bataillone der 46. Infanteriedivision auf und marschierten westwärts. Bei dreißig Grad Kälte und heftigem Schneetreiben. Die festgezurrten Planen der Troßfahrzeuge knatterten im Wind, und die dünnen Sommermäntel blähten sich auf wie Segel. Die Gäule mußten sich gegen den Sturm stemmen, die Fahrer stapften nebenher und fluchten, weil es ihnen die Glut aus den Tabakspfeifen herausriß und in die Gesichter schmiß.

„An der Bahnlinie hätten wir es leichter", knurrte der Gefreite Mooslander und zog den Schädel ein. „Da hält der Damm den Sturm ab. Warum treiben sie uns ausgerechnet durch dieses Windloch?"

„Am Bahndamm wär's zu gefährlich", erklärte der Feldwebel Greining.

„Wie weit müssen wir eigentlich?" fragte eine klägliche Stimme.

„Bis Keneges, hat es geheißen. Vielleicht hundert Kilometer. Ein Katzensprung gegen das, was wir schon getippelt sind. Das muß sich doch machen lassen! Wenn wir erst beim Korps sind, ist alles wieder in Butter."

Feldwebel Greining stapfte zur Spitze der Marschgruppe vor. Der Obergefreite Baumgärtl schritt neben dem schweren Viererzug her. Wie ein seelenloser Automat, weit vorgebeugt, den Schädel gesenkt, kämpfte er gegen den Sturm an.

„Wie geht's mit den Rössern?" brüllte ihn Greining an, um sich verständlich zu machen. Der Sturm riß ihm die Wortfetzen von den Lippen.

Baumgärtl nahm die kalte Tabakspfeife aus dem Mund.

„Nicht mehr viel los mit ihnen. Kein Wunder! Nichts zu fressen, dauernd herumgehetzt — ausgeschunden. Aber es geht noch. Russensprudler sind sie freilich keine. Doch so zwanzig Kilometer werden sie vielleicht noch durchhalten, wenn der Weg nicht viel schlechter wird."

Feldwebel Greining wußte, daß der Obergefreite viel von Pferden verstand. Er kratzte sich verlegen am Kinn und wußte nicht, wie er es dem anderen beibringen sollte.

„Nur zwanzig Kilometer? — Das wird sich nicht machen lassen, Baumgärtl. Wir haben nämlich fünfmal soviel vor uns, und das müssen wir in einem Zug schaffen. Sonst sind die Roten vor uns da und pfeffern uns die Tür vor der Nase zu."

„Hundert Kilometer, und in einem Zug?" brummte der Obergefreite. „Ist viel, wird eine Schinderei werden. Ich weiß nicht recht..."

„Es muß gehen, Baumgärtl! Anders schaffen wir es nicht. Die Russen kommen von unten herauf und wollen uns den Weg abschneiden. Dann wäre uns Sibirien sicher, und dann wird kein Mensch lange fragen, ob es geht oder nicht geht."

Der Obergefreite stapfte schweigend weiter. Es hatte den Anschein, als schliefe er im Gehen.

Das Schneien ließ nach, und die Sicht wurde klarer; der Himmel blieb jedoch verhangen und schimmerte grau in grau. Und das war gut so wegen der Flieger.

Einige Lkw überholten in waghalsiger Fahrt; der Funkwagen stolperte wie eine gekantete Kiste daher, und das anhängende Aggregat hüpfte wie verrückt hinterher.

Plötzlich stockte es irgendwo vorn. Die Gäule stampften weiter, bis sie mit den Nasen gegen die Rückwand des Vordermannes stießen, und blieben erst dann keuchend stehen. Die Fahrer und die Beifahrer rieben die dampfenden Tiere mit Strohwischen ab und warfen Decken über sie. Alles stand. Die Wagenkolonne schlängelte sich wie ein grauer Wurm durch die verschneite Steppe, und ihre Spitze verlor sich im Dunst.

Nach einer Weile ging es wieder weiter. Es dauerte eine Ewigkeit, bis die Kolonne wieder richtig in Fluß war. Feldwebel Greining lief abermals nach vorn. Der Weg führte um eine Bodenmulde herum. Unten lag ein umgestürzter Troßwagen. Die Gäule hingen noch in den verwickelten Zugsträngen. Einem war die abgebrochene Deichsel in den Leib gedrungen, der andere lag halb unter dem schweren Fahrzeug. Jedes Tier hatte ein kleines rundes Loch hinter dem linken Ohr. Aus den Einschußöffnungen sickerte Blut in dünnen Fäden über die glatten Hälse.

„Abgerutscht“, sagte der Feldwebel. „Weil die Säcke im Gehen dösten, statt aufzupassen.“

„Muß nicht sein“, widersprach Baumgärtl. „Die meisten haben halt keinen Winterbeschlag, und die Beine glitschen ihnen unter dem Bauch weg. Ohne scharfen Beschlag auf vereisten Straßen, das ist schlimmer als barfuß.“

Er griff zu, riß den Kopf des strauchelnden Sattelpferdes in dic Höhe und schimpfte: „Fängst du auch schon so an, Nelly, und machst die Anka verrückt? Paß auf, wo du hinsteigst, oder ich zieh dir eins über! Du hast keine Ausrede, bei dir sind noch ein paar Zacken dran.“

Nelly tänzelte unruhig herum, und es trieb ihr die Augen aus dem Kopf, weil sie keinen festen Boden unter den Hufen fühlte. Baumgärtl hatte alle Hände voll zu tun, um sie und die nervöse Anka zu beruhigen.

Drei Stunden später stockte es erneut, aber diesmal war es ein befohlener Halt. Die rauchende Feldküche kam vorgefahren, und es wurde heiße Suppe ausgegeben. Sie war dick, und große Fleischbrocken schwammen in ihr herum. Jeder bekam ein Kochgeschirr voll, ein Stück Brot und ein paar Zigaretten.

„Da drin sind bestimmt die zwei abgestürzten Schecken von da hinten“, behauptete einer. „Erst tut man wehleidig mit dem Viehzeug und pflegt und hätschelt es — und dann frißt man es auf.“

„Kampf dem Verderb!“ spottete ein Beifahrer. „Mahlzeit, aber ohne mich.“

„Wirst es schon noch billiger geben, du Leckermaul!“ wetterte der erboste Futtermeister. „Warte erst mal ab, bis keines von den Rössern mehr da ist und du dich selber vor den Karren spannen kannst. Wirst wahrscheinlich nicht lange darauf warten müssen.“

Baumgärtl tätschelte den feuchten Hals seiner Nelly und redete dem schnaubenden Tier gut zu: „Hör nicht hin, Alte. Dir passiert so was schon nicht; ich habe vorgesorgt. Aber es muß nicht jeder wissen.“

Er hob die Hufe des Tieres auf und besah sich die abgeschliffenen Schraubstollen. Dabei brummte er stirnrunzelnd: „Also, schön ist anders, aber gar so schlecht sind sie wieder nicht. Ich kann dir nicht helfen, Nelly, die müssen noch eine Weile gehen. Die letzten scharfen Eisen, die noch da sind, kriegst du erst, bis es ganz übel wird. Einen Notnagel für ganz schlechte Zeiten muß eins immer haben.“

Es ließ ihm jedoch keine Ruhe. Er stellte das Eßgeschirr, das ihm der Beifahrer von der Küche gebracht hatte, wieder hin, hob neuerlich die Hufe auf und beguckte sich die Stollen. Sie gefielen ihm nicht.

„Also gut“, gab er schließlich nach, „weil du es bist. Und die Anka auch. Sie soll sich nicht wie ein Stiefkind vorkommen.“

Er kramte in dem Verschlag unterhalb des Kutschbockes nach und suchte die letzten geschärften Stollen zusammen. Dann schraubte er sie in die Eisen der Gäule und gab dann jedem einen freundschaftlichen Klaps auf die Kruppe.

„So, und jetzt schaut mich nicht mehr so beleidigt an, ihr zwei angerührten Weibsbilder...“

Die Suppe in dem Eßgeschirr war inzwischen kalt und steif geworden, und der Löffel steckte wie eingelötet darin. Das war meistens so, denn für den Obergefreiten Baumgärtl kamen jedesmal zuerst die Pferde.

Stundenlang trotteten sie dahin. Die Steppe nahm kein Ende. Die Kolonnen rissen auseinander, und zwischen den einzelnen Marschgruppen klafften Lücken. Die Gruppenführer drängten zur Eile.

„Schneller! Aufschließen!“

Der Sturm trieb dichte Schneeschleier vor sich her und verwehte die Radspuren der Vordermänner. Mulden mußten in weitem Bogen umfahren und halsbrecherische Bachfurten übersetzt werden. Die einzelnen Haufen verloren einander aus den Augen, die Spitzenreiter wurden unsicher. Auch geringe Steigungen konnten nur mit Vorspann bezwungen werden. Immer wieder hieß es umspannen. Dann standen die hinteren Fahrzeuge und warteten, bis ihre Gäule wieder zurückkehrten. Auf diese Weise machten die Zugtiere einen Teil des Weges dreimal. Das kostete Zeit und fraß an den letzten Kräften. Wagenräder rutschten in den Straßengraben und stürzten um. Dann mußte alles her, was in der Nähe war, und anschieben, zerren, ziehen. Stellenweise konnten die schwerfälligen Haubitzen nur im Zehnerzug weitergebracht werden. Die übermüdeten Gäule strauchelten, torkelten herum und hielten sich kaum mehr auf den Beinen.

Gleich hinter Kertsch waren die Lastkraftwagen davongebraust und bald nicht mehr zu sehen gewesen. Aber später standen sie dann hilflos am Straßenrand. Mit gebrochenen Achsen, dampfenden Kühlern, verbrannten Kupplungen und ausgelaufenen Lagerschalen. Die I-Trupp-Leute (I-Trupp = Instandsetzungstrupp) zerrissen sich, kamen jedoch mit der Arbeit nicht nach und mußten es bald aufgeben. Die Karren, die noch einigermaßen intakt waren und liefen, mußten die Wracks ans Seil nehmen und mitschleppen. Eine Zeitlang ging das, aber dann wurde es ihnen zuviel und sie waren selber soweit. — Umladen! Die ausgemarterten Fahrzeuge, die schon vorher überladen gewesen waren, bekamen noch mehr dazu: Munition, Verpflegung, allerlei schweres Gerät, Verwundete und Kranke.

Sie kamen durch verlassene Ortschaften, an niedergebrannten Kolchosen und knarrenden Windmühlen vorbei. Die zerfetzten Flügel drehten sich im Kreis herum. Die Mahlwerke liefen leer, und die Steine polterten und kreischten. Alle paar Stunden wurde für kurze Zeit angehalten und heißer Kaffee und gefrorenes Brot ausgegeben; dann ging es wieder weiter.

Gegen Abend näherte sich die Spitze der Gruppe Lutz einer größeren Ortschaft. Am Bachufer standen Panjewägelchen und Schlitten. Aus den Schornsteinen stieg dünner Rauch auf, am Schöpfbrunnen standen vermummte Gestalten und tuschelten miteinander. Als sie den schwankenden Zug herankommen sahen, bekamen sie erschrockene Augen, bekreuzigten sich und standen wie Steinsäulen.

„Rußki?" fragte Leutnant Lutz und zeigte auf die Ortschaft.

„Njet, njet", beteuerte eine alte Frau verängstigt und preßte zwei Kinder an sich, „nix Rußkisoldat in Chlehobransk — nix!"

„Hier funktioniert also der zivile Nachrichtendienst noch nicht", sagte Leutnant Lutz befriedigt. „Wenigstens ein Gutes in diesem heillosen Schlamassel."

Plötzlich fuhr die Alte herum und kreischte entsetzt: „Pjotr! — Dawai!"

In der Hüttentür stand ein schmächtiges Bürschchen, zielte mit einer Holzlatte wie mit einem Gewehr auf den Leutnant und plärrte: „Faschisti bum, bum! Bum, bum! — Chrrr!"

Die Alte humpelte auf den Burschen zu, entriß ihm die Latte und stieß ihn in die Hütte hinein. Dann kam sie zurück, rang beschwörend die Hände, tippte mit dem Zeigefinger gegen ihre Stirn und jammerte: „Pjotr nix Partisan, Cherr Offizierch — Pjotr krank in Kopf. — Matka, moija!"

„Bum, bum, Faschisti! — Chrr!" kreischte und lachte der Kretin. Er hing mit halbem Leibe zum Fenster heraus, schwang eine Axt und lallte und schnitt Grimassen.

Leutnant Lutz wandte sich an den Gefreiten Blacek.

Blacek verstand ein paar Brocken Tschechisch und machte gelegentlich den Dolmetscher.

„Bringen Sie der Alten bei, daß sie den armen Narren irgendwo anbinden soll, bis wir hier durch sind. Ich möchte nicht gern eins über den Schädel bekommen. Die anderen, die hinter uns kommen, verstehen vielleicht keinen Spaß."

Ein Panjeschlitten kam dahergefegt. Das struppige Russenpferdchen warf hurtig die Beine, und das Gefährt zog eine wehende Schneefahne hinter sich her. Auf dem Kutschbock hockte der Unteroffizier Lohschlögl, ließ die Peitsche knallen und fluchte wie ein waschechter Russe. Hinter ihm thronte der Major Linkg und klammerte sich mit beiden Händen fest.

„Die Ortschaft ist bewohnt, Herr Major", meldete der Leutnant.

„Leider!" knurrte der Major. „Wäre wunderschön, geht aber nicht. In einem Zug durch und weiter! Niemand darf ein Haus betreten. — Niemand! Haben Sie verstanden?"

„Jawohl, Herr Major!"

„Schön. — Und jetzt wieder zurück, Unteroffizier! Aber rasen Sie nicht wieder so verrückt. Dabei bekommt man ja Angstzustände."

Die Schützen trotteten teilnahmslos durch das Dorf und sahen nicht einmal auf. Sie waren schon zu müde und zu gleichgültig, um aufzumucken. Nur ein ausgekochter Obergefreiter schwindelte sich heimlich aus der

Marschkolonne heraus, suchte sich eine „bessere“ Hütte aus und verschwand in ihr. Er tauchte jedoch gleich wieder auf, rannte seinem Haufen nach und schimpfte: „Denen sollte man noch was hineintragen. Nichts als Elend und einen Haufen kleiner Kinder. In diesem Kaff müssen sogar die Läuse und Wanzen verhungern, wenn sie sich nicht selber was mitgebracht haben.“

„Also nichts zum Organisieren gefunden?“

„Organisieren?“ bellte der Obergefreite wütend. „Die Kinder haben mich so hungrig angesehen, daß ich ihnen eine halbe Blutwurstkonserve und meinen letzten Ranken Brot dagelassen habe. Mir hätt’s ohnehin nicht mehr geschmeckt. — So ein Elend!“

Hinter der Ortschaft ging es einen sanften Hang hinauf, und es hieß verteufelt aufpassen, weil alles vereist war.

„Wenn das wirklich Chlehobransk war“, sagte Leutnant Lutz, „haben wir ungefähr die Hälfte des Weges hinter uns. Die andere Hälfte werden wir auch noch aufspulen.“

„Auch noch ganz schön“, knurrte Feldwebel Gleichauf. „Besonders dann, wenn man so bald auf allen vieren kriecht. Und die zweite Hälfte schmeckt niemals so richtig, nicht einmal die der besten Suppe.“

Er drehte sich um und blickte zurück.

„Behüt dich Gott, Chlehobransk! Du bist zwar bloß ein dreckiges Tatarenkaff, aber trotzdem wäre es schön gewesen. — Feste Atem holen und weiter bis zur nächsten Jausenstation!“

„Diese Kälte frißt einen auf“, sagte Spielvogel und schlug mit den Armen um sich. „Langsam, aber sicher. Man traut sich nicht einmal mehr zu atmen.“

Plötzlich stutzte er, bückte sich, raffte eine Handvoll Schnee vom Boden auf und rieb sie dem Vormeister kräftig ins Gesicht.

„Bist du verrückt geworden?“ wetterte Globwein und wehrte sich aus Leibeskräften dagegen.

„Schon ganz schön weiß, dein Riecher“, stellte Spielvogel fest. „Da hilft nur noch Einreiben mit Schnee. Erfroren ist bald was, und dann kommt das Farbenspiel immer wieder. Noch Jahre nachher. Dann täten die Leute behaupten, das kommt vom Saufen. — Wie ist das eigentlich mit deinen Zehen? Spürst du schon was?“

„Vorhin hat es in ihnen gekribbelt wie lauter Ameisen, aber jetzt nicht mehr.“

„Dann ist bestimmt schon was im Gang. Jetzt mußt du die Zehen dauernd fest bewegen, wie wenn du dich durchbohren wolltest. Und beim nächsten Halt gleich zum Sani und dick Salbe drauf! Sonst bleiben sie vielleicht drin, wenn sie dir die Stiebel von den Beinen ziehen.“

„Glaubst du wirklich?“

„Ich glaube nicht nur, sondern ich weiß. Mit so was soll man nicht spaßen. Und wenn du Pech hast, ernennen sie dich dann auch noch zum Selbstverstümmler, und du bist erledigt.“

„Daß sie uns auch mit diesen dünnen Fähnchen in diese Eiswüste geschickt haben."

„Unsere eigene Schuld, mein Lieber. Alles unsere eigene Schuld. Hätten wir im Sommer Moskau genommen, wie das im Fahrplan gestanden hat, könnten wir jetzt in der warmen Stube sitzen und dem singenden Samowar zuhören und zum Fenster hinausschauen. Uns geschieht das ganz recht."

„Andreas, ist dir vielleicht nicht gut?" erkundigte sich Grobwein besorgt.

„Noch geht's", murmelte der Oberwachtmeister und schritt hastiger aus. „Für eine Weile wird's noch reichen. Wie lange, das weiß ich freilich nicht."

Weit hinter dem Dorf wurde angehalten und heißer Kaffee ausgegeben. Kaum hatte jeder sein Eßgeschirr voll, flammten auch schon russische Leuchtbomben auf, versprühten grelles Licht und pendelten langsam hernieder.

Jede Bewegung mußte erstarren. Sogar die Gäule standen wie Monumente. Und dann fielen die Bomben. Die meisten krachten in die Steppe hinein. Als die russischen Maschinen wieder abzogen, war der bittere Absud kalt.

Die Männer stapften weiter. Sie waren schon so gleichgültig gegen alles, daß sie nicht einmal mehr fluchten. Sanitäter rannten herum und versorgten die Verletzten, so gut es in der Eile ging. Am schlimmsten hatte es die Flak-Abteilung erwischt. Die anderen marschierten weiter, setzten wie Roboter ein Bein vor das andere und dachten an nichts mehr. Es war wie ein Gespensterzug.

*

„Noch zehn Kilometer weiter, und wir sind bei der Kolchose ‚Roter Stern', hinter der die russischen Militärbaracken liegen", sagte Oberst Wellbach. „Sie sind bestimmt noch intakt. Sollte man den Männern vor der letzten Anstrengung nicht vielleicht doch ein paar Stunden Ruhe gönnen, Herr General?"

„Nein! Das geht nicht. Wenn wir sie in diesem Zustand sich hinlegen lassen, bringt keine Macht der Erde sie wieder auf die Beine. Außerdem steht der Russe schon vor Wladislawowka. Das ist ein Alarmsignal."

Der Schlitten glitt an verlassenen Protzen und an Geschützen vorüber. Sie standen oder lagen am Straßenrand; die Gäule hingen noch in den Zugsträngen und waren schon halb zugeweht. Tot — erschossen. Und dann noch Feldküchen und Lkw, Troßwagen und Spezialfahrzeuge. Überall lagen Munitionskisten, Ausrüstungsgegenstände, Kanister und Kisten herum. Hin und wieder sogar Gewehre.

Eine Rückzugsstraße des Grauens ...

„Wie damals an der Beresina", murmelte Oberst Wellbach und schluckte krampfhaft. „Vielleicht sogar noch schlimmer."

Der General nickte. „Und trotzdem haben sich die Grenadiere Napoleons durchgeschlagen und sind heimgekommen. Nicht alle, aber immerhin."

„Sie haben den Gegner nicht vor sich gehabt wie wir, Herr General!"

„Das ist richtig. Aber auch in unserem Fall ist das noch nicht so sicher. Wenn wir uns allerdings Zeit lassen — dann bestimmt. Darauf kommt eben alles an."

Von vorn kam ein kleiner Panjeschlitten und hielt auf sie zu.

„Das ist doch Major Linkg!" sagte der General. „Und wie eilig er es hat. Der bringt sicher wieder etwas Neues."

Der Panjeschlitten wendete und fuhr neben dem des Divisionskommandeurs her.

„Es sieht nicht sehr gut aus", berichtete der Major. „Es bleibt viel Material liegen, weil immer wieder Zugpferde glatt umfallen, nicht mehr auf die Beine zu bringen sind und erschossen werden müssen. Hautpsächlich ist es die Kolik, meint der Veterinär. Die Gäule haben Schnee und gefrorenes Dachstroh gefressen; davon kommt es, und dann geht es schnell."

„Und die Leute?"

„Erschöpft, ausgemergelt, nicht mehr viel in ihnen drin. Viele haben Nasen, Ohren oder Wangen erfroren, manche das ganze Gesicht. In der Kälte merken sie das noch nicht so, aber in einen warmen Raum dürfen sie nicht hinein; nach fünf Minuten würden sie an den Wänden hochklettern. Die ganz schweren Fälle werden auf die Wagen gelegt, wo gerade noch Platz ist. Alles Amputationen, sagt der Oberstabsarzt. Er sagt auch, daß das keine Bekleidung für einen Winterkrieg ist. Wenn sich die Männer nicht Zivilsachen in den Russenbuden zusammengeräubert hätten, wären nur noch ein paar Männlein richtig auf den Beinen."

„Das alles hört sich nicht gut an, stimmt jedoch aufs Haar", knurrte Oberst Wellbach grimmig. „Daheim würde man in einem solchen Aufzug nicht einmal einen kurzen Spaziergang durch das Stadtwäldchen riskieren. Es ist einfach unfaßbar, daß kein Mensch auf den Gedanken gekommen ist, daß es auch in Rußland einen Winter geben könnte."

Das war deutlich. Major Linkg zuckte zusammen und schielte zu dem General hinüber. Der General tat, als hätte er nichts gehört, und sagte: „Spätestens im vergangenen Herbst hätte die Wolga auf ihrer ganzen Länge erreicht und abgeriegelt werden sollen. Was dahinter liegt, hätte warten können. Inzwischen wäre noch immer genug Zeit zum Heranbringen von Winterausrüstung gewesen."

„Aha!" brauste der Oberst auf. „Die geheimnisvolle AA-Linie spukt wieder einmal in den Köpfen herum. — Leider Fehlanzeige, meine Herren! Die AA-Linie ist ins Wasser gefallen, wir sitzen auf dem trockenen und können uns das Maul abwischen."

Die „AA-Linie" war das Endziel des ersten Feldzuges Hitlers gegen Stalins riesiges Reich. Sie führte von Archangelsk am Eismeer die Dwina und die Suchona hinauf, dann die Wolga hinunter und bis Astrachan am Kaspischen Meer. Sie zerschnitt also Rußland in zwei Teile. An ihr entlang sollten stark befestigte kastellartige Stützpunkte errichtet und von diesen aus regelmäßig Vorstöße gegen den Ural geführt werden, um die Sowjets niederzuhalten und ihnen jede Kräfteansammlung unmöglich zu machen.

„Ich muß nach hinten und nachsehen", sagte Major Linkg hastig. „Melde mich ab, Herr General!"

Und weg war er!

„Sie erregen sich unnötig, lieber Wellbach", sagte der General ruhig. „Damit ist niemandem geholfen."

„Noch dreißig Kilometer", knurrte der Oberst. „Sie werden das letzte bißchen Mark aus den Knochen der Leute heraussaugen. Was sind das doch einmal für Kerle gewesen! Und jetzt schleichen sie daher wie übel geschundene Schächer zum Galgenberg. Wenn ich mir vorstelle, daß sie zu guter Letzt vielleicht auch noch kämpfen werden müssen, bekomme ich weiche Knie."

„Es ist Krieg, Herr Oberst Wellbach", sagte der General ruhig, „und unsere augenblickliche Lage alles andere als rosig. Große Illusionen dürfen wir uns also nicht mehr machen. Jetzt nicht mehr. — Noch etwas?"

Wellbach biß sich auf die Lippen. Dieser Hieb saß. Das hatte er wieder nötig gehabt! Immer wieder ging sein sprudelndes Temperament mit ihm durch und verleitete ihn zu Bocksprüngen, die für gewöhnlich in einem Graben endeten.

„Wo nur das Korps stecken mag?" wechselte er auf ein weniger glattes Gebiet hinüber. „Seit gestern ist die Äthermusik verstummt und die Funker suchen krampfhaft herum. Nicht einmal die Russen rühren sich. Man kommt sich wie eingemauert vor."

Der General blickte erstaunt auf.

„Haben Sie denn etwas anderes erwartet? Sind Sie sich so sicher, daß man uns wie verlorene und wiedergefundene Söhne erwartet und in die Arme schließen wird?"

„Ich verstehe nicht ganz", stotterte der alte Haudegen. „General von Sponeck hat doch selber..."

Der General winkte ab.

„Von Sponeck ist jetzt nicht die Rede, lieber Herr Wellbach. — Ich denke an Manstein."

*

„Die Piste steigt an", sagte der Obergefreite Rankrieder und schaltete auf den zweiten Gang zurück. „Wir müssen bald dasein. Sind die anderen noch hinter uns?"

„Wie treue Schatten", antwortete der Feldwebel Trösch. „Nicht abzuschüttteln. Sogar dieser alte Scherben, der Dreiachser, bewegt sich immer noch."

„Ja, der Maras hat allerhand dazugelernt und weiß sich zu helfen", bestätigte der Obergefreite. „Die Geschichte mit dem Batterieanschluß damals ist ihm unter die Haut gefahren. Und jetzt geht's. Gleich hinter Kertsch hat er — und noch dazu im Finstern — einen Riß in der Zündspule entdeckt, mit einer Nadel sauber ausgekratzt und mit geschmolzener Isoliermasse aus einer Taschenlampenbatterie ausgegossen. Das macht ihm nicht so schnell einer nach."

„Friß, Vogel, oder stirb", murmelte der Feldwebel. „In Kriegszeiten muß man alles können, wenn man über die Runden kommen will."

Hecken zogen vorüber. Neben der Straße standen ein Schafspferch und ein paar Rindenhütten, dann die Flugdächer einer Ziegelei, langgestreckte Schuppen ...

„Die Gegend kommt mir irgendwie bekannt vor", sagte Trösch.

„Wir werden bald wieder genau da stehen, wo wir vor ein paar Tagen angefangen haben. Und alles ist umsonst gewesen."

„Es ist wie ein schlechter Witz, möchte ich fast sagen, wenn die Sache nicht so blutig ausgegangen wäre. Auch mich hätte es um ein Haar erwischt."

Rankrieder brannte sich eine Zigarette an.

„Wie sind Sie eigentlich aus Kertsch herausgekommen?"

„Wie das eben schon so geht, wenn etwas nicht sein soll. Ich habe ahnungslos vor einem tauben Klappenschrank gesessen und gewartet, daß sich jemand meldet. Daß die Nachhut schon auf und davon war und mich glatt vergessen hat, habe ich nicht wissen können und auch mit keinem Gedanken daran gedacht. Auf einmal ist der komische Tataren-Opa, dem das Haus gehört hat und der immer so freundlich zu uns gewesen ist, hereingekommen, hat aufgeregt mit den Händen herumgefuchtelt und auf mich eingeplappert. Natürlich habe ich kein Wort verstanden. Dann hat er mich hochkant rausgeschmissen. Und schon sind die ersten Russen die Gasse heraufgeschlichen. Mensch, da bin ich aber davongezischt!"

Die alte Klappermühle begann zu stottern, besann sich wieder, hustete noch ein paar hundert Meter weiter — und dann war es aus. Hinter ihnen hielt der Dreiachser an, und Maras kam nach vorn.

„Machen wir Zigarettenpause?"

„Diesmal nicht. Das Luder mag nicht mehr."

„Die Flausen werden wir ihm schon austreiben! Soll ich mal nachsehen?"

Der dritte Lastwagen holte auf. Im Leerlauf kollerte der Motor wie eine Dreschmaschine. Der Fahrer und der Beifahrer kamen ebenfalls nach vorn und stellten sich dazu.

„Stell die Schottermühle ab!" schimpfte Maras. „Man versteht sein eigenes Wort nicht."

„Geht nicht", sagte der Fahrer mürrisch, „ich bringe sie sonst nicht wieder an. Wenn ich das Reibeisen schon bis hierher gebracht habe, werde ich es nicht stehenlassen und zu Fuß laufen."

Gestalten tauchten auf, eine abgeblendete Taschenlampe blitzte kurz auf, Kettenschilder (das Dienstabzeichen der deutschen Feldgendarmen) funkelten, und eine heisere Stimme krächzte: „Endstation, meine Herrschaften! Ganz rechts 'ran, die Mühlen abstellen und tarnen. Und dann meldet euch beim Kampfkommandanten. Gleich da vorn, die erste Villa."

„Was ist los?" fragte Feldwebel Trösch.

„Morgen steht alles in der Zeitung. Nehmt eure Schießprügel und macht schon! Der Kampfkommandant wird euch alles ganz genau erklären. – He! Da verkriecht sich ja einer unter der Motorhaube! Komm raus, mein Sohn. Gerade auf dich haben wir gewartet."

„Es ist der Verteilerkopf", sage Maras mutlos. „Er ist in Scherben. Hast du einen in Reserve mit?"

„Verteilerkopf braucht ihr keinen mehr", knurrte der Streifenführer, „jetzt geht es um den eigenen Kürbis. Nimm deine Frühstücksstulle unter den Arm und ziehe mit deinen Kumpels los. Die erste Kate rechter Hand ist es."

Er zog Trösch beiseite und raunte ihm zu: „Wenn ihr einem richtigen Haufen angehört, habt ihr vielleicht Glück gehabt. Da vorn werden nämlich Alarmeinheiten zusammengeschmissen. Es sieht nicht sehr freundlich aus. – Hier sind wir in die richtige Sch ... hineingetreten."

„Sag doch endlich, was eigentlich los ist!"

„Der Teufel ist los und wird uns den Schwanz um die Ohren knallen. Ihr kommt zu spät. So um Mitternacht herum wäre es vielleicht noch gegangen. Die Iwans waren schneller; in Wladislawowka sitzen sie schon drin. Du weißt wohl, wie das so ist. Wenn die sich mal so festgekrallt haben, bringt man sie nicht einmal mit der Beißzange raus."

„Und wo ist das Korps?"

„Schon drüben. Gerade noch durchgerutscht. Wird uns nicht viel helfen können. Mit dem Sponeck muß was los sein. Bei den Stäben munkelt man allerhand herum, aber was Genaues ist nicht zu erfahren. – Wir stehen auf jeden Fall da und können nicht weiter."

„Vielleicht ging's noch über Parpatsch."

„Kann vielleicht sein. Aber wo ist Parpatsch und wo sind wir! Bis wir hinkommen, haben die Russen bestimmt schon ausgeschlafen und Frühsport gemacht. Marineinfanterie soll dabeisein, Komsomolzen (Angehörige einer sowjetischen Jugendorganisation) und Offiziersschüler. In Feodosia laden sie Panzer und Sturmartillerie aus. Wir können uns auf was gefaßt machen."

„Und unsere Schützen?"

„Die haben keine Ahnung, was gespielt wird, die haben wir nicht erwischt. Hoffentlich rennen sie nicht blind in was hinein."

Major Linkg kam angefahren. Als er erfuhr, worum es hier ging, herrschte er den Stabsfeldwebel an: „Blödsinn, Menschenskind! Halten Sie sich an die Drückeberger und an Marodeure und lassen Sie meine Männer in Ruhe! Wir sind nicht im Gewaltmarsch hierhergekommen, um uns von irgendeinem Irgendwer zerpflücken und zerzausen zu lassen. Wo ist dieser Kampfkommandant, oder wie er sich nennt, zu finden?"

„Ich habe Befehl, Herr Major...", verteidigte sich der Streifenführer mutig. Er wurde jedoch niedergebügelt.

„Kann sein, geht mich nichts an. Ich will wissen, wer dieser Vogel ist und wo er sich aufhält. — Also?"

„Herr Oberstleutnant von Bachhaus hat seinen Befehlsstand in der nächsten Ortschaft. Die erste Hütte rechts. Aber ich muß wiederholen..."

„Meinetwegen können Sie diesen Unsinn wiederholen, bis Sie stockheiser sind, bloß fassen Sie keinen meiner Leute an! Erzählen Sie das alles dem General. Er wird gleich vorbeikommen. — Weiter, Lohschlögl! Lassen Sie den Russenpinscher rennen, was in ihm drin ist."

„Das hat man davon, wenn man seine Pflicht tut", knirschte der Stabsfeldwebel wütend. „Zuletzt wird man auch noch angepfiffen wie ein lausiger Rekrut. — Was ist das überhaupt für einer?"

„Einer, der nicht gleich vor jedem auf den Hintern fällt. Zwar mitunter ein bißchen grob, aber sonst ein prima Kerl. Diesem Kampfkommandanten wird er was erzählen. Da müßte man dabeisein. Da kommt der General!"

Der Divisionskommandeur hörte sich das ruhig an, und dann sagte er: „Das muß ein Irrtum sein, Stabsfeldwebel. Ich werde mit dem Kampfkommandanten reden. Bitte, unternehmen Sie inzwischen nichts."

Er grüßte höflich und fuhr weiter.

„Ein feiner Mann", staunte der Streifenführer. „Gegen den verrückten Major direkt ein Lord."

„Denkste!" grinste Trösch. „Dem mußt du bloß mal verkehrtherum kommen, dann kannst du eine feurige Himmelfahrt erleben!"

Die Wachtposten klebten an der Hüttentür, als wären ihre Ohren daran festgenagelt. Als sie den General erkannten, spritzten sie auseinander und nahmen Haltung an. Drinnen ging es laut zu. Die gewaltige Stimme des Majors behielt die Oberhand. Er brüllte wie auf dem Kasernenhof.

„Ich muß Sie darauf aufmerksam machen, Herr Oberstleutnant, daß wir kein dahergelaufener Haufen Zigeuner sind, sondern eine noch intakte Division im Einsatz. Ich protestiere in aller Form, daß man uns hier wie eine Rotte Versprengter einfach kassiert. Ich werde..."

„Nichts wie rein", sagte der General hastig. „Der Linkg ist imstande und springt ihm an die Kehle."

Unteroffizier Lohschlögl stieß die Tür auf. Ein niedriger Raum, von trüb brennenden Hindenburglichtern dürftig erhellt, an der Wand eine Karte, ein Tisch mit Papieren und einem Feldtelefonkasten. Dahinter eine hochgewachsene drahtige Gestalt, davor der Major: einen Kopf kleiner, dick, mit knallrotem Kopf und funkelnden Augen.

„Abend, meine Herren", sagte der General. „Es tut mir leid, daß ich Ihre Unterhaltung stören muß. Wir haben wenig Zeit und müssen weiter."

Der fremde Offizier verbeugte sich korrekt.

„Oberstleutnant von Bachhaus, Herr General. Ich bin der Kampfkommandant dieses Abschnitts."

„Himer. Ich freue mich, Herr Oberstleutnant. Darf ich fragen, in wessen Auftrag?“

„Darüber Auskunft zu geben, bin ich nicht befugt.“

„Er will uns einfach vereinnahmen!“ platzte Major Linkg erregt heraus.

„Na, na“, beschwichtigte ihn der Divisionskommandeur. „Sie werden nicht richtig gehört haben. Das Mißverständnis wird sich aufklären.“

„Ich habe Sondervollmacht, Herr General!“

„Das bestreite ich durchaus nicht. Aber doch nicht gegenüber einer Division, die sich im Einsatz befindet.“

Der Kampfkommandant wollte etwas erwidern, kam jedoch nicht dazu, weil in diesem Augenblick Oberst Wellbach hereingestürzt kam, mit einem Blatt Papier herumfuchtelte und atemlos hervorstieß: „Funkspruch vom Generalkommando, Herr General!“

„Lesen Sie bitte vor. Große Geheimnisse haben wir jetzt keine mehr.“

Oberst Wellbach mußte erst einmal verschnaufen, dann las er: „Sofort angreifen, durchstoßen und Wladislawowka nehmen.“

„Bestehen auch jetzt noch Zweifel, Herr Oberstleutnant?“

Die Miene des Kampfkommandanten wurde abweisend.

„Darf ich fragen, wer diesen Einsatzbefehl erteilt hat?“

„Diese Frage klingt zwar reichlich seltsam, aber trotzdem: Das Generalkommando des XXXXII. Armeekorps, gezeichnet von General von Sponeck. — Genügt Ihnen das?“

Der Oberstleutnant dämpfte die Stimme.

„Dürfte ich Herrn General für einen Augenblick in den Nebenraum bitten?“

„Gern, aber viel Zeit haben wir nicht. — Kommen Sie also.“

Herr von Bachhaus zog die Tür hinter sich zu und sagte flüsternd: „Herr General wissen also noch nicht ...?“

„Ich weiß nur, daß ich durchstoßen und Wladislawowka nehmen soll. Was denn sonst noch?“

„General von Sponeck hat — hat keine Befehlsgewalt mehr. Sie ist ihm entzogen worden.“

„Wer hat das verfügt?“

„General von Manstein.“

Der Divisionskommandeur überlegte kurz.

„Davon weiß ich nichts. — Haben Sie das schriftlich?“

„Nein, Herr General. In Anbetracht der kritischen Lage ...“

„Dann muß ich bedauern. Und weil die Lage kritisch ist, werde ich mich an den gegebenen Befehl halten und Wladislawowka nehmen. Das muß ja auf jeden Fall geschehen. — Es tut mir leid, daß ich gegen Ihre Weisung handeln muß. Auf Wiedersehen!“

Draußen sagte er zu dem Obersten: „Ein nicht alltäglicher Fall. Wir gehorchen einem Generalkommando, das es nicht mehr gibt, und tun alles, was niemand von uns verlangt hat, obwohl es unbedingt geschehen muß. — Das kann nicht gut ausgehen.“

„Darauf kommt es auch nicht mehr an", grollte Wellbach. „Wenn wir das gewußt hätten, hätten wir gleich in Kertsch bleiben und warten können, daß uns die Russen abholen und nach Sibirien treiben. Von Kertsch wären es immerhin ein paar Kilometer weniger gewesen."

Die 46. Infanteriedivision war ein paar Stunden zu spät an der Landenge angekommen. Die Vorausabteilung der 63. sowjetischen hatte sich schon festgesetzt und hielt die Zugänge zu Wladislawowka und Star. Krym fest in der Hand. Diese Nachricht wirkte auf die Männer wie ein Schock. Alle Anstrengungen waren also vergebens gewesen, alle Opfer umsonst. Jetzt ging es erst richtig an! Keine Rast, keine Verschnaufpause, nicht einmal eine warme Mahlzeit. Es mußte etwas geschehen, solange die Sowjets noch schwach waren.

„Die Herren Regiments- und Bataillonskommandeure zu mir!"

Bereitstellung auf blankem Eis. Vom Kaukasus brauste ein eisiger Sturm herüber und fauchte über die deckungslose Hochfläche hinweg. Es riß einem die Atemluft vom Mund, und die Kälte fraß sich bis in die Knochen hinein. Die Geschütze mußten im Mannschaftszug herangeschleppt werden, weil viele Zugpferde auf dem Marsch ausgefallen waren. Die schweren Troßwagen blieben liegen; die wichtigsten Sachen wurden auf Panjewägelchen umgeladen. Anders ging es nicht.

Der Obergefreite Kratsch hatte sich ein Häufchen Schnee zusammengekratzt, machte sich dahinter ganz dünn und spähte zum Dorf hinüber.

„Siehst du endlich was?"

„Es rührt sich nichts."

„Vielleicht ist noch nichts drin und die Katen stehen leer. Und wir liegen hier und frieren langsam an. So richtig Barras!"

„Zu sehen ist nichts", knurrte Kratsch, „aber sie sind bestimmt drin und tun bloß so."

„Nicht ein einziger Kamin raucht. Bei dieser Bärenkälte! Das ist verdächtig. Was täten wir in die Öfen hineinkacheln ..."

„Wir vielleicht. Die Iwans müssen das nicht. Bei denen ist jeder dick in Watte verpackt und heizt obendrein mit Wodka nach, was das Zeug hält. Die können tagelang im Schnee liegen und merken es kaum."

„Ich muß schon durch und durch gefroren sein", bibberte der Gefreite Bormann. „Ich glaube, wenn mir jemand eine runterhauen tät, ich tät in lauter Splitter zerfallen."

„Die warten bloß darauf, daß wir hier festfrieren", fluchte Magritz. „Dann können sie uns wie Blaubeeren abpflücken und in den Sack stecken. Nicht einmal eine Zigarette zum Nasenwärmen hat man."

Der Gefreite Mooslander hakte seine Feldflasche vom Koppel los und schraubte die Verschlußkappe ab.

„Mag vielleicht wer? Original russischer Magenbitter und Seelenwärmer! Besonders gut, wenn man zu fett gegessen hat."

Magritz roch an der Flasche, schüttelte sich angewidert und spuckte aus.

„Samarchonka-Fusel! Pfui Teufel! Stinkt wie verfaulte Jauche."
„Aber brennt wunderschön hinunter und macht warm. Wer nicht mag, muß ja nicht."
„Den hast du wahrscheinlich deinen Rössern ums Maul geschmiert, und dann sind sie eingegangen. — Aber gib her!"
Der Feldwebel Gleichauf kam herangekrochen.
„Drei Freiwillige für einen kleinen Spähtrupp. Nichts Besonderes, nur zum Dorf hinüber und dort nachsehen. Wer will?"
„Hier!" sagte Kratsch.
„Ich", brummte Magritz. „Ist wieder mal was anderes."
„Sie nicht, Magritz", lehnte Gleichauf ab. „Sie brauche ich fürs sMG."
„Dann nehmen Sie mich", gluckste Bormann aufgeregt. „Ich möchte mitgehen."
„Traust du dich denn zu so was schon, Kleiner?" fragte Kratsch gutmütig.
„Mit dir schon."
„Jetzt noch den dritten", drängte der Feldwebel. „Wenn wir noch lange verhandeln, ist inzwischen der Krieg aus."
„Ich mache mit", meldete sich der Obergefreite Wobisch.
„Also der Kratsch und der Wobisch und der Bormann. — Fertigmachen!"
„Jetzt schon?" wunderte sich Wobisch. „Am hellichten Tag?"
„Geht nicht anders. Sonst kommen womöglich noch ein paar Brigaden dazu; in Feodosia soll's zugehen wie in einem Frachtenbahnhof."
Leutnant Lutz kam nach vorn.
„Kommando zurück! In zehn Minuten greift die Division an."
„Und der Spähtrupp, Herr Leutnant?"
„Nicht mehr nötig. Das dritte Bataillon war fixer, und es sind sogar Gefangene eingebracht worden. Vor uns und links liegt die 157. sowjetische Schützendivision."
„Mahlzeit!" brummte Wobisch.
„Wird nicht so schlimm werden. Lauter Rekruten, frisch vom Kasernenhof weg und in die Transportzüge hineingestopft. Mit denen werden wir fertig."
Deutsche Geschütze brüllten los, und die Granaten schlugen ins Dorf hinein; schwere Brocken kamen nachgeblubbert und krachten dahinter hinein.
„Mager, hundsmager", stellte Magritz fest. „Da kommt nicht viel auf einen Quadratmeter."
„Auf!" brüllte Leutnant Lutz und hetzte auf das Dorf zu. Auch rechts und links wurde es lebendig.
„Halte dich immer hinter uns!" schrie Kratsch den Gefreiten Bormann an.
Jetzt orgelte es auch von drüben herüber. Aber das russische Feuer lag miserabel, kleckerte bloß hilflos umher und hatte fast keine Wirkung. Die

erste Sturmwelle erreichte das Dorf und drang hinein. Das Dorf war leer. Bis auf die Toten und die Schwerverwundeten. Die russischen Sicherungen hatten sich zurückgezogen oder waren ausgewichen. Aus einem einzelnen Haus schlug wütendes MG-Feuer heraus, obwohl der Dachstuhl lichterloh brannte und jeden Augenblick einzustürzen drohte.

Kratsch warf sich hin und riß Bormann mit sich zu Boden nieder.

Wobisch keuchte: „Vorsicht! Da ist bestimmt der Politruk* drin. Die geben nicht auf."

Kratsch sah sich prüfend um. Sie waren auf den Boden festgenagelt, denn jetzt zwitscherte es auch von drüben herüber. Und diese Burschen waren keine Rekruten!

Der Dachstuhl des brennenden Hauses brach auseinander und stürzte prasselnd ein. Ein Funkenschwarm sprühte auf, und rotglühende Sparren und lodernde Strohbündel segelten durch die Luft; aus den Fensterlöchern fauchten Qualm und Staub heraus, die Giebelmauer neigte sich langsam nach vorn und zerbrach im Niederfallen in Stücke. Das Maschinengewehr jedoch feuerte unentwegt weiter. Es verstummte erst, als auch die Kellerdecke einstürzte und alles unter sich begrub.

„Das waren Kerle!" schnaufte Wobisch.

Das zweite MG brachten Pioniere mit geballten Ladungen zum Schweigen. Jetzt war der Weg durch das Dorf frei. Bormann war schon weit voraus, Kratsch und Wobisch kamen ihm kaum nach.

Feldwebel Gleichauf hatte etwas abbekommen. Ein Streifschuß hatte ihm die linke Schulter aufgerissen, und die Fleischwunde brannte wie Feuer. Er verbiß jedoch den Schmerz und lief weiter.

Vier Kilometer hinter dem Dorf lag eine aufgelassene kleine Erzgrube. Hier versteifte sich der Widerstand. Zwischen den starken Bohlen des Schachtturmes, in der Förderanlage und im Sortierwerk hatte sich Marineinfanterie eingenistet und wehrte sich mit Krallen und Zähnen, und das Bataillon mußte über deckungsloses Gelände.

Hauptmann Paalen führte eine kleine Pak durch eine Mulde, schoß den Schachtturm und die Förderanlage zusammen und setzte hierauf zum Sturm an. Vor der Aufbereitung geriet die Kompanie in mörderisches Granatwerferfeuer. Hauptmann Paalen fiel, Leutnant Lutz übernahm das Kommando. Er wich seitwärts aus, umging die Anlage im Schutz einer dichten Hecke und packte sie von der Seite. Die Sowjets hatten inzwischen Verstärkung heranbringen können.

Die verbarrikadierten Tagbauten waren wie eine starke Zitadelle. Der deutsche Angriff kam zum Erliegen und war nicht mehr in Schwung zu bringen. Dazu begannen auch noch Ratsch-Bum zu donnern.

Die „Ratsch-Bum" war ein russisches Infanteriegeschütz vom Kaliber 7,62 Zentimeter und konnte — je nach Bedarf — sowohl als Feldkanone als auch als Pak (Panzerabwehrkanone) oder Flak eingesetzt werden.

---

*) Politischer Offizier einer russischen Truppeneinheit

Im Infanteriekampf war dieses Mehrzweckgeschütz von den Landsern gefürchtet, weil seine rasanten Geschosse fast zugleich mit dem Abschußlärm da waren und man kaum Zeit hatte, in Deckung zu gehen.

Das Bataillon mußte sich bis hinter den Rand des Muldengeländes zurückziehen. Zwei Kompanieführer waren gefallen, der dritte verwundet; von den Unteroffizieren fehlte nahezu ein Drittel. Die Schwerverwundeten wurden zurückgeschafft, die leichteren Fälle von Sanitätern versorgt. Der Feldwebel Gleichauf weigerte sich hartnäckig, den Verbandsplatz aufzusuchen.

„Ich bin doch kein Wickelkind!" schrie er. „Wegen dieser lächerlichen Schramme? Die wächst von selber wieder zu."

„Die nicht", widersprach Kratsch. „Sieht nämlich nach Leuchtspur aus."

„Stimmt genau", bestätigte auch Wobisch, „riecht auch so. Sie müssen zum Sani, Herr Feldwebel."

Bormann trieb irgendwo den Sanitätsgefreiten Probstbauer auf und schleppte ihn herbei. Probstbauer sah sich die Wunde genau an und erklärte: „Leuchtspur, und schon ganz schön verfärbt. Muß ein ganz besonderer Dreck gewesen sein. Da können nur noch das Messer und scharfe Spritzen helfen. Ich kann das nicht machen. Ab ins Lazarett!"

„Laßt mich damit in Ruhe!" knurrte Gleichauf bösartig. „So was lasse ich mir nicht nachsagen. Ich bleibe bei der Truppe. Schmieren Sie was drauf — und basta!"

„Wie Sie wollen, Herr Feldwebel", sagte der Sanitäter. „Ich werde tun, was ich kann, aber nützen wird es nicht viel. — Beißen Sie die Zähne zusammen." Er reinigte die tiefe Wunde von Stoffresten und träufelte eine braune Flüssigkeit hinein. Dem Feldwebel trieb es das Wasser in die Augen und kalten Schweiß aus allen Poren. Er bekam einen Klebeverband und ein schmerzlinderndes Mittel und machte weiter.

Nach Einbruch der Dämmerung kamen Pioniere nach vorn und brachten Pak und Granatwerfer mit. Im letzten Licht des grauen Tages setzten sie zum Gegenstoß an. Ein Flammenwerfer half nach und räucherte die Nester aus. Und jetzt ging es wieder. In einem Waldstück hinter der Erzgrube überrumpelten sie einen Regimentstroß und erbeuteten munter dampfende Feldküchen. Der Inhalt der dampfenden Kessel — dicke Buchweizengrütze mit viel Fleisch darin — war die erste warme Mahlzeit nach vielen Tagen für die deutschen Landser. Die Russen hatten sich nach Süden zurückgezogen und unternahmen im Augenblick nichts.

Jetzt, mit vollem Magen, sah alles wieder freundlicher aus. Aber noch war nicht alles gewonnen, noch lag einiges vor ihnen. Die Kompanieführer drängten: „Vorwärts! Vorwärts! — Weiter!"

Noch an den letzten Bissen kauend, setzten sich die Marschgruppen wieder in Bewegung und stolperten weiter. Immer wieder tauchten aus dem Dunkeln kleine russische Trupps hervor, schlugen blitzschnell zu und verschwanden gleich wieder.

Ein paar Kilometer weiter — und es ging nicht mehr. Das Bataillon war endgültig ausgepumpt und fertig.

Major Linkg, Oberwachtmeister Spielvogel und die Feldwebel Trösch und Feuermacher gingen auf Erkundung aus. Nach einer Stunde kamen sie wieder zurück und brachten gute Nachrichten: Vorn und links lagen starke sowjetische Verbände, aber rechts war noch offen. Hier konnte es vielleicht noch gehen. Dieser letzte Hoffnungsschimmer rüttelte die Männer auf und verlieh ihnen neue Kräfte. Im Schutz der Nacht drückten sich die Reste der 46. Infanteriedivision in weitem Bogen um die gegnerischen Bereitstellungen herum, stießen nördlich Wladislawowka durch die erst schwach besetzte Landenge, drehten dahinter nach Süden ein und gingen auf dem brettebenen Boden der von Stürmen umtosten Hochfläche in Stellung. Mit Front nach Süden und Osten.

Am frühen Morgen griffen die Russen an, konnten jedoch keinen entscheidenden Einbruch erzwingen und wurden zurückgeworfen. Der deutsche Sicherungsschleier war dünn; die Kampfgruppen mußten unaufhörlich rochieren, um immer gerade dort zu sein, wo der Schwerpunkt des Angriffs lag. Es ging dauernd hin und her.

Feldwebel Glcichauf wurde von heftigen Schmerzen gepeinigt. Er ließ sich jedoch nichts anmerken und blieb bei seinem Zug. Dieser schmolz nach und nach zu einem schwachen Häuflein zusammen. Viele fehlten.

Am Nachmittag gelang dem Gegner ein örtlicher Einbruch. Was in der Nähe war, mußte hin, abriegeln und den Gegenstoß führen. Dabei wurde der Zug Gleichauf vom Gros abgeschnitten.

„Der Bormann!" brüllte Kratsch plötzlich. „Er ist drin! Komm, wir holen ihn raus!"

Wobisch rannte ihm nach und stürzte sich in den Wirbel hinein. Kratsch kam noch durch, aber Wobisch geriet mit einem baumlangen Russen ins Handgemenge und hatte alle Hände voll zu tun, sich des Riesen zu erwehren. Als er ihn endlich von sich abgeschüttelt hatte, war es zu spät. Der Gegner hatte zugemacht, und Bormann war endgültig drin.

Der Obergefreite schlich wie ein geprügelter Hund davon. Er, der auch in den verzweifeltsten Lagen eiskalt blieb und durch nichts zu erschüttern war, kannte sich selbst nicht mehr. Mit hängendem Kopf und weichen Knien trottete er hinter seinen zurückgehenden Kameraden her. Als die wieder Anschluß an den Haufen gefunden hatten, stand plötzlich Bormann vor ihm. Kratsch hatte einen anderen für ihn gehalten und war dem Tod in die ausgebreiteten Arme gerannt. Wobisch starrte den kleinen Gefreiten wie eine Geistererscheinung an, packte ihn an beiden Schultern und rüttelte ihn, als wollte er sich davon überzeugen, daß er kein Gespenst vor sich hatte. Und dann murmelte er: „Daß du noch lebst, daß wenigstens du noch lebst..."

Er schlug die Hände vors Gesicht, und ein krampfartiges Schluchzen schüttelte die massige Gestalt. Der abgebrühte Obergefreite Matthias Wobisch weinte wie ein kleines Kind...

In Baktschiserai, der einstigen Residenz der mächtigen Tataren-Khane, lag die Sturmgeschützabteilung der „Löwenbrigade". An der Sewastopolfront war es stiller geworden. Die deutschen Sturmtrupps hatten sich in den Kasematten des Forts „Stalin" nicht halten können, sich abgesetzt und waren wieder auf ihre Ausgangsstellungen auf den Höhen des Belbektales zurückgegangen.

General von Manstein ließ auch den Angriff von Osten her einstellen und eine Abwehrfront aufbauen. Die freigewordenen Verbände warf er in den Raum Feodosia, um das Schlimmste zu verhüten. Hier war ein neuer Gefahrenherd entstanden und breitete sich besorgniserregend aus: Nach ihrem überraschenden Landemanöver drängten die Sowjets nach Nordwesten, um der 11. Armee in den Rücken zu fahren und ihre Versorgungswege abzuschneiden.

Aus einem Großangriff heraus in die Verteidigung überzugehen, stellt Heerführer und Truppe vor schwierige Probleme, erfordert viel Fingerspitzengefühl und eiskalte Überlegung, strategischen Weitblick und Mut zu taktischen Bocksprüngen. Dabei kann allerlei passieren, sofern der Gegner stark ist, richtig reagiert, seine Chance erkennt und blitzschnell zuschlägt.

In Baktschiserai herrschte noch Ruhe. Wie in einer Etappe, weit vom Schuß. Die Posten klapperten ihre Wachbereiche ab, blieben gelegentlich stehen und plauderten miteinander; die stählernen Ungetüme standen in den gedeckten Höfen des verwahrlosten Palastes, an den Wänden der Moscheen und um die Minarette herum. Die zahllosen Brunnen rauschten, und aus den geborstenen steinernen Becken gluckste es hervor. Die Vermittler am Klappenschrank vertrieben sich die Zeit mit einem Kartenspiel. Nur ganz selten fiel eine Klappe herab, und auch dann war es nichts Alarmierendes. In Baktschiserai schien der Krieg eingeschlafen zu sein.

„So läßt es sich leben", sagte der Obergefreite Wiedling. „Das halte ich zehn Jahre lang aus."

„Ist das ganze Korps schon durch?" fragte der Gefreite Leubold.

„So ziemlich. Bis auf die Sechsundvierzigste. Die hängt noch irgendwo an der Landenge. Bei Parpatsch oder Feodosia — was weiß ich. Wird sich aber auch noch durchfressen. Hat es den langen Weg von Kertsch herauf geschafft, wird das letzte Ende auch noch gehen."

„Wie man hört..."

„Du mußt nicht alles gleich glauben, was durch den Draht gequetscht wird. Die Roten machen bestimmt wieder mehr Getue, als wirklich dran ist. Und die Angsthasen fallen natürlich drauf rein."

„Und was wird jetzt aus dem Sponeck? Er soll ja gemeutert und sich gegen den Befehl abgesetzt haben."

„Haben, haben, haben ... Und was soll er nicht noch alles haben? — Hör mir mit dem Quatsch auf!" brummte der Obergefreite und gähnte. „Eines mußt du dir immer merken: Der Sponeck ist nicht irgendein General aus der Mottenkiste, mein Lieber!"

„Aber es heißt doch..."

„Wird schon nicht so schlimm werden. Bei uns wird aus jedem Dreck gleich ein Riesentheater gemacht. Der Manstein hat ihn abgesetzt — schön! In der ersten Aufregung halt, das wird sich wieder einrenken lassen. Der Sponeck weiß nämlich immer ganz genau, was er tut, und beim Hitler hat er ein paar ganz dicke Steine im Brett. Der wird ihn nicht gleich fallenlassen."

„Wieso eigentlich?"

„Eigentlich ist es der Sponeck gewesen, der mit seiner Luftlandedivision das ganze ‚Unternehmen Holland' geschaukelt hat. Ohne ihn wäre das überhaupt nicht so fix gegangen. Schon damals ist alles aufgewesen. Und im Westen hat er dann das Ritterkreuz gekriegt. Auch in Rußland ist ihm allerhand geglückt. Besonders der Dnjepr-Übergang soll ein Musterstücklein gewesen sein. Du kannst also ruhig schlafen. Einen solchen Kerl schmeißt der Hitler nicht einfach weg wie einen ausgedienten alten Wischlumpen."

„Warum hat man ihn dann abgesetzt?" bohrte der Gefreite hartnäckig weiter.

„So was kann in der ersten Aufregung schon mal passieren, aber es wird nichts so heiß gegessen, wie es auf den Tisch kommt. Sie werden schon noch draufkommen, daß er eigentlich recht gehabt hat, und dann wird alles wieder in Butter sein und sie hängen zu seinem Ritterkreuz noch was dazu."

Eine Klappe rasselte herab. Der Obergefreite wunderte sich.

„Nanu, so was! Der ‚Alte' ist noch auf. Was will er denn jetzt wieder?"

Er stöpselte und meldete sich: „Jawohl, Herr Hauptmann! Herrn Leutnant Brecht. — Ich verbinde."

Er blinzelte dem Gefreiten zu, verdeckte die Sprechmuschel und horchte mit. Das Gespräch war kurz, Wiedling trennte und pfiff durch die Zähne.

„Der Brecht soll sofort zum Chef kommen. Er geht in Einsatz. — Da ist was passiert!"

„Ist das der vom zwoten Zug?"

„Ja, der ... Wenn wo der Hut brennt, muß der Brecht ran. Das ist meistens so: der fünfzehnte Nothelfer."

Leutnant Brecht mußte bloß um eine Ecke herum und über den kleinen Marktplatz drüber. Im Vorübergehen trommelte er den Oberwachtmeister aus dem Schlaf.

„Fertigmachen, Hirnthaler! Wir fahren gleich. Reservesprit mitnehmen."

Hauptmann Röhr empfing seinen Zugführer in Hemdsärmeln. Er hatte die Karte vor sich auf dem Tisch liegen.

„Herr Brecht, Sie müssen sofort losbrausen. Hier, westlich Feodosia, wickelt sich was zusammen. Der Russe greift wie verrückt an, und unsere Sicherungen sind dünn. Bis jetzt haben sie halten können, aber angeblich sind russische Panzer im Anmarsch. Sehen Sie zu, daß Sie hinkommen und wenigstens das Ärgste verhüten. Sie werden der Schwächere sein, aber das

Gelände ist voller Kusseln und Mulden. Das ist etwas für Sie! Anschleichen ist ja Ihre Spezialität. Fahren Sie also los. Hals- und Beinbruch!"

Die drei Sturmgeschütze rollten aus Baktschiserai heraus. Jedes hatte hinten ein Faß Sprit aufgepackt. Die Fässer waren durch Sandsäcke vor Beschuß geschützt. Ungefähr zwanzig Kilometer ging es eben dahin, dann stiegen die bewaldeten Höhen des Jaila-Gebirges vor ihnen auf. Die Kuppe des fünfzehnhundert Meter hohen Tschadür-Dagh, des Zeltberges, leuchtete fahl im Mondlicht; an seinen Hängen flossen kahle Schroffen wie dunkle Samtbänder hernieder.

Sie kamen durch kleine Ortschaften, an Obstgärten vorbei, durch Weiler. Hin und wieder stießen sie auf kleine Sicherungen: zwei oder drei MG, Granatwerfer, zusammengeschmissene Barrikaden, primitive Wegsperren.

Am Ortseingang von Dschisan-Djur stand eine einsame Feldhaubitze und sicherte einen Schluchtausgang. In der Luft summte und brummte es, flackerten Auspuffflämmchen und glänzten winzige, silbrig schimmernde Motten. Ab und zu taumelte eine Leuchtkugel herab, verglühte und fiel in die Wälder hinein.

Sie rumpelten durch einen Graben. Die steilen Hänge zu beiden Seiten rückten allmählich beängstigend zusammen, und die breiten Geschütze streiften schon rechts und links und rissen Baumzweige ab.

„Wir werden bald feststecken, Herr Unteroffizier. Das kann dann heiter werden! So im Rückwärtsgang und durch diesen schwarzen Schlauch... Fehlen nur noch die Baumschützen."

„Immer dem Chef nach! Wir können uns nicht selbständig machen."

Der Leutnant schwenkte nach links herum, kletterte den Hang hinauf, schaukelte durch einen Graben, rauschte durch Jungholz und — stand wieder im Freien.

„Allerhand!" staunten die Fahrer.

„Er hat eben die Karte im Kopf", sagte der Unteroffizier. „Das kann nicht jeder."

„Schon bald neunzig Kilometer", brummte der Fahrer. „Was soll das? Geht's vielleicht wieder zurück nach Kertsch?"

„Dem Sprit nach könnte es stimmen, aber dort ist doch nichts mehr."

Vor ihnen, im Osten und im Südosten, leuchtete es am Nachthimmel auf, über Feodosia geisterten russische Scheinwerferkegel herum und glühten Signallichter. Zwischen zwei zerschossenen Windmühlen hielt der Leutnant an und kletterte aus seinem Wagen heraus.

„Blattvoll auftanken! Und dann die Fässer mit dem Rest vergraben. Aber so, daß wir sie auf der Rückfahrt wiederfinden. Im Genick können wir so etwas jetzt nicht brauchen."

„Er denkt auch an alles", flüsterte ein alter Obergefreiter seinem Kameraden zu. „Ein richtiger Landser mit Schulterstücken!"

„Landser mit Schulterstücken", das war so ziemlich die höchste Anerkennung, die sich ein Truppenoffizier von seinen Männern wünschen konnte. Ohne sie wäre manches nicht gegangen.

„Kinder“, sagte Leutnant Brecht, „es geht gegen Panzer. Wieviel auf jeden von uns kommen, weiß ich nicht. Gezählt wird nicht! Nur gefahren und geschossen und gekurvt, bis die Iwans die Drehkrankheit kriegen und sich gegenseitig rammen. Nur so können wir sie packen. — Aufsitzen!“

Krachende Abschüsse wiesen ihnen die Richtung. Wenig später zuckten auch schon die Mündungsfeuer. Hinter einer Bodenerhebung stand eine Batterie 10,5-Zentimeter-Langrohrkanonen und feuerte, was herausging.

„Hat alles keinen Sinn mehr!“ brüllte der Batterieführer. „Für uns sind sie schon zu nahe heran. — Gruber, sausen Sie zur Flak hinüber! Wenn sie's nicht schafft, können wir einpacken.“

Zweihundert Meter weiter rechts, in einer Baumgruppe, stand 8,8-Zentimeter-Flak. Mit niedergekurbelten Rohren, zum Erdbeschuß bereit. Zurückflutende Rumänen hasteten daher. Ohne Mäntel und ohne Mützen; sogar die Gewehre hatten sie weggeworfen, um rascher laufen zu können. Einige von ihnen schleppten Verwundete mit.

„Tanki!“ beteuerten sie entsetzt und hetzten weiter.

„Arme Hunde!“ sagte der Batterieführer. „Laßt sie laufen. Mit bloßen Händen kann man keine Panzer aufhalten.“

Das Feldtelefon schrillte, und der Hauptmann nahm den Hörer vom Kasten. Der vorgeschobene Artilleriebeobachter meldete eine feindliche Panzerbereitstellung und gab gleich die Zielwerte durch.

„Planquadrat Cäsar-Zwo, Herr Leutnant!“ schrie der Hauptmann. „Ungefähr zehn Kilometer rechts vom Wasserturm stehen sie in einem Waldstück und warten ab.“

„Also noch fünf Kilometer“, stellte Brecht anhand der Karte fest. „Hoffentlich bleiben sie hübsch auf einem Haufen beisammen.“

„Ich habe im Augenblick keine Verbindung zum Bataillonsgefechtsstand. Er steckt in dem Forsthaus neben der Straße und ist beschildert. Melden sie sich da, bevor Sie weiterfahren, sonst könnten Sie bei der Durchfahrt durch die HKL (Hauptkampflinie) von eigenen Leuten benagelt werden. Die Pioniere sind scharfe Wachhunde.“

Auf dem Bataillonsgefechtsstand herrschte Aufregung. Fast alles hatte Karabiner oder Maschinenpistolen umgehängt, und in aller Eile wurden aus Stielhandgranaten geballte Ladungen zusammengebastelt; ein Bautrupp und das gesamte kommandierte Personal arbeitete an einem eingesunkenen russischen Panzergraben. Eine Pak stand da und wartete auf die Russenpanzer.

Stellvertretender Bataillonskommandeur war ein älterer Oberleutnant. Er war der einzige ruhende Pol in dem durcheinanderquirlenden Haufen.

„Es handelt sich um leichte Panzerkampfwagen“, sagte er. „Ich nehme an, daß sie es zuerst bei den Rumänen probieren werden. Aber diesmal können sie eine Überraschung erleben; diesmal stoßen sie nämlich auf harte Burschen. Trotzdem sind wir heilfroh, daß ihr gekommen seid. — Ich schicke sofort Melder nach vorn und lasse euch ankündigen, damit nicht vielleicht etwas passiert.“

Auf dem Kompaniegefechtsstand fanden sie bloß den Chef, den Fernsprecher und zwei Melder vor; alles andere war vorn eingesetzt.

„Geht nicht anders", sagte der Kompanieführer achselzuckend. „Der Iwan drückt wie verrückt und will unbedingt durch. Und jetzt auch noch die Panzer dazu! Sie können jeden Augenblick dasein."

„Wo stehen sie?"

„Drüben, am Waldrand. Keine zwei Kilometer von hier. Man kann sie mit bloßem Auge sehen, weil der Mond so hell scheint. Dazwischen liegen Kusseln und Mulden. Diesen günstigen Umstand werden sie nutzen."

„Und wo liegen die Rumänen?"

„Ganz am rechten Flügel. Um sie mache ich mir keine Sorgen; die sind verläßlich. — Sie haben noch etwas mehr als zweihundert Meter, dann sind Sie da. Nur noch einen sanften Hang hinab, und Sie rollen ins Niemandsland hinein. Minen gibt es keine. Weder — noch."

„Also können wir jetzt?"

„Fahren Sie los, Herr Leutnant! Wir halten euch die Daumen."

Drüben rührte sich nichts. Das Waldstück stand schwarz in dem leicht überzuckerten Gelände. Wie eine Trutzburg mit vielen spitzen Türmchen. Plötzlich verschwand es aus dem Blickfeld. Eine langgestreckte Wolkenbank hatte sich vor den Mond geschoben und schwamm langsam südwärts. Das konnte eine ganze Weile dauern.

„Wie eigens bestellt", sagte Leutnant Brecht befriedigt. „Glück muß man haben. — Ohne Tritt, marsch!"

Die Fahrer traten behutsam auf die Gaspedale. Nur jetzt keinen unnötigen Krach machen! Aber die verdammten Raupenketten klirrten und rasselten. Der Leutnant neigte sich weit vor und dirigierte den Fahrer durch die Kusseln und die Mulden. Ganz so, als wäre er hier aufgewachsen. Die beiden anderen Sturmgeschütze trotteten im Gänsemarsch hinter dem Führungswagen her.

Wie eine Herde Büffel standen die Russen vor dem schwarzen Wald. Leichte T 26 und ein paar T 60. Weiß gefleckt, mit hochgekurbelten Rohren und stehenden Motoren.

„Fünfhundert Meter", sagte Brecht ruhig ins Mikrophon der Bord-zu-Bord-Sprechanlage. „Sobald ich schieße — Feuer frei!"

Die ersten Panzergranaten krachten in den zusammengedrängten Eisenhaufen hinein und fraßen sich darin fest. Immer wieder! Lukendeckel flogen auf, Kuppeln zerplatzten, Flammen loderten auf, brennende Munition detonierte und Funkenschwärme stoben hoch. Die überrumpelten Russen waren vor Schreck wie gelähmt, spritzten sinnlos herum und verloren kostbare Zeit. Als ihre Motoren endlich losdonnerten, die Richtkanoniere zur Besinnung kamen und die Rohre niederkurbelten und herüberschwenkten, brannte schon ein halbes Dutzend.

Leutnant Brecht kurvte wild herum, tauchte unter und anderswo wieder auf und feuerte in den krabbelnden Haufen hinein, was das Zeug hielt. Die anderen Geschütze standen ihm nicht nach und hielten mit.

Jetzt schossen auch die Sowjets, aber ihr hastig angesetztes Feuer zerflatterte, weil ihnen die Ziele wie Irrwische vor der Nase herumhüpften und keinen Augenblick stillhielten.

Das Duell der gepanzerten Riesen währte nicht sehr lange. Bald standen anderthalb Dutzend T 26 und T 60 mit zerfetzten Ketten, verkeilten Türmen, zerschlagenen Rohrblenden und geplatzten Bäuchen brennend herum. Der Rest rettete sich in panischer Flucht in den Wald hinein oder humpelte kläglich davon.

Die Panzerspitze der 44. sowjetischen Armee war abgebrochen und zusammengeschlagen und der gefährliche Stoß gegen das nur schwach besetzte Hinterland und die deutschen Versorgungswege abgewehrt.

*

Als die Bataillone der 46. deutschen Infanteriedivision kämpfend durch die Landenge von Parpatsch gezogen waren, hatte der Teil eines Regimentstrosses den Anschluß an die Nachhut verloren und war immer weiter zurückgefallen. Vierzehn überlastete Wagen waren es. Nahezu die Hälfte der überforderten Zugtiere war zu nichts mehr zu gebrauchen und stolperte bloß noch so dahin. In einer verlassenen Ortschaft mußte Rast gemacht werden.

„So geht das nicht", sagte Feldwebel Bauschke, „so holen wir den Haufen im Leben nicht ein. So nicht! Wenn wir so weitermachen, werden wir von den Hunden gefressen werden."

„Was willst du machen?" fragte der Unteroffizier Bolsch verzagt und seufzte.

„Erst einmal fort aus dieser Gegend und irgendwohin, wo es noch keine Iwans gibt. Und dann den ganzen Plunder wegschmeißen und den Haufen umkrempeln. Etwas anderes gibt es nicht."

„Wohin willst du? Wo gibt es noch keine Iwans?"

„Wir müssen ein Stück nach Norden hinauf. Wenn es sein muß, bis Parpatsch. So weit sind die Russen bestimmt noch nicht gekommen. Und dann nach Westen und im Bogen wieder hinunter und hinter Feodosia oder Wladislawowka hinein. Da irgendwo herum müssen wir auf unsere Leute treffen. Viel weiter marschieren sie nicht. ‚Wladislawowka nehmen!' hat es geheißen."

„Mach, wie du glaubst", murmelte der junge Unteroffizier. „Du hast die Verantwortung und mußt es wissen."

„Es wird eine Schinderei werden, aber wir haben wenigstens eine kleine Chance, aus diesem Dreck 'rauszukommen. Die Hauptsache: Rede nicht zuviel herum und mache mir die Leute nicht kopfscheu. Sobald wir weiter oben sind, werde ich ihnen alles ganz genau erklären."

Er setzte sich an die Spitze der Wagenkolonne und bog scharf nach Norden ab. Nach einiger Zeit kamen sie zu einer kleinen Ortschaft. Sie war leer, aber noch nicht zerstört.

„Ein paar Stunden Rast!" ordnete Bauschke an. „Die Gäule irgendwo hinein, abreiben und füttern. Die schon halb krepierten bekommen nichts. Brauchen nichts mehr. Und dann an die Arbeit!"

„Was für eine Arbeit?"

„Gepäckerleichterung, meine Herren! Der Trödelkram muß weg."

Er „krempelte" radikal um. Zuerst kamen die Pferde dran. Er ließ die Schwächlinge schlachten. Die dicken Fleischstücke sollten als Proviant mitgenommen werden. Die schweren Fahrzeuge ließ er stehen, mit den leichten mußte es im Viererzug zu schaffen sein. Es blieben im ganzen vier Troßwagen übrig: einer für die Futtermittel, einer für die Kranken, zwei für die Klamotten und jenen Teil der Ladung, der unbedingt mitgenommen werden mußte. Der übrige Plunder blieb liegen. Es war ein ganzer Berg.

„Wenn Russenflieger kommen, dann ruhig weiterfahren, als ob nichts wäre. Nur nicht auffallen! Sie müssen uns für eigene Leute halten und dürfen auf keine schlechten Gedanken kommen."

Sie marschierten ohne Rastpause. Wenn es einmal stocken wollte, trieb sie Bauschke unerbittlich an: „Wir wollen doch alle einmal nach Hause kommen. Oder? Die Heimat kann nicht zu uns herüberrutschen, wir müssen schon selber hin!"

„Wenn wir wie Bettler mit leeren Händen zurückkommen, wird niemand viel Freude an uns haben", hämmerte er immer wieder in sie hinein. „So schlimm ist es noch gar nicht, man darf sich nur nicht selber bedauern und sich fallenlassen."

Kurze Zeit rasteten sie in den Lagerschuppen einer Ölmühle und brieten Fleischstücke an Holzstäbchen über kleinen Feuerchen. Die Stimmung war schon tief gesunken; sogar die ewigen Meuterer ließen die Nasen hängen und schimpften nicht einmal mehr.

„Wie weit haben wir eigentlich noch?" fragte der Gefreite Überacher und betastete seine erfrorene Nase.

„Schwer zu sagen. Vielleicht sechzig Kilometer, vielleicht auch hundert. Kommt ganz darauf an. Wenn wir so kreuzlahm weitermachen, kann es noch eine ganze Weile dauern."

„Hundert Kilometer? — Die schaffen wir nie. Und dabei wissen wir nicht einmal genau, wohin wir sollen."

„Aus!" murmelte ein anderer mutlos. „Am besten, wir kriechen irgendwo unter und warten, bis uns die Iwans abholen. Es hat ja alles keinen Sinn mehr. Viel schlimmer kann es nicht mehr kommen."

Jetzt hat's geklingelt! sagte sich Feldwebel Bauschke. Es wird Zeit für eine Spritze.

„Wie ihr wollt", erklärte er gelassen. „Ihr müßt es bloß sagen. — Aber ohne mich! Dann mache ich eben allein weiter. Wer Lust hat, kann mitkommen."

Sie starrten ihn ungläubig an.

„Glaubst du denn wirklich, daß es noch ein Durchkommen gibt?" fragte Bolsch.

Bauschke zuckte die Achseln. „Wenn man so in der Klemme steckt, muß man alles probieren. Solange man sich bewegt, lebt man. Erst wenn man alle viere von sich streckt und nichts mehr tut und auf ein Wunder vom Himmel wartet, ist alles aus und der Deckel fällt zu."

Jetzt war alles wieder klar zwischen ihnen. Ohne viel zu reden, packten sie ihren Kram zusammen. Und es ging besser als vorhin.

Nach zwei Stunden Marsch kam eine Ortschaft in Sicht. Sie lag auf einem Hügelrücken, und aus den Schornsteinen stieg Rauch auf. Bauschke hatte keine Karte bei sich und konnte also nicht feststellen, wie die Ortschaft hieß und wo sie sich befanden. Aber der Rauch gefiel ihm nicht; der konnte etwas bedeuten. Er bog nach Westen ab, und die Kolonne tauchte in eine Bodensenke hinein. Als sie wieder aus ihr heraus war, war das Dorf nicht mehr zu sehen. Von links herüber kam ein Trupp Reiter. Russische Kavallerie! Auf den ersten Blick zu erkennen.

„Weiterfahren, als ob nichts wäre", stieß Bauschke mit gepreßter Stimme hervor. „Sie haben uns schon gesehen und sind rascher als wir. Vielleicht nehmen sie uns auf die Entfernung nicht recht aus und lassen sich täuschen."

Die Russen ritten im Schritt. Wenn das so weiterging, mußten sie den Weg der Wagenkolonne kreuzen. Und dann...

„Nicht langsamer werden!" zischelte der Feldwebel. „Das wäre verkehrt und würde sie mißtrauisch machen. Und immer in der alten Richtung bleiben und nicht abschwenken."

Plötzlich setzte sich der Trupp in Trab, dann in Galopp und wischte weit vor dem Troß vorbei und nach Norden. Keiner hatte einen Blick herübergeworfen.

Bolsch blies die Backen auf und schnaufte: „Mir ist fast das Herz stehengeblieben. So was ist aber auch ein scheußliches Gefühl."

„Bei mir ist es wiederum der Magen", gestand Dworski. „Mir legt sich alles gleich auf den Magen."

„Und bei mir geht es noch tiefer hinunter", schimpfte Mumb. „Das ist immer so, wenn mich ein Schreck packt. Ja, so was kann einem schon..."

„Nicht schneller werden!" warnte Bauschke. „Ruhig weitermachen und nicht die Schädel zusammenstecken. Es kann sein, daß der Offizier oder der Politruk durchs Glas nachschaut."

Ein scharfer Ostwind tat sich auf, und der Schnee begann zu rieseln und quer über die Fahrbahn zu laufen. Diesmal hatte jedoch niemand etwas dagegen, denn er verwehte die Radspuren. Bald darauf winkte einer der Verwundeten dem Feldwebel zu sich heran und zeigte mit ausgestrecktem Arm nach unten. Dort zog, fast schon am Horizont, sowjetische Infanterie von Süden herauf. Zwischen ihnen Lastkraftwagen, Geschütze und sogar vereinzelte Panzer.

„Sie legen einen Sperriegel quer über die Landenge", sagte Bauschke vergnügt. „Meine Rechnung ist aufgegangen. Wir sind gerade noch durchgerutscht. Es kann nun nicht mehr viel passieren."

„Und was ist mit denen, die vielleicht noch drüben sind?"

„Es kommt ganz darauf an, was es ist", murmelte Bauschke. „Wenn es sich um Trosse oder so handeln sollte, dann ade, schöne Sommerrose..."

„Das verdanken wir Ihnen, Herr Feldwebel", sagte Dworski schuldbewußt. „Nur Ihnen."

„Noch ist es nicht ganz soweit. Und schließlich bin ich lange genug in diesem Land herumgezogen. Da richtet sich die Nase ganz von selber darauf ein; mit der Zeit wird man wie ein gehetztes Tier und kriegt das nie wieder mehr aus sich heraus."

Mit jaulenden Motoren kamen zwei Jäger daher, prasselten über sie hinweg, zogen hoch und rissen die Maschinen in eine scharfe Schleife. Auf den Tragflächen — Balkenkreuze! Bauschke tat einen brunnentiefen Seufzer der Erleichterung. Das hätte gerade noch gefehlt, jetzt, ein paar Schritte vor der Haustür. Die Jäger umkreisten das Häuflein und wackelten mit den Flügeln; Bauschke stellte sich breitspurig hin und wies mit dem Arm in die Richtung, die die Reiter und die russischen Marschkolonnen genommen hatten. Die Jäger machten kehrt, stiegen höher, wackelten abermals mit den Tragflächen und brausten nach Nordosten.

Sie hatten verstanden.

Zwei Stunden später: Ein Schneeloch, darin deutsche Stahlhelme, ein Maschinengewehr, Karabiner...

„Wer seid ihr?"

„Heimkehrer, Kamerad, Heimkehrer sind wir."

„Wir sind wieder zu Hause", sagte der Obergefreite Dworski ergriffen. „Direkt ein komisches Gefühl."

*

In den ersten Januartagen war die Gefahr im Rücken der 11. deutschen Armee gebannt und die Lage stabilisiert; obwohl die sowjetische Führung alles darangesetzt hatte, war ihr kein entscheidender Einbruch gelungen. Die Herren in den Stäben konnten aufatmen.

Die 46. Infanteriedivision hatte geradezu Übermenschliches geleistet. Nach dem mörderischen Gewaltmarsch von Kertsch zur Landenge von Parpatsch herauf, unaufhörlich von einem zahlenmäßig überlegenen Gegner angegriffen und den Unbilden des harten russischen Winters ausgesetzt, hatte sie den hundertzwanzig Kilometer langen Kreuzweg hinter sich gebracht und war durchgestoßen. Und schließlich hatte sie auch noch gekämpft und den dünnen Riegel gehalten. Jeder von ihnen hatte alles gegeben. Und jetzt war es endlich soweit.

Die Männer hockten in armseligen Hütten um die kalten Öfen herum und sinnierten vor sich hin und wunderten sich, daß sie noch lebten. Der Feldwebel Gleichauf lag in einer Ecke auf einem Bündel Stroh und starrte aus fiebrigen Augen zur Decke hinauf. Sein Gesicht war eingefallen, schmerzverzerrt und wachsgelb. Der Obergefreite Magritz hatte eine Suppe gekocht und wollte ihm etwas davon einflößen. Der Feldwebel drehte jedoch den Kopf zur Seite und preßte die schorfigen Lippen zusammen.

„Pause“, sagte Baumgärtl in die Stille hinein. „Wenn die Rösser hin sind, steht der Karren still. Jetzt können sie nichts mehr von uns verlangen, jetzt müssen sie die Division herausziehen und erst mal wieder auffrischen. Ob sie wollen oder nicht. Viel ist nicht mehr von ihr da.“

„Wo nichts mehr ist, kommt es auf den letzten Plunder auch nicht mehr an“, kam es aus einem Winkel hervor. „In den Ofen damit und fertig!“

„Glaube ich nicht. Zum Verheizen sind wir noch zu gut.“

„Ob es jetzt Urlaub geben wird?“ fragte der Gefreite Mooslander sehnsüchtig.

„Geben wird's bestimmt was“, knurrte der Feldwebel Greining grimmig. „Fragt sich nur noch — was.“

Greining winkte verächtlich ab. „Lauter zuckersüße Latrinenparolen! Nicht einmal der General wird was Genaues wissen. Jetzt noch nicht.“

„Weiß jemand was von dem Rankrieder oder von dem Maras?“ fragte Mooslander. „Bei der letzten Kaffeeausgabe habe ich sie noch gesehen. Sie haben an dem Dreiachser herumrepariert. Dann nicht mehr.“

„Stimmt! Haben sie. Aber hinter dem Wäldchen sind dann ein paar Russen über sie hergefallen. Vielleicht hätten sie noch ausreißen können, aber sie haben noch schnell den Schlitten in die Luft jagen wollen, wie es sich gehört. Und dann ist es zu spät gewesen. Wie wir dazugekommen sind, sind sie schon dagelegen.“

Die Stubentür knarrte, und der Stabsarzt betrat den Raum. Hinter ihm der Sanitätsgefreite Probstbauer, Wobisch und Bormann.

Feldwebel Gleichauf war nicht mehr bei Besinnung. Er lag mit geschlossenen Augen auf seinem Strohlager, und der Atem ging röchelnd.

Probstbauer machte seine Schulter frei und riß den verschmutzten Klebeverband herab. Die Streifwunde war an den Rändern verfärbt. Die Haut um sie herum hart und trocken; sie knisterte bei der leisesten Berührung wie altes Pergamentpapier.

„Gasbrand im letzten Stadium“, stellte der Stabsarzt beim ersten Blick fest. „Nichts mehr zu wollen. Ich habe nicht einmal mehr eine Spritze, um es ihm leichterzumachen.“

„Die Suppe wird kalt“, drängte Magritz.

„Wie kannst du jetzt vom Essen reden“, schluchzte der Gefreite Bormann und wischte sich über die Augen.

„Der Obergefreite hat recht“, bestätigte der Stabsarzt. „Von einer kalten Suppe hat niemand etwas. Und davon wird auch nichts mehr anders.“

*

Die Regimentskommandeure wurden zum Divisionsgefechtsstand befohlen. Es lag etwas in der Luft, das fühlte jeder von ihnen gleich. Major Linkg kam in Vertretung des gefallenen Oberstleutnants Mengenburg.

Oberst Wellbach empfing die Herren anders als sonst, und sein kantiges Gesicht war wie versteinert. Der General hatte ein Blatt Papier vor sich liegen. Er tat nicht lange herum.

„Meine Herren! Von der Heeresgruppe Süd ist ein Fernschreiben eingetroffen. Ich mache Sie hiermit mit dem Inhalt bekannt: ‚Ich spreche der 46. Infanteriedivision für das schlappe Zufassen bei der Anlandung der Russen auf der Halbinsel Kertsch sowie wegen ihres übereilten Rückzuges aus der Halbinsel die soldatische Ehre ab. Auszeichnungen und Beförderungen sind bis auf weiteres gesperrt. — Von Reichenau, Generalfeldmarschall.‘ “

Und mit unbewegter Miene fügte er hinzu: „Das ist alles. Kommentar überflüssig. Ich danke Ihnen, meine Herren!“

Er erhob sich, grüßte und verließ den Raum. Die Herren sahen einander bestürzt an. Das hatte keiner von ihnen erwartet. Das war ein Faustschlag in das Gesicht einer tapferen Division, die alles darangesetzt und eine Katastrophe von unvorstellbaren Ausmaßen verhindert hatte.

Oberst von Wellbach saß stocksteif da; nur die stahlblauen Augen unter den buschigen weißen Brauen irrlichterten.

Mit Major Linkg ging das Temperament durch, und er sprudelte hervor: „Man hat uns abgekanzelt wie Lausbuben. Uns alle! Bis hinunter zum letzten Troßknecht. — Und wofür eigentlich? Was haben wir verbrochen? Wir haben einen Befehl unseres Kommandierenden Generals befolgt, das ist alles.“

„Kommentar überflüssig, Herr Major“, warf der Oberst warnend ein. „Sie haben ja gehört. Ich persönlich verstehe Ihre Erregung; auch mir schwebt manches auf der Zunge — aber ich schlucke es hinunter und denke mir mein Teil.“

„Das hätte kein Kommentar sein sollen, Herr Oberst, das war bloß eine angemessene Frage!“ fauchte Linkg. „Jeder Strauchdieb hat das Recht auf Verteidigung — warum wir nicht? Keiner von uns hat ehrlos oder aus Feigheit gehandelt; alle unsere Männer haben gekämpft, viele sind gefallen, viele werden noch sterben. Warum spuckt man ihnen auch noch ins Grab nach? — Es muß doch irgendwo jemand sein, der darauf eine Antwort geben kann!“

„Das hat alles keinen Sinn mehr ...“, suchte Wellbach den Schreienden zu beruhigen.

„Keinen Sinn mehr? — Und daß der Erdrutsch aufgehalten werden konnte und nur deshalb die 11. Armee noch lebt, das hat vielleicht auch keinen Sinn gehabt? Ist das bloß ein übermütiger Witz gewesen?“

„Das allerletzte Wort ist noch nicht gesprochen, Herr Major Linkg! Möglicherweise wird sich doch noch etwas machen lassen ...“

„Danke!“

Das pfiff wie ein Säbelhieb durch die Luft.

„Auf dem Gnadenweg werden wir uns nichts erbetteln und auch keine milden Gaben entgegennehmen. Wir haben doch nichts verbrochen! —

Und überhaupt: Warum hat sich der Kommandierende General nicht für seine Division eingesetzt? Warum? frage ich. Er ist es doch gewesen, der diesen Befehl gegeben hat!"

Oberst von Wellbach zuckte zusammen und murmelte zögernd: „Ich bin nicht befugt, darüber zu sprechen, aber jetzt muß es wohl sein. — Also: Es gibt keinen Generalleutnant Hans Graf von Sponeck mehr, meine Herren. Im Führerhauptquartier ist unter dem Vorsitz von Reichsmarschall Göring ein Kriegsgericht zusammengetreten. Sponeck wurde degradiert, aller Orden und Ehrenzeichen entkleidet und zum Tode verurteilt."

Die Gesichter der Herren verfärbten sich. Das hätte niemand für möglich gehalten. Das nicht! Sogar dem Major Linkg verschlug es die Sprache.

„Und — und ist das Urteil schon vollstreckt?"

„Nein. — Dem Führer und Obersten Befehlshaber muß bei diesem Gedanken nicht sehr wohl zumute gewesen sein. Er hat eingegriffen und das Todesurteil in sieben Jahre Festungshaft umgewandelt; vielleicht wollte er sich für später einmal eine letzte Tür offenhalten."

„Aber der Schimpf bleibt an uns haften", murmelte Major Linkg düster. „An Sponeck, an der Division, an jedem von uns. — Und wie sollen wir das unseren Männern beibringen? Nach alledem, was geschehen ist?"

Drei Wochen später übernahm Feldmarschall von Bock die Heeresgruppe Süd. Eine seiner ersten Amtshandlungen war, daß er einen Tagesbefehl erließ: „Ich spreche der 46. Infanteriedivision für die seit Anfang Januar hervorragenden Leistungen bei den Abwehrkämpfen in der Landenge meine ganz besondere Anerkennung aus und sehe entsprechenden Vorschlägen für Beförderungen und Auszeichnungen entgegen ..."

Damit war der Fall abgeschlossen. In der „Sache Sponeck" änderte sich allerdings nichts. Der ehemalige Kommandierende General und Ritterkreuzträger verblieb weiterhin in Haft. Zweieinhalb Jahre später — nach dem mißglückten Bombenanschlag auf Hitler im Juli 1944 — ließ ihn der Reichsführer SS, Heinrich Himmler, aus seiner Zelle herausholen und kurzerhand, ohne Urteilsspruch, von einem Exekutionskommando erschießen.

A. Gütte

Geheimkommando Kaukasus

Kriegsjahr 1942
„Brandenburger"-Einsätze
im Südosten der Sowjetunion

„Los, fertigmachen, es ist soweit!"

Feldwebel Burger von der 132. Infanteriedivision (ID) läßt seine Männer antreten und führt sie im Verband seiner Kompanie in die Nacht des 7. Mai 1942. Es ist eine ziemlich lange Marschkolonne, alles zusammen vier Kompanien, die in der Dunkelheit nun dem Strand östlich von Feodosia zustreben. Dort warten Pioniere mit Sturmbooten.

„Mein lieber Herr Gesangverein! Das fehlt mir gerade noch in meiner Sammlung!" knurrt Unteroffizier Keit und stößt den neben ihm stehenden Feldwebel in die Seite.

„Geht mir genauso", antwortet Burger. „Auf der Erde ist es schon schlimm genug, aber auf dem Wasser..." Er läßt den Satz unvollendet.

„Wenn das man gutgeht!" Keit fummelt nervös an seiner Maschinenpistole (MPi) herum.

„Wird schon werden. Der alte General von Manstein wird schon wissen, was er uns zumutet." Burger dreht sich zu seinen Männern um und redet einige beruhigende Worte, vor allem über ihren Einsatz mit den Sturmbooten.

„Sicherlich, Herr Feldwebel! Aber Wasser hat keine Balken, und ich habe noch nie in einem Sturmboot gesessen", bemerkt einer der Landser.

„Ich auch nicht, Buchholz. Und nun Schluß mit der Unterhaltung, wir sind dran!"

Mit schnellen Schritten läuft Burger auf die wartenden Sturmboote zu. Die Männer folgen und steigen ein.

Lautlos legen die Boote vom Land ab und werden durch kräftige Paddelschläge aufs Meer hinausgetrieben.

„Möchte nur wissen, warum die Pioniere nicht die Motoren anwerfen", wundert sich einer der Männer leise.

„Döskopp!" antwortet Burger ebenso leise. „Dann könnten wir den Iwans gleich sagen, daß wir kommen. Schluß jetzt und die Klappe halten!"

Weit draußen auf dem Schwarzen Meer bewegt sich die geheimnisvolle Bootsflotte entlang der Küste nach Osten.

8. Mai 1942, 03.15 Uhr!

Der schwach heraufdämmernde Morgen wird von den Abschußblitzen der Artillerie zerrissen. Ununterbrochen zucken die Mündungsfeuer auf. Die schweren Waffen schleudern ihre unheilbringenden Geschosse auf die erkannten Befestigungen des Feindes. Die ersten Sturzkampfbomber (Stuka) sind da und stürzen mit Geheul erdwärts, laden ihre Bomben ab und schwirren wieder davon.

Entlang der achtzehn Kilometer breiten Landenge ist der Kampf entbrannt. Hinter den Pionieren, die im feindlichen Beschuß Minen räumen und Drahtverhaue beseitigen müssen, schiebt sich die Infanterie an den Gegner heran. Ein unheimliches Abwehrfeuer faucht ihnen entgegen. Die schweren Koffer feindlicher Schiffsartillerie schlagen in das Vorgelände ein und werfen Dreck, Steine und Stahlsplitter durch die Luft.

Die Soldaten in den Sturmbooten starren entsetzt auf den Feuerzauber.

Da werden in allen Booten die Außenbordmotoren angeworfen. In Höchstfahrt schießen die Sturmboote auf das Land zu. Das Geräusch der Motoren geht im Lärm des Kampfes unter, und der Feind bemerkt die kleine Armada nicht. Mit Vollgas preschen die Boote in den zehn Meter breiten Panzergraben hinein, der an dieser Stelle ins Meer mündet.

Als die Russen die drohende Gefahr erkennen, ist es bereits zu spät. Die Sturmkompanien springen aus den Booten, schon im Laufen auf die Rotarmisten in den Stellungen schießend.

Feldwebel Burger hat mit seinem Zug den Graben inzwischen erreicht. Er will gerade zum Sturm auf eine feindliche Stellung ansetzen, als er die glühende Zunge eines Flammenwerfers sieht, die in ihrer Richtung heranleckt.

„Volle Deckung!“ brüllt er und liegt schon flach auf dem Boden. Etwa zehn Meter neben ihm faucht der glühende Strahl über den Grabenrand. Furchtbare Schreie gellen durch den Lärm.

Entsetzen packt den Feldwebel, zusammen mit einer verzweifelten Wut. In wilden Sätzen stürmt er auf die Stellung des Flammenwerfers zu, im Springen eine Handgranate wurfbereit machend. Etwa zwanzig Meter weiter wirft er sich schwer atmend in Deckung.

Der Flammenwerfertrupp hat ihn anscheinend nicht bemerkt, denn wieder leckt ein Strahl brennenden Öls zum Graben hin.

Burger zielt und wirft. Noch während die Handgranate in der Luft ist, hat er bereits die nächste in der Hand. Drei der Sprengkörper wirft er in kurzen Abständen, und sie fallen alle ins Ziel. Dumpfe Detonationen erklingen, und eine Stichflamme zischt aus der Feindstellung.

Die Infanteristen haben mittlerweile Fuß gefaßt, und der Angriff geht weiter. Die ersten Russen heben die Hände und kommen aus ihren Stellungen heraus. Man sieht es ihnen an, daß sie das plötzliche Auftauchen der Deutschen immer noch nicht begreifen können.

Auch die anderen Verbände kamen zügig vorwärts, teilweise aber nur unter schweren Verlusten. Eine russische Pak-Sperre (Pak = Panzerabwehrkanone) wurde von Sturmgeschützen aufgebrochen.

Schon am 11. Mai waren zehn Sowjetdivisionen eingekesselt, und der Vormarsch wurde fortgesetzt. Eine schnelle Brigade unter Führung von Oberst Busse ließ den zurückweichenden Feind nicht zur Ruhe kommen. Als dieser Verband weit im Rücken des feindlichen Hauptquartiers auftauchte, brach der gesamte Widerstand zusammen. Lange Kolonnen gegnerischer Kräfte flohen in Richtung Kertsch, um der Falle zu entkommen. Vergeblich versuchten russische Reserven, den deutschen Vormarsch aufzuhalten. Es half alles nichts. Am 16. Mai erreichten die deutschen Truppen Kertsch. Der Kampf in diesem Abschnitt war zu Ende. Drei Sowjetarmeen waren von einigen deutschen Divisionen bezwungen worden.

*

Die Sonne versinkt hinter den Gipfeln des Kaukasus. Im Aul (Dorf) wird es ruhig. Hier, im abgelegenen Bergland, ziehen sich die Bewohner bei Sonnenuntergang in ihre ärmlichen Behausungen zurück. Darin qualmen die Herdfeuer und vertreiben die Kühle, die in dieser Höhenlage den Aufenthalt im Freien ungemütlich werden läßt. Im übrigen handelt es sich um eine weltferne Gegend, und kaum ein Fremder verirrt sich hierher — von den Agitatoren der Kommunistischen Partei der Sowjetunion abgesehen, die regelmäßig ihre Schulungsstunden abhalten und anschließend die wehrtüchtigen Männer mitnehmen.

Seit einigen Monaten haben die hier lebenden Bergstämme aber untereinander ein Alarmsystem abgesprochen: Sobald die Parteifunktionäre in das Gebiet kommen, verschwinden alle für den Kriegsdienst tauglichen Männer in den Krüppelwäldern und Gebirgsschluchten und kehren erst in den Aul zurück, wenn die Luft rein ist.

Am Vormittag waren sie wieder da gewesen. Sie fanden nur einige alte Männer, Frauen und Kinder. In ihrer Wut über die Nutzlosigkeit ihres Bemühens hatten sie, die verhaßten Russen, die Bewohner zusammengetrieben und gedroht, sie alle zu erschießen. Trotz dieser Drohung hatte niemand etwas verraten. Zum Abschied schlugen sie dem Dorfältesten die Nase ein. Dieser lag nun in seiner Behausung und kühlte die schmerzende Wunde. Die Frauen des Hauses saßen in einer Ecke und lauschten nach draußen. Gedämpfte Rufe drangen in die Hütte, und der Alte horchte auf.

„Sie kommen zurück!“ rief er den Frauen zu. „Macht den Tee fertig, sie werden ihn brauchen können.“

Seine Augen wanderten zum Eingang und blieben darauf gerichtet. Auch sein Sohn Hamil mußte zurückkommen. Er war sein ganzer Stolz, und der Alte tat alles, um ihn zu schützen. Er sollte nicht für die Russen kampfen. Seit die Kunde vom Einmarsch der Deutschen in den Aul gedrungen war, sehnten sie alle den Zusammenbruch der Sowjetunion und das Ende ihrer Herrschaft herbei.

Wenig später schiebt sich der Sohn durch den engen Einlaß. Er hatte schon draußen erfahren, was passiert war, und eilt auf den Vater zu. Die Mutter reicht ihm ein Trinkgefäß mit Tee. Mühsam erzählt der Alte noch einmal, wie sich alles abgespielt hatte.

„Diese verfluchten Teufel!“ ereifert sich Hamil, nachdem der Vater seinen Bericht beendet hat.

„Was können wir nur tun, um dieses Joch abzuschütteln?“ murmelt der Alte.

„Ich habe erfahren“, nimmt der Sohn das Gespräch wieder auf, „daß die Deutschen ihre Offensive begonnen haben. Auf der Krim haben sie 170 000 Russen gefangen und über tausend Geschütze und Panzer erbeutet. Südlich von Charkow haben sie ihren Feind aus den Stellungen geworfen und stoßen auf den Donez vor. Unser Gebiet wird von ihnen befreit werden, und wir sollten den Deutschen dabei helfen.“

„Ja, helfen schon, aber wie?“

„Wir müssen einen Aufstand der Bergstämme des ganzen Kaukasus in Gang bringen.“

„Das ist aber gefährlich, und ohne geschulte Führer können wir das nicht“, gibt der Dorfälteste zu bedenken. Dann hört er die Stimme des Sohnes wieder:

„Ich habe den ganzen Nachmittag darüber nachgedacht. Die Deutschen müssen uns helfen und einige Männer schicken, die die Sache in die Hand nehmen können. Die Anwesenheit von Deutschen wird auch die Zweifler bewegen, mitzumachen. Ich werde den Aul verlassen und zu den Deutschen gehen, um sie für diese Sache zu gewinnen.“

Die Entscheidung war gefallen, und keiner widerspricht. Noch in der gleichen Nacht machte sich Hamil auf den Weg. Er wählte nicht die Route durch das Kampfgebiet, denn dort wimmelte es von Russen, und das wäre zu gefährlich gewesen. So nahm er den Weg über die Grenze in die Türkei.

Nach einer abenteuerlichen Flucht gelangte er zur deutschen Botschaft und wurde von dort nach Berlin gebracht, wo er für seinen Plan offene Ohren fand.

*

3. Juni 1942.

In massierten Einsätzen flogen deutsche Kampf- und Sturzkampfverbände zur Front. Tonnenlasten an Bomben fielen auf die Befestigungsanlagen von Sewastopol am Südzipfel der Krim. Rund 1300 Artillerierohre schleuderten ihre Geschosse auf die Festung, darunter Riesengeschütze mit einem Kaliber von sechzig und achtzig Zentimetern. Dichter Rauch ballte sich über der Stadt zusammen. Die Befestigungsanlagen wurden systematisch zerschlagen, um Angriffslücken für die Verbände von Generaloberst v. Mansteins 11. Armee zu schaffen. Sie sollten zum Sturm auf die stärkste Festung der Welt antreten.

In den Monaten der Belagerung hatten Pioniere einen beschußsicheren Beobachtungsstand gebaut, aus dem der Generaloberst mit einigen Offizieren seines Stabes die Kanonade auf die Festung am Schwarzen Meer verfolgt.

„Das ist ja ein grandioser Anblick“, sagte einer der Offiziere.

„Allerdings!“ nickte v. Manstein. „Wir können aber nur hoffen, daß der Beschuß auch so wirkungsvoll ist, sonst werden unsere Männer ein gewaltiges Problem zu bewältigen haben.“ Er sagte das, ohne die Augen vom Scherenfernrohr zu nehmen.

Zu diesem Zeitpunkt ahnte noch niemand, daß das Ringen um Sewastopol fast einen Monat lang dauern sollte.

Am 14. Juni fiel das Fort „Stalin“, und wenige Tage später wurden die übrigen Forts in schneller Folge erobert. Am 20. Juni wurde das Nordufer der Ssewernaja-Bucht in breiter Front erreicht. Der fjordartige Meeresarm mit einer Breite von achthundert bis tausend Metern trennte die dort vorgehenden Angriffsverbände noch von Sewastopol. Die Soldaten waren durch die vorangegangenen Kämpfe so geschwächt, daß ein Angriff über die Bucht bei Tageslicht nicht in Frage kam. Im massierten Abwehrfeuer des Feindes wäre das feindliche Ufer unerreichbar geblieben. Aus diesem Grunde entschloß sich v. Manstein zu einem nächtlichen Überraschungsangriff. In der Nacht zum 29. Juni sollten einige Regimenter über die Bucht setzen und dem Feind in die Flanke stoßen.

Während das Zerstörungsfeuer der Artillerie anhielt, wurden alle verfügbaren Übersetzmittel herangebracht. Um den Feind nicht mißtrauisch zu machen, wurden die gegenüberliegenden Höhen nicht beschossen. Die Ziele waren aber sorgsam ausgemessen, und die Geschütze konnten das Feuer auf diese Höhen sofort eröffnen, falls der Feind das Unternehmen vorzeitig erkennen sollte.

*

„Mein lieber Mann, in dieser Stadt möchte ich jetzt nicht sein. Die Flieger kommen ja wie am Fließband.“

Der Gefreite Grünfeld starrt weiterhin wie fasziniert auf die blitzesprühende Rauchwand über Sewastopol. Sie lagen zu dieser Stunde in der „Wolfsschlucht“ und warteten auf das Übersetzen.

Sein Zugführer, Feldwebel Faber, hat offenbar andere Sorgen.

„Die Flieger machen genügend Lärm, so daß die Russen uns nachher nicht hören können“, wendet er sich jetzt an die in der Nähe befindlichen Männer, die alle den Feuerschein über der Stadt Sewastopol beobachteten. Nervös tasten die Landser ab und zu über ihre Waffen. Sie wissen, daß sie als erste Welle über das Wasser müssen, und sie wissen auch, was sie erwartet, wenn der Feind sie vorzeitig entdeckt.

Feldwebel Faber ist trotzdem die Ruhe selbst, und seine Zuversicht springt nach und nach auf die Männer über. Innerlich sieht es bei ihm allerdings etwas anders aus. Am Himmel steht groß und leuchtend der Mond. Allein das ist schon ein Grund für düstere Gedanken. Seinen Soldaten gegenüber läßt er sich jedoch nichts anmerken. Mit gespielter Gelassenheit blickt er von Zeit zu Zeit auf seine Uhr. Es sind nur noch wenige Minuten bis zu dem Zeitpunkt, den jeder von ihnen fürchtet: der Angriffsbeginn!

„Alles auf und mir folgen!“

Feldwebel Faber geht langsam in Richtung des Ufers davon. Seine Männer folgen schweigend. Neben ihnen schleppen Pioniere große Schlauchboote zum Wasser. Mit leisem Klatschen gleiten die unförmigen Gebilde ins Wasser. Der Feldwebel flüstert Befehle und dirigiert seinen Zug in die Boote, die sich dann unter leisen Paddelschlägen sofort in Bewegung setzen.

Faber steht im ersten Schlauchboot und beobachtet das feindliche Ufer. Undeutlich kann er die Sperren erkennen, die später überwunden werden müssen. Ein Blick nach beiden Seiten zeigt, daß eine ganze Armada von

Booten unterwegs ist. Das Nachbarbataillon wird etwas später mit Sturmbooten übersetzen. Die haben es leichter als wir, denkt der Feldwebel.

Das jenseitige Ufer kommt näher, wird größer und drohender. Noch einige hundert Meter, dann beginnt der Tanz.

Da schießen auch schon die Sturmboote mit dem Nachbarbataillon über das Wasser. Die Grenadiere liegen flach auf dem Boden, nur der Fahrer am Heck steht aufrecht und späht voraus. Diese Sturmbootfahrer sind wirklich einige Bewunderung wert. Den Motorträger als Steuer unter den rechten Arm geklemmt, jagen sie ihre Boote mit Vollgas gegen den Feind, beseelt von dem Gedanken, die anvertrauten Kumpels gut hinüberzubringen.

Der Motorenlärm wird jetzt vom Bellen russischer Maschinengewehre übertönt. Der Feind hat sie also entdeckt! Einige Sturmbootfahrer werden getroffen. Steuerlos geworden, schlingern ihre Boote durcheinander, bis sie ein beherzt zuspringender Mann wieder unter Kontrolle bringt. Eine Leuchtkugel steigt auf, und schlagartig setzt das Artilleriefeuer auf die Hänge am Ufer der Bucht ein. Die feindlichen MG werden für kurze Zeit zum Schweigen gebracht, und die Boote rutschen knirschend auf den Sand. Durch die plötzliche Bremsung fliegen die Grenadiere nach vorn und finden sich auf dem Strand wieder. Vor ihnen erhebt sich unheildrohend der Hang, von dessen Kamm ihnen Feuer entgegenschlägt. Obwohl der Feind immer noch durch Artilleriefeuer eingedeckt wird, setzt er den Beschuß fort.

Die Landung der Sturmboote hatte Faber die Gefahren vergessen lassen, die überall auf sie lauern. Da pfeift eine MG-Garbe über das Schlauchboot, und er zieht blitzschnell den Kopf ein.

„Los, haut 'rein! Wir müssen an Land!"

Mit brüllender Stimme feuert Faber die Ruderer an. Der Gegner hat sie erkannt, und nun heißt es, so schnell wie möglich das Ufer zu erreichen. Ein Nachbarboot säuft ab. Die im Wasser schwimmenden Männer rufen, einige von ihnen versinken in den Fluten. Der greifbar nahe Strand ist für sie in unerreichbare Ferne gerückt.

Die Paddel stechen immer schneller in das aufspritzende Wasser und treiben das Schlauchboot nach vorn. Die Landser keuchen, Schweiß rinnt von den Gesichtern. Kommt denn dieses verfluchte Ufer nicht näher? Sekunden dehnen sich wie Stunden ...

Dann ist es geschafft! Feldwebel Faber springt auf den Sand, der MG-Trupp gleich hinterher, gefolgt von den übrigen Männern. Mit keuchenden Lungen laufen sie auf den Hang zu, werfen sich in Granattrichter und legen eine Verschnaufpause ein. Fabers gellende Stimme bringt sie wieder in Angriffsformation.

Überall ist nun der Kampf entbrannt. Ein flüchtiger Rundblick bestätigt dem Zugführer, daß die erste Welle überall gelandet und in Kämpfe verwickelt ist. Die Sturmboote im Nachbarabschnitt sind schon wieder zurückgeprescht, um die zweite Welle zu holen. Einige Pioniere, die den Zug unterstützen sollen, kommen heran.

Der Feldwebel holt Luft, dann schreit er:

„Zug Faber greift die feindlichen Stellungen auf dem Hang genau vor uns an. Nach Gewinnen der Höhenstellungen sofort zur Verteidigung einrichten, bis weitere Befehle folgen. Los geht's!" Sein Befehl dringt durch den Lärm, wird von den Gruppenführern aufgenommen und weitergegeben. Die Pioniere bleiben beim Zugführer.

Mit schnellen Sprüngen und aus der Hüfte auf den erkannten Feind feuernd, arbeitet sich der angreifende Zug von Deckung zu Deckung. Die vielen Granattrichter sind dafür wie geschaffen. Ein konzentrierter Feuerschlag der Artillerie, der die Gegenwehr kurzfristig ausschaltet, wird für einen geschlossenen Sprung ausgenutzt. Als die feindlichen MG wieder zu hämmern beginnen, liegen die Männer bereits in Deckung. Erste Verluste sind eingetreten, einige Soldaten rufen laut nach dem Sanitäter.

Kurze Zeit später haben sie sich bis auf Einbruchsentfernung herangearbeitet, und Faber macht einige Handgranaten wurfbereit. Er weiß, daß die anderen nur auf sein Kommando warten. Da kommt es auch schon:

„Handgranaten fertigmachen — Handgranaten — Wurf!"

Ein Schauer von Sprengkörpern prasselt auf die vor ihnen liegende Stellung nieder. Als sie dumpf detonieren, springt der Feldwebel auf und stürzt, vor sich herschießend, in die Rauchwolke hinein. Sein Zug folgt und bricht in die russische Stellung ein. Ein fürchterlicher Nahkampf Mann gegen Mann beginnt. Dann heben die ersten Russen die Hände. Auf ihren Gesichtern steht das Entsetzen.

Der Einbruch in die erste Stellung ist gelungen. Dann geht es weiter. In zähem Kampf wird ein Widerstandsnest nach dem anderen genommen. Die befestigten MG-Stände und die Drahtsperren werden von Pionieren mit Sprengladungen zerstört. Als das fahle Licht der Morgendämmerung über den Himmel huscht, sind der Hang und die auf der Höhe liegenden Stellungen in deutscher Hand. Verteidigungsbereit, wird eine kurze Pause befohlen, um zu verschnaufen, die Verwundeten zu versorgen und Gefangene zu sammeln. Der Kompaniechef kommt heran und läßt sich berichten.

Der Sprung über die Bucht ist überall gelungen. Schon werden Schlauchbootfähren eingesetzt, um schwere Waffen überzusetzen.

Der Angriff geht weiter. Immer wieder kommt es zu neuen Kampfaktionen. Pioniere gehen die Befestigungen an und sprengen sie. Als das Tageslicht eine erste genaue Beobachtung zuläßt, stürzen sich Stukas vom Himmel, ihre Bomben öffnen den Erdkampftruppen neue Gassen. Unter Strömen von Blut wird ein Hindernis nach dem anderen bezwungen. Jeder weitere Tag wird für die Soldaten beider Seiten zu einer neuen Marter. Tausende von Toten liegen auf dem Schlachtfeld. Nacheinander fallen die Mammut-Forts der stärksten Festung der Welt.

Am 3. Juli 1942 ist der Kampf zu Ende.

*

„Man scheint die Idee dieses Kaukasiers für durchaus durchführbar zu halten. Auf jeden Fall hat die Abwehr ihre Zustimmung gegeben." Major Rosner blickt von seinem Schreibtisch auf und pocht mit dem Zeigefinger auf ein vor ihm liegendes Blatt Papier.

„Donnerwetter, das ist ja toll! So schnell hat Canaris (Chef der deutschen Abwehr) seine Zustimmung noch nie gegeben. Er muß sich viel davon erhoffen." Hauptmann Bass unterbricht seine Schreibarbeit und steht auf.

„In der Tat", entgegnete Rosner. „Die Idee ist aber auch bestechend. Seit uns dieser Hamil seinen Plan vorgetragen hat, denke ich darüber nach. An der Front erleiden die Russen Niederlagen, und in ihrem Hinterland machen die Bergstämme im Kaukasus Rabatz. Das muß notgedrungen Auswirkungen haben, nicht nur auf die Führung, sondern besonders auf die kämpfende Truppe. Ich kann mir vorstellen, daß dadurch die Moral der kämpfenden Russen schwer angeschlagen werden kann."

„Da ist schon etwas dran, Herr Major. Wer soll denn diese Sache ausführen und die Vorbereitungen übernehmen?"

„Na, wer schon? Diese Aufgabe wird dem ‚Abwehrregiment Brandenburg' übertragen. Das wird ein Tarneinsatz, und dafür haben die Heeresverbände bekanntlich keine Leute und kein Verständnis. Das geht ihnen gegen die soldatische Ehre — so meinen sie."

„Es ist eben nicht jedermanns Sache, dem Feind in seiner eigenen Uniform entgegenzutreten, von der völkerrechtlichen Seite abgesehen..."

„Hören Sie mir nur mit dem Völkerrecht auf! Wer kümmert sich schon darum, wenn etwas Besonderes erreicht werden soll und keine andere Möglichkeit besteht? Auch die Engländer haben ihre Kommandotrupps, und die Russen operieren mit organisierten Partisanenverbänden. So pingelig sind die also auch nicht. Gegen das Völkerrecht und die Landkriegsverordnung hat am Ende immer nur der Verlierer verstoßen."

„Hm, da ist vieles dran, Herr Major. Im Prinzip bin ich da ganz Ihrer Meinung. — Wann soll es denn losgehen?"

„So schnell wie möglich. Das Unternehmen ‚Schamil' hat Vorrang."

Major Rosner begann die Vollmachten auszustellen, die notwendig waren, um Freiwillige in den Gefangenenlagern anzuwerben.

Einige Tage später meldete sich Oberleutnant Lager und holte die Vollmachten ab. Er war der Offizier, den man für dieses Unternehmen ausgewählt hatte. Groß, schlank und energiegeladen, strahlte er eine unerschütterliche Zuversicht aus. Für die Ausführung der Abwehroperation schien er der richtige Mann zu sein. Er hatte nur eine schwache Seite: Er konnte nur gebrochen russisch sprechen. Außer einigen deutschen Unteroffizieren sollte die kleine Streitmacht aus kaukasischen Freiwilligen bestehen. Diese wollte Oberleutnant Lager aussuchen. Der Kaukasier Hamil war ihm als Kenner von Land und Leuten unterstellt.

*

„Unser Freund Lager wird seinen Haufen jetzt wohl schon zusammen haben. Vor ein paar Tagen schrieb er mir, daß er an die zwanzig Gefangenenlager durchgekämmt und eine Streitmacht von vierzig Kaukasiern ausgewählt hätte. Sollen alles prima Kerle sein, und nach zwei Wochen harter und konzentrierter Ausbildung will er mit ihnen starten."

Oberleutnant Rosier starrt über die Straße von Kertsch in die Ferne, wo sich im Dunst deutlich die Taman-Halbinsel abzeichnet. Das ist die Gegend, in der gelandet werden soll, um den Marsch in den Kaukasus fortzusetzen. Leutnant Steiner sieht ebenfalls hinüber. Nachdenklich sagt er:

„Lager war ja ganz wild auf dieses Unternehmen und wird wohl alles daransetzen, um es erfolgreich abzuschließen. Er ist in diesen Dingen manchmal noch ein bißchen zu ehrgeizig für meinen Geschmack."

„Das stimmt. Er wird aber auch noch ruhiger werden."

Rosier fixiert einen dunklen Punkt in der Mitte der Wasserstraße. Es ist ein auf Grund gesetzter Frachtdampfer, der den Russen als Beobachtungsstelle für die Artillerie dient.

„Sag mal, auf was wirst du denn eingesetzt?" nimmt Steiner das Gespräch wieder auf.

„Ich soll den russischen Stützpunkt dort drüben ausschalten, wo der große Scheinwerfer steht. Bin mir nur noch nicht klar, wie ich die Sache anpacken soll — alles Steilküste. Wenn die Infanterie nach Taman übersetzt, muß der Scheinwerfer weg sein, sonst werden die Landser mit ihren Übersetzmitteln zu früh entdeckt und zusammengeschossen."

„Hm", murmelt Steiner, „und ich soll die Insel dort drüben besetzen. Da sind aber noch Russen drauf."

„Hoffentlich werdet ihr nicht zu früh entdeckt, sonst kann es zappenduster werden", meint Rosier.

Von der Taman-Halbinsel orgeln ein paar Granaten herüber und schlagen weitab von den beiden Offizieren ein. Wahrscheinlich hat sie der Artilleriebeobachter, der auf dem Dampfer sitzt, entdeckt, und will zeigen, daß sie auch noch da sind.

„Ich glaube, wir gehen lieber zurück, ehe der Iwan noch mehr Munition verschwendet." Rosier dreht sich um, Steiner folgt ihm.

Durch das niedrige Gestrüpp streben sie dem kleinen Fischerdorf zu, in dem die „Leichte Pionierkompanie z.b.V. (zur besonderen Verwendung) 800" untergebracht ist. Zwischen den Hütten herrscht emsiges Treiben. Vor zwei Tagen war die Kompanie mit ihren Geräten nach hier verlegt worden und bereitet sich nun auf den kommenden Einsatz vor.

Ein Melder kommt den beiden Offizieren entgegen und bittet sie zum Kompaniechef. Dieser hat seinen Gefechtsstand in einer windschiefen Fischerhütte eingerichtet, deren Bewohner das Weite gesucht haben. Durch das Türloch treten Rosier und Steiner in den dämmerigen Raum und melden sich.

Hauptmann Knacke richtet sich auf. Er hatte eine vor ihm ausgebreitete Karte studiert.

Rosier und Steiner gehen an den Tisch heran und sie sehen, daß sie eine Karte der Halbinsel Taman vor sich haben.

„Also, wir haben drei Angriffsziele erhalten: den Dampfer in der Wasserstraße, die vorgelagerte Insel Tusla und das Kap auf Taman, wo der große Scheinwerfer steht. Das weitaus schwierigste Ziel ist das Kap." Knacke deutet mit dem Zeigefinger auf die betreffende Stelle der Karte.

„Als Zeitpunkt für die Landung ist die Morgendämmerung festgesetzt, das heißt also, daß die Boote im Schutz der Dunkelheit ihre Ausgangspositionen einnehmen müssen. Dabei könnte die Gefahr bestehen, daß sie durch den großen Scheinwerfer, der während der Nachtstunden die See absucht, vorzeitig entdeckt werden und in einen Höllenschlamassel geraten. Aus diesem Grunde muß diese Funzel vor Angriffsbeginn ausgeschaltet sein. Das ist ja Ihre Sache, Herr Rosier."

Der Oberleutnant nickt und sagt nach kurzem Überlegen:

„Soviel ich weiß, Herr Hauptmann, ist die Küste an dieser Stelle unwahrscheinlich steil. Wie soll ich da mit meinen Männern hinaufkommen?"

„Darüber habe ich mir auch schon Gedanken gemacht. Weiter hinten ist zwar Flachstrand, dort können Sie aber nicht landen, weil der Anmarschweg dann zu lang wäre. Sie müssen irgendwie die Klippen hinauf, diese werden am wenigsten gesichert sein. Für morgen früh habe ich für Sie eine Maschine bestellt, einen Nahaufklärer. Damit schauen Sie sich das Ziel einmal aus der Luft an. Vielleicht entdecken Sie dabei eine Möglichkeit."

*

Gleichmäßig brummen die Motoren der beiden Transportmaschinen durch die Nacht. Im fahlen Licht des Mondes schimmert das Schwarze Meer herauf. Verschwommen erhebt sich vor den Augen der Besatzungen in der Ferne die mächtige Kulisse des Kaukasus-Gebirges. Genau auf diese dunkle Wand dröhnen die Maschinen zu.

„Gleich überfliegen wir die Küste, und dann müssen wir steigen", sagt der Beobachter zum Flugzeugführer. Dieser nickt und zieht das Höhenruder etwas an. Ein Blick durch das Seitenfenster zeigt nur noch dunkles Land. Die See bleibt allmählich zurück.

„Stimmt unser Kurs?" fragt der Pilot einige Sekunden später.

„Ich weiß nicht recht. Die Karte taugt nicht viel, und da unten ist auch nichts zu erkennen!"

Der Schein einer Taschenlampe gleitet über die Karte, die der Beobachter auf den Knien liegen hat.

„Schöner Mist!" schimpft der Flugzeugführer. „War sowieso eine Schnapsidee, uns mit diesen Mühlen nachts in ein unbekanntes Gebiet zu schicken. — Ist die andere Maschine noch dran?"

„Die zweite Maschine folgt", meldet der Bordschütze.

„Na, da haben wir die wenigstens nicht verloren. Geh doch mal nach hinten und frag den Oberleutnant", wendet er sich wieder an den neben ihm sitzenden Kameraden.

Der Beobachter verläßt seinen Platz, öffnet die schmale Tür zum Laderaum und betritt diesen. Dort hocken die Männer, die diesen Einsatz ausführen sollen, auf den zeltstoffbespannten Sitzen mit angelegten Fallschirmen. Der Beobachter geht auf Oberleutnant Lager zu und kauert sich neben ihn.

„Wir wissen nicht genau, ob wir noch richtig liegen, Herr Oberleutnant. Die Karte ist so ungenau, und eine genaue Standortbestimmung läßt sich damit nicht durchführen."

„Das ist ja prima!" sagt Lager. „Hamil, komm her!" Der Kaukasier ist sofort da. Eine Weile unterhalten sich die beiden, wobei Hamil abwechselnd auf die Karte und durch das kleine Seitenfenster blickt.

„Er sagt, wir sind nicht richtig", erläutert Oberleutnant Lager.

Der Beobachter zuckt zurück und wird blaß. Er wußte, was ihnen bevorstand, wenn Hamil recht hatte.

Die Augen der anderen Männer sind auf die Dreiergruppe gerichtet. Sie werden unruhig und ahnen, daß etwas nicht stimmt. Die zwei deutschen Unteroffiziere, die zwischen den Kaukasiern sitzen, wissen, um was es geht, aber sie schweigen.

Der Pilot legt die Maschine in eine weite Linkskurve. Es ist ihm nicht möglich, höherzusteigen, denn voraus steht die dunkle Wand des Kaukasus. Jedes Weiterfliegen in der bisherigen Richtung würde einem Selbstmordversuch gleichkommen. Bei diesen ungünstigen Sichtverhältnissen könnten sie an einem Berg zerschellen.

„Wir fliegen ja zurück!" ruft plötzlich einer der Unteroffiziere in das Rauschen der Motoren.

„Wir können nicht länger hier herumfliegen", sagt der Beobachter, „unser Sprit reicht sonst nicht für den Rückflug!"

„Verdammter Mist!"

Oberleutnant Lager blickt den Flieger zornig an. Soll das ganze Unternehmen hiermit schon zu Ende sein? Jenes Unternehmen, das er unbedingt zu einem Erfolg machen wollte? Er überlegt krampfhaft und sucht nach einem Ausweg. Rückkehr würde eine Verzögerung von mehreren Tagen bedeuten, wenn nicht sogar die Aufgabe des ganzen Planes.

Lager blickt in die Runde. Er hat sich bereits entschlossen, und das nach dem Grundsatz: Lieber eine falsche Entscheidung als gar keine.

„Wir springen!" befiehlt er so laut, daß ihn alle verstehen können.

Auf sein Zeichen stehen die Männer auf und haken die Reißleinen ihrer Fallschirme an das durch den Laderaum gespannte Drahtseil. Sie sind froh, daß das Warten vorbei ist. Ihre Mienen zeigen Entschlossenheit.

„Gehen Sie nach vorn!" sagt Lager zum Beobachter. „Geben Sie der anderen Maschine Bescheid, und bei der ersten Möglichkeit, die sich bietet, drücken Sie auf den Knopf!"

„Ist in Ordnung, Herr Oberleutnant. Da kann ich nur noch ‚Hals- und

Beinbruch' wünschen." Der Feldwebel geht durch die schmale Tür in die Kanzel und läßt sich auf seinen Sitz sinken. Man sieht es ihm an, wie ihm zumute ist. Er erledigt den Spruch an die andere Transportmaschine und konzentriert sich dann auf die Suche nach einem geeigneten Absetzpunkt.

Unten erscheint ein Hochplateau. Es schimmert hell herauf und scheint ziemlich eben und unbewachsen zu sein. Im übrigen wird es höchste Zeit. Der Flugzeugführer dreht eine Kurve und fliegt die Absetzstelle an. Dann kommt auch schon das Zeichen aus der Hupe.

Fast gleichzeitig mit dem Hupton springt Lager aus der Luke, die anderen Männer folgen in kurzen Abständen. Als alle heraus sind, wenden beide Maschinen, und die Bordmechaniker werfen die Behälter mit Waffen, Munition und Verpflegung ab.

Wie weiße Wattetupfen schweben die Fallschirme zur Erde. Sie sind in ziemlich großer Höhe ausgestiegen, und ehe die ersten den Boden erreichen, schlägt ihnen von einem benachbarten Bergkamm Feuer entgegen. Sie sind also beobachtet und entdeckt worden!

Unteroffizier Ziegler hatte beim Absetzen der Behälter geholfen. Er sollte dann als letzter Mann aus der Maschine springen. Irgend etwas war aber schiefgegangen, und der Haken seiner Reißleine hatte sich am Abzugsseil verheddert. Der Bordmechaniker hatte das Mißgeschick noch rechtzeitig bemerkt und Ziegler zurückgehalten. Während der Unteroffizier ungeduldig wartete, fummelte der Mechaniker am Haken herum. Nach einer schier endlos erscheinenden Zeit winkte er Ziegler zu.

„In Ordnung. Los — raus! Schnell!"

Die Luft schlug dem Unteroffizier wie ein Knüppel ins Gesicht, und er hatte das Gefühl, stundenlang durch den dunklen Raum zu fallen. Der Magen wurde gegen irgend etwas gepreßt, und es war schwer, überhaupt richtig Luft zu holen. Dann kam plötzlich der Ruck, als der Schirm aufging und die Gurte ins Fleisch schnitten.

Das Geräusch der Maschinen verebbte, und Ziegler hörte die Schüsse, die den bereits abgesprungenen Kameraden galten. Er selbst schien nicht entdeckt worden zu sein. Doch da durchfuhr ihn ein eisiger Schreck: Er würde weit von den Kameraden entfernt hinunterkommen. Die Verzögerung bei seinem Absprung hatte einige Sekunden zu lange gedauert. Sosehr er auch an den Leinen zerrte, er kam nicht näher heran. Dann sah er dunkel einen Baum auf sich zukommen, und instinktiv schloß er die Augen. Ein Prasseln, Schmerzen irgendwo, dann hing er im Geäst des Baumes, mit dem Kopf nach unten. Eine Leine des Fallschirms lag um seinen Hals und drohte ihn zu erwürgen. Er spürte eine Panikstimmung aufkommen. Eisern zwang er sich zur Ruhe und überlegte scharf. Er mußte unbedingt diese verdammte Leine wegkriegen.

Langsam schob er die Finger seiner linken Hand zwischen Leine und Hals und zog. Dadurch lockerte sich die Schlinge etwas, und er bekam wieder Luft. Mit der anderen Hand versuchte er an sein Messer heranzukommen — aber das Messer war weg. Es mußte aus der Tasche gerutscht sein. Angst kroch in ihm hoch, und er wurde wütend über sich selbst, über den Zufall, der seinen Sprung verzögert hatte und über den ganzen Einsatz überhaupt. Sein Kopf schmerzte wahnsinnig und schien die doppelte Größe zu haben. Er verfluchte sein Pech, den Krieg und seinen Entschluß, bei diesem Unternehmen mitzumachen.

Warum mußte er auch dieses Pech haben, gerade auf einem der wenigen Bäume zu landen? Die Chancen standen doch bestimmt eins zu einer Million. Sollte er etwa an diesem verfluchten Baum im Kaukasus sein Leben beenden? Fast war er bereit, sich damit abzufinden. Dann hörte er wieder Schüsse, und neuer Lebenswille kam auf. Die Kameraden waren noch da, und vielleicht konnte er sie doch noch erreichen.

Neben seinen Füßen pendelte wie eine schwarze Schlange ein Gurt. Mit äußerster Anstrengung zwang er seinen Körper nach oben, bis seine freie Hand das Ende des Gurtes ergreifen konnte. Verzweifelt klammerte er sich daran fest und zog sich langsam hoch. Die würgende Leine rutschte über seinen Kopf, und die zweite Hand wurde dadurch ebenfalls frei.

Dann hatte er sich auf einen Ast gezogen, klammerte sich daran fest und verschnaufte. Später befreite er sich vom Gurtzeug, rutschte am Stamm hinunter.

Vorsichtig machte sich der Unteroffizier auf den Weg. Stundenlang irrte er durch die Dunkelheit und lief fast einigen Russen in die Hände. Mit zitternden Knien wich er in entgegengesetzter Richtung aus, dem nächsten Höhenzug entgegen. Am nächsten Morgen hörte er Schreie und einige Schüsse. Die Kameraden konnten nicht mehr weit sein.

In einer Bodensenke sammeln sie sich. Verwundete sind dabei, und ein paar werden vermißt. Vierundzwanzig Mann zählt Lager. Bei einigen Fallschirmen liegen reglose Gestalten. Noch immer pfeifen die Geschosse über ihre Köpfe hinweg.

„Unteroffizier Waldner!"

„Hier, Herr Oberleutnant!"

„Nehmen Sie ein paar Mann und schleifen Sie die Waffenbehälter her, die da drüben liegen. Wir brauchen unbedingt unsere Waffen."

Dicht an den Boden gepreßt, gleitet Waldner mit einigen Männern davon. Hastig untersuchen sie zwei reglose Körper, die sie auf dem Weg dahin finden. Jede Hilfe wäre zu spät gekommen. Sie robben weiter. Dann sind sie an den Behältern. Der Unteroffizier öffnet den ersten, er enthält Gewehre und Munition.

Da zischt eine Leuchtkugel in den Himmel und taucht das Gelände in ein unwirkliches, gelbes Licht. Fast gleichzeitig beginnen zwei Maschinengewehre zu hämmern und decken die Stelle, wo die Waffenbehälter liegen, mit schwerem Feuer ein. Gesteinssplitter und Querschläger surren über die Köpfe der an den Boden gepreßten Landser. Es hat keinen Sinn, sie können an die restlichen Behälter nicht heran.

„Los, mit diesem Behälter zurück!" ruft Waldner seinem Trupp zu und holt sein Kappmesser hervor. Hastig durchschneidet er die Halteleinen. Dann gleiten sie zurück, den Behälter hinter sich herschleifend. Aufatmend rutschen sie in die Senke, wo die anderen liegen.

Das Feuer ist verstummt. Eng aneinandergepreßt lauschen sie. Kommen die Russen, um die Sache zu Ende zu bringen?

In dem Behälter waren nur zehn Gewehre und die dazugehörende Munition. Die paar Pistolen dazugerechnet, ergibt das lediglich dreizehn Waffen für vierundzwanzig Männer. Fast die Hälfte wird also unbewaffnet und somit wehrlos bleiben. Eine sehr schwierige Situation.

Die Russen kommen nicht. Sie wollen wahrscheinlich den Tag abwarten und die Falle dann erst zuschnappen zu lassen. Sie begnügen sich damit, ab und zu einige Leuchtkugeln hochzuschießen und das Gelände mit MG-Garben abzustreuen. Sie wähnen ihren Fang wohl bereits in der Tasche und wollen nichts mehr riskieren.

Dieser Umstand gibt Lager die Möglichkeit, seine kleine, nur zur Hälfte bewaffnete Kampftruppe aus der Schlinge zu ziehen. Vorsichtig und langsam schlängeln sie sich hintereinander davon. Für einige Zeit bleibt Hamil verschwunden, und als er zurückkommt, hat er eine Lücke in der unsichtbaren Umklammerung gefunden. Durch diese führt er die Männer zum nächsten Höhenzug.

Der Trupp verschwindet im Krüppelgehölz und steigt ständig bergan. Einer der Verwundeten kann kaum noch mithalten, und so machen sie an einer günstigen Stelle eine längere Rast. Erschöpft werfen sich alle auf den Boden, keiner spricht ein Wort.

Als der Tag dämmert, hören sie weit unter sich die Stimmen der Verfolger.

„Wir müssen weiter!" befiehlt Lager. „Die haben uns aus den Augen verloren, und das müssen wir ausnutzen."

„Der eine Verwundete kann nicht mehr, er will hier zurückbleiben", sagt Hamil leise.

Oberleutnant Lager blickt auf den stöhnenden Kameraden herab. Was soll er tun?

„Da finden ihn die Russen und machen ihn kalt!" sagt einer.

„Er will eine Pistole behalten und sich bis zum vorletzten Schuß verteidigen", sagt der Kaukasier leise. „Er kann wirklich nicht mehr weiter und ist am Ende."

„Da haben wir dann eine Waffe weniger; aber wenn wir nichts mehr für ihn tun können, meinetwegen!" entschließt sich der Oberleutnant.

Der Verwundete bleibt zurück, und der Trupp macht sich wieder auf den Weg. Als sie schon einige Zeit gestiegen sind, hallen von unten Schüsse und Schreie herauf. Dann ist wieder Stille. Schweigend gehen sie weiter.

Hamil führt, und es geht immer höher. Schluchten und steile Wände versperren den Weg, sie müssen auf zeitraubenden Pfaden umgangen werden. Die körperliche Anstrengung ist groß, und der Schweiß rinnt in Strömen. Der Hunger wühlt in den Eingeweiden, denn die Verpflegungsrationen, die für die ersten Tage vorgesehen waren, sind beim Absprung verlorengegangen.

Manchmal sehen sie weit unter sich die winzigen Gestalten der Verfolger. Der Abstand wird zwar größer, aber keiner weiß, wie lange sie dieses Tempo noch durchhalten können. Durch Einschlagen immer neuer Marschrichtungen versucht Hamil die Spur zu verwischen. Er weiß ganz genau, daß eine Chance zum Durchkommen nur besteht, wenn der verfolgende Feind abgeschüttelt werden kann.

In einer Steinhöhle wird übernachtet. Zu Tode erschöpft, fallen die Männer in einen unruhigen Schlaf. Die Kühle der Nacht setzt allen arg zu. Ehe die Sonne aufgeht, sind sie wieder auf den Beinen. Der grausame Marsch geht weiter. Der Hunger frißt in den Gedärmen, und als sie gegen Mittag einige eßbare Wurzeln finden, kauen sie wie wild darauf herum. Den Durst stillt ein klarer Bergbach.

Abends bietet ein Platz Schutz, der von wilden Felsbrocken umgeben ist. Dicht zusammengedrängt sitzen sie nebeneinander und beraten. Ihre Verfolger haben sie in der Zwischenzeit wohl aus den Augen verloren.

„Wir haben es bald geschafft", sagt Hamil zum Oberleutnant. „Morgen müssen wir an einen Aul kommen, und dann gibt es etwas Eßbares."

Der Kaukasier scheint sich gut auszukennen. Nicht ein einziges Mal hatte er bei der Führung gezögert oder eine Unsicherheit gezeigt. Der Oberleutnant vertraut ihm voll und ganz. Härte und Genügsamkeit dieser Naturburschen sind zu bewundern. Sie zeigen noch keine Erschöpfungserscheinungen, im Gegensatz zu den Deutschen, die von den Strapazen schon schwer gezeichnet sind.

„Wie weit ist es denn noch bis in dein Gebiet?"

„Tschetschenien erreichen wir, wenn die Sonne zehnmal untergegangen ist."

„Und dann?"

„Inschallah!"

Ja, „wie Allah es will". Das ist die Mentalität des Moslems.

Sie beschließen, von nun an nur noch in der Nacht zu marschieren und am Tage auszuruhen, wenn die Sonne Wärme spendet. Die Verwundeten haben sich gut erholt und können wieder voll mithalten.

Hamils Voraussage, daß es etwas Eßbares gäbe, erweist sich als Trugschluß. Das Dorf, zu dem sie kommen, ist leer. Die Bewohner sind weg und haben alles mitgenommen. Wurzeln und Beeren bleiben daher weiterhin die einzige Nahrung.

*

Oberfeldwebel Groß kniet vorn im Floßsack und blickt durch das Fernglas auf den dunklen Schatten, der sich in einiger Entfernung über dem Wasserspiegel abzeichnet. Die Nacht ist ruhig und dunkel, nur in der

Ferne geistert von Zeit zu Zeit der Lichtfinger des Scheinwerfers über das Wasser. Dieser ist aber zu weit entfernt, um gefährlich zu werden. Der Trupp der acht Männer im Floßsack hat ein anderes Ziel: den auf Grund gesetzten Dampfer!

Behutsam und ohne Geräusche zu verursachen, tauchen die Paddel gleichmäßig ein und treiben das Boot dem Ziel entgegen. Langsam wächst der Umriß des Schiffes, wird größer, und bald kann Groß die Einzelheiten des Aufbaus mit dem Glas erkennen. Nichts regt sich an Deck.

Langsam und mit äußerster Vorsicht wird der Floßsack herandirigiert und an der lose herabhängenden Ankerkette festgezurrt. Zwei Mann hängen sich die mit Lappen umwickelten Maschinenpistolen um den Hals und entern hinauf. Die anderen haben ihre Waffen auf die Reling gerichtet.

Oben angekommen, kauern sich die Männer auf das Deck und blicken umher. Auf dem Vordeck steht ein alter, verrosteter Panzer. Nichts rührt sich. Es ist, als ob sich niemand auf dem Schiff befindet. Dieser Eindruck trügt, denn es steht fest, daß hier ein Beobachtungstrupp stationiert ist.

Auf ein Zeichen von oben klettern die restlichen Soldaten des Trupps hinauf. Leise Worte werden geflüstert, und die dunklen Gestalten huschen in verschiedenen Richtungen davon.

Oberfeldwebel Groß schleicht mit drei Männern auf die Brücke, zwei klettern den Mast hinauf, wo sich die Funkantenne befinden muß. Die drei übrigen pressen sich flach gegen die Panzerwände und sichern. Von oben ist das schwache Geräusch einer Kneifzange zu hören, die den Antennendraht durchtrennt. Behende gleiten dann die zwei Soldaten am Mast herunter und schleichen zum Panzer hinüber.

Die Stille ist unheimlich. Wo sind denn die Russen? Irgendwo im Rumpf, aber wo? Angestrengt lauschen alle, um ein Schnarchen oder einen anderen Laut zu vernehmen, der verraten könnte, wohin sich die Besatzung verzogen hat. Auf jeden Fall benehmen sich die Rotarmisten sträflich nachlässig. Sie müssen sich sehr sicher fühlen.

Der Oberfeldwebel will gerade die Hand heben und das Zeichen geben, in das Schiff einzudringen. Da klappt unter ihm eine Tür. Vorsichtig beugt sich Groß über das Geländer der Kommandobrücke und sieht eine dunkle Gestalt aus dem Aufgang kommen und das Deck betreten. Zielstrebig geht der Mann zur Reling und öffnet seine Hose, um einem menschlichen Bedürfnis nachzukommen.

Groß winkt den Männern am Panzer zu und deutet mit ausgestrecktem Arm auf die an der Reling stehende Gestalt. Zwei Schatten huschen auf den Russen zu. Einer davon bleibt mit dem Fuß in einem herumliegenden Tau hängen und schlägt lang hin. Der Krach, den die auf das Deck polternde Maschinenpistole hervorruft, unterbricht die Stille wie ein Donnerhall.

Der Russe wirbelt herum. Ehe ihn der zweite Mann erreichen kann, hallt sein Schreckensschrei durch die Nacht, der gurgelnd verebbt, als der Kolben der Waffe auf seinen Kopf niedersaust. Lautlos fällt er auf die Planken und bleibt regungslos liegen.

Einige Sekunden ist es still, dann ertönen im Innern des Dampfers aufgeregte Rufe, mehrere Türen werden laut zugeschlagen. Die Tür unter der Kommandobrücke muß noch offen sein, denn ein Hagel von Handgranaten poltert nun über die Decksplanken zum Vorschiff hin. Mehrere Maschinenpistolen bellen auf, dann detonieren die Wurfkörper und schleudern Stahlsplitter umher. Obwohl sich die Männer zu Boden geworfen haben, werden zwei von ihnen, die am Panzer stehen, getroffen und bleiben liegen. Die anderen werden mit MPi-Feuer eingedeckt und können nicht weg. Nach wenigen Sekunden sind sie tot.

Oberfeldwebel Groß konnte mit den drei Soldaten auf der Brücke nicht in den Kampf eingreifen. Der Feind war genau unter ihnen, und der Brükkenaufbau nahm ihnen jede Sicht. Sie hatten deshalb nicht geschossen und warteten nun auf das Erscheinen der Gegner an Deck. Diese konnten nicht wissen, daß die Brücke schon besetzt war.

Eine lange, bange Zeit verstrich, die unheimlich an den Nerven zerrte. Die Hände hielten die Waffen schußbereit umklammert.

Plötzlich erscheinen fünf Rotarmisten. Sie sind barfuß und bewegen sich lautlos zum Vordeck, wo die Toten liegen. Ihre Maschinenpistolen sind auf die leblosen Körper gerichtet. Ohne die tödliche Gefahr in ihrem Rücken zu ahnen, schleichen sie langsam vor.

Vier Maschinenpistolen bellen gleichzeitig auf, und wie von einer unsichtbaren Faust werden die fünf Rotarmisten niedergestreckt. Vier sind sofort tot. Der fünfte versucht, sich hinter einer Seilwinsch in Sicherheit zu bringen. Eine neue Geschoßgarbe trifft ihn und löscht auch sein Leben aus.

Wieder herrscht Stille. Die vier Männer auf der Brücke halten den Atem an und lauschen. Ist die Besatzung nun ausgeschaltet, oder kommen noch mehr heraus? Im Innern des Schiffes schlägt eine Tür. War das ein Luftzug, oder schleichen sie wieder an?

Oberfeldwebel Groß schiebt ein neues Magazin in seine Waffe, ohne die Umgebung aus den Augen zu lassen.

„Vorsicht, Oberfeld!“

Groß wirbelt herum und feuert fast gleichzeitig auf die Tür hinter sich, die einen Niedergang freigibt. Aus dem dunklen Schlund der Türöffnung fällt ein lebloser Körper vor seine Füße. Sein Sprung zur Seite kommt zu spät, um dem Feuer auszuweichen, das aus dem Niedergang schlägt, und mehrere Geschosse bohren sich in seine Seite. Zwei seiner Männer hat es ebenfalls erwischt, ihre Todesschreie hallen durch die Nacht.

Nur der vierte Soldat hat diesen plötzlichen Überfall heil überstanden. Mit zwei Sprüngen ist er neben der Tür und jagt ein ganzes Magazin in den dunklen Gang. Die an den Stahlwänden abprallenden Geschosse verursachen einen ohrenbetäubenden Krach und haben eine furchtbare Wirkung. Schrille Schreie hallen hohl aus dem Gang und werden von den Wänden zurückgeworfen.

Das leere Magazin poltert auf den Boden, ein volles rastet ein, und wieder fegt der Geschoßhagel durch den Gang. Drei volle Magazine feuert der

Mann in den Niedergang, dann sind die Schreie verhallt, und der Kampf ist zu Ende.

Als im Morgengrauen zwei Sturmboote mit Infanteristen anlegen und den Dampfer besetzen, finden sie die beiden einzigen Überlebenden. Auf dem Transport ins Lazarett erliegt Oberfeldwebel Groß seinen schweren Verwundungen.

„Los, Männer, in die Boote! Vergeßt nicht, auf Minen an der Küste der Insel zu achten!"

Leutnant Steiner geht auf die am Strand liegenden Boote zu, und sein Zug folgt. Alle sind in russische Uniformen gekleidet und haben russische Waffen um den Hals hängen. Von kräftigen Ruderschlägen getrieben, verschwinden die Boote in der Dunkelheit. Keiner spricht, nur das gleichmäßige Eintauchen der Paddel und das Plätschern des Wassers am Bootsbug unterbrechen die Stille.

Oberleutnant Rosier war mit seinem Zug schon zwei Stunden früher aufgebrochen, hatte mit Hilfe von Außenbordmotoren einen weiten Bogen geschlagen, um dann von Osten her unter Land die steilen Klippen mit der Scheinwerferstellung anzurudern. Er mußte um diese Zeit schon fast an Ort und Stelle sein.

Nach den letzten Meldungen sollte die Insel Tusla von einer russischen Kompanie besetzt sein. Die Erkundungsergebnisse nannten Zahlen von achtzig bis neunzig Schützen ohne schwere Waffen. Die Auswertung einer Luftaufnahme hatte zwei sMG-Stellungen (schwere Maschinengewehre) gezeigt, die an der Westseite der Insel, also mit Schußrichtung auf die Straße von Kertsch, eingebaut waren. Fast in der Mitte dieser kleinen Insel befand sich der Biwakplatz, wo sich die Besatzung häuslich niedergelassen hatte. Unter niedrigen, zerzausten Sträuchern standen einige Zelte. Ein Dorf oder andere Häuser gab es nicht, noch nicht einmal eine Fischerhütte war entdeckt worden. Das war alles, was über die Insel bekannt war.

Leise scheuern die drei Boote auf den sandigen Strand. Sie sind an der Rückseite der Insel gelandet, um nicht auf die Maschinengewehrstellungen aufzulaufen. Wortlos ziehen die Männer die Boote vollends aus dem Wasser, damit sie nicht abtreiben können. Einige Meter vom Ufer, wo der kümmerliche Bewuchs beginnt, schwärmen sie aus, nehmen Deckung und sichern.

Feldwebel Andersch gleitet an Steiners Seite. „Was weiter, Herr Leutnant?" flüstert er ihm ins Ohr.

„Erst müssen wir einmal erkunden, was vor uns ist, und auch die genaue Lage des Biwaks", antwortet Steiner ebenso leise. „Wenn wir die Masse der russischen Infanteristen ausgeschaltet haben, dann sind die beiden MG-Stellungen kein Problem mehr. — Schicken Sie mir Baltes und Blücher her. Die sprechen beide Russisch, mit denen will ich vorfühlen. Sie bleiben hier bis zu meiner Rückkehr. Sollten Sie Schüsse hören, dann stürmen Sie vor!"

„In Ordnung, Herr Leutnant.“ Lautlos verschwindet der Feldwebel in der Dunkelheit.

Steiner wartet. Als Baltes und Blücher kommen, weist er sie ein. Es sind zwei Volksdeutsche aus dem Baltikum, und beide sprechen fließend Russisch.

„Wenn wir unverhofft auf Russen stoßen, dann versucht, sie in eine Unterhaltung zu verwickeln. Geschossen wird erst im äußersten Notfall. Sagt ihnen einfach, wir hätten auf Befehl ihres Kompaniechefs einen Rundgang um die Insel zu machen. Wie es dann weitergeht, muß der Augenblick ergeben. Achtet dabei auf meine Zeichen, denn ich spreche nur schlecht Russisch. — Können wir?“

Die Männer nicken. Nach einem kurzen Rundblick stehen sie auf und schieben sich vorsichtig auf einen Trampelpfad. Das zertretene, spärliche Gras läßt auf eine häufige Benutzung des Weges schließen. Es scheint der Pfad zu sein, den die Posten bei ihren Rundgängen benutzen.

Plötzlich bleibt der Leutnant stehen und schnuppert. Er hat den Geruch eines Feuers in der Nase, der von halblinks zu kommen scheint und den ein Luftzug herübertreibt. In dieser Richtung zieht sich auch der Weg hin.

Lautlos pirscht der Trupp in dieser Richtung weiter, ängstlich bemüht, nicht auf einen trockenen Zweig zu treten oder gegen einen Stein zu stoßen.

Der Geruch wird stärker, und dann sieht Steiner zwischen den Sträuchern hindurch ein kleines Lagerfeuer, an dem zwei Rotarmisten sitzen und sich leise unterhalten. Der Bewuchs gibt hier eine kleine Lichtung frei, offensichtlich den Biwakplatz der Inselbesatzung. Ganz schwach zeichnen sich die Konturen einiger Zelte ab, von irgendwoher tönt Schnarchen und ab und zu ein Husten.

Zwei Streifenposten treten in den rötlichen Lichtschein des Feuers. Steiner gibt Baltes mit der Hand ein Zeichen, weiterzugehen und zu lauschen. Langsam robbt Baltes vor und entschwindet den Blicken der Zurückbleibenden. Die beiden halten die Waffen schußbereit in den Händen, damit sie sofort einspringen können, wenn etwas schiefgehen sollte.

Nur ein leises Scharren kündet die Rückkehr des Kameraden an. Er bedeutet dem Leutnant, ein Stück mit ihm zurückzukommen. Außer Hörweite hält er an, und Steiner bringt sein Ohr dicht an den Mund des Mannes.

„Das waren die Pendelposten, die eine Verbindung mit zwei MG-Stellungen aufrechterhalten. Sie haben sich beim Wachhabenden, das war einer der beiden am Feuer, gemeldet. Es scheint noch ein Doppelposten irgendwo unterwegs zu sein. Ich habe auch das Kennwort erfahren, es heißt ‚Maxim Gorki‘.“ Blates schweigt und wartet auf einen Entschluß des Leutnants.

„Das war gut, Baltes. Wir gehen jetzt zurück zu den anderen, und dann nehmen wir uns die am Feuer vor.“

Sie tasten sich den gleichen Weg zurück. Feldwebel Andersch erwartet den Trupp. Die anderen Männer des Zuges sind nicht zu entdecken, sie haben sich im Gesträuch unsichtbar gemacht. Ein in nächster Nähe vorbeigehender Gegner hätte ihre Anwesenheit sicherlich nicht bemerkt.

„Wir haben sie gefunden, Andersch", erzählt der Leutnant, „sie fühlen sich vollkommen sicher und sind ahnungslos. Baltes hat auch das Kennwort erfahren!"

„Das ist eine große Hilfe", murmelt der Feldwebel erleichtert.

„Ja, so können wir wenigstens antworten, wenn wir angerufen werden. Es heißt ‚Maxim Gorki'. Sagen Sie anschließend den Männern Bescheid."

„In Ordnung, Herr Leutnant."

„So, und jetzt der Schlachtplan. Wir gehen in Reihe bis an den Biwakplatz heran, schwärmen dort aus, und auf ein Zeichen von mir überrumpeln wir sie. Wenn ich schieße, geht es mit Gebrüll auf sie los. Je lauter gebrüllt wird, desto größer scheint unsere Streitmacht zu sein. Ich glaube kaum, daß es eine Gegenwehr geben wird. Die Überraschung wird zu groß sein. Machen Sie ..."

„Herr Leutnant, von rechts kommen zwei Russen!"

Ein Landser war herangekrochen und überbrachte diese alarmierende Meldung.

„Andersch, halten Sie sich bereit! Baltes kommt mit mir. Wir versuchen, die Streifenposten zu überwältigen. — Baltes, komm!"

Steiner und Baltes verschwinden lautlos in der angegebenen Richtung. Es dauert nicht lange, dann hören sie, wie die Streife langsam herankommt. Die Russen unterhalten sich ziemlich ungezwungen und achten kaum auf die Umgebung. Ihre Waffen haben sie über den Schultern hängen. Sie erstarren vor Schreck, als sich Steiner und Baltes blitzschnell auf sie werfen. Der Griff ihrer Hände löst sich erst, als die Körper der Posten erschlaffen.

„Schleifen wir sie zu den anderen zurück", flüstert Steiner. Er packt den einen Bewußtlosen an den Füßen und zieht ihn hinter sich den Weg zurück. Baltes tut dasselbe. Die Waffen der Posten hatten sie hinter einen Strauch gelegt, sie wurden nicht benötigt.

„Fesselt und knebelt sie!" befiehlt der Leutnant, nachdem sie wieder zum Zug gestoßen sind. „Wir können sie nicht mitnehmen und müssen sie bis später hier versteckt liegen lassen."

Mehrere Männer führen den Befehl aus.

„Passen Sie auf, Andersch! Ich gehe mit Baltes und Blücher vorneweg. Ihr folgt in etwa zwanzig Meter Abstand. Wenn wir den Biwakplatz erreichen, gehe ich mit den beiden Balten weiter bis zur Mitte des Platzes und versuche die am Feuer sitzenden Russen zu überrumpeln. Ihr schwärmt rechts und links aus und wartet auf mein Zeichen, einen Schuß. Daraufhin stürmt ihr das Biwak. Das weitere Vorgehen wird sich dann ergeben."

Feldwebel Andersch schleicht davon, um jeden einzelnen Soldaten zu informieren. Kurz und klar gibt er seine Befehle, denn jeder Mann muß wissen, was er zu tun hat.

„Fertig?"

„Fertig, Herr Leutnant."

„Gehen wir!“

Aufrecht, und wie von einer Streife kommend, laufen die drei gemächlich den Pfad entlang. Baltes geht voraus, dann folgt der Leutnant, und Blücher bildet den Schluß des kleinen Trupps. Behutsam biegen sie die in den Pfad reichenden Zweige zurück und bewegen sich zielstrebig auf den Biwakplatz zu. Der Weg ist ihnen ja schon bekannt. Im Osten beginnt der neue Tag zu dämmern.

Der Wachhabende schaut kaum auf, als sie in den Lichtschein des Feuers treten. Er scheint überhaupt keinen Anstoß daran zu nehmen, daß plötzlich drei Männer auftauchen und sich ans Feuer stellen. Auch das Kennwort wird nicht gefordert. Steiner wundert sich und blickt auf den sitzenden Russen herab, der mit einem Zweig im Feuer herumstochert. Diese Rotarmisten fühlen sich sehr sicher und denken nicht an den Krieg. Offensichtlich ist es so Brauch, daß während der Nacht die Männer ans Feuer kommen.

Mit dem Kopf gibt Steiner Baltes ein Zeichen: Er soll ein Gespräch beginnen. Es muß noch etwas Zeit gewonnen werden, damit der Zug in Bereitstellung gehen kann. Baltes versteht und stellt eine belanglose Frage:

„Wie spät ist es überhaupt?“

„Spielt doch keine Rolle, wir versäumen nichts“, antwortet der Russe, ohne aufzublicken. Er gähnt ausgiebig und fährt wie in einem Selbstgespräch fort: „Warum sollen wir über Zeit reden und uns Gedanken darüber machen? Der Tag kommt und vergeht wieder, und wir sitzen hier und warten. — Worauf? Entweder, daß die Germanski (Deutschen) kommen, oder daß wir hier abgelöst und aufs Festland gebracht werden. Ich glaube, man hat uns vergessen. Nitschewo!“

„Da hast du recht. Es ist schon verflucht langweilig hier.“

Da knackt am Rande des Biwakplatzes ein Zweig. Ein Unvorsichtiger muß auf ihn getreten sein. Der Russe steht auf und blickt in die Richtung des Geräuschs. Dabei kehrt er den Deutschen den Rücken zu.

„Auf ihn!“ Steiner hält die Mündung seiner MPi in die Luft und feuert. Baltes und Blücher haben sich auf den ahnungslosen Mann geworfen und zerren ihn zu Boden. Die Rufe der aus dem Schlaf geschreckten Russen gehen im Gebrüll der Angreifer unter, die einige Garben in die Luft schießen und den Platz abriegeln. Ohne Gegenwehr ergeben sich die verstörten Rotarmisten und werden in der Platzmitte gesammelt. Dieser Schreck in der Morgenstunde hat ihnen den Rest gegeben. Sie sind vollkommen durcheinander.

„Wo ist der Führer dieses Haufens?“

Leutnant Steiner blickt umher und sucht nach einer Offiziersuniform. Er kann aber keine entdecken.

„Ich finde ihn, Herr Leutnant“, sagt Feldwebel Andersch und geht auf die im Haufen stehenden Gefangenen zu. Seine diesbezüglichen Fragen an die verstörten Russen sind überflüssig. Sie schütteln nur die Köpfe. Vielleicht verstehen sie die etwas holprige russische Aussprache des Feldwebels auch nicht, oder sie wollen ihn nicht verstehen. Andersch will sich schon wieder abwenden und zum Leutnant zurückgehen, als ein junges Kerlchen herantritt und erklärt, daß er wüßte, wo der Offizier ist. Andersch nimmt ihn mit zu Steiner.

Baltes dolmetscht die Befragung, in deren Verlauf sich herausstellt, daß der Kompaniechef, ein Kapitan, in Richtung der MG-Stellungen verschwunden sei. Gleich beim ersten Schuß habe er sich in die Büsche geschlagen.

„Den kriegen wir später dann sowieso. Von der Insel kommt er nicht weg", sagt Steiner und überlegt einige Augenblicke. Ehe er weitersprechen kann, pfeifen Geschosse durch die Luft. Schreiend werfen sich alle auf den Boden. Das Geknatter der Abschüsse kommt von der Westseite der Insel — von dort, wo die MG eingebaut sind.

„Das sind vielleicht Armleuchter", bemerkt Steiner zu Andersch, der neben ihm liegt. „Wollen noch ihre eigenen Kameraden abknallen. Mit ihrem Geknatter haben sie sich aber verraten, sie können nur fünf- bis sechshundert Meter entfernt sein. — Na, dann wollen wir dem Spuk mal ein Ende bereiten."

Der Leutnant überlegt kurz und befiehlt dann:

„Teilen Sie zwei Gruppen ein, die hierbleiben und die Gefangenen bewachen. Sobald einer der Gefangenen Schwierigkeiten macht, sollen sie schießen. Brauchen jetzt kein Risiko mehr einzugehen. Übertragen Sie einem der Gruppenführer das Kommando, der Rest kommt mit uns, die MG-Nester ausheben."

„Ich bin sofort zurück, Herr Leutnant."

Feldwebel Andersch robbt davon, um die Einteilung zu treffen. Noch immer feuern die MG planlos ihre Garben über den Platz. Eine Wirkung haben sie bisher nicht erzielt. Die Bedienungen scheinen sich selbst nur Mut machen zu wollen.

Nach kurzer Zeit ist der Feldwebel zurück. Hinter ihm kriechen die Männer des Zuges heran, die eingeteilt sind und den Angriff auf die MG-Nester ausführen sollen. Neben der MPi hat sich jeder mit Handgranaten eingedeckt. Sie sind das erfolgreichste Nahkampfmittel gegen MG-Stellungen.

Rechts und links neben Steiner und Andersch schwärmen die Männer aus. Die Angriffsrichtung zeigt ihnen das immer noch heranzwitschernde MG-Feuer. Allem Anschein nach sind die Iwans (Spitzname für Russen) vollkommen kampfunerfahren. Das wilde Schießen läßt darauf schließen, daß es mit ihrem Mut nicht weit her ist. Offensichtlich war der Kapitan bei ihnen und hielt sie bei der Stange.

Der Angriff geht zügig vorwärts. Dicht an die Erde gepreßt, gleiten die Männer über den Boden. Es wird langsam hell, und es kann nicht mehr lange dauern, bis die Sonne herauskommt. Dann aber muß die Aktion abgeschlossen sein.

Die MG haben eine Feuerpause eingelegt. Vielleicht hatten die Besatzungen auch die Nutzlosigkeit ihrer wilden Ballerei eingesehen und kommen nun kampflos heraus.

Steiner und seine Männer sind inzwischen bis auf hundert Meter herangekommen. Sie scheinen nicht bemerkt worden zu sein. Der Leutnant winkt Baltes heran.

„Rufe sie an und sage ihnen, daß jeder Widerstand zwecklos ist. Sie sollen mit erhobenen Händen herauskommen. — Halt! Warte noch etwas! Andersch soll erst mit ein paar Mann bis auf Wurfweite herangehen." Hastig flüstert der Leutnant dem Feldwebel einige Anweisungen ins Ohr, und Andersch verschwindet.

Baltes kommt aber gar nicht dazu, seinen Vers hinüberzurufen. Schon nach den ersten Worten fetzen Feuerstöße in die Sträucher. Es gibt nur eine Möglichkeit: den Kopf einzuziehen und sich so klein wie möglich zu machen. Dreck spritzt dort auf, wo die Geschosse in die Erde schlagen. Ein Schrei ertönt und geht in ein Wimmern über, das dann aber vom Lärm verschluckt wird. Einer ist getroffen worden, und Steiner verflucht den Versuch, die Russen zur Übergabe aufgefordert zu haben. Sie hätten noch näher herangehen und die Stellungen überlaufen sollen. Jetzt ist es dazu zu spät, und alle Hoffnung liegt nun bei Andersch.

Der Feldwebel war noch einige Meter zu weit von der Feindstellung entfernt, als Baltes rief und dadurch das rasende Abwehrfeuer herausforderte. Er weiß jetzt, daß er schnell handeln muß, um größere Verluste zu vermeiden. Die Kumpels lagen ja direkt vor den Läufen der Maschinengewehre.

So rasch wie möglich gleitet er mit seinen Leuten näher heran. Wegen der Geräusche brauchen sie sich keine Sorgen mehr zu machen, sie werden vom Kampflärm verschluckt. Mittlerweile sind alle auf Wurfweite herangekommen und schrauben die Kappen der Stielhandgranaten ab.

Ein scharfer Zug an der Abreißschnur, zwei Sekunden warten, dann fliegen die Handgranaten durch die Luft und fallen in und um die am nächsten gelegene Stellung. Sofort nach der Detonation ist Andersch auf den Beinen und schießt ein ganzes Magazin in die zweite MG-Stellung, die etwa dreißig Meter weiter entfernt ist. Staub quillt hoch und breitet sich über die MG-Löcher.

Durch die Qualm- und Staubwolke, ununterbrochen schießend, hasten die „Brandenburger" auf die Stellungen zu. Die erste Bedienung ist tot, die Handgranaten haben eine grausame Wirkung erzielt. Mit vor Schreck starrem Blick hebt die Bedienung des zweiten MG die Hände und kommt aus dem Stand heraus. Der Kampf ist vorbei.

Kurz danach erscheint der Leutnant.

„Das war aber auch höchste Zeit, Andersch. Mir war schon ganz mulmig in der Hose geworden. — Ist bei Ihnen alles klar?"

„Alles klar! Keine Ausfälle."

„Wir haben einen Toten und einen Verwundeten. — Mist! Daß das noch passieren mußte!"

Steiner wendet sich den Gefangenen zu und läßt sie ausfragen. Dabei stellt sich heraus, daß die MG-Bedienungen sich kampflos ergeben wollten, von ihrem Kapitan (Hauptmann) aber daran gehindert wurden. Er befand sich in der ersten MG-Stellung und wurde von Handgranaten getötet.

Als sich die Sonne strahlend erhebt, sind alle wieder auf dem Platz versammelt. Außer der Bewachung für die Gefangenen werden alle abkömmlichen Soldaten eingeteilt, um die Insel zu durchkämmen. Die Gefangenen sagten zwar aus, daß niemand mehr auf der Insel wäre, aber sicher ist sicher.

Leutnant Steiner macht sich mit Baltes auf den Weg zum Strand, um die Ablösung zu erwarten. Die Rumänen, die diese Insel übernehmen sollen, müssen jeden Augenblick eintreffen. Langsam schlendern die beiden den Pfad zum Strand entlang.

Eine Halbkompanie Rumänien ist inzwischen gelandet und hat gerade die Boote verlassen, als Steiner und Baltes aus den Sträuchern auftauchen. Noch ehe sie etwas rufen können, rattert eine MPi los. Steiner greift sich an die Brust und fällt wie ein Stein zur Erde. Baltes wirft sich hin und brüllt wie verrückt.

Erst da begreifen die Rumänen, daß sie Deutsche vor sich haben. Man hatte ihnen nicht gesagt, daß die Deutschen russische Uniformen tragen würden.

Der Leutnant war tot, von den eigenen Verbündeten sinnlos erschossen. Nur durch energisches Eingreifen von Feldwebel Andersch konnte verhindert werden, daß die Landser seines Zuges an den Rumänen Rache übten.

Oberleutnant Rosier war mit seinem Zug weit auf die See hinausgefahren, hatte einen Bogen geschlagen und war dann dicht unter Land bis zum Fuß der Klippen des Kaps vorgedrungen. Eine lange Strecke hatten sie durch Rudern zurückgelegt.

Schwitzend und erschöpft tragen die Landser nun die Boote an Land und werfen sich daneben auf die Steine, um wieder zu Kräften zu kommen.

Zwanzig Minuten läßt der Oberleutnant die Männer ausruhen, dann jagt er sie wieder hoch. Sie haben noch eine schwere Aufgabe vor sich: die steilen Felsen zu bezwingen, um auf das Kap zu kommen. Beim Erkundungsflug hatte Rosier einen nach oben gehenden „Kamin" entdeckt, eine schmale Spalte, durch die einige geschickte Männer aufsteigen und dann von oben eine mitgeführte Strickleiter heraufziehen konnten. Alle überflüssige Ausrüstung war zurückgeblieben, um die Soldaten nicht zu behindert. Nur Maschinenpistolen und Dolche waren mitgenommen worden.

Nach einigen Schritten erreichen die „Brandenburger" die Spalte. Rosier steigt als erster hinein, zwei weitere folgen. Der dritte Mann hatte eine dünne, aber feste Leine am Gürtel befestigt. Die Waffen sind zurückgeblieben, um beim Aufstieg nicht zu hindern. Sich mit Händen und Füßen rechts und links an den zerklüfteten, engen Wänden des Kamins abstoßend, zwängen sich die drei nach oben. Es ist ein schweißtreibendes und langwieriges Unterfangen. In der Felsspalte ist es fast stockdunkel, und jeder Halt für die Hände und Füße muß ertastet werden.

Nach einer unendlich lange anmutenden Zeit ist der Oberleutnant oben. Auf dem Bauch rutscht er aus der Spalte und bleibt schwer atmend liegen. Seine Augen suchen die Umgebung ab. In einer Entfernung von etwa fünfhundert Metern nach links hinüber zuckt der Lichtfinger des Scheinwerfers auf und streicht suchend über die See. Der Strahl beschreibt einen Halbkreis um das Kap und verlöscht dann wieder.

Hinter sich hört Rosier die zwei Männer herausrutschen. Abwartend bleiben sie liegen.

„Zieht gleich die Strickleiter herauf", flüstert er den beiden zu, ohne den Kopf zu wenden.

Der Gefreite Höllriegel, ein Tiroler, nickt mit dem Kopf.

„Dös war scho a hartes Stück Arbeit bei der Finsternis", murmelt er und zieht dreimal kurz an der Leine. Das ist das Zeichen für die unten wartenden Kameraden, die Strickleiter freizugeben. Einige Augenblicke wartet er noch, dann zieht er die Leine an. Armlänge um Armlänge kommt die Strickleiter nach oben. Sein Kumpel faßt mit zu, um sie vollends heraufzuziehen. Rosier hat inzwischen ein Felsstück ausfindig gemacht, an dem die Leiter befestigt werden kann. Höllriegel klettert nach unten, um den Kameraden Bescheid zu geben und die Waffen heraufzubringen. Der Oberleutnant und der andere Mann sichern.

Wieder zuckt der Lichtstrahl auf und sucht seinen Sektor ab. Langsam und gleichmäßig tastet er sich durch die Dunkelheit, einen ovalen Lichtfleck auf das Wasser werfend. Der Oberleutnant beobachtet den Weg des Leuchtbalkens. In kleinen Rucken bewegt er sich weiter. Nichts geschieht in der näheren Umgebung. Alles bleibt ruhig. Nach dem routinemäßigen Absuchen wird der Scheinwerfer wieder abgeschaltet.

Einzeln kommen sie herauf. Nur ein leises Schürfen am Gestein ist zu hören, dazu das laute Atmen der Männer. Ohne daß ein Wort gesprochen wird, legen sie sich im Halbkreis um die Aufstiegsspalte auf die Erde. Es dauert eine gute Viertelstunde, bis alle oben sind. Höllriegel, der als letzter aufgestiegen war, meldet dem Oberleutnant, daß nun alle da seien.

„Alles in Reihe mir folgen. Es wird nicht gesprochen, und ich will kein Geräusch hören", befiehlt der Oberleutnant. „Wir holen weit nach rechts aus und kommen dann von hinten an die Unterkunft der Scheinwerferbesatzung heran. Sobald der Scheinwerfer aufleuchtet, wirft sich alles hin und bleibt liegen, bis es wieder dunkel ist." Rosier hatte leise, aber deutlich gesprochen und geht nun in gebückter Haltung voraus.

In einiger Entfernung von der Kante der abfallenden Klippen bewegt sich die lange Reihe nach Süden. Der Oberleutnant geht einige Schritte voraus und erkundet den Weg. Das Kap ist hier oben ziemlich zerklüftet, und tiefe Spalten müssen umgangen werden. Einige Male muß alles zu Boden, als der Lichtfinger durch die Dunkelheit sticht. Andererseits stellt dieses Lichtzeichen eine gute Orientierungshilfe dar.

Schließlich wird ein Punkt erreicht, der fast einen ganzen Kilometer landeinwärts hinter der feindlichen Stellung liegt, und dort stoßen sie auf einen Verbindungsweg.

„Zu einer losen Marschkolonne formieren!" sagt Rosier leise. Sein Befehl wird ebenso gedämpft von Mann zu Mann weitergegeben. Nichts unterscheidet sie von russischen Schützen, die in eine Stellung marschieren. Schweigend setzt sich der Zug in Bewegung und folgt dem Oberleutnant. Jetzt geben sie sich keine Mühe mehr, Geräusche zu vermeiden. Es soll der Anschein erweckt werden, als ob eine Infanterieeinheit in die Stellung vorgezogen werde.

Im Gegenlicht des Scheinwerfers erkennt Rosier die Schatten einiger windschiefer Hütten. Er hatte sie schon im Flugzeug ausgemacht und weiß, daß darin der Scheinwerfertrupp Unterkunft bezogen hat.

Die erste Hütte wird erreicht. Im Windschatten steht ein Posten lässig an die Hüttenwand gelehnt. Seine Waffe hat er über der Schulter hängen, die Hände tief in den Taschen vergraben. Etwas neugierig blickt er den Ankömmlingen entgegen und wendet sich dann ab. Es interessiert ihn anscheinend wenig, was diese Marschkolonne hier will. Sollte wohl irgendeine Verstärkung sein. Sicherlich wußte er, daß die Deutschen eine Frühjahrsoffensive begonnen und die Halbinsel Krim besetzt hatten. Aber hier wurde noch ein ruhiger Lenz geschoben. Hier war Wasser, und das mußte von den Deutschen erst einmal überwunden werden. Die Kämpfe im Südabschnitt Rußlands interessierten ihn wohl wenig, diese waren weit entfernt.

„Ist nicht viel los bei euch hier, was?"

Zwei der Männer waren an den Posten herangetreten und begannen ein in allen Armeen übliches Landsergespräch.

„Was soll schon los sein hier?" entgegnete der Posten gleichmütig. Er schien froh zu sein, seine Wachzeit durch ein Gespräch etwas auflockern zu können.

Die Marschkolonne löst sich auf und verteilt sich auf die paar Hütten. Drei Männer gehen vor zum Scheinwerfer, wo zwei Russen ihren Dienst versehen. Einer von ihnen beschäftigt sich mit dem Stromerzeuger, der mit brummendem Motor etwas abseits steht.

„Was wollt ihr denn hier?" ruft der Russe am Aggregat den Deutschen entgegen und richtet sich auf.

„Wir sollen euch Gesellschaft leisten und euch unterhalten, damit ihr nicht einschlaft", entgegnet einer der drei lachend.

„Dazu brauchen wir euch nicht, wir sind bisher ganz gut zurechtgekommen!" sagt der Rotarmist brummig.

Die drei „Brandenburger" stecken sich Zigaretten an und sagen nichts mehr. Einige Augenblicke ist es noch ruhig, dann ertönt ein schriller Pfiff.

Auf dieses Zeichen haben alle gewartet. Sofort werfen sich die Männer auf den Posten, auf die Bedienungsleute und stürzen in die Hütten. Es poltert, und unterdrückte Rufe hallen durch den Tumult. Die ersten Rotarmisten kommen mit erhobenen Händen aus den Hütten. Deutsche, die Waffen im Anschlag, führen sie zur Mitte des freien Platzes. Die Überrumpelung war gelungen. Doch auf einmal rattert eine Maschinenpistole.

„Was ist los?" schreit Rosier.

„Der Führer dieses Haufens ist abgehauen!" tönt es zurück.

„Spart eure Munition, den kriegt ihr nicht mehr!"

Der Oberleutnant geht zur Platzmitte, wo die Gefangenen stehen und sich ängstlich aneinanderdrängen.

„Wo ist der Politruk (Politoffizier)?"

Keiner der Gefangenen antwortet. Verstört sehen sie Rosier an.

„Na los, raus mit der Sprache!"

In diesem Moment heult weiter hinten der Motor eines Autos auf. Einige der „Brandenburger" wirbeln herum und jagen Feuerstöße aus ihren Waffen in die Richtung, aus der das Geräusch kommt. Der Beschuß bleibt ohne Wirkung, denn das Brummen entfernt sich schnell und verklingt in der Ferne.

„Verflucht! Ist uns der auch durch die Lappen gegangen." Rosier spuckt geräuschvoll aus. „Können wir nichts machen. — Alles die Tarnuniform ausziehen. Von nun an sind wir wieder erkennbare Angehörige der Wehrmacht. — Unterführer zu mir!"

Die Männer ziehen die Russenblusen aus und stehen dann in deutschen Uniformen da. Die Unterführer kommen heran, stellen sich vor den Oberleutnant hin und sehen ihn erwartungsvoll an. Rosier sagt:

„Unteroffizier Tschmiel bewacht mit vier Mann die Gefangenen. Alle anderen sichern nach Osten, bis die Infanterie landet. Ich habe vor, entlang des Versorgungsweges etwa zwei Kilometer vorzustoßen und dort eine Verteidigungslinie einzurichten. Die Einteilung der Abschnitte ist wie folgt: Ich mit dem Zugtrupp auf dem Weg, Unteroffizier Grigoleit rechts anschließend und Unteroffizier Cossy links vom Weg. Abstand von Mann zu Mann mindestens fünfzig Meter."

„Ist das nicht ein bißchen zuviel, Herr Oberleutnant?" fragt Grigoleit.

„Ich weiß, es ist ein bißchen viel bei dieser Dunkelheit, aber wir müssen diesen Abstand einnehmen, sonst kommen wir nicht hin. — Sobald wir weit genug vorgedrungen sind, wird zur Verteidigung eingerichtet. Schärfen Sie den Männern äußerste Wachsamkeit ein. Etwa drei Kilometer von hier nach Osten liegt ein kleines Dorf. Es ist anzunehmen, daß dort Russen sitzen, die versuchen werden, uns von den Klippen zu stürzen."

Die Unterführer gehen zu den Gruppen zurück. Nach kurzer Zeit melden sie die Abmarschbereitschaft. Auf Rosiers Befehl schwärmen sie rechts und links aus, und dann geht es vor. Gegner haben sich nicht mehr sehen lassen.

Ohne Zwischenfall erreichen sie nach einer guten halben Stunde einen günstigen Geländeabschnitt, der sich vorzüglich für eine Verteidigung eignet. Hier verengt sich die Landzunge auf etwa einen Kilometer Breite. Während einige Männer sichern, suchen die anderen Steine zusammen und bauen Deckungen aus.

Oberleutnant Rosier lauscht nach vorn. Von seiner Lufterkundung weiß er, daß in einer Entfernung von etwa einem Kilometer von hier das Dorf liegen muß, und dieser Umstand bereitet ihm Sorgen. Es war nicht möglich gewesen, etwas über diese Ortschaft in Erfahrung zu bringen. Die Gefangenen schwiegen beharrlich, als er sie darüber befragte.

„Holen Sie Unteroffizier Grigoleit her!“ befiehlt er einem seiner Männer, der sich daraufhin sofort auf den Weg macht.

„Grigoleit“, sagt Rosier, als der Unteroffizier auftaucht. „Ich weiß nicht, was im Dorf da vorn los ist. Nehmen Sie sich zwei Mann und fühlen Sie vorsichtig vor. Ich will wissen, ob und wie viele Russen wir vor uns haben. Lassen Sie sich aber auf nichts ein, nur schießen, wenn es nicht mehr anders geht. — Klar?“

„Jawohl, Herr Oberleutnant. Ich haue sofort ab!“

„Und kommen Sie so schnell wie möglich zurück!“ ruft Rosier ihm nach.

Unteroffizier Grigoleit läuft zu seiner Gruppe zurück, wählt zwei seiner Männer aus und übergibt das Kommando an seinen Stellvertreter. Vorsichtig tastet er sich mit seinem Trupp vor, die Waffen schußbereit in den Händen. Ungehindert kommen sie bis an den Ortsrand heran. Die letzten hundert Meter gleiten sie auf dem Bauch. Kurz vor der ersten Hütte bleiben sie in einer kleinen Mulde liegen.

Vom Feind ist nichts zu sehen — aber zu hören ist er. Wortfetzen aus dem Dorf finden den Weg zu den lauschenden Ohren des Spähtrupps. Aus den aufgefangenen Worten reimt sich der Unteroffizier zusammen, daß der Feind einen Gegenstoß unternehmen will und dazu jetzt die Vorbereitungen getroffen werden. Den Geräuschen nach zu urteilen, muß es sich um eine Schützenkompanie handeln, die sich zum Angriff fertig macht.

„Los, zurück!“ zischt Grigoleit seinen Begleitern zu und will die Mulde verlassen. Da hält ihn einer der Männer am Arm zurück.

„Was ist?“

„Da — an der Ecke steht ein Posten“, flüstert der Soldat kaum hörbar.

Tatsächlich, an der Hüttenecke ist ein dunkler Schatten zu erkennen. Der Mann mußte erst vor einigen Sekunden aufgetaucht sein, denn vorher war er noch nicht da.

„Verfluchter Mist!“ murmelt der Unteroffizier vor sich hin und macht sich klein. Der Versuch, sich abzusetzen wäre jetzt zu gefährlich. Sie könnten vom Posten bemerkt werden. Also müssen sie warten, bis sich eine Möglichkeit bietet.

Die Sekunden werden zu Minuten. Der Posten steht immer noch da. Das Gerufe im Dorf ist erloschen; ein Zeichen dafür, daß der Feind seine Vorbereitungen beendet hat und es höchste Zeit ist, hier wegzukommen und den Oberleutnant zu warnen.

„Möglichst unauffällig einzeln zurückkriechen! Wir sammeln uns weiter hinten auf dem Weg außer Sichtweite“, flüstert Grigoleit den Männern ins Ohr.

Ohne einen Laut zu verursachen, rutschen die beiden aus der Mulde und verschwinden nach hinten. Der Unteroffizier folgt. Gleichmäßig bewegt er sich auf Händen und Füßen zurück. Nach etwa vierzig Metern will er sich aufrichten und gebückt weitergehen, als eine Geschoßgarbe neben ihm in den Boden prasselt. Wie der Blitz ist er auf den Beinen und rennt gebückt im Zickzack und in langen Sätzen davon. Er wirft sich hin, rollt einige Meter zur Seite, springt wieder auf und hetzt weiter. Die um und über ihn hinwegpfeifenden Geschosse nimmt er kaum wahr. Nur weg und so weit wie möglich zurück, heraus aus dem Feuer- und Sichtbereich des russischen Postens!

„Hierher, Unteroffizier!"

Der Ruf kommt von links voraus, und in dieser Richtung springt Grigoleit weiter. Nach einem letzten Satz wirft er sich zu den zwei dunklen Gestalten, die neben dem Weg in Deckung liegen.

„Mein lieber Herr Gesangverein, das war vielleicht dicht dran!" japst er und ringt nach Luft.

„Die müssen im letzten Moment doch noch etwas gemerkt haben", sagt einer der beiden Männer. „Aber es ging ja noch einmal gut!"

Die Schießerei hat inzwischen aufgehört. Vorsichtig schleichen sie zurück und sind kurze Zeit später wieder beim Zug.

Ihre Meldung ist nicht dazu geeignet, den Oberleutnant zu beruhigen. In aller Eile überprüft er die Verteidigungsmaßnahmen. Sie haben zwar keine MG mit, aber jeder Mann hat eine Maschinenpistole und genügend Munition. Fürs erste müßte das reichen. Die Infanterie muß ja auch bald landen, denn am Himmel zeigt sich ein ganz schwacher heller Streifen. Bis zur Landung aber können sie nur noch warten und sich ihrer Haut wehren.

„Meldung von Unteroffizier Cossy, Herr Oberleutnant: Die Russen kommen! Entfernung noch etwa zweihundert Meter, Stärke sechzig bis achtzig Mann."

Ein Melder war herangekommen und hatte die Nachricht überbracht.

„Sagen Sie dem Unteroffizier, daß erst geschossen wird, wenn der Gegner bis auf fünfzig Meter heran ist."

Der Melder verschwindet, und Rosier läßt alle Soldaten des Zuges informieren. Der Feind kann nicht wissen, wo die Deutschen liegen, und das ist ein Vorteil. Er kann sich auch nur langsam vorwärtsbewegen, will er nicht in eine mögliche Falle laufen. Das kostet jedoch Zeit. Die Männer liegen still da und warten.

Plötzlich beginnen am linken Flügel die Maschinenpistolen zu belfern. Die Gruppe Cossy hat das Feuer eröffnet. Schlagartig setzt auf der ganzen Linie das Abwehrfeuer ein. Hunderte von Geschossen zischen den angreifenden Rotarmisten entgegen. Trotzdem versuchen sie mit Todesverachtung, die dünne Verteidigungslinie zu durchbrechen, aber die geballte Feuerkraft des Zuges hindert sie daran. Der Sturmlauf des Gegners endet wenige Meter vor Rosiers Männern. Die Überlebenden laufen zurück.

Der Oberleutnant atmet auf, denn die Überraschung war gelungen, dieses Mal wenigstens.

Eine Zeitlang ist es ruhig, dann heulen in der Ferne mehrere schwere Motoren auf. Panzermotoren! Das hatte gerade noch gefehlt. Keine panzerbrechenden Waffen, keine Panzerminen. Wenn der Feind jetzt mit Panzerunterstützung angreift, dann wird es hoffnungslos. Der Zug hat dagegen keine Abwehrmöglichkeit.

„Unteroffizier Cossy zu mir!"

Von Mann zu Mann wird der Befehl weitergegeben und wenige Minuten später taucht der Unteroffizier vor dem Oberleutnant auf.

„Hören Sie zu, Cossy. Allem Anschein nach greift der Feind nun mit Panzerunterstützung an. Wir haben keine Abwehrmöglichkeit, und unsere einzige Chance liegt darin, ihn so lange hinzuhalten, bis die Infanterie zur Stelle ist."

„Was soll ich machen, Herr Oberleutnant?" Cossy weiß so ungefähr, was auf ihn zukommt.

„Ich ziehe den Zug fünfhundert Meter zurück und gehe dann in Stellung. Sie bleiben mit Ihrer Gruppe hier, schießen den Gegner an und gehen dann etwa zweihundert Meter hinter uns in Stellung. So ziehen wir, uns immer überschlagend, zurück, und der Feind wird gezwungen, seinen Angriff jedesmal neu anzusetzen. Auf diese Weise gewinnen wir wertvolle Zeit."

„Ich habe verstanden, Herr Oberleutnant", nickt der Unteroffizier.

Unter dem Geräusch der langsam heranrollenden Panzer — es müssen drei oder vier sein — zieht sich Rosier mit dem Zug zurück. Er vermutet, daß russische Infanterie den Panzerpulk begleitet, sonst würden sich die Panzerbesatzungen in der Dunkelheit wahrscheinlich nicht herantrauen. Die Gruppe Cossy bleibt zurück und wartet.

Als sich die rasselnden Stahlkästen bis auf etwa zweihundert Meter genähert haben, läßt Cossy das Feuer auf die begleitenden Schützen eröffnen. Die drei Kampfwagen halten sofort und schießen mit ihren Kanonen auf die erkannten Mündungsfeuer. Die Granateinschläge bleiben jedoch ohne Wirkung, weil Cossy und seine Leute immer wieder die Stellung wechseln.

Auf jeden Fall ist der Vorstoß erst einmal zum Halten gekommen. Als die Russen sich auf diese Lage eingestellt haben und angreifen, stoßen sie ins Leere. Die deutsche Gruppe hat sich inzwischen aus dem Staub gemacht und ist zurückgegangen.

Das gleiche Spiel wiederholt sich mehrere Male. In dauerndem Stellungswechsel nach hinten leisten die Deutschen harten Widerstand. Den gegnerischen Vorstoß können sie allerdings nicht zum Halten bringen. Dies bereitet Rosier große Sorge. Er hat nur noch einen halben Kilometer Spielraum, dann sind sie an der Scheinwerferstellung angelangt. Wie es dann weitergehen soll, weiß er noch nicht.

Inzwischen ist der neue Tag heraufgedämmert. Die angreifenden Panzer mit Schützenbegleitung sind klar zu erkennen. Sie feuern auf jeden Punkt, wo sie eine Bewegung wahrnehmen. Der Feind scheint sich für einen alles entscheidenden Angriff zu formieren.

Wie eine Erlösung ertönt da weit hinter dem Gegner Kampflärm. Rosier weiß sofort, daß die deutsche Infanterie gelandet ist und nun versucht, die Landzunge abzuschneiden. Auch die drei Panzer rollen zurück. Offensichtlich haben sie über Funk den Befehl bekommen, an den Landungsstellen einzugreifen. Die russische Infanterie folgt ihnen.

Nach einer Stunde erbitterten Kampfes haben die Männer des gelandeten deutschen Verbandes die Panzer geknackt und die Rotarmisten gefangengenommen. Strahlend geht Oberleutnant Rosier auf den Bataillonskommandeur der Infanterie zu.

„Das war aber höchste Zeit, Herr Major!"

*

Oberleutnant Lager wirft einen trockenen Ast ins Feuer. Funken stieben hoch, und die aufzüngelnde Flamme beleuchtet die Gesichter der herumsitzenden Männer. Vor zwei Tagen hatten sie die Verfolger abgeschüttelt, und es ist das erste Mal, daß sie in relativer Sicherheit eine längere Rast einlegen können. Eine kleine Erholungspause haben alle bitter nötig.

„Wir müssen unbedingt etwas unternehmen!" Lager blickt den neben ihm sitzenden Hamil an. „Ich glaube, deine Landsleute weichen uns aus, weil wir russische Uniformen tragen und sie denken, wir wären sowjetische Agenten und Provokateure, die herausfinden wollen, ob hier ein Aufstand geplant ist."

„Zu dieser Ansicht bin ich auch gekommen", nickt der Kaukasier. „Wie sollen wir aber diese Bedenken zerstreuen? Wir haben ja noch nicht einmal die Möglichkeit, mit den Leuten zu reden, um sie vom Gegenteil zu überzeugen." Wütend stochert er im Feuer herum.

„Wir müßten einmal mit einem kleinen Spähtrupp in ein Dorf kommen, ohne daß die Bewohner vorher etwas merken und keine Gelegenheit zum Abhauen haben", sinniert Lager leise vor sich hin.

„Es wäre einen Versuch wert", antwortet Hamil, der diese Worte gehört hatte. „Etwa vier Stunden von hier in nördlicher Richtung muß ein Dorf liegen. Da könnten wir es probieren."

Schweigend überlegt Lager noch eine gewisse Zeit, dann hat er einen Entschluß gefaßt und sagt:

„Ibrahim führt uns im Morgengrauen etwa zwei Stunden in östlicher Richtung weiter. Dort machen wir Rast und warten auf euch. Du gehst mit vier Mann vorsichtig auf das Dorf zu. Laßt euch Zeit, und vor allen Dingen: Laßt euch nicht sehen! Versuche die Leute von unserem Vorhaben zu überzeugen. Am Abend treffen wir uns dann wieder."

Hamil ist mit diesem Vorschlag einverstanden, und es wird Ruhe befohlen. Sie strecken sich rund um das Feuer aus und schlafen bald ein. Nur die eingeteilten Posten umkreisen das Biwak und schützen die Kameraden vor unliebsamen Überraschungen. Es ist eigentlich das erste Mal seit dem Absprung, daß sie nachts richtig schlafen können. Das Feuer verscheucht die Nachtkühle, und der Feind hat ihre Spur verloren. Vielleicht wendet sich doch noch alles zum Guten, denkt Lager und dreht sich auf die Seite. Wenn nur dieser verfluchte Hunger nicht wäre...

„Herr Oberleutnant, es ist Zeit!" Unteroffizier Waldner, der Wachhabende, rüttelt Lager am Arm.

„Was? — Ach ja. Es ist gut, Waldner, wecken Sie die anderen."

Der Oberleutnant rappelt sich auf und torkelt, noch schlaftrunken, zu der kleinen Quelle, die in einiger Entfernung aus einem Felsen sprudelt. Er hält den Kopf in das eiskalte Wasser und macht eine schnelle Morgenwäsche. Allmählich spürt er neue Kraft in seinem müden Körper, und dann ist er hellwach. Auch die anderen kommen träge heran und scheuchen mit Hilfe des Wassers die Müdigkeit aus ihren Knochen.

Auf Frühstück muß mangels Masse verzichtet werden. Das kalte Wasser, mit dem sie sich vollpumpen, kann das quälende Hungergefühl natürlich nur kurzfristig betäuben.

Lager reißt einen jungen Trieb von einem Strauch und kaut darauf herum. Hamil hatte erklärt, daß der Saft dieses Strauches den Magen beruhige. Er erzeugt einen scheußlichen Geschmack, aber es hilft tatsächlich. Die Leere im Bauch kann dieses Mittel aber auch nicht beseitigen. Eine regelrechte Gier nach einem richtigen Essen hat alle gepackt. Am vorangegangenen Tag hatten sie ein Stück Wild ausgemacht, und Lager war fast der Versuchung erlegen, einen Schuß zu erlauben. Die Vernunft hatte jedoch gesiegt. Ein Schuß in dieser Situation, mit dem vielfachen Echo, das er auslösen würde, hätte die Verfolger wieder auf ihre Spur locken können.

„Fertigmachen zum Abmarsch!"

Hamil meldet sich ab und verschwindet mit seinen Leuten in nördlicher Richtung hinter einer aufsteigenden Wand. Der Spähtrupp hat einen langen und anstrengenden Weg vor sich, und Lager hofft inbrünstig, daß sie diesmal Glück haben werden. Geraume Zeit starrt er gedankenverloren auf den Felsen, hinter dem der Spähtrupp verschwunden ist. Dann dreht er sich wieder um.

„Unteroffizier Ziegler!"

„Komme, Herr Oberleutnant!" Ziegler ist der zweite deutsche Unteroffizier. Er ist Volksdeutscher aus Polen. Mit seinen Eltern wurde er 1939 im Zuge der Umsiedlung „heim ins Reich" gebracht. Auch er spricht ziemlich gut Russisch.

„Passen Sie auf, Ziegler! Sie bleiben mit drei Mann Ihrer Gruppe hier, jeder bekommt ein Gewehr. Ihre Aufgabe ist es, festzustellen, ob der Feind uns noch auf den Fersen ist. Sehen Sie die Verfolger, dann kommen Sie so schnell wie möglich nach und warnen uns. Rührt sich nichts, so folgen Sie uns erst um vier Uhr nachmittags. — Macht mir keine Dummheiten, geschossen wird nur in äußerster Notwehr. Ich verlasse mich in dieser Hinsicht auf Sie. Wir werden unseren Weg unauffällig markieren, damit Sie uns nicht verfehlen."

„Sie können sich auf mich verlassen, Herr Oberleutnant."

Lager nickt ihm lächelnd zu und befiehlt dann: „Ibrahim an die Spitze, wir marschieren los!"

Unteroffizier Ziegler sieht ihnen nach, wie sie sich mit schleppenden Schritten langsam entfernen. Seine drei Männer stehen um ihn herum. Er beläßt zwei von ihnen an dieser Stelle und geht mit dem dritten vorsichtig auf dem Pfad zurück, den sie gestern eingeschlagen hatten. Eine lange Wegstrecke wird zurückgelegt. Von Verfolgern ist nichts zu sehen oder zu hören. Die Sonne steht schon hoch am Himmel, als Ziegler beruhigt kehrtmacht. Die Russen scheinen die Fährte tatsächlich verloren zu haben.

Um vier Uhr bricht Ziegler mit seinem Trupp auf und folgt den anderen. Kleine, für ein ungeübtes Auge kaum wahrnehmbare Zeichen weisen den Weg: ein geknickter Zweig, dort einige Steine, die wie zufällig mit den Spitzen in eine bestimmte Richtung zeigen.

Hossain, der an der Spitze des kleinen Trupps marschiert, erstarrt plötzlich in seinen Fußstapfen. Ziegler blickt über seine Schulter und traut seinen Augen nicht. Es ist wie eine Fata Morgana: Auf einer kleinen, grasbewachsenen Lichtung steht eine Ziege.

Ungläubig wischt Ziegler über seine Augen. Ist das ein Spuk? Leidet er unter Wahnvorstellungen, oder spielt ihm die Phantasie einen Streich? Er reißt die Augen auf — kein Zweifel, die Ziege ist immer noch da und blickt die Männer ohne Scheu an. Sie muß irgendwo ausgerückt sein oder sich verlaufen haben.

Noch ehe der Unteroffizier etwas unternehmen kann, hat Hossain seine erste Überraschung überwunden und setzt sich behutsam in Bewegung. Er hat ein Haustier ohne Menschenscheu vor sich. Als er noch gut fünf Meter entfernt ist, meckert die Ziege und macht einige Schritte auf ihn zu.

Da springt der Kaukasier sie an. Der linke Arm umklammert den Hals und reißt das Tier zu Boden. Der Dolch blitzt auf, und das angstvolle Meckern verstummt.

Hossain richtet sich langsam auf und sieht die anderen erleichtert an. Seine Russenbluse ist mit Blut getränkt, aber das macht ihm offenbar nichts aus. Endlich haben sie etwas Fleisch.

„Das wird für jeden ein Stückchen geben", sagt Ziegler. „Wo das arme Luder bloß hergekommen ist? Na, die Kameraden werden ja Augen machen."

Nachdem sie die Blutspuren beseitigt haben, geht es weiter. Abwechselnd tragen sie das Tier und treffen gegen sieben Uhr auf die anderen, die einen guten Platz ausgesucht haben und dort rasten.

Oberleutnant Lager fällt dem Unteroffizier vor Freude fast um den Hals.

„Mensch, Ziegler, ihr seid doch Mordskerle. Sobald es dunkel ist, machen wir ein Feuer, und dann wird gebraten. — Schade, daß wir keinen Topf oder etwas Ähnliches haben, sonst könnten wir erst noch einige Liter Fleischbrühe kochen."

„Man kann ja nicht alles haben, Herr Oberleutnant. Die Fleischportion wird uns auch so wieder etwas aufrichten", meint Ziegler.

Zwei der Männer ziehen das Fell ab, nehmen das Tier aus und waschen das Fleisch im kleinen Bach, an dem sie lagern. Dann hängen sie es an einem Baum auf. Lüstern und gierig schweifen die Blicke aller immer wieder dorthin.

Als es dunkel genug ist, wird ein Feuer gemacht, und noch ehe es richtig brennt, kommt Hamil mit dem Spähtrupp zurück. Sie sind in einer prächtigen Laune, und Lager weiß sofort, daß sie Erfolg hatten. Mit sich schleppen sie einen Sack mit Brotfladen und einen alten, verrosteten Eimer mit Eiern.

„Mensch, Hamil, ich glaube, wir sind im Paradies gelandet, oder träume ich?" staunt Lager.

„Nein! Es hat nur endlich einmal geklappt, aber das erzähle ich gleich. Wollen wir nicht erst den Kameraden einen Brotfladen geben?"

„Natürlich, jeder ein Stück fürs erste. Die Eier bewahren wir für morgen früh auf, und in dem Eimer kochen wir eine Fleischbrühe. Als dritten Gang bekommt jeder sein Stück Fleisch."

Nacheinander wurden mehrere Eimer Brühe gekocht. Die kleinen Roststückchen darin werden gern in Kauf genommen. Zwei blecherne Tabaksdosen dienen als Trinkbecher. Sie wandern nun von Hand zu Hand, und jeder holte sich eine Dose voll Brühe aus dem Eimer. An kleinen Stöcken wurden die Fleischstücke gargebraten und heißhungrig verschlungen. Endlich waren die Männer wieder einmal gesättigt und zufrieden. Ein lieblicher Duft von gebratenem Fleisch hing noch lange über dem Lagerplatz.

„Das restliche Brot wird gleichmäßig aufgeteilt und nur auf Befehl gegessen. Das muß unsere Eiserne Ration sein", ordnet der Oberleutnant an. „So, Hamil, nun erzähle!" wendet er sich anschließend an den Kaukasier.

Dieser lächelt und beginnt dann zu berichten: „Wir haben uns klein gemacht und sind vorsichtig an das Dorf heran. Die Bewohner hatten einige Beobachter in geringer Entfernung vor dem Aul aufgestellt, aber wir konnten ungesehen vorbeikommen. Als wir in das Dorf kamen, wichen uns die Bewohner ängstlich aus." Hamil machte eine Pause.

„Ja, warum denn das?" wunderte sich Lager.

„Wir wußten erst auch nicht recht, warum, aber einige Minuten später wurde uns das klar. Ein Russe kam auf uns zu und erklärte, er wäre ein Vertrauensmann des Geheimdienstes. Er wollte von uns wissen, ob die abgesprungenen Saboteure schon gefaßt seien."

„Was? — Das wußte er?"

Hamil nickt und fährt dann fort: „Er hielt uns für Soldaten der Roten Armee, und im Laufe des Gesprächs bekamen wir heraus, daß die Russen eine ganze Division in dieses Gebiet verlegt haben sollen, weil sie irgendwie Wind von einem drohenden Aufstand der Bergstämme bekommen haben. Deshalb weichen uns die Leute auch aus, sie halten uns für Rotarmisten."

„So etwas hatten wir uns ja schon gedacht", sagt Lager. „Was habt ihr dann mit dem Spitzel gemacht?"

„Vor den Augen der Dorfbewohner haben wir ihn aufgehängt und den

Leuten dann erklärt, wer wir sind und was wir wollen. Wir haben ihnen klargemacht, daß wir nicht auf seiten der Sowjets stehen, sondern von den Deutschen kommen."

Eine Weile ist es ganz still. Die letzte Mitteilung kam etwas überraschend, und der Oberleutnant muß erst seine Gedanken sammeln. Jetzt sind alle Brücken abgebrochen, und es wird keine Gnade mehr geben.

„Wie konntet ihr nur!" Resignation schwingt in Lagers Stimme mit. „Wenn wir jetzt in die Hände der Russen fallen, dann sind wir geliefert. Die hauen uns in Stücke, ohne mit den Wimpern zu zucken."

„Das hätten sie auch so mit uns gemacht", meint Hamil gelassen. „Um den Kerl ist es nicht schade, und wir sollten ihm keine Träne nachweinen. Wir sind in den Augen dieser Leute Vaterlandsverräter. Auch Sie haben übrigens eine russische Uniform an und haben deshalb keinen Anspruch darauf, als Kriegsgefangene behandelt zu werden." Hamil hatte diese Worte ziemlich laut hervorgestoßen.

„Hast ja recht, Hamil", murmelt Lager. „Warum sollen wir uns auch Gedanken darüber machen? Wir sind nun mal hier und müssen die Sache durchstehen, so oder so."

Die anderen hatten schweigend zugehört und nicken nun zustimmend. Sie wissen ganz genau, daß sie mit dem Rücken an der Wand stehen und nicht mehr zurück können. Es gibt nur den Weg nach vorn, nach Osten, auf Gedeih und Verderb.

„Ibrahim, komm, du bist dran!"

Der Posten rüttelt Ibrahim am Arm. Es ist Zeit zur Wachablösung, und er will auch noch ein paar Stunden schlafen. Brummend erhebt sich Ibrahim, übernimmt das Gewehr und die Munition und beginnt seine Runden um den Lagerplatz zu drehen. Nach dem „Festmahl" hatte er wunderbar geschlafen, wie die anderen auch, und er ist nun etwas ungehalten über die Störung. Wütend stapft er um das Lager und sieht nicht die zerlumpte Gestalt, die, dicht an einen Baum gepreßt, ihn mit ruhigen Augen beobachtet. Als er bei der dritten Runde an diesem Baum vorbeikommt, steht die Gestalt, wie aus dem Boden gewachsen, vor ihm. Vor Schreck läßt er fast das Gewehr fallen.

„Pssst! Nicht schreien", flüstert der Mann. Dieser Hinweis war unnötig, denn Ibrahim hätte im Augenblick sowieso kein Wort hervorbringen können. Er fühlt nur, wie sich auf seiner Stirn Schweißperlen bilden. Mit der freien Hand wischt er sich über das Gesicht.

„Ruhig, Brüderchen! Ich bin ein Freund und will den Führer sprechen", sagt die Gestalt. Es ist ein altes, dürres Männchen, dem die zerlumpten Kleider nur so um den Leib schlottern.

„Da hättest du aber auch am Tage kommen können, Väterchen. — Mir so einen Schreck einzujagen."

„Ich stehe schon eine ganze Weile hier", kichert der Alte. „War mir aber nicht sicher, ob ihr mit den Bolschewiken zu tun habt oder nicht. Ich war gestern zufällig in dem Dorf, wo sie den Spitzel gehängt haben, und bin dem Trupp unauffällig gefolgt."

„Komm, Väterchen, ich bringe dich zum Gospodin Offizier." Ibrahim packt den Mann beim Arm und zieht ihn mit sich zum Schlafplatz des Oberleutnants. Dieser hat die sich nähernden Schritte gehört und blickt, halb aufgerichtet, den Ankömmlingen entgegen.

„Was ist denn los?"

„Der Alte hier will zu dir."

Ehe Lager seinen russischen Wortschatz an den Mann bringen kann, plappert dieser bereits los. Der Oberleutnant versteht noch nicht einmal die Hälfte des Wortschwalles. Hilflos hebt er die Schultern und sieht Ibrahim fragend an.

Hamil kommt heran und schaltet sich ein. Ausführlich unterhält er sich mit dem Alten. Die anderen sind aufgestanden, stehen im Kreis um die Gruppe herum und lauschen dem Frage-und-Antwort-Spiel. Nach geraumer Zeit bedeutet Hamil dem Alten, sich am Feuer niederzulassen. Er selbst setzt sich neben den Oberleutnant.

„Was will er?" Erwartungsvoll blickt der Oberleutnant Hamil an.

„Ich glaube, wir sind gerettet. Er bietet uns seine Dienste an."

„Glaubst du wirklich, daß wir ihm vertrauen können?"

„Ohne Zweifel, da bin ich sicher. Ich kenne die Leute und weiß, daß sie gegenüber allen, ausgenommen den Bolschewiken, grundehrlich sind."

„Aber wie kommt er denn auf die Idee, uns seine Dienste anzubieten? Er kennt uns doch gar nicht."

Hamil palavert einige Minuten mit dem Alten. Dieser hockt im Schneidersitz am Feuer und macht bei seinen Antworten immer eine Verbeugung gegen den Oberleutnant. Die Arme hat er dabei über der Brust gekreuzt. Lager deutet das als Zeichen der Hochachtung und nickt ihm zur Erwiderung jedesmal freundlich zu.

Hamil wendet sich wieder an den Oberleutnant: „Sie wissen schon einige Tage, daß Männer von Deutschland hiersein sollen. Sie haben uns auch lange beobachtet, aber immer geglaubt, wir wären sowjetische Provokateure, die sie in eine Falle locken sollten. Es schwirren nämlich viele feindliche Trupps umher. Die Sowjets haben Angst vor einem Aufstand der Bergvölker. Er hat gestern gesehen, was wir mit dem Russen gemacht haben, und ist nun überzeugt, daß wir tatsächlich aus Deutschland kommen. Das ganze Gebiet hier ist unsicher. Er kennt aber alle Wege und Dörfer und will uns helfen, in mein Heimatgebiet zu kommen. Dort sollen wir dann angeblich in Sicherheit sein. Um unsere Verfolger abzuschütteln, mußten wir ja so viele Umwege machen, daß wir doch weiter als vorgesehen davon entfernt sind."

„Das ist zwar sehr gut, aber wir können ihm nichts dafür geben, Hamil. Sage ihm das", entgegnet Lager.

Die beiden wechseln einige Worte, und das Gesicht des Alten nimmt einen beleidigten Ausdruck an.

„Er fühlt sich durch deine Worte beleidigt. Er tut es, ohne Lohn dafür zu wollen. Er betrachtet sich als unseren Freund.“

„Sage ihm, es tut mir leid, und ich bitte um Verzeihung.“

Während Hamil noch übersetzt, steht der Oberleutnant auf und streckt dem Alten seine Hand entgegen. Dieser schlägt freudig ein.

„Germanski gutt“, stößt er mit gutturaler Stimme hervor. Dann steckt er zwei Finger in den Mund und läßt einen durchdringenden Pfiff ertönen. Lager glaubt schon an eine Falle und zieht die Pistole. Aber der Alte macht eine beruhigende Geste und lacht den Oberleutnant verschmitzt an.

Aus dem Schatten der Nacht treten zwei junge Einheimische in den Lichtschein des Feuers und beginnen sofort auf Hamil einzureden.

„Also, das kommt mir nicht noch einmal vor!“ knurrt Lager seine Unteroffiziere an. „Wir stehen hier und halten Maulaffen feil, und keiner denkt an Sicherung. Da hätte sich eine ganze Kompanie heranschleichen können.“

„Diese beiden hat er aus dem Dorf mitgebracht, und sie wollen mit uns kommen“, erläutert Hamil.

„Ist in Ordnung. — Alles fertigmachen, wir brechen auf!“

Das Feuer wird zugescharrt und der Biwakplatz so gut wie möglich in den alten Zustand gebracht. Die Abfälle werden unter einem Gebüsch vergraben. Es soll nicht sofort erkennbar sein, daß der Trupp hier eine Nacht verbracht hatte.

Es geht weiter nach Osten, nach Tschetschenien. Der Bann scheint gebrochen, denn immer wieder führen sie örtliche Dorfbewohner, die jeden Strauch und jeden Stein in dieser Gegend kennen, an feindlichen Beobachtungsposten vorbei. Einheimische haben Felle gebracht, mit denen sie sich während der Nacht zudecken können. Jeden Abend werden vom nächstgelegenen Dorf Nahrungsmittel ins Biwak getragen. Die Stimmung ist nach dieser überraschenden Wendung natürlich ausgezeichnet.

Obwohl die Versuchung groß ist, in den Auls zu übernachten, hat sich der Oberleutnant dagegen entschieden. Im Freien sind sie doch sicherer als in einem Dorf, das mit den vorhandenen Kräften schlecht zu sichern wäre. Lager sträubt sich dagegen, allen Einheimischen zu trauen. Ein gesundes Mißtrauen kann nie schaden.

Trotz der guten Stimmung hat Lager den Erfolg abgeschrieben. Wie sollten sie mit ihrer ärmlichen Bewaffnung und Ausrüstung die Bewohner zum Aufstand aufrütteln. Seine Fragen an Hamil, ob denn die Einheimischen selbst Waffen besäßen, werden ausweichend beantwortet. Hamil meint, daß die Bevölkerung in dieser menschenfeindlichen Gegend auch so mit den verhaßten Russen fertig werden würde, wenn sie sich erst einmal erhoben habe und eine umsichtige Führung hätte. Der Oberleutnant bezweifelt diese Ansicht, läßt es sich aber nicht anmerken. Einige Flinten der Kaukasier hatte er schon gesehen. Es waren vorsintflutliche Donnerbüchsen, die nach seiner Meinung mehr Schaden am Schützen als am Gegner verursachten.

Die Unterstützung durch die Bevölkerung schlägt gut zu Buche. Sie kommen schnell vorwärts. Einen nicht geringen Anteil daran haben die Versorgung mit Nahrungsmitteln und die ungestörte Nachtruhe. Alle sehen verwildert aus, aber sie sind gut erholt und bei Kräften. Die kleine Taschenschere des Oberleutnants geht von Mann zu Mann, mit deren Hilfe sich jeder den sprießenden Bartwuchs stutzt.

„Hier können wir die Nacht verbringen."

Der alte Mann, der sie den ganzen Tag geführt hatte, bleibt stehen und deutet auf einen freien Platz, der zwischen den Krüppelbäumen aufgetaucht ist. Er erklärt Lager, daß er nun zurück müsse. Zuvor wolle er aber in das Dorf gehen, dessen Hütten sie vor einer halben Stunde gesehen hatten, und einen neuen Mann schicken, der sie weiterführen soll. Auch Verpflegung will er bringen lassen.

Lager bedankt sich bei dem Alten, der dann in Richtung des Dorfes verschwindet, sich noch einmal umdreht, winkt und dann nicht mehr zu sehen ist.

Bis Sonnenuntergang sind es noch etwa zwei Stunden. Die Männer richten das Biwak her, sammeln Holz und machen es sich gemütlich, so gut es geht. Das Feuer darf erst nach Einbruch der Dunkelheit entzündet werden, damit der aufsteigende Rauch nicht zu sehen ist.

Langsam sinkt die Nacht hernieder, und ein kleines Feuer wird entfacht. Es ist gut abgeschirmt und kann erst aus nächster Nähe entdeckt werden. Sich leise unterhaltend, liegen die Männer um die Feuerstelle und warten auf die Verpflegung und den neuen Führer.

„Es ist jetzt schon fast Mitternacht, und noch niemand hat sich sehen lassen."

Oberleutnant Lager steht auf und geht ein paar Schritte hin und her. Er ist unruhig, es klappt nicht so, wie es sonst immer der Fall gewesen war.

Hamil hat sich ebenfalls erhoben und leistet Lager Gesellschaft. Die anderen haben sich aufgerichtet, und ihre Blicke folgen den beiden. Sie warten auf etwas Eßbares.

„Ich weiß nicht, was los ist. Der Alte wollte doch alles schicken. Ich kann mir nicht vorstellen, warum keiner kommt." Hamil stößt mit dem Fuß wütend einen kleinen Stein weg.

„Jetzt in der Nacht können wir nichts unternehmen, wir müssen bis zum Morgen warten", meint Lager. „Bei Tagesanbruch schicken wir zwei Mann zum nächsten Dorf. Vielleicht wollten die Leute in der Dunkelheit nicht kommen. Gehen wir schlafen und sehen dann, was los ist." Er macht kehrt und geht zum Feuer zurück.

„Wollen wir nicht den Männern erlauben, einen Brotfladen der Eisernen Ration zu essen?" fragt Hamil hinter ihm. „Sie werden sicherlich Hunger haben."

„Ja, natürlich", antwortet Lager zerstreut und bemerkt erst jetzt, daß er selbst auch Hunger hat. „Sage allen Bescheid, und dann ist Ruhe im Lager."

Als der neue Tag anbricht, ist Lager schon wieder auf den Beinen. Er hatte schlecht geschlafen. Immer wieder weckten ihn quälende Gedanken. Nun will er Gewißheit haben. Auch Hamil ist schon auf.

„Wen können wir schicken, Hamil?"

„Wir nehmen Georgij und Anastasi, die sind schlau und umsichtig."

„Gut! Sie sollen bis zum Dorf gehen, sehen, was los ist, und dann mit dem Führer zurückkommen, damit wir nicht zuviel Zeit verlieren."

Wenige Minuten später verlassen Georgij und Anastasi das Biwak. Bis zum Aul ist es nur eine knappe halbe Stunde. Die Bewohner scheinen noch zu schlafen. Das Dorf wirkt wie ausgestorben. Auf der steinigen Dorfstraße gehen die beiden Kaukasier auf die große Hütte in der Mitte des Dorfes zu, in der gewöhnlich der Dorfälteste haust.

Plötzlich fühlt Georgij, wie sich eine Gänsehaut über seinen Rücken ausbreitet. Instinktiv weiß er, daß Gefahr droht, und dreht sich um. Hinter ihnen treten Russen aus dem Schutz der Hütten und kommen auf die beiden zu, die Waffen schußbereit auf sie gerichtet.

„Ruki werch (Hände hoch)!" schreit einer von ihnen.

Georgij und Anastasi rennen los, auf eine Steinhütte zu, hinter der sie Schutz suchen wollen. Auf halbem Wege schleudern sie die Geschoßgarben zu Boden, die Schüsse hören sie schon nicht mehr. Beide sind tot.

Im Biwak schrecken sie auf, als die Schüsse die Morgenstille zerreißen. In großer Eile sammeln sie ihre Sachen zusammen und gruppieren sich um Lager und Hamil, die hastig miteinander sprechen.

„Das ist das Ende, Hamil. Die Russen sind uns dicht auf den Fersen. Wo wir hinwollen, kommen wir jetzt nicht mehr hin. Tschetschenien erreichen wir nicht mehr, obwohl wir nur noch einen Tag entfernt sein können. Den Feind können wir jetzt nicht mehr abschütteln. Was machen wir?"

„Es gibt nur noch eine Möglichkeit, den Kopf aus der Schlinge zu ziehen", sagt Hamil nach kurzem Nachdenken, „und das ist der Weg nach Norden, den deutschen Kameraden entgegen."

Lager hatte den gleichen Gedanken. Sofort machen sie sich auf den Weg, den sie nicht einmal kennen. Überall kann der Feind auftauchen. Jede Schlucht, jede Felsspalte kann zur tödlichen Falle werden. Die gnadenlose Jagd ist in die Endphase getreten, und an ein Entrinnen glaubt keiner mehr. Sie werden gejagt, das merken alle am Nachmittag, als sie eine enge Schlucht bezwingen wollen.

Unteroffizier Ziegler geht mit dreien seiner Männer an der Spitze des Trupps. Das Gros mit Oberleutnant Lager folgt etwa zwanzig Meter dahinter. Sie laufen am ausgetrockneten Bett eines Baches entlang, rechts und links geht es steil bergab. Ab und zu löst sich ein Stein unter den Füßen eines Mannes und rollt polternd zu Tal.

Plötzlich speien die Felsen rechts und links des Bachbettes Feuer und Verderben. Das Echo der Schüsse vervielfältigt sich zwischen den Wänden der Schlucht. Unteroffizier Ziegler wirft die Arme nach oben und klappt wie ein Taschenmesser zusammen. Seine Leute drehen sich um und wollen in wilder Hast zurücklaufen. Sie kommen nur einige Meter weit, dann werden sie von den Geschossen erwischt und zu Boden geschmettert.

Auch in den folgenden Haupttrupp fetzen die Garben und lichten die Reihen. Wilde Schreie übertönen den Lärm, und die noch nicht getroffenen Soldaten springen hinter herumliegenden Steinen in Deckung.

„Alles zurück!" Lagers Stimme reißt die Männer aus ihrer Erstarrung. Sprungweise entfernen sie sich aus dem Hinterhalt. Das schwere Feuer verfolgt sie. Rutschend, sich überschlagend und wieder aufraffend, springen sie von Deckung zu Deckung und versuchen dem mörderischen Feuer zu entkommen.

Von den Schüssen verfolgt, gelangen die Überlebenden des Trupps aus der Falle und sammeln weiter hinten. Für Unteroffizier Ziegler und weitere acht Männer ist diese Schlucht im Kaukasus wahrscheinlich zur Endstation ihres Lebens geworden. Der Trupp scheint umzingelt zu sein. Wohin sie sich auch wenden, überall tauchen olivgekleidete Gestalten auf. Aber der Feind scheint viel Zeit zu haben, er wagt noch keinen Sturmangriff. Möglicherweise will er auch nichts riskieren.

Eine fürchterliche Nacht schließt sich an. Keiner wagt zu schlafen. Am folgenden Tag laufen sie wieder auf den Feind auf und verlieren vier Mann. Noch ein paar Tage, und der Trupp, der einen Aufstand inszenieren wollte, wird vernichtet sein. Das kann sich jeder an den Fingern abzählen. In der dritten Nacht der Flucht gelingt es, der tödlichen Umklammerung zu entkommen und den Feind vorläufig wieder einmal abzuschütteln.

*

In rascher Fahrt schlängeln sich vier russische Lastwagen durch die zurückflutenden Sowjets entlang der Straße nach Maikop.

Neben dem Fahrer des ersten Lastwagens sitzt Oberleutnant Rosier, und die Besatzungen sind Männer seines Zuges. Alle sind in russische Uniformen gekleidet. Sie haben sich von der deutschen Infanteriespitze gelöst und preschen auf Maikop zu. Da gibt es eine Brücke, die für den weiteren Vormarsch von großer Bedeutung ist.

An einer Straßeneinmündung scheint Schluß zu sein. Die Straße ist verstopft, und einige Rotarmisten wollen die Lastwagen stürmen und auf die Ladeflächen klettern. Mit Fußtritten und Kolben werden sie zurückgetrieben. Rosier wird unruhig und blickt aus halbgeschlossenen Augen auf den Tumult.

Mit gezogener Pistole kommt ein sowjetischer Major heran und treibt die Meute auseinander. Dann schwingt er sich auf das Trittbrett und brüllt dem Fahrer zu, Gas zu geben. Mit Gewalt bahnen sich die Wagen einen Weg durch den Schlamassel. Keiner weiß so richtig, wie sie da durchgekommen sind, aber plötzlich ist die Straße wieder einigermaßen frei, und es geht zügiger vorwärts. Der Major klammert sich fest an das Führerhaus. Er schreit einige Worte, die vom Fahrtwind zerrissen werden. Rosier zuckt mit den Schultern und starrt wieder geradeaus. Er hatte kein Wort verstanden. Die russischen Infanteristen, die auf der Straße zurückgehen, springen vor den Fahrzeugen zur Seite, manche drohen mit den Waffen.

Dann gibt es wieder eine Stockung — Straßenkontrolle. Dem Oberleutnant bricht der Angstschweiß aus, denn ein halbes Dutzend feindlicher Feldpolizisten kontrolliert den Verkehr. Der Major springt ab und eilt auf die Kontrolle zu. Aufgeregt redet er auf einen russischen Leutnant ein. Dieser wirft einen kurzen Blick auf die Lastwagen und ruft seinen Leuten einige Worte zu. Daraufhin machen sie den Weg frei und geben ein Handzeichen zur Weiterfahrt.

„Habe ihnen klargemacht, daß wir einen Sonderauftrag haben", sagt der Major und springt wieder auf das Trittbrett.

Rosier nickt verstehend. Das haben wir auch, denkt er bei sich. Wenn du wüßtest, was für einen Auftrag wir haben, würdest du Himmel und Hölle in Bewegung setzen.

Die ersten Häuser von Maikop tauchen auf. Auch hier das gleiche Bild, alles ist in Auflösung begriffen. Keine ordnende Hand, welche die Flut in die richtigen Bahnen lenkt. In diesem Durcheinander können die Männer des Stoßtrupps überhaupt nicht auffallen.

Der Fahrer zeigt mit der Hand nach vorn — die Brücke taucht auf. Rosier nickt, und der Mann am Steuer ordnet sein Fahrzeug in die rechte Reihe ein, die von einem Posten auf die Brücke geleitet wird. Ein Blick nach hinten zeigt, daß die anderen drei Lastwagen dicht aufgefahren sind.

Im Schleichtempo geht es über die Brücke. Am anderen Ende fahren die Lkw scharf rechts aus der Fahrbahn und halten neben der Brückenauffahrt. Ohne Aufforderung springen die „Brandenburger" von den Ladeflächen und verschwinden unter der Brücke. Der Major sieht zunächst etwas verständnislos drein und macht sich dann, ohne ein Wort zu sagen, aus dem Staub. Er denkt bestimmt, es mit einem Schützenzug zu tun zu haben, der die Brücke verteidigen soll. Und davon hält der persönlich offenbar nicht viel.

Angestrengt sucht Rosier die Zündleitung. In halber Höhe des Widerlagers entdeckt er eine Sprengladung. Mit den Augen verfolgt er die Leitungen, die von der Ladung abzweigen. Eine führt in das Gewirr der Trägerkonstruktion, die andere zur anderen Seite der Brückenauffahrt. Er bedeutet seinen Leuten, in Deckung zu gehen, und folgt dann allein dem Draht. Er führt zu dem der Brücke nächstgelegenen Haus. An die Zündstelle kommt er also nicht heran, ohne Verdacht zu erregen.

Rosier huscht wieder hinter das Widerlager, holt einen Seitenschneider aus der Tasche und zwickt den Draht ab. Jetzt können die Ladungen nicht mehr ferngezündet werden. Es ist mit Sicherheit anzunehmen, daß noch eine Leitfeuerzündung als Reserve vorhanden ist, aber um die Zündschnur anzubrennen, müßte der Gegner herankommen, und das werden sie zu verhindern wissen.

„Ladungen entfernen!" ruft Rosier seinen Männern in russischer Sprache zu und sieht mit großer Befriedigung, wie diese am Gitterwerk der Träger entlangklettern und die Päckchen der Sprengmunition in die Tiefe werfen. Unteroffizier Cossy sichert mit seiner Gruppe.

Nach geraumer Zeit sieht der Oberleutnant, wie auf der anderen Seite die Soldaten der Gruppe Grigoleit aus der Trägerkonstruktion rutschen und am Widerlager in Deckung gehen. Unteroffizier Grigoleit, der für diese Aufgabe das Kommando hatte, winkt herüber. Rosier atmet auf; die Brücke ist entladen! Nun kann eigentlich nichts mehr schiefgehen. Sie haben jetzt nur noch zu warten, bis die eigene Spitze heran ist.

Plötzlich übertonen Schüsse das Geräusch, das der zurückflutende Feind verursacht. Keiner weiß, was auf einmal los ist. Im Nu ist die Brücke leer, und von allen Seiten pfeifen die Geschosse heran. Das Kommando muß irgendwie entdeckt worden sein. Platschend schlagen die Kugeln gegen den Beton der Widerlager und surren als Querschläger jaulend davon. Die Schreie der getroffenen Männer gellen durch den Kampflärm. Niemand kann ihnen helfen, jeder hat mit sich selbst zu tun.

Todesmutig kämpfen sich die „Brandenburger" nach oben und verschanzen sich neben den Brückenauffahrten.

Fast eine Stunde währt der grausame Kampf. Dann brausen zwei deutsche Panzerspähwagen feuernd auf die russischen Stellungen zu und jagen die Gegner in die Flucht.

Es war eine Rettung in letzter Minute, denn nur noch wenige Angehörige des Stoßtrupps leben noch, und diese wenigen sind alle mehr oder weniger verwundet.

Oberleutnant Rosier war am meisten betroffen worden. Im Lazarett, wohin er eilig gebracht wird, muß ein Bein amputiert werden. Die Unteroffiziere Grigoleit und Cossy sind mit dem größten Teil ihrer Gruppen gefallen.

Die Brücke ist unversehrt geblieben, und einige Zeit später ziehen die ersten deutschen Kolonnen darüber hinweg, hinter dem zurückgehenden Feind her.

*

„Ich möchte nur wissen, wie die Lage ist. Wir sind hier vollkommen abgeschnitten, wissen nicht, was los ist, und wie weit die Heeresgruppen vorgedrungen sind. — Vielleicht ist der Krieg in Rußland schon aus, und wir wissen es nicht einmal." Oberleutnant Lager versucht ein müdes Lächeln.

Unteroffizier Waldner starrt auf den Boden, während er sagt: „Daß aber auch keiner auf die Idee kommt, nach uns zu suchen. Es gibt doch Flugzeuge, die sich mal auf die Suche machen könnten. — Ich glaube, wir sind schon abgeschrieben."

„Die wissen ja noch nicht einmal, wo wir überhaupt sind", erwidert Lager. „Wir sind vergleichbar mit der berühmten Stecknadel im Heuhaufen, die gefunden werden soll. — Nein, Waldner, wir sind verschüttgegangen. Erst haben sich die Luftkutscher verflogen, und wir mußten ganz woanders abspringen. Dann konnten wir nicht an unsere Ausrüstung heran, und darunter war ja auch unser Funkgerät. Durch die Verfolger wurden wir so kreuz und quer gejagt, daß wir jetzt selbst nicht mehr wissen, wo wir genau sind. Wir können nur die allgemeine Nordrichtung einhalten und hoffen, bald auf deutsche Truppen zu stoßen." Nach einer kurzen Pause fährt er fort:

„Ich will ganz ehrlich sein, Waldner: Wir brauchen sehr viel Glück, um aus diesem Schlamassel herauszukommen. Ob es soviel Glück überhaupt geben kann, sei dahingestellt. Wir können eben nur hoffen, das ist alles, was uns noch übrigbleibt."

„Ist schon ein Mist, ein verfluchter! Soviel Pech auf einmal haben wir vorher noch nie gehabt", murmelt Waldner.

„Jede Glückssträhne reißt einmal ab", setzt der Oberleutnant seine Betrachtungen fort, „und uns hat es nun mal besonders hart erwischt. Tag und Nacht strapaziere ich mein Gehirn und suche nach einem Ausweg. Ich werde bald verrückt vom vielen Nachdenken, aber es hilft alles nichts!"

Ein Feuer wagt niemand mehr anzuzünden. Nachts marschieren sie, und am Tag verkriechen sie sich irgendwo und hoffen, nicht vom Feind entdeckt zu werden. Der knurrende Magen ist wieder allmächtig in Erscheinung getreten und ihr ständiges Schreckgespenst geworden. Nur die Hoffnung auf ein baldiges Zusammentreffen mit deutschen Truppen hält jeden aufrecht. Allen ist klar, daß dieser Zeitpunkt in nicht allzuweiter Ferne liegen darf, sonst erlebt diesen Augenblick niemand mehr. Sie sehen jetzt schon alle aus wie Landstreicher — zerlumpt, verkommen, verwildert, abgehärmt und halb verhungert.

„Es hilft uns nichts, wir müssen uns fertigmachen. In einer halben Stunde geht die Sonne unter."

Lager steht auf und streckt seine zerschundenen und schmerzenden Glieder. Langsam geht er zu der Felsspalte, die den Lagerplatz nach Süden abschirmt. Der dort postierte Posten dreht sich um und blickt dem Oberleutnant entgegen.

„Na, hast du was entdeckt?"

„Nein, nichts rührt sich!"

„Komm mit, wir brechen gleich auf." Lager lugt durch die Spalte und den ziemlich steilen, mit Steinen besäten Hang hinunter. Etwa vierhundert Meter entfernt und fünfzig Meter tief geht der Hang in ein verfilztes Gebüsch über.

Durch dieses Gebüsch waren sie im Morgengrauen gekommen. Nach dem anstrengenden Nachtmarsch hatten sie diesen Unterschlupf entdeckt und waren für den Tag untergetaucht. Brauchbare Verstecke für die Tageszeit gab es in dieser wilden Gegend genug, aber die Nachtmärsche waren zum Alptraum geworden. Jeder Schritt mußte erst ertastet werden, und die Marschleistung war entsprechend gering. Sie kamen einfach zu langsam vorwärts. Manchmal geriet Lager in die Versuchung, einen der Pfade zu benutzen, die nach Norden führten. Seine kühle Einschätzung der Lage hielt ihn jedoch immer wieder davon ab. Es war klar, daß der Feind diese gangbaren Pfade und Wege unter besonderer Beobachtung hielt, und aus diesem Grund war das Risiko zu groß. „Querbeet" hieß daher die Losung, da half kein Schimpfen und kein Fluchen.

Als sich der Oberleutnant abwenden wollte, erstarrte er und zerquetschte einen Fluch zwischen den Lippen. Dem Wachtposten ging es nicht anders. Aus diesem Gebüsch unter ihnen war ein Hund herangekommen. Mit der Nase dicht am Boden, schnüffelte er die Spur entlang, die vom Trupp hinterlassen worden war. Das hatte gerade noch gefehlt! Wo ein Spürhund war, konnten die Verfolger nicht weit sein. Langsam, aber unbeirrbar folgte der Hund ihrer Fährte.

„Soll ich ihn abschießen?" Der Posten blickt den Oberleutnant fragend an.

„Nein, bloß nicht! Der Schuß würde denen sofort zeigen, wo wir sind."

„Aber wenn wir nichts unternehmen, kommt er heran und verbellt uns. Dann wissen die Russen auch, wo wir sind."

„Hast auch recht. — Gib mir das Gewehr, ich werde den Köter abschießen."

Lager nimmt den gereichten Karabiner, lädt durch und entsichert. Als er den Hund im Visier hat und abdrücken will, heult dieser auf und springt im Kreis herum. Somit besteht keine Chance, ihn richtig zu erwischen. Er hat die Witterung in der Nase und bellt ohne Pause. Da tauchen auch schon die ersten Russen auf, die Waffen im Anschlag.

„Los, zurück, und nichts wie weg!" stößt der Oberleutnant hervor, packt den Posten am Arm und zerrt ihn mit sich zurück. Die anderen haben das Hundegebell ebenfalls vernommen und sind schon fertig zum Aufbruch. So schnell es geht, macht sich der Trupp davon, gejagt vom Gekläff des Hundes und den Rufen der Verfolger. Ab und zu poltern Gesteinsbrocken zu Tal und verkünden, daß die Rotarmisten auf der Spur sind.

Lager macht sich nichts vor: Das scheint das Ende der Jagd zu sein! Alle Mühen, Anstrengungen und Entbehrungen waren umsonst. Hier in der Einsamkeit des Kaukasus würde sich ihr Schicksal erfüllen — aus und vorbei. Hoffentlich ging alles schnell vorüber. Auf Gnade konnten sie nicht hoffen, darüber gab sich keiner der Männer irgendwelchen Illusionen hin. Die Russen würden sie fertigmachen, ob sie sich ergaben oder nicht. Alle hatten sich damit abgefunden und wollten ihre Haut so teuer wie möglich verkaufen. In der schwersten Minute nur kein Feigling sein!

Nach der nüchternen Feststellung, daß es kein Entrinnen mehr gibt, sehen alle dem Ende gefaßt entgegen. Was als zündende Idee ausgeklügelt und in Angriff genommen wurde, ist in sich zusammengebrochen, und nichts bleibt davon. Inschallah — so Allah will, denken die Moslems und ergeben sich ohne Murren in ihr Schicksal.

„Wir müssen eine Pause einlegen, Herr Oberleutnant. Wir können einfach nicht mehr weiter." Unteroffizier Waldner war neben Lager aufgetaucht.

„Ich kann auch nicht mehr, Waldner. Es wird sowieso gleich hell, der Feind sitzt uns auf den Fersen, und es ist vollkommen egal, ob die Iwans uns hier erledigen oder etwas weiter entfernt. — Bleiben wir also hier und wehren uns bis zum bitteren Ende. Der Platz ist ziemlich gut für den letzten Kampf. Richten Sie eine Rundumverteidigung ein und verteilen Sie die Waffen gleichmäßig nach allen Seiten. Ich sehe mir später alles an." Der Oberleutnant läßt halten, und Waldner teilt die Männer sofort zur Verteidigung ein.

Auch der Gegner hat anscheinend haltgemacht. Auf jeden Fall ist alles ruhig. Er weiß die Deutschen sicher in der Falle und kann sich Zeit lassen. Unter diesen Umständen will er wohl kein Risiko mehr eingehen. Warum sollte er auch?

„Wir sind am Ende, Hamil. Das Glück war uns nicht hold. Wenn das Glück einen Soldaten im Kriege verläßt, dann ist er verloren, und das sind wir, da beißt die Maus keinen Faden ab."

„Ich weiß, und ich mache mir große Vorwürfe, denn schließlich war ich es ja, der diese Idee hatte."

„Deshalb brauchst du dir keine Vorwürfe zu machen, Hamil. Es sollte eben nicht sein. Es war von vornherein ein Glücksspiel, und wir haben verloren, damit müssen wir uns abfinden."

Maschinengewehrgarben zerreißen die Stille. Im ersten Tageslicht wird der Trupp von zwei Seiten unter Feuer genommen. Undeutlich sieht Lager die Angreifer zwischen den Steinblöcken von Deckung zu Deckung huschen. Es ist sinnlos, das Feuer schon jetzt zu erwidern. Die Ziele sind noch zu schwer erkennbar. Mit eingezogenen Köpfen lassen sie den Feuersturm über sich ergehen.

Plötzlich hört die Schießerei auf. Dann schallt eine Stimme herüber. Sie fordert zur Übergabe auf und verspricht gute Behandlung und Verpflegung. Der gleiche Schmus, den unsere Propagandisten auch immer servieren, denkt Lager, und ein spöttisches Lächeln kräuselt seine Lippen. Alles Versprechungen, die nie eingehalten werden können und auch nicht eingehalten werden wollen.

„Hamil, rufe hinüber, wenn sie uns wollen, dann sollen sie uns holen, und wir nehmen noch einige von ihnen mit. Freiwillig gehen wir nicht zur Schlachtbank!"

Noch ehe Hamil den Befehl befolgen kann, kollern ein paar Steine, und eine Gestalt rennt auf den Feind zu.

„Hossain, komm zurück!" schreit Hamil.

Der Kaukasier hetzt weiter, ohne zu verhalten. Ehe Lager eingreifen kann, hat Hamil sein Gewehr im Anschlag und drückt ab. Der Schuß kracht, Hossain klappt zusammen und bleibt liegen.

Wütend nehmen die Rotarmisten das Feuer wieder auf, und Lagers kleine Schar wehrt sich, so gut es geht. Verwundete schreien auf, und es mehrt sich die Zahl derer, die sich nicht mehr bewegen.

Später hätte Lager nicht mehr sagen können, wie lange der Kampf gedauert hatte, und wie er, Unteroffizier Waldner und Hamil diesem Gemetzel entkommen waren. Sein Bewußtsein setzte erst wieder ein, als sie am Abend todmüde in einem Versteck untertauchen und einige Stunden ruhen. Keiner spricht ein Wort, als sie um Mitternacht aufbrechen.

Alles flimmert vor den Augen, und die Augäpfel brennen wie Feuer in den Höhlen. Ihre Bewegungen erfolgen nur noch mechanisch. Die Füße werden gehoben und nach vorn gesetzt, egal, wo sie hintreten. Sie müßten doch schon bald an das Ende der Welt kommen, wo sie mit Brettern vernagelt ist, denn so weit scheinen sie schon gelaufen zu sein. Träge denkt Lager manchmal nach und versucht auszurechnen, wie groß die Strecke ist, die sie schon zurückgelegt haben. Er sagt es sich immer wieder und glaubt auch fest daran — ein Ziel mußten sie ja haben —, daß sie bald auf deutsche Truppen stoßen würden. Schon der Gedanke daran gab ihm immer wieder Kraft und Auftrieb. Er verbannte alle anderen Überlegungen und Vorstellungen aus seinem Hirn. Sein Körper war schwer wie Blei und schmerzte überall. Apathisch, und ohne sich der Schmerzen richtig bewußt zu werden, bewegte er sich vorwärts, und seine zwei Kameraden folgten.

Jede Nacht trotteten sie so dahin. Manchmal stolperte einer und blieb einige Zeit liegen, dann warfen sich auch die anderen zu Boden und verschnauften. Im gemarterten Hirn wiederholte sich immer nur das eine: Bis zur Front müssen wir durchhalten, dann sind wir gerettet! Dieser Wille, es zu schaffen, riß alle immer wieder hoch und trieb sie weiter.

Der Weg war beschwerlich. Er zog sich in Windungen dahin und schlängelte sich um herabgefallene Felsbrocken. Aber er führte nach Norden, und das war die Hauptsache. Gesprochen wurde kaum noch, es erforderte zuviel Anstrengung.

An einem Bach pumpen sie sich mit Wasser voll und bleiben einige Minuten sitzen. Plötzlich schnuppern sie in der Luft herum. Der leichte Wind treibt ihnen Rauch entgegen. Sie brauchen eine Weile, um sich darüber klarzuwerden, was das bedeutet. Rauch bedeutet Feuer, und wo Feuer war, mußten auch Menschen sein.

Wie Hunde schnüffeln sie und kriechen dann am Bach entlang, dem Geruch entgegen. Der Rauch wird stärker und streicht über die heranschleichenden Männer hin. Der Verstand funkt eine Warnung: Aufpassen und vorsichtig sein!

Nach einigen Minuten sind sie weit genug gekrochen und sehen den Feuerschein durch die Büsche. Der Wunsch, einfach aufzustehen und an das Feuer heranzutreten, wird übermächtig und muß mit äußerster Willensanstrengung verdrängt werden.

Um das Feuer sitzen einige Russen, unterhalten sich zwanglos und lachen ab und zu. Es riecht nach Essen, und ein Kochgeschirr klappert. Anscheinend handelt es sich um einen Spähtrupp, der hier eine Rast macht und an dieser Stelle übernachten will. Es sind fünf Mann. Posten haben sie allem Anschein nach nicht aufgestellt. Sie befinden sich ja schließlich im Hinterland und haben nichts zu befürchten.

Jetzt, wo sie den Gegner so dicht vor sich hatten, kehrten alle Instinkte und Erfahrungen zurück. Noch vor wenigen Minuten war es der Wille, die Front zu erreichen, der sie vorwärtstrieb. Jetzt war ein neues und verlokkendes Ziel aufgetaucht: das Essen! Weiter zu denken war jetzt unmöglich geworden. Der Körper verlangte nach Nahrung, und der Verstand mußte diesem Verlangen einfach nachgeben.

Fragend blicken Unteroffizier Waldner und Hamil auf den Oberleutnant, der die Russen beobachtet. Dieser spürt die Blicke, deutet auf seine Waffe, die er in der Hand hält, und nickt. Langsam und ohne ein Geräusch zu verursachen, bringen sie die Gewehre in Anschlag. Einige Sekunden läßt der Oberleutnant noch verstreichen und versucht, seiner Erregung Herr zu werden. Dann knacken die Sicherungsflügel, und fast gleichzeitig zerreißen Schüsse die Stille. Keiner der Soldaten am Feuer hat noch eine Chance.

Dann ist es vorbei, und die drei zerlumpten und ausgemergelten Gestalten gehen langsam auf die Feuerstelle zu. Die Russen sind tot. Wie von Sinnen stürzen sich die ausgehungerten Männer auf den Topf mit heißer Suppe, der auf dem Feuer steht, füllen die Kochgeschirre, die herumliegen, und schlürfen die heiße Brühe in sich hinein.

Erst später kommt es dem Oberleutnant zu Bewußtsein, daß dies auch ihr Ende hätte sein können, wenn weitere Gegner zugegen gewesen wären. In der Gier nach der duftenden Suppe waren alle Vorsätze vergessen worden.

So schnell wie möglich durchsuchen sie die toten Russen, nehmen die spärliche Verpflegung und die Tabaksrationen an sich und machen sich wieder auf den Weg. Ihre Waffen hatten sie gegen die Maschinenpistolen der Russen ausgetauscht. Zusätzlich behielt der Oberleutnant noch seine Pistole.

Niemand von den dreien wüßte zu sagen, wie viele Nächte sie durch die Dunkelheit gestolpert waren, wie viele Tage sie sich versteckt hatten, ehe am Horizont das Grummeln der Front und die zuckenden Blitze der Artillerieabschüsse zu hören und zu sehen sind. Was sind aber schon Tage in einer Situation wie dieser? Jegliches Zeitgefühl geht verloren. Die sich nähernde Front gibt ihnen neuen Mut, und der Wille zum Überleben wird übermächtig. Nun heißt es aber auch vorsichtiger sein. Im rückwärtigen Gebiet der Front herrscht immer reger Verkehr.

Daher wird auch weiterhin nur in der Nacht marschiert. Am Tage verkriechen sie sich irgendwo.

Erschöpft torkeln die drei eines Nachts in eine anscheinend verlassene Bauernhütte, die etwas abseits eines Weges liegt. Als der Oberleutnant die Tür aufstößt, erschrickt er und bleibt wie gebannt in der Türöffnung stehen. In dem spärlich erleuchteten Raum haben es sich drei Russen gemütlich gemacht. Auf dem primitiven Tisch steht ein Topf mit einer heißen Suppe. Der Duft läßt Lager fast wahnsinnig werden.

Hamil drängt sich an ihm vorbei, geht auf den Tisch zu und beginnt mit den Russen, die ebenfalls etwas erschrocken sind, zu palavern. Die zuerst abweisenden Mienen der Männer werden nach einigen Sätzen Hamils zunehmend freundlicher. Sogar etwas wie Mitleid macht sich im Ausdruck der Gesichter breit. Es war offenbar ein schönes Märchen, das der Kaukasier ihnen da auftischt. Den Gesprächsfetzen entnimmt Lager, daß Hamil erzählt, wie sie von ihrer Einheit abgesprengt wurden und seit Tagen in dieser Einsamkeit umherirren.

Die Russen sind von der Schilderung tief beeindruckt, kramen drei leere Konservendosen aus und füllen sie mit heißer Suppe. Heißhungrig und sich fast den Mund verbrennend, schlürfen die drei die Suppe aus den Dosen. Obwohl es nur eine wäßrige Kohlsuppe ist, mundet sie den Halbverhungerten wie ein Göttertrank. Endlich wieder etwas Warmes im Bauch.

„Nicht so hastig, Brüder, sonst kommt alles gleich wieder heraus", mahnt einer der Russen.

Augenblicklich setzen sie die Dosen ab und holen Luft. Der Mann hat vollkommen recht, denkt Lager. Nach den Entbehrungen der letzten Zeit kann der Magen leicht rebellieren. Vorsichtig setzt er sich auf den Boden, peinlich darauf achtend, ja nichts von der Suppe zu verschütten.

„Wie ist denn überhaupt die Lage?" Hamil will den Russen keine Zeit zum Nachdenken geben und beginnt ein Gespräch.

„Der Vormarsch der Deutschen ist zum Stillstand gekommen. Sie haben sich verausgabt und versuchen, die erreichten Positionen zu halten. Auch in Stalingrad haben sie sich festgelaufen. Wir werden bald zum Gegenangriff antreten und die Faschisten zurücktreiben."

„Das ist eine gute Nachricht, Genosse Unteroffizier", schwindelt Hamil. „Was macht ihr denn hier?"

„Wir kommen von der Front und sollen hier unseren neuen Kommissar abholen. Bis hierher wird er gebracht, und wir geleiten ihn dann nach vorn."

„Wie weit ist es denn noch bis zur Front?"

„Ah, nur einige Werst."

„Vielleicht können wir mit euch gehen und uns bei eurer Kompanie melden?"

„Das kann der Kommissar nachher entscheiden. — Warum sind denn deine zwei Begleiter so schweigsam?" Der Unteroffizier blickt zu Lager und Waldner hinüber.

„Ja, weißt du, ihre Heimat ist erst 1939 zur Sowjetrepublik gekommen, und da hapert es noch etwas mit der russischen Sprache."

„Wo kommst du her?" wendet sich der Unteroffizier an Lager.

„Aus Tallinn", antwortet dieser auf Russisch.

„Siehst du, er versteht doch und kann antworten." Der Russe ist zufrieden und schenkt Suppe nach.

Eine wohlige Müdigkeit überkommt den Oberleutnant, und er schließt die Augen. Das Gespräch plätschert an seinen Ohren vorbei, und er ist fast am Einschlafen, als sich draußen ein Fahrzeug nähert. Sofort ist er wieder hellwach. Das wird der Kommissar sein. Nun heißt es auf der Hut sein. Wie sie hier herauskommen wollen, daran wagt er noch gar nicht zu denken.

„Das wird er sein, gehen wir nachsehen", sagt der russische Unteroffizier und verschwindet mit seinen Schützen nach draußen.

„Wir müssen versuchen, mit denen so weit wie möglich nach vorn zu kommen. Wenn wir uns nicht mehr verlaufen können, müssen wir die drei Russen überwältigen und den Kommissar zwingen, uns durch die Linien zu bringen." Lager spricht beschwörend auf seine Kameraden ein. Diese nicken verstehend.

Nach wenigen Minuten heult draußen der Motor des Autos auf, und das Geräusch verliert sich in der Ferne. Die Tür wird aufgestoßen, und ein noch ziemlich junger, blondhaariger Kommissar betritt den Raum, gefolgt von den anderen Russen. Als Lager sich erheben will, winkt er ab.

„Der Unteroffizier hat mich schon informiert. Ihr könnt mit uns kommen und bei der Kompanie bleiben, bis euer Haufen gefunden ist."

„Gut, Genosse Kommissar", antwortet Hamil und steht auf. Auch Lager und Waldner erheben sich.

Schnell haben die Russen ihre Utensilien verstaut, und es wird aufgebrochen. Die zwei Schützen beladen sich mit dem Gepäck des Kommissars, dann verschluckt die Nacht die kleine Gruppe. Der Unteroffizier führt, dann kommt der Kommissar mit den beiden Gepäckträgern. Den Schluß bilden Lager und seine zwei Männer.

Wortlos stolpern sie durch die Nacht. Das Grummeln der Front wird zur ständigen Geräuschkulisse. Ab und zu flackert MG- und Schützenfeuer auf. Wie Wetterleuchten zuckt es am Horizont. Der menschenmordende Krieg geht nie zur Ruhe, er wütet ohne Pause.

Dem Kampflärm nach zu urteilen, kann die Front nur noch etwa einen Kilometer entfernt sein. Überdeutlich kann der Oberleutnant das Feuer deutscher MG ausmachen. Er wird langsam unruhig, denn bisher hatte sich keine Gelegenheit geboten, die Gegner zu überrumpeln. Langsam dreht er sich zu den anderen um und zuckt mit den Schultern. Er weiß nicht, ob seine Kameraden diese hilflose Bewegung gesehen haben.

Rechts und links des Pfades tauchen ein paar Sträucher auf. Ein Trupp in Gruppenstärke kommt ihnen entgegen, und sie treten zur Seite. Einige Worte fliegen hin und her, dann sind die Rotarmisten vorbei.

„Wir machen hier noch eine kleine Pause, denn wir haben Zeit genug, und weit ist es auch nicht mehr."

Der Unteroffizier steckt sich unter seiner Bluse eine Papirossy (Zigarette) an. Die Träger lassen das Gepäck fallen und setzen sich auf den Boden. Ihre Waffen haben sie achtlos neben sich liegen.

Unmerklich dreht sich Lager zu Hamil und deutet mit dem Kopf in Richtung des Kommissars. Er selbst nähert sich langsam dem Unteroffizier. Als dieser gerade an seiner Zigarette zieht, hat Lager die Pistole in der Faust und drückt sie dem Russen hart in die Rippen.

„Keine Bewegung, mein Freund“, flüstert er, und der Russe versteht.

Hamil hat den Kommissar von hinten gepackt, die Schneide seines Dolches sitzt diesem an der Kehle. Waldner steht vor den am Boden sitzenden Trägern und hat seine Waffe auf sie gerichtet.

Ohne Gegenwehr lassen sich die Russen entwaffnen. Mit Stücken ihrer Uniformen und der Ausrüstung werden sie geknebelt und gefesselt, auch der Kommissar wird wie ein Paket verschnürt. Lager ist vom ursprünglichen Plan, den Kommissar als Geisel mitzunehmen, abgegangen.

Die Russen werden hinter die Büsche gezerrt und zurückgelassen. Zu allem entschlossen, läuft der Trupp auf die Front zu. Verirren können sie sich nicht mehr. Einmal begegnet ihnen eine kleine Gruppe Rotarmisten. Wortlos gehen sie aneinander vorbei. Dann tauchen sie im Gewirr der Schützenlöcher und Laufgräben unter. Sie kommen an Erdbunkern vorbei, aus denen die Geräusche schlafender Soldaten herausklingen.

Der Graben, den sie benutzen, endet in einer MG-Stellung, wo zwei Rotarmisten an der Deckung lehnen und zu den Deutschen hinüberblicken, die ab und zu einen Feuerstoß auf irgendein Ziel abfeuern.

Die beiden Posten hören ein Geräusch hinter sich, und plötzlich hat die Dunkelheit Hände, die nach ihnen greifen. Der erste versucht, die Finger von seiner Kehle wegzubekommen. Er hört noch den Schuß, den sein Kamerad abfeuert, und mit dem er den Abschnitt alarmiert. Aber als die Rotarmisten aus dem Unterstand heranstürmen, ist nichts mehr zu sehen. Sie finden nur die beiden Posten. Einer ist erwürgt, der andere erstochen worden.

Wutentbrannt beginnen sie ein Feuerwerk auf die gegenüberliegenden Stellungen der Deutschen, die sofort reagieren und das Feuer erwidern. Unter den pfeifenden Geschossen liegen die drei Überlebenden des Unternehmens „Schamil“ und krallen sich in den Boden. Nur jetzt nicht mehr getroffen werden! denken sie verzweifelt.

Nach knappen zehn Minuten endet der Feuerzauber. Langsam robben sie auf die deutschen Stellungen zu. Es können nur noch knapp fünfzig Meter sein.

Da rattert vor ihnen eine MPi los, und Dreck spritzt neben den Männern auf.

„Aufhören! Wir sind drei Deutsche!“ brüllt Lager, so laut er kann.

Die MPi schweigt, und eine Stimme in der vertrauten heimischen Sprache antwortet:

„Wo kommt ihr Blödmänner denn her? — Kommt langsam herangekrochen und macht keine Zicken, wir haben euch im Visier!“

Das klang wie Engelsstimmen in den Ohren der Männer. Wenige Minuten später fallen sie halb ohnmächtig und vor Freude schluchzend den Kameraden um den Hals.

Das Unternehmen „Schamil“ war zu Ende. Sie waren die einzigen Überlebenden.

*

„Oberleutnant Lager meldet sich mit Unteroffizier Waldner und dem Kaukasier Hamil vom Unternehmen ‚Schamil' zurück!"

„Das freut mich sehr, Herr Lager, daß Sie wieder in den Schoß der Familie zurückgekehrt sind."

Hauptmann Knacke reicht Lager die Hand und begrüßt anschließend Waldner und Hamil, die sich hinter dem Oberleutnant aufgebaut haben. Es ist einige Tage nach ihrer Rückkehr aus dem Kaukasus.

Sie waren zwei Tage bei den Infanteristen geblieben und hatten sich von den Strapazen einigermaßen erholt. Die Kameraden verwöhnten sie wie kleine Kinder, und sie mußten immer wieder Einzelheiten ihres Einsatzes erzählen. Die Anstrengungen und Entbehrungen der letzten Zeit sind allen noch anzusehen, aber sonst sind sie wohlauf und zufrieden. Mit Hilfe aller möglichen Transportmittel waren sie zur Kompanie gekommen, die zu dieser Zeit im Schwarzmeerhafen Anapa lag.

„Ihr Unternehmen ist ja vollkommen in die Hose gegangen. Aber die Chancen waren von vorherein nicht sehr günstig. Wir hatten Sie alle schon abgeschrieben, als die Funkmeldungen ausblieben. Ich selbst habe die Luftkutscher befragt. Und als sie mir erzählten, was vorgefallen war, da habe ich keinen Pfifferling mehr für Sie und Ihre Männer gegeben."

„Ja, es ging von Anfang an schief." Lager erstattete nun einen ausführlichen Bericht, anschließend breitete sich eine bedrückende Stille aus.

„Wir hatten ganz schöne Erfolge", nimmt Hauptmann Knacke nach geraumer Zeit das Gespräch wieder auf, „mußten aber auch empfindliche Verluste in Kauf nehmen. Steiner tot, Rosier schwer verwundet. Außerdem sind einige unserer besten Unteroffiziere und Männer gefallen."

„Das habe ich schon gehört und wollte es erst gar nicht glauben", erwidert Lager. Der Hauptmann nickt und fährt dann fort:

„Unser Haufen ist ganz schön zusammengeschrumpft, und mit Ersatz sieht es sehr schlecht aus. Es wollen nicht mehr viele zu uns. Die anfängliche Begeisterung ist dahin. Das kommt von den vielen Gerüchten, die über uns im Umlauf sind. Die meisten denken, wir wären lebensmüde Selbstmordkandidaten. Aber, lassen wir das."

„Sind wir das nicht ein kleines bißchen, Herr Hauptmann? Das ist aber Ansichtssache. — Wie ist denn die allgemeine Lage?"

„Bescheiden schön, um es vornehm zu sagen. Hier ist alles praktisch zum Stillstand gekommen. An einigen Stellen wird noch etwas gewonnen, aber in sehr geringem Maße. Die Verstärkungen, die es uns ermöglicht hätten, die Ziele zu erreichen, sind nach Stalingrad marschiert, und was sich da entwickelt, weiß keiner so recht. Ich habe ein ganz blödes Gefühl, wenn ich daran denke, wie überdehnt unsere Front im Südabschnitt ist, und wie leicht da einmal der Iwan durchbrummen könnte."

„Dann waren unsere Anstrengungen alle umsonst?"

„Ja, Herr Lager, so scheint es."

„Und wie geht es jetzt weiter?"

„Wir bleiben erst einmal hier. Ich wollte Sie und Waldner zwar auf

Urlaub schicken, aber ich habe keine Zuteilung an Urlaubsscheinen bekommen. Wir sind sehr knapp an Offizieren und Unteroffizieren und daher auf jeden einzelnen angewiesen. — Tut mir leid!“

„Wir können uns auch hier ausruhen, Herr Hauptmann.“

Die Ruhe dauert nicht lange. Ein neuer Einsatzbefehl läßt nicht lange auf sich warten, und Hauptmann Knacke ist gezwungen, dafür den Oberleutnant Lager einzuteilen. Es sind zwar zwei junge Offiziere eingetroffen, aber es widerstrebt dem Kompaniechef, einen dieser unerfahrenen Leutnants jetzt schon einzusetzen. Das könnte ein Fiasko geben. Der Auftrag aber verlangt Umsicht und Erfahrung. Unter diesen Umständen hat sich Knacke schweren Herzens entschlossen, den Oberleutnant zu verwenden und seine wohlverdiente Ruhe somit zu beenden.

In Noworossijsk wird immer noch gekämpft. Obwohl beide Seiten total erschöpft sind, wird um jedes Haus gerungen. Kompanien haben nur noch die Stärke eines Zuges, und in Ermangelung von Offizieren, führen Feldwebel diese ausgelaugten, zusammengeschrumpften Einheiten.

Der Russe bezieht seinen Nachschub über die Straße, die Tuapse mit Noworossijsk verbindet. Dieser Nachschub soll nun gestört und der Feind dadurch gezwungen werden, einen Teil seiner Einheiten zur Sicherung der Straße abzuziehen. Man erhofft sich dadurch einen Vorteil im Kampfgebiet.

„Es tut mir leid, Herr Lager, aber ich muß auf Sie zurückgreifen.“

Knacke hatte Lager zu sich befohlen und weist ihn nun in seine Aufgabe ein. Die Vorbereitungen und die Ausführung werden bis ins kleinste Detail festgelegt.

Am nächsten Tag bringt der Kübelwagen Lager zum nächsten Flugplatz, wo schon eine Nahaufklärungsmaschine wartet. Nach einer kurzen Einweisung in die Bedienung der Bordwaffen läßt der Pilot die Motoren an und rollt zum Starthäuschen. Als der Posten den Start freigibt, heulen die Motoren auf, und ein Vibrieren geht durch den Vogel. Erst langsam, dann immer schneller werdend, stürmt die Maschine über die holprige Piste und hebt ab.

In sicherer Entfernung vom Land fliegt die Maschine entlang der Küste. Mit dem Fernglas sucht der Oberleutnant die Küste ab und prägt sich den Verlauf der Straße ein. Als eine günstige Stelle ins Blickfeld kommt, an der die Straße unterbrochen werden kann, läßt er den Flugzeugführer diese Gegend mehrere Male anfliegen. Auf der Straße selbst herrscht reger Verkehr, doch die Russen lassen sich durch die Anwesenheit des Aufklärers nicht stören. Sie wissen wohl ganz genau, daß von dieser Mühle keine unmittelbare Gefahr droht.

„Zwei feindliche Jäger über uns!“

Lager zuckt zusammen, als diese Worte durch die Bordsprechanlage kommen. Er blickt nach oben und sieht die angreifenden Maschinen. Nervös macht er die Bordwaffen schußbereit.

Der erste Anflug geht daneben. Der Flugzeugführer, ein gewiefter Oberfeldwebel, hatte die Maschine im letzten Augenblick in eine andere Fluglage gebracht, und die Perlen der Leuchtspurgeschosse zischten vorbei. Der erste Jäger rast seitlich vorüber, und der zweite stürzt sich von hinten oben auf sein Ziel. Lager fühlt, wie sich überall auf seiner Haut kleine Schweißperlen bilden.

„Nicht zu früh schießen!" hört er die Stimme des Piloten im Kopfhörer. „Immer herankommen lassen. Wenn er im Visier sitzt, dann drauf!"

Der russische Jäger kommt heran. Aufgeregt leckt sich der Oberleutnant die Lippen und wundert sich, daß sein Mund auf einmal so trocken ist. Das ist ja ein ganz neues Gefühl.

Plötzlich werden die Umrisse der Feindmaschine riesengroß. Der Kopf des gegnerischen Piloten ist durch die Fäden des Kreuzvisiers in gleiche Teile geteilt, und dann beginnt Lager zu feuern. Die Waffe rattert und schleudert Hunderte von Geschossen aus dem Lauf. Sie scheinen die „Rata" förmlich zu zersägen. Fetzen fliegen davon, und dann ist nur noch Rauch und Feuer zu sehen. Ungewollt zieht der Oberleutnant den Kopf ein. Mit einer gewaltigen Rauchfahne zieht die zerschossene Maschine nach unten weg. Eine Tragfläche bricht ab und segelt wie ein vom Wind getriebenes Blatt in der Luft. Erregt und fasziniert blickt Lager hinterher.

„Aufpassen! — Der zweite kommt!"

Der Oberleutnant wird in die Wirklichkeit zurückgerufen. Das grausame Spiel ist noch nicht vorbei. Tatsächlich kurvt der zweite Jäger zum Angriff ein. Diesmal halten die Nerven Lagers der Anspannung nicht stand, und er eröffnet das Feuer viel zu früh. Auch der Gegner tut das und feuert aus allen Rohren. Mit einer gewagten Steilkurve bringt der Oberfeldwebel seine Maschine aus der Schußlinie. Im Abdrehen hat Lager den Jäger plötzlich noch einmal groß im Visier und drückt wieder ab. Er hat unglaubliches Glück, denn er erwischt den Russen mit einer Garbe. Dieser zeigt eine Rauchfahne, dreht scharf ab und macht sich im Tiefflug davon.

„Gratuliere!"

Benommen klettert Lager aus der Maschine und nimmt die Glückwünsche des Flugzeugführers entgegen.

„Sie sind mir vielleicht einer, Herr Oberleutnant! Fluggast bei uns, und macht unsere Jäger arbeitslos."

„Fragen Sie mich nur nicht, wie ich das gemacht habe", seufzt Lager. „Ich weiß es nicht! Als ich die Apparate groß im Kreuz hatte, habe ich einfach draufgehalten."

Im Laufe des Nachmittags kehrt Lager zur Kompanie zurück.

„Das sind ja tolle Sachen, die man von Ihnen hört. Ich bin schon angerufen worden und weiß von Ihrer Heldentat", sagt Hauptmann Knacke, als der Oberleutnant berichten will. „Hoffentlich versucht jetzt die Luftwaffe nicht, Sie hier loszueisen."

„Keine Angst, Herr Hauptmann. Das ist nicht mein Bier. Wenn die guten Schlipssoldaten gesehen hätten, wie mir die Knie geschlottert haben, dann ..."

Beide lachen. Dann wird Knacke ernst. „Wie sieht es aus?"

„Ich habe eine günstige Stelle gefunden, an der wir landen können. Etwa hundert Meter von der Straße entfernt, die sich dort in einigen Serpentinen durch die Klippen der Küste zieht, ist ein kleiner flacher Strand, der wie geschaffen dafür ist. Mit Paddeln kommen wir allerdings nicht hin — viel zu weit. Wir müßten schon mit Motorkraft fahren, und das werden die Russen hören."

„Daran habe ich schon gedacht. Ich war ja in der Zwischenzeit nicht untätig und habe mich mit der Luftwaffe in Verbindung gesetzt. Diese hat Unterstützung zugesagt. Wenn es soweit ist, werden sie Bombenangriffe auf den von uns bestimmten Abschnitt fliegen. Dadurch wird der Feind abgelenkt und auch unsere Außenbordmotoren nicht wahrnehmen."

„Dann kann es vielleicht klappen", meint Lager.

„Gut. Arbeiten Sie die Sache aus, und dann geben wir den Fliegern die notwendigen Unterlagen. Einige Tage haben Sie ja Zeit dazu."

Die nächsten Tage sind angefüllt mit Vorbereitungen. Sprengstoffpakete werden fertig gemacht, die Boote und Motoren gewartet. Der Oberleutnant hat einen genauen Zeitplan aufgestellt, um ein zeitliches Zusammenwirken mit der Luftwaffe sicherzustellen. Einige Kilometer von Anapa entfernt hat Lager beim Kartenstudium eine Bucht entdeckt, die mit dem Zielort eine gewisse Ähnlichkeit hat. Hier üben sie einen ganzen Tag die Landung und das Sichern. Lager steht mit der Uhr dabei und hat jedesmal etwas auszusetzen. Immer wieder schickt er die Männer in die Sturmboote zurück und läßt den Angriff noch einmal fahren. Erst als es zu dämmern beginnt, ist er zufrieden.

„Halbkreis bilden!"

Müde kommen die Soldaten heran und scharen sich um den Oberleutnant. Auf ein Zeichen Lagers hin hocken sie sich in den Sand. Dann hören sie ihn sagen:

„Die beiden letzten Anläufe waren genau richtig, auch zeitlich gesehen. Jetzt muß jeder seine Aufgabe kennen. Genauso muß das alles in der Nacht ablaufen. Ich habe mich bemüht, die einzelnen Positionen der Wirklichkeit entsprechend abzustecken, aber ich habe das Ziel auch nur aus einiger Entfernung aus der Luft gesehen. Kleine Abweichungen werden wir in Kauf nehmen müssen, und jeder muß sich dem anpassen. Wir werden das Kind schon schaukeln, dessen bin ich sicher. — Wir fahren jetzt nach Hause. Morgen ist Ruhetag, nur die Sturmbootfahrer sehen die Motoren noch einmal nach. Ich will keine Panne erleben. Morgen abend geht es dann los."

Am nächsten Tag führt Lager ein längeres Gespräch mit dem verantwortlichen Offizier der Luftwaffe. Als er den Hörer auflegt, atmet er erleichtert auf. Alles ist klar, und nun bleibt nur noch das Warten auf die Dunkelheit. Er legt sich hin und versucht zu schlafen, aber das ist unmöglich. Zu viele Gedanken jagen durch seinen Kopf. Er erhebt sich wieder, geht nach draußen und gesellt sich zu einigen Sturmbootfahrern, die im Schatten einer Baracke die Motoren warten.

„Na, sind eure Tauchsieder in Ordnung?“

„Immer, Herr Oberleutnant“, antwortet der Gefreite Hotter und schraubt eine Zündkerze, die er gerade gereinigt hatte, wieder ein.

„Von euch hängt alles ab. Das Hinkommen und noch viel mehr das Zurückkommen.“

„Das wissen wir, Herr Oberleutnant“, entgegnet Hotter selbstbewußt und steckt das Zündkabel auf. Die anderen Fahrer nicken bestätigend vor sich hin. Lager kennt sie alle und weiß, daß auf diese Wellenreiter Verlaß ist.

Bei Einbruch der Dämmerung werden die Sturmboote zu Wasser gebracht. Nachdem die Motoren eingehängt sind, springen die Männer in die Boote. Die Leute des Sprengtrupps haben schwer an ihren Sprengstoffpaketen zu schleppen. Wegen dieser schweren Lasten haben sie auch keine Waffen dabei. Unmittelbar vor dem Ablegen kommt ein Kradmelder und bringt das russische Kennwort für diese Nacht: „Stalino.“ Ein Überläufer hatte es verraten.

Mit halber Kraft schieben sich die Boote auf die See hinaus. Gleichmäßig brummen die Motoren. Zielrichtung ist die riesige Bucht von Noworossijk, von deren Rand ab und zu ein Scheinwerfer durch das Dunkel geistert.

Vom ersten Boot, in dem Lager sitzt, blinkt eine abgeblendete Taschenlampe, und die Motoren gehen in den Leerlauf über. Fast ohne Fahrt schaukeln die Boote auf den schwachen Wellen.

Kurze Zeit später dröhnen die Nachtbomber heran und erfüllen mit ihrem Motorenlärm die Bucht. Wieder blinkt die Taschenlampe, und die Außenbordmotoren heulen auf. In Doppelkiellinie schießen sie zum südlichen Rand der Bucht. Vor sich sehen die in den Booten kauernden Männer die Blitze der detonierenden Bomben, die von den Kampfflugzeugen auf die Küstenstadt Gelendschik geworfen wurden. Das Abwehrfeuer des Gegners ist dürftig und kann die Maschinen nicht von ihrem Kurs abdrängen. Der Scheinwerfer wurde abgeschaltet, wahrscheinlich um die Stellung nicht zu verraten.

Die Kiele knirschen über den Sand, und im gleichen Augenblick werden die Motoren abgestellt. Der Ruck der Landung wirft die Männer etwas durcheinander, aber schon Sekunden später sind sie draußen. Der Lärm, den die Flugzeuge verursachen, ist gewaltig.

„Alles stehenbleiben!“ Lager hatte auf dem hellen Sand einige dunkle Flecken entdeckt: Minen! „Unteroffizier Seeliger sofort eine Gasse abstekken. Der Sprengtrupp bleibt liegen. Die restlichen Männer drehen die Boote um und machen sie abfahrbereit. Die Fahrer passen auf, daß sie dann nicht abtreiben.“

Alles läuft nach Plan ab. Während die Boote ins Wasser zurückgeschoben und gewendet werden, sucht Seeliger mit seinen Männern einen Pfad durch die wahllos verstreuten Minen, die mit kleinen Stäbchen markiert werden. Das Wasser hat die heimtückischen Sprengkörper mehr oder weniger freigespült, und so ist diese sonst so gefürchtete Tätigkeit relativ ungefährlich.

Nachdem der Weg bis zu den aufsteigenden Klippen markiert ist, schickt Seeliger einen Mann zurück, um Bescheid zu geben. Kurze Zeit später kommen zwei Gruppen heran und beginnen, ohne daß dabei ein Wort gesprochen wird, am zerklüfteten Felsen emporzuklettern. Ohne große Schwierigkeiten erreichen sie die Höhe und sehen dicht vor sich das graue Band der Straße, die sich wie eine Schlange durch das Gelände windet. Durch den Luftangriff ist der Verkehr auf der Straße zum Erliegen gekommen. Die Lastwagenfahrer sind irgendwo in Deckung gegangen und warten das Ende des Angriffs ab.

Zielstrebig fächern die beiden Gruppen nach beiden Seiten aus und schirmen diesen Abschnitt ab. Innerhalb von zwanzig Minuten sind die MG in Stellung gebracht, und die gesamte Sicherung steht. Der Oberleutnant hatte dafür eine halbe Stunde eingesetzt. Er selbst hockt noch mit der dritten Gruppe am Strand und wartet. Nach genau dreißig Minuten erhebt er sich und steigt hinauf, die Gruppe folgt dichtauf.

Noch immer donnern die Flugzeuge in die Bucht. Sie kommen jeweils in Ketten von drei Maschinen heran, laden ihre Last ab und fliegen einige Zeit nach einem bestimmten Plan umher.

Der Oberleutnant folgt mit seiner Gruppe der Straße, bis sie zu einer gemauerten Stützwand kommen. Alles hängt nun davon ab, ob sie eine geeignete Stelle zum Anbringen der Ladungen finden werden. Ein bloßes Anlegen nutzt nicht viel, die Wirkung würde dann verpuffen, ohne großen Schaden anzurichten. Von seiner Pionierausbildung her weiß Lager, daß in die meisten Stützmauern Drainageröhren eingemauert sind, um einen gefährlichen Wasserdruck von innen zu verhindern. Er kann nur hoffen, daß die russischen Straßenbauer zu den gleichen Erkenntnissen gekommen sind wie ihre deutschen Berufskollegen.

Tatsächlich sind in die Mauer einige runde Röhren eingelassen. Die Soldaten der Gruppe haben sich inzwischen rundum verteilt und sichern. Der Oberleutnant untersucht die Drainageröhren. Sie sind groß genug, um die fertigen Sprengstoffpakete aufzunehmen.

„Jacksch, sausen Sie zurück und bringen Sie den Sprengtrupp her!" befiehlt er.

Während der Mann davonhastet, beginnen Lager und der Gruppenführer, herumliegende Steinbrocken zu sammeln. Diese werden später benötigt, um die Ladungen zu verdämmen.

Keuchend unter der schweren Last, kommen die Männer mit dem Sprengstoff heran. Mit Hilfe von zwei mitgebrachten Staken mit Enterhaken werden zwei dicht beieinanderliegende Röhren vom Unrat befreit.

Dann verschwindet Paket nach Paket in den dunklen Öffnungen, bis die ganze Breite der Straße geladen ist. Der Oberleutnant verbindet die Ladungen in den beiden Röhren mit Sprengschnur, um eine gleichzeitige Explosion herbeizuführen. Dann setzt er die Sprengkapsel mit der Zündschnur ein. Mit Steinen, Laub und Erde werden die Röhren verschlossen und die Ladungen damit verdämmt.

„Alles fertig?"

„Alles fertig, Herr Oberleutnant. — Aber was ist denn mit den Luftkutschern los? Die kommen ja nicht mehr."

Lager verharrt und lauscht. Erst jetzt bemerkt er, daß alles ruhig geworden ist. Tatsächlich haben die Flieger ihre Ablenkungsangriffe eingestellt. Nur in der Ferne ist noch ein leises Brummen der abfliegenden Maschinen zu hören.

„Verdammt!" knurrt Lager. „Die hauen ja tatsächlich viel zu früh ab!"

In einiger Entfernung kollern Steine, und eilige Schritte kommen näher. Schwer atmend taucht ein Mann auf. Es ist einer von der südlichen Sicherungsgruppe.

„Meldung von Unteroffizier Seeliger: Aus Richtung Tuapse kommt eine Fahrzeugkolonne heran. Zu sehen ist sie nicht, aber zu hören."

„Verflucht! Da haben wir schon den Salat. Kaum ist die Luftwaffe weg, da bewegen sich diese Brüder schon wieder. — Laufen Sie sofort zurück. Seeliger soll seine Gruppe zusammenziehen und sofort herkommen."

„Sollten wir nicht die andere Gruppe schon zum Strand hinunterschikken? Hier sind genug Leute, und wir kommen dann schneller weg", schlägt Feldwebel Calbe, der Führer des Sprengtrupps, vor, während er die Zündschnur abmißt. „Wie lang soll sie denn sein, Herr Oberleutnant?"

„Knapp zwei Meter, das gibt uns etwa drei Minuten Zeit, um wegzukommen. — Bolle!"

„Herr Oberleutnant?"

„Laufen Sie zur Gruppe Zeitler und überbringen Sie folgenden Befehl: Gruppe Zeitler zieht die Sicherungen ein und bezieht am Strand Verteidigungsstellung an der Landungsstelle. Wir kommen nach dem Zünden hinterher."

Der Oberleutnant wendet sich wieder dem Feldwebel zu: „Passen Sie auf, Calbe. Wir lassen die Kolonne herankommen, und wenn sie noch etwa drei Minuten entfernt ist, brennen wir an und verschwinden. Vielleicht haben wir Glück und erwischen den richtigen Zeitpunkt. Die Wirkung wäre ungeheuer, wenn ein paar Lastwagen mit in die Luft gehen würden."

„Wird zwar schwer sein, den richtigen Zeitpunkt zu schätzen, aber vielleicht klappt es wirklich", erwidert der Feldwebel.

Die Männer an der Sprengstelle hören, wie die Gruppe Zeitler sich auf den Weg zum Strand macht. Gleich darauf kommt Seeliger mit seiner Gruppe heran. Oberleutnant Lager zieht nun alle übrigen Männer an der Sprengstelle zusammen und läßt sie zum Abrücken bereit machen. Minuten vergehen, dann ist wieder Lagers Stimme zu hören:

„Seid mal ruhig! — Die Kolonne kommt!"

Das Rumpeln der heranrollenden Fahrzeuge ist jetzt sehr deutlich zu vernehmen. Aus dem Geräusch der Lastwagenmotoren schält sich das charakteristische Brummen eines Panzers und macht die Männer unruhig.

„Seeliger, führen Sie die Männer hinunter zum Strand! Calbe, Sie bleiben mit mir hier und zünden!"

Die Gruppen ziehen ab. Lager versucht die Entfernung zur Kolonne zu schätzen. Das ist natürlich sehr schwer, und der Oberleutnant gibt sich keinen großen Hoffnungen hin. Es steht nur fest, daß die Fahrzeuge sehr langsam fahren. Zu sehen ist überhaupt nichts. Anscheinend fahren sie ohne Licht oder zumindest mit stark abgeblendeten Leuchten.

„Brennen Sie an, Calbe, und dann nichts wie weg!"

Ein Sturmstreichholz flackert auf, und dann sprühen Funken aus der Pulverseele der Zündschnur. Calbe wartet einige Sekunden und vergewissert sich, daß die Zündschnur auch richtig brennt. Dann tritt er zum Oberleutnant zurück.

„Brennt!" sagt er nur.

„Dann los, zurück!"

Hastig verschwinden die beiden zwischen den Steinblöcken und laufen den Weg zum Strand hinunter. Lager zählt in Gedanken, und als er bei einhundertfünfzig angelangt ist, ruft er dem Feldwebel zu, sich in Deckung zu bringen. Die Ladungen müssen in den nächsten Sekunden losgehen. Die Fahrzeuge haben die Sprengstelle allerdings noch nicht erreicht.

Da zerteilt ein Blitz die Dunkelheit, und die Nacht wird durch den brüllenden Donner der Explosion zerrissen. Vielfach schallt das Echo durch die Klippen zurück. Vereinzelte Gesteinssplitter fallen auf die in Deckung kauernden Manner. Die Motoren der Fahrzeuge sind in den Leerlauf übergegangen und kaum noch zu hören. Nach dem großen Knall herrscht einige Augenblicke eine unheimliche Stille. Dann bellen Schüsse durch die Nacht. Worauf die Russen schießen, ist noch unklar. Wahrscheinlich feuern sie auf imaginäre Ziele.

Lager stemmt sich hoch: „Los, weiter!"

Nebeneinander hasten sie auf die Bucht zu. Als sie zu den anderen am Strand stoßen, muß der Gegner etwas entdeckt haben. Geschosse pfeifen heran und klatschen in den Sand. Oben ertönt ein lautes Brummen und kurz danach der Abschuß einer Panzerkanone. Jaulend heult eine Granate heran und schlägt weit vom Strand entfernt in die See ein.

„Alles in die Boote und mit voller Kraft weg vom Strand! Die Gruppenführer Stärke feststellen!"

So laut er kann, brüllt Lager seine Befehle und beobachtet, wie die Männer in die Boote springen. Nur keinen vergessen! Die Außenbordmotoren heulen auf, und die ersten Boote schießen mit schäumender Heckwelle auf die See hinaus, verfolgt von den Kugeln der Russen. Zwischen dem Geknatter der Gewehre bellt ab und zu die Panzerkanone auf, aber die Granaten richten keinen Schaden an.

Der Strand ist leer, die Männer sind alle gut weggekommen. Feldwebel Calbe winkt dem Oberleutnant zu. Dieser springt aus seiner hockenden Stellung auf und rennt auf das letzte Boot zu. Plötzlich spürt er einen harten Schlag am rechten Oberschenkel. Das Bein gibt nach, und er stürzt in den Sand, wenige Meter vom Wasser entfernt.

Calbe sieht den Oberleutnant hinfallen, und er weiß sofort, daß er getroffen worden ist. Mit einem Satz ist er aus dem Boot und läuft durch das seichte Wasser auf die am Boden liegende Gestalt zu. Er packt Lager unter den Armen und schleift ihn davon. Helfende Hände strecken sich ihm entgegen und ziehen beide ins Boot.

„Hau die Pulle rein und nichts wie ab!" brüllt Calbe dem Sturmbootfahrer zu. Das Boot macht einen Satz nach vorn, als der Fahrer Vollgas gibt.

„Das ist noch einmal gutgegangen, Herr Oberleutnant. Ist ein glatter Durchschuß. Ganz schönes Loch, aber der Knochen ist nicht beschädigt." Der Feldwebel ist bereits dabei, einen Notverband anzulegen.

„Ist sonst noch etwas passiert?"

„Nein, es ist alles in Ordnung!"

In der Morgendämmerung treffen die Boote wieder in Anapa ein.

*

Der Krieg hatte sich festgelaufen, und der Dienst bei der Kompanie erstarrte in Routine. Auf den anderen Kriegsschauplätzen bahnten sich schwerwiegende Entscheidungen an: alliierte Landungen in Marokko und Algerien. Rommels eiliger Rückzug von El Alamain. Die „Festung Europa" wurde von allen Seiten hart bedrängt.

An der Spitze des zur Wolga vorgetriebenen Keils rang nach wie vor die 6. Armee um Stalingrad, völlig ermattet, schlecht versorgt und ohne ausreichende Bewegungsmittel.

Am 19. November 1942 durchstießen sowjetische Verbände des Generalobersten Watutin die rumänischen Stellungen zwischen Dewjatkin, Serafinowitsch und Kletskaja. Vierundzwanzig Stunden später entfesselte Generaloberst Jeremenko südlich Stalingrad einen zweiten Großangriff. Alle Gegenmaßnahmen scheiterten. Schon im Verlauf des folgenden Tages schlossen feindliche Panzerkräfte die Greifer ihrer Zange bei Kalatsch. Damit waren die 6. Armee, Teile der 4. Panzerarmee, zwei rumänische Divisionen und ein kroatisches Regiment sowie zahlreiche Versorgungseinheiten, insgesamt etwa 250 000 Mann, eingeschlossen. Das Schicksal der deutschen Truppen in Stalingrad war besiegelt.

Winter und Frühjahr 1943 bescherten der deutschen Wehrmacht schwere Niederlagen. Nach der Katastrophe von Stalingrad folgte der Zusammenbruch der „Heeresgruppe Afrika". Die deutsche Führung war sich über Konsequenzen und Rückwirkungen der Niederlagen im klaren. Ein aufsehenerregender Erfolg mußte angestrebt werden, der Deutschland und seine Bundesgenossen wieder mit Zuversicht erfüllen sollte. Der sowjetische Gegner sollte noch vor Beginn der drohenden anglo-amerikanischen Invasion durch einen Großangriff auf längere Sicht mattgesetzt werden. Diesen Zweck sollte das Unternehmen „Zitadelle“ erfüllen. Rüstungsminister Speer und Generaloberst Guderian beurteilten die Erfolgsaussichten skeptisch. Guderian schlug vor, auf die Offensive zu verzichten.

Tatsächlich sprach die Kräfteverteilung eindeutig zugunsten der Sowjets. Sie verfügten an der 2600 Kilometer langen Front gegenüber den auf drei Heeresgruppen verteilten 159 deutschen Divisionen und 22 entsprechenden Verbänden der Verbündeten über nicht weniger als 513 Schützendivisionen, 41 Kavalleriedivisionen und 290 schnellen Brigaden mit 7100 modernen Kampfwagen. Die besten Kräfte der Sowjets wurden um das deutsche Angriffsziel, den Raum Kursk, konzentriert.

Dennoch wurde das Unternehmen „Zitadelle“ nach zweimonatiger Verschiebung am 5. Juli 1943 gestartet. Zwei Großverbände suchten den feindlichen Frontbogen von Bjelgorod und Orel her abzukneifen. Der ganze Angriff entfaltete sich nur langsam. Die Verluste waren schwer, zumal der Feind starke Gegenstöße führte und den linken Flügel bei Orel lahmlegte.

Am 13. Juli waren die deutschen Kommandierenden v. Manstein und Kluge ins Führerhauptquartier befohlen worden. Als sie dort eintrafen, wurden sie über die inzwischen erfolgte Landung auf Sizilien und den schnellen Zusammenbruch der italienischen Gegenwehr informiert.

Die Schlacht von Kursk mußte abgebrochen werden. Der letzte Versuch, noch einmal die Initiative zu ergreifen, war fehlgeschlagen.

Verlauf und Abbruch des Unternehmens „Zitadelle“ gaben den Sowjets die Möglichkeit, ihre seit Monaten vorbereitete Sommeroffensive einzuleiten. Bereits laufende Gegenangriffe wurden nach Norden und Süden ausgeweitet. Hauptziele waren die Einnahme der großen ukrainischen Getreideanbaugebiete, des Donezbeckens und geeigneter Dnjepr-Brückenköpfe sowie eine fortschreitende Isolierung der Halbinsel Krim. Während die „Heeresgruppe Mitte“ unter starkem Druck aus dem Orelbogen auf eine dicht ostwärts Brjansk verlaufende Linie zurückging (Unternehmen „Hagenbewegung“), zeichneten sich bei der „Heeresgruppe Süd“ um Stalino, Charkow, Achtyrko und Gadjatsch tiefe Einbrüche ab.

Da die „Hagenbewegung“ ihren Zweck nicht erfüllte — es sollten starke Panzerverbände für den Südabschnitt frei werden —, drängte v. Manstein, der die „Heeresgruppe Süd“ kommandierte, erneut auf eine bewegliche Kampfführung, wodurch allein noch Reserven gewonnen werden konnten. Hitler war strategischen Rückzügen grundsätzlich nicht abgeneigt; er hatte beschlossen, eine Auffangstellung zu bauen, deren Linienführung von der Halbinsel Krim nach Saporoschje, den Dnjepr entlang, bis Orscha und Witebsk verlaufen sollte. Solange dieser „Ostwall“ entstand, schien jedoch eine zähe, aus Kräftemangel lineare Abwehr ostwärts des Dnjepr notwendig.

Unterdessen nahmen die feindlichen Angriffe das Ausmaß großer

Durchbrüche an. Kurz hintereinander fielen Sjewsk und Gluchow, Achtyrko und Charkow, Stalino und Taganrog. Die deutschen Ausfälle betrugen zu dieser Zeit schon 133 000 Mann. Aber auch jetzt ließ sich Hitler keinen großen Entschluß abringen. Er genehmigte lediglich die Räumung des Kubanbrückenkopfes (Unternehmen „Krimhild“).

*

„Alles verladen?“

„Jawohl, Herr Hauptmann. Wir können die Fähre besteigen und heim ins Reich fahren.“ Leutnant Berg lachte etwas verlegen. Er war noch sehr jung und hatte seine eigenen Vorstellungen von der Kampfkraft der Wehrmacht. Einen Rückzug und das Absetzen vom Feind erachtete er als beschämend.

„‚Heim ins Reich‘ ist wohl übertrieben“, sagte Hauptmann Knacke säuerlich. „Wir räumen den Kubanbrückenkopf und setzen zur Halbinsel Krim über, und dann wird es langsam, aber sicher weiter zurückgehen. Eines Tages werden wir wieder daheim sein, fragt sich nur, ob wir diesen Zeitpunkt noch erleben.“

Er betonte das „wir“, und der Leutnant verstand, daß er die Kompanie meinte. Das Häufchen wurde immer kleiner. Einige unscheinbare Unternehmen hatten wider Erwarten hohe Verluste gefordert, die unter den gegebenen Umständen nicht ersetzt werden konnten. Oberleutnant Lager war nach seiner Wiederherstellung und anschließendem Erholungsurlaub nicht mehr zur Kompanie zurückgekehrt, sondern zu einer anderen Einheit versetzt worden.

„Die Fähre ist klar zum Ablegen, Herr Hauptmann.“

„Wir kommen!“

Langsam ging Knacke mit den Soldaten seines Kompanietrupps zum Anlegesteg, wo der Fährprahm wartete. Die Männer der Kompanie waren auf andere Boote verladen worden und befanden sich bereits auf der Überfahrt zur Krim.

Als der Prahm ablegte und die freie See ansteuerte, konnte der Hauptmann seine Augen nicht von der mächtigen Kulisse des Kaukasus losreißen, die in der Ferne im Dunst verschwand. Um hierherzukommen, hatte ein großer Teil seiner Männer Leben und Gesundheit geopfert. Sollten alle diese Opfer umsonst gewesen sein? Wie geprügelte Hunde mußten sie das Gebiet verlassen, das sie vor einem Jahr so hoffnungsvoll betreten und auf dem sie sich den Weg nach Osten freigekämpft hatten. Aus und vorbei! Hier würde kein deutscher Soldat mehr herkommen, es sei denn als Gefangener — dessen war sich der Hauptmann sicher.

Mit äußerster Kraft rauschte der schwere Prahm über die See. Über den Köpfen der Landser, die an der Reling standen, flog eine Ju 52, die unter dem Rumpf einen riesigen Metallring montiert hatte. Diese Maschine suchte die Strecke nach Treibminen ab, die von den Gegnern in den Nächten gelegt wurden, um den Fährbetrieb durcheinanderzubringen. Ab und zu sausten auch ein paar deutsche Jagdflugzeuge durch den Luftraum, um zu sichern. Überall waren Boote, Prahms und Fähren unterwegs.

„Feindliche Tiefflieger aus neun Uhr!" ruft eine Stimme durch ein Megaphon.

Hauptmann Knacke schreckt aus seinen Gedanken auf, fährt herum und sieht die schmalen Umrisse der tief anfliegenden Feindflugzeuge. Es muß mindestens ein halbes Dutzend sein. Natürlich sind unsere Jäger nicht zu sehen, denkt Knacke. Immer wenn dicke Luft ist, sind sie nicht da.

Gewehr- und Maschinengewehrfeuer flackert auf. Dann sind die Umrisse der Flugzeuge riesengroß, und Knacke wirft sich hin. Ein ohrenbetäubender Knall, und der Hauptmann fühlt, wie er im großen Bogen durch die Luft fliegt und aufs Meer klatscht. Er taucht unter und schluckt Wasser. Als er wieder prustend an die Oberfläche kommt, sieht er Qualm und Feuer, hört durchdringende Hilferufe und beginnt selbst um Hilfe zu schreien. Er war nie ein guter Schwimmer gewesen und hält sich nur mühsam über Wasser. Nach einer endlos erscheinenden Zeit hat er seine Stiefel und die Uniform ausgezogen, und das Schwimmen wird etwas leichter.

In einem vorbeifahrenden Boot hört man seine Rufe und sieht seine winkende Hand. Das Boot kommt heran. Seeleute ziehen den erschöpften Hauptmann an Bord. Er ist der einzige Überlebende von allen Männern, die sich auf dem Prahm befanden.

Einige Tage später erreicht die Kompanie ein Verlegungsbefehl zur Auffüllung nach Deutschland.

Im Verlauf von vier bis fünf Wochen werden 249 669 Soldaten, 16 311 Verwundete, 27 456 Zivilpersonen, 115 477 Tonnen Wehrmachtsgut, 49 971 Fahrzeuge, 1815 Geschütze und 74 Panzer und Sturmgeschütze, 74 657 Pferde und 6255 Stück Vieh nach der Halbinsel Krim übergesetzt, 15 661 Soldaten und 1158 Tonnen Gerät konnten ausgeflogen werden.

Der Vorstoß in den Kaukasus gehörte der Vergangenheit an.